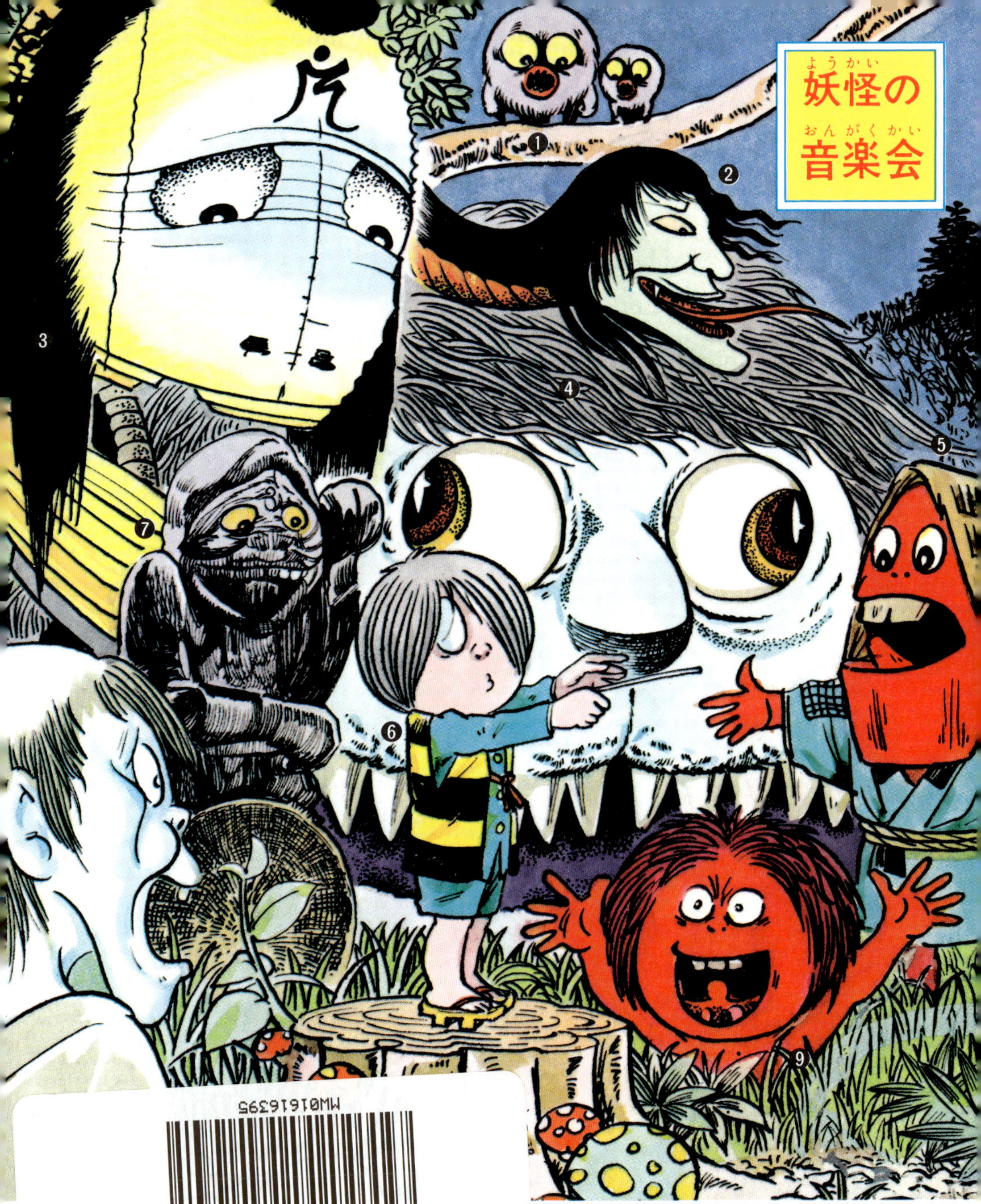

…岩　④おおかむろ　⑤やまびこ(呼子)
…⑦ふるそま　⑧おひあがり　⑨川赤子

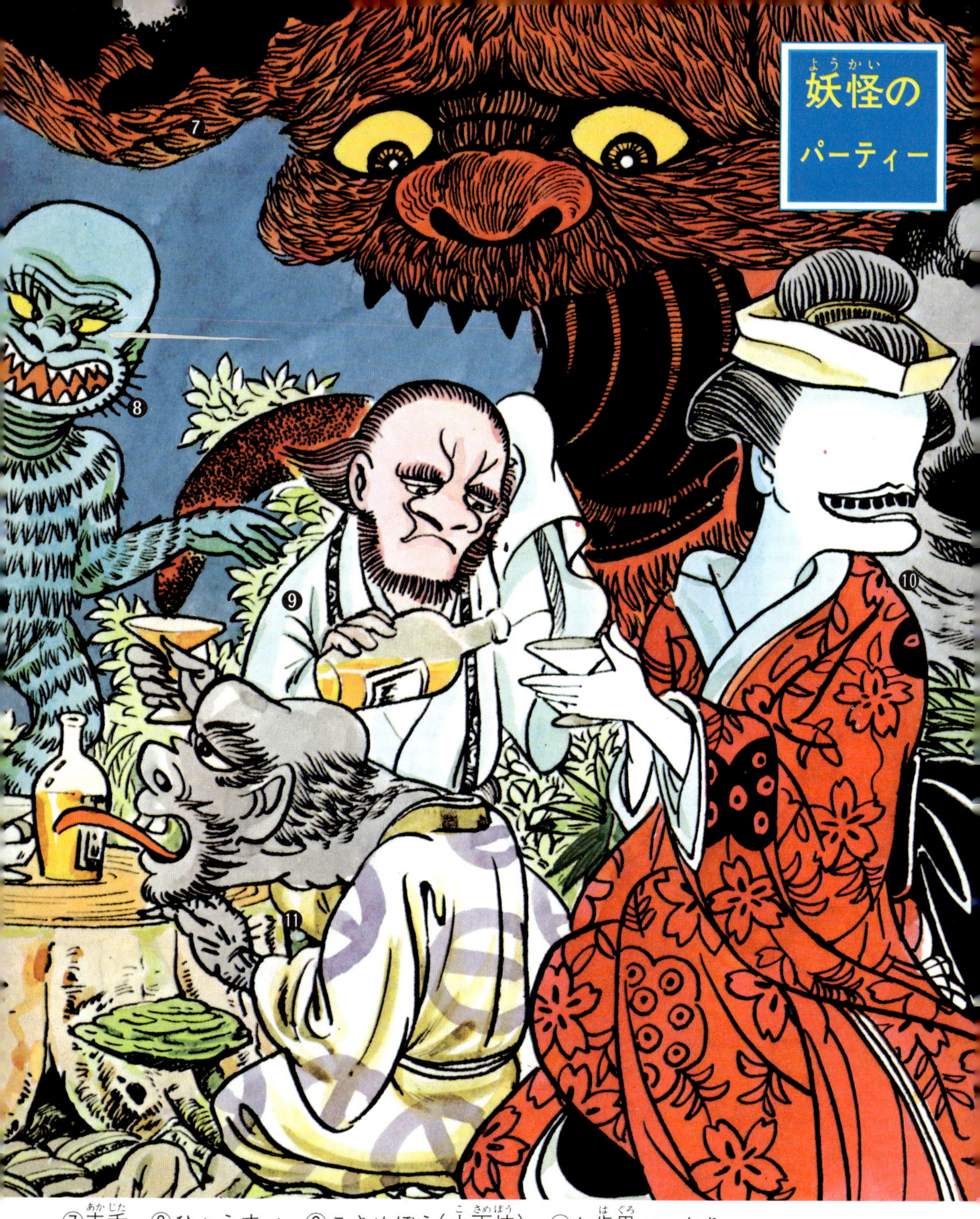

⑦赤舌　⑧ひょうすべ　⑨こさめぼう(小雨坊)　⑩お歯黒べったり
⑪火まむし入道(火間虫入道)

①とうふ小僧　②つるべ火　③かっぱ　④やまおに　⑤砂かけばばあ　⑥あまめはぎ

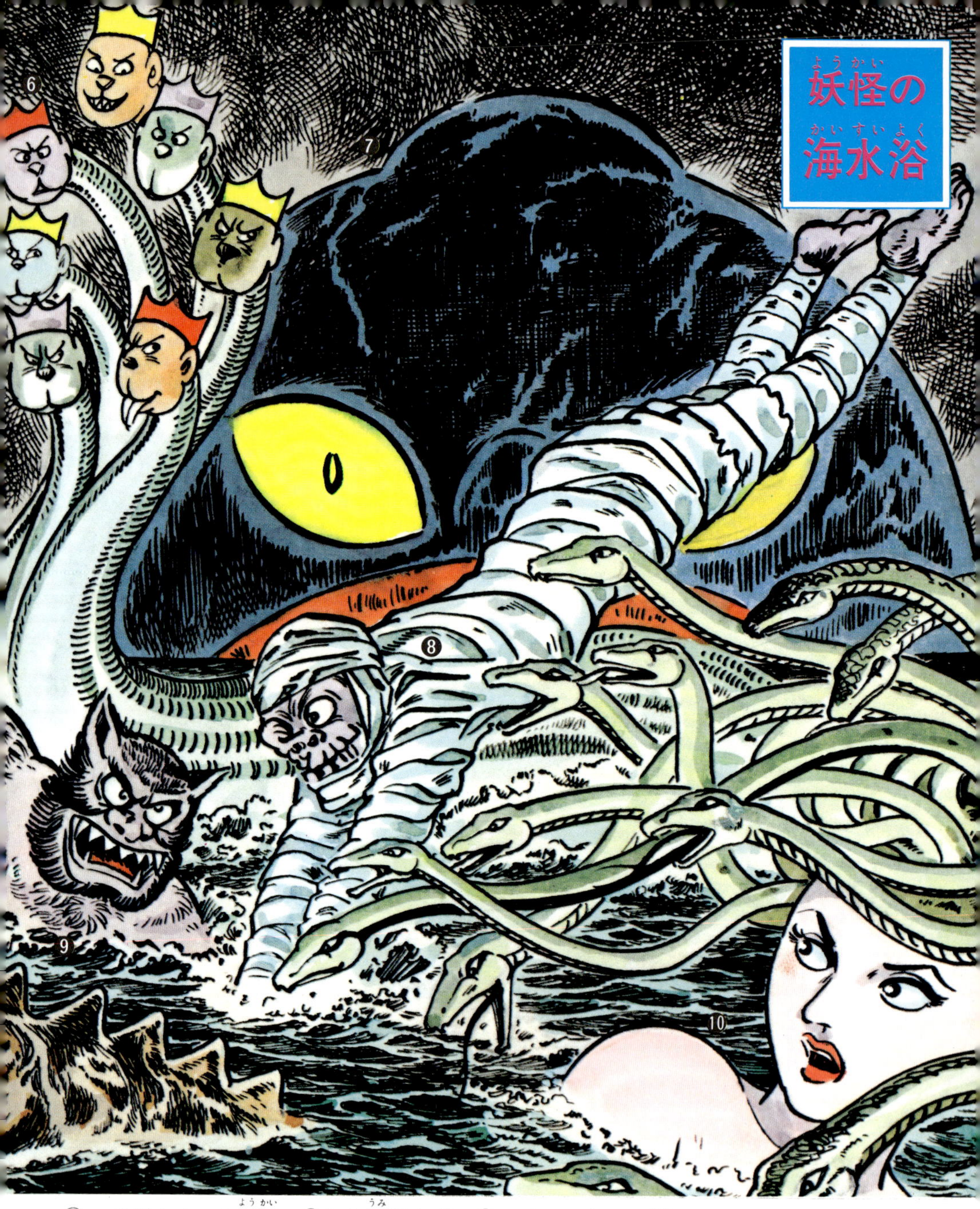

⑥マダガスカルの妖怪　⑦おお海ぼうず　⑧ミイラおとこ　⑨おおかみおとこ
⑩魔女ゴーゴン

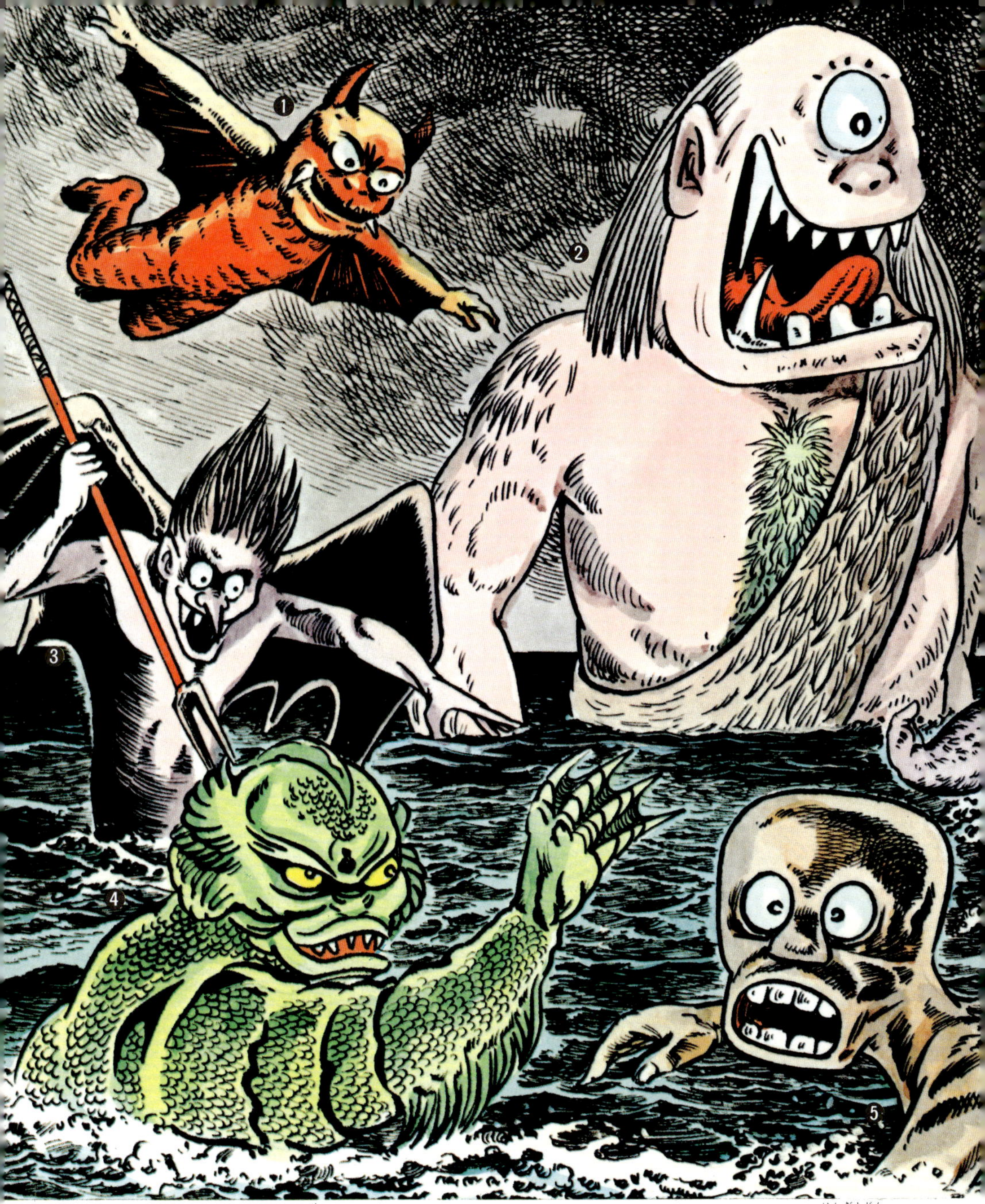

①グレムリン　②ひとつ目(め)きょじん　③こうもりにんげん　④はんぎょじん(半魚人(はんぎょじん))
⑤殺人(さつじん)ゾンビー

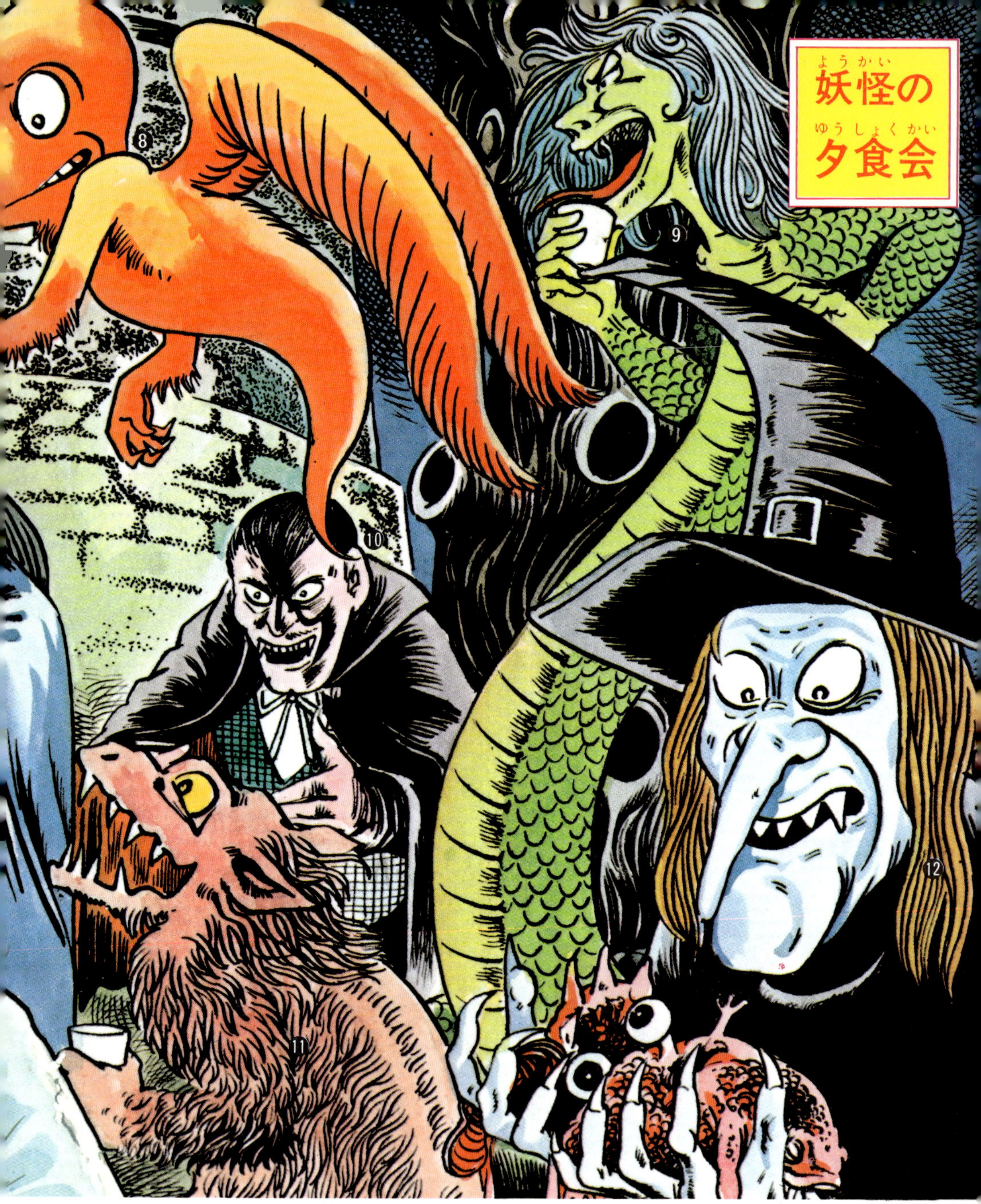

⑧カー（ピラミッドにすむ妖怪） ⑨へびおんな　⑩ドラキュラ　⑪すいき（水鬼）　⑫魔女

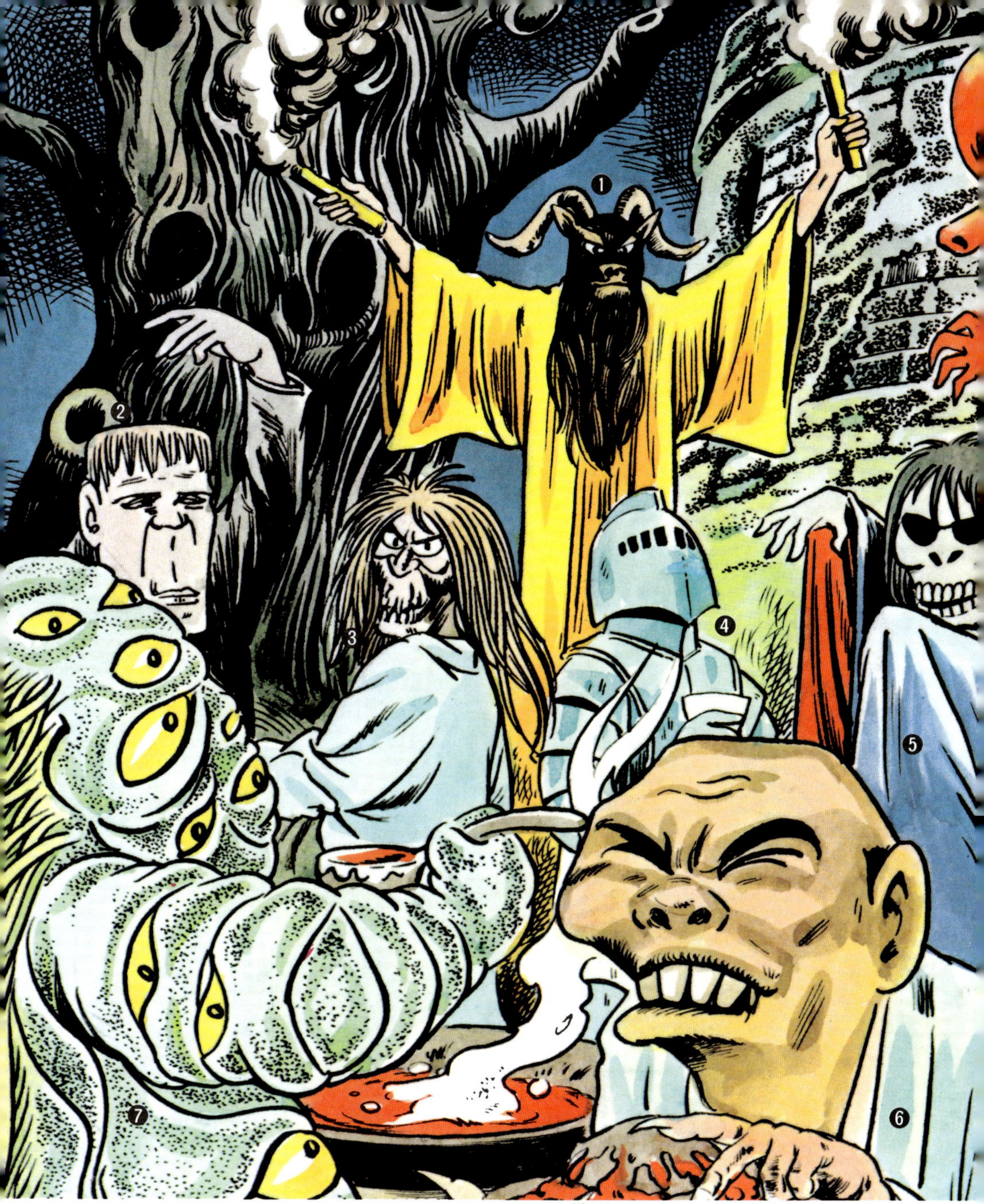

①くろやぎ　②フランケンシュタイン　③あぶら絵妖怪　④ゆうれい騎士　⑤ドクロン
⑥すなおとこ　⑦ひゃく目

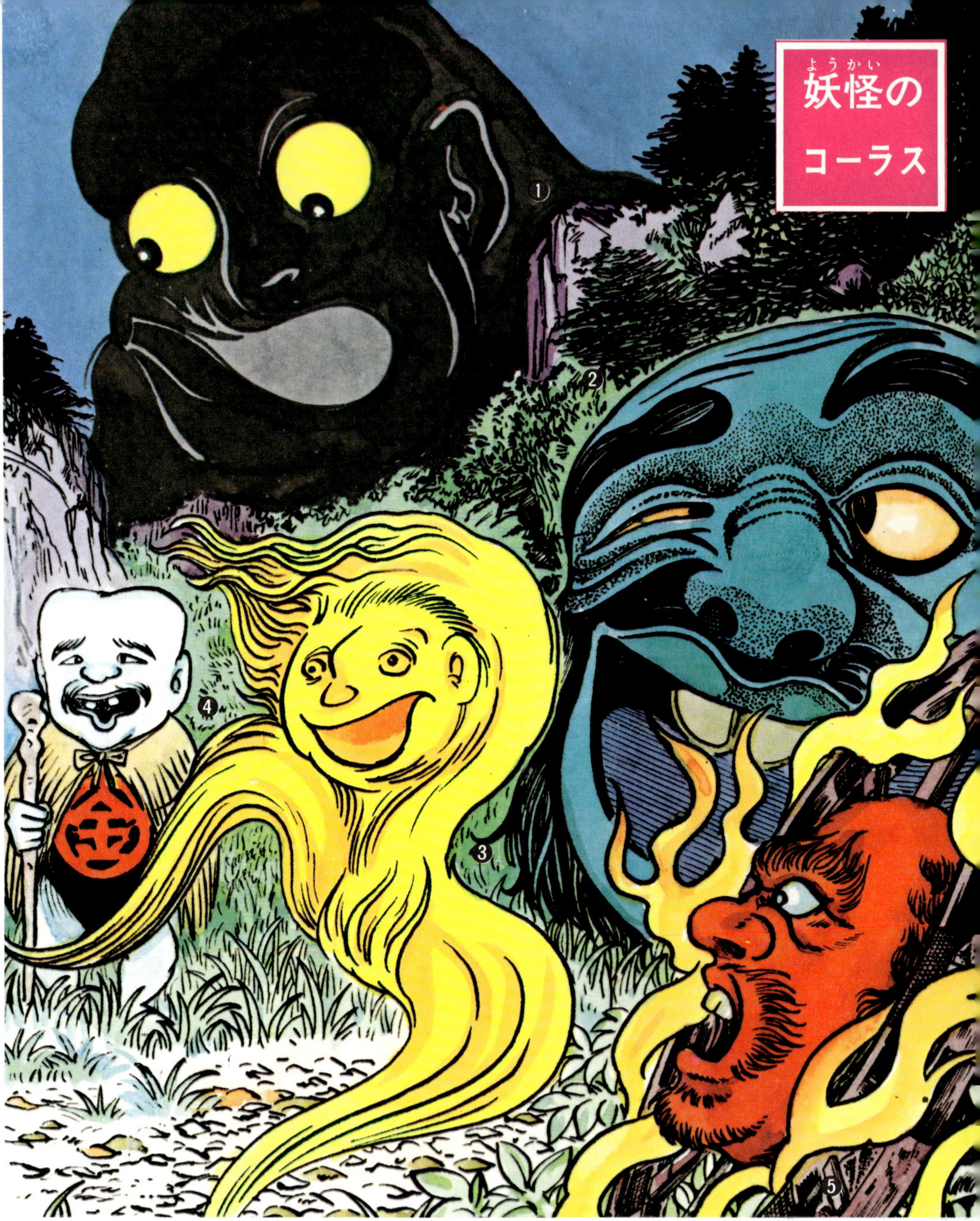

①おおにゅうどう（大入道）　②つるべおとし　③えんらえんら（煙羅煙羅）
④こなきじじい　⑤わにゅうどう（輪入道）

水木しげる
妖怪大百科

小学館

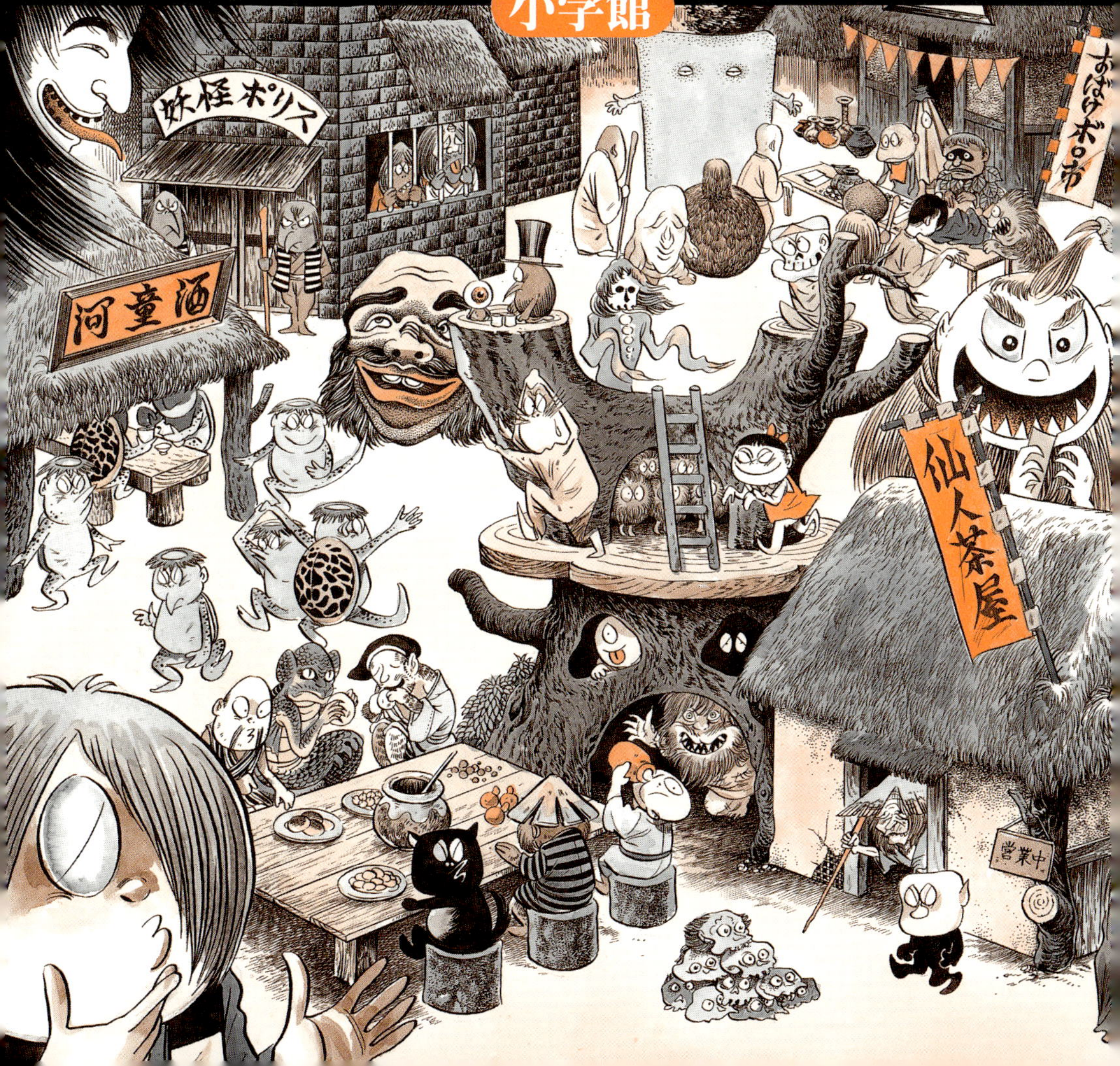

妖怪の味わいかた

水木しげる

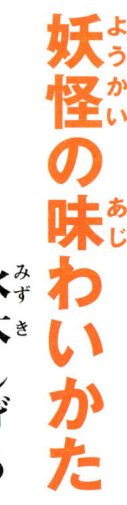

妖怪の味わいかたというのは、やはり経済的にゆったりしていないとダメなようですナ。

　ところが〝妖怪好き〟は、昔から貧乏人が多い。まア、金持ちは芝居とかいろいろ金のかかる遊びができるが、金がなくても楽しめるのが妖怪。だから、どうしても妖怪好きは、貧乏人に多い。

　しかも、のほほんとしているのが多いようだ。経済的に大変だとか、明日の食糧のことも考えなきゃいかんというときに〝妖怪好き〟は平気で妖怪をながめ、満足してその世界に入りびたっている。医者がなにか病名をつけたくなるような感じの人が、妖怪好きには多い。

私も学校時代はナニカ異次元の世界にいるようで、人からも奇妙な奴だと思われていたふしがある。だけど私はそんなこと平気で妖怪に入りびたり、〝妖怪の目〟で世の中を見て、面白がったりしていた。

おっと〝妖怪の味わいかた〟という話だった。妖怪を楽しむのに別に苦行する必要はない。ラクして味わえるのが妖怪だから、どうしても〝ナマケモノ〟に好かれるのが妖怪の特長のようで、金もうけで忙しい人には見えないものらしいですナ。

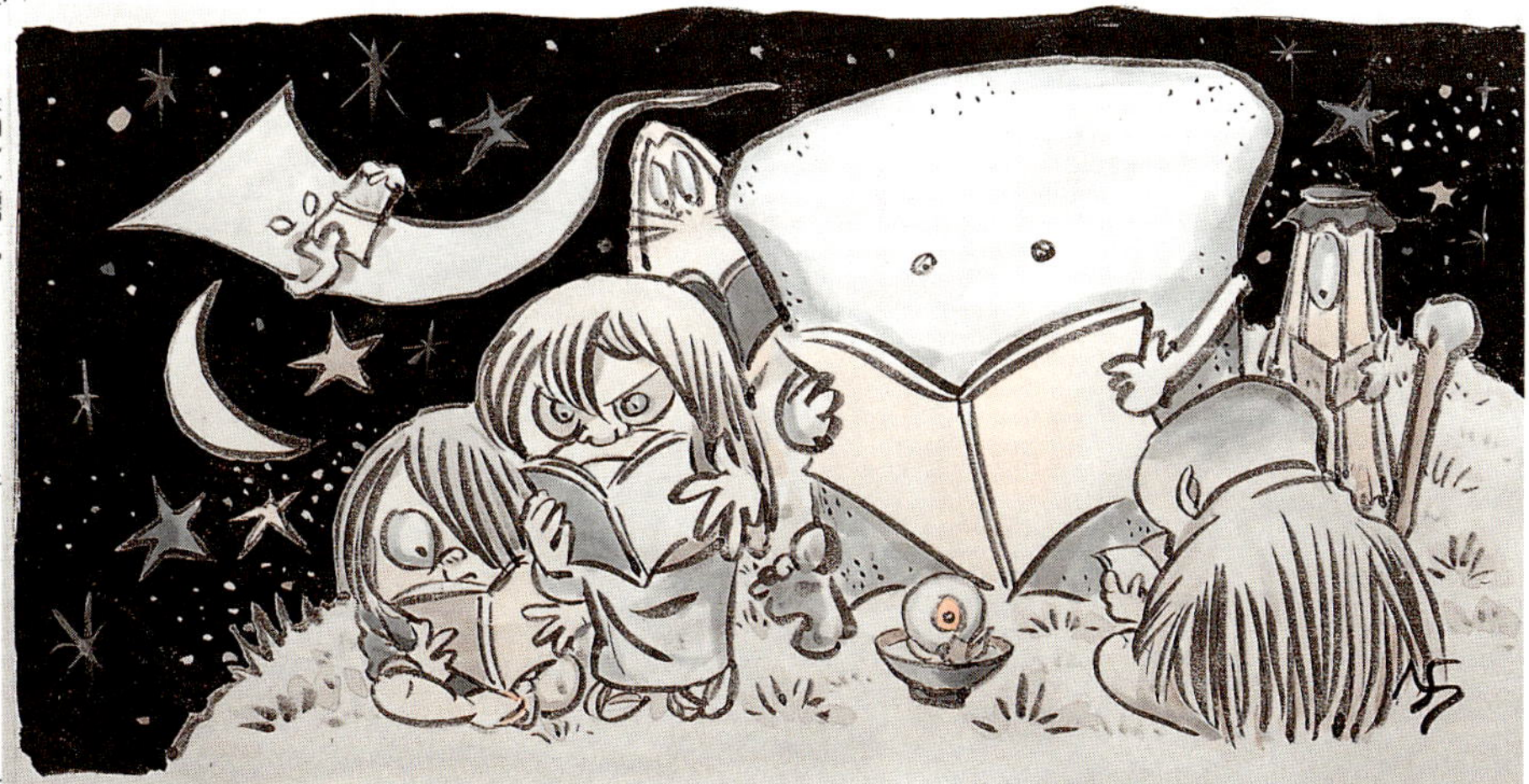

水木しげる 妖怪大百科 目次

口絵

第1章 妖怪を知る7つのポイント

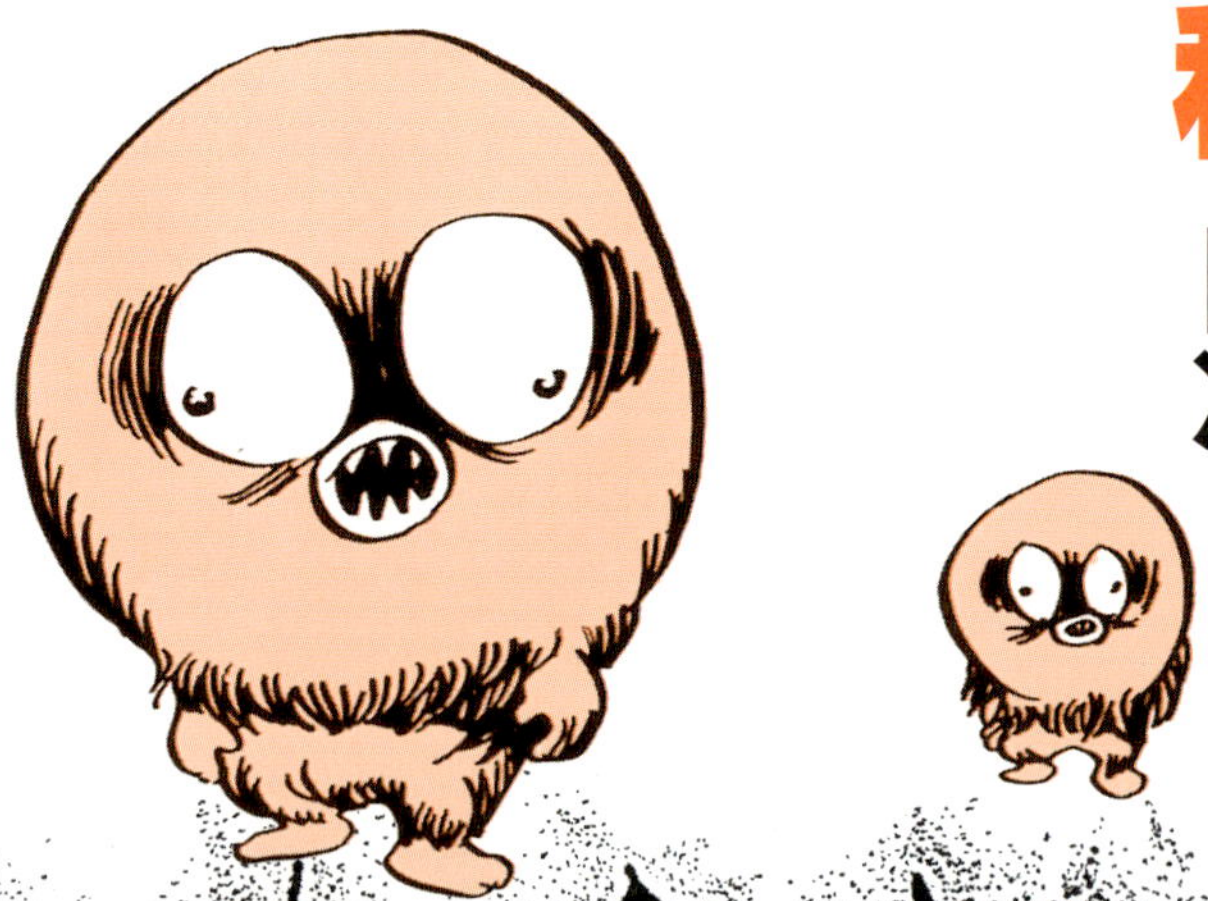

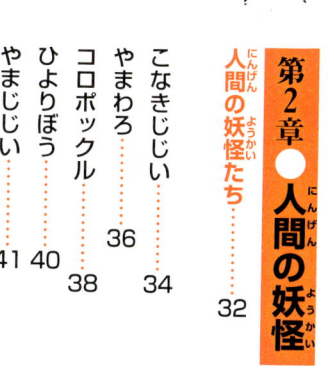

水木しげる 妖怪大百科　目次

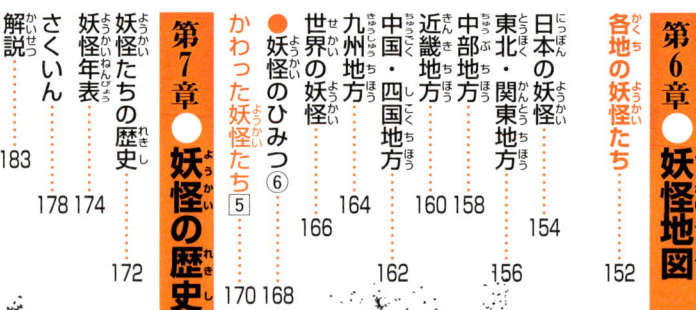

第1章　妖怪を知る7つのポイント

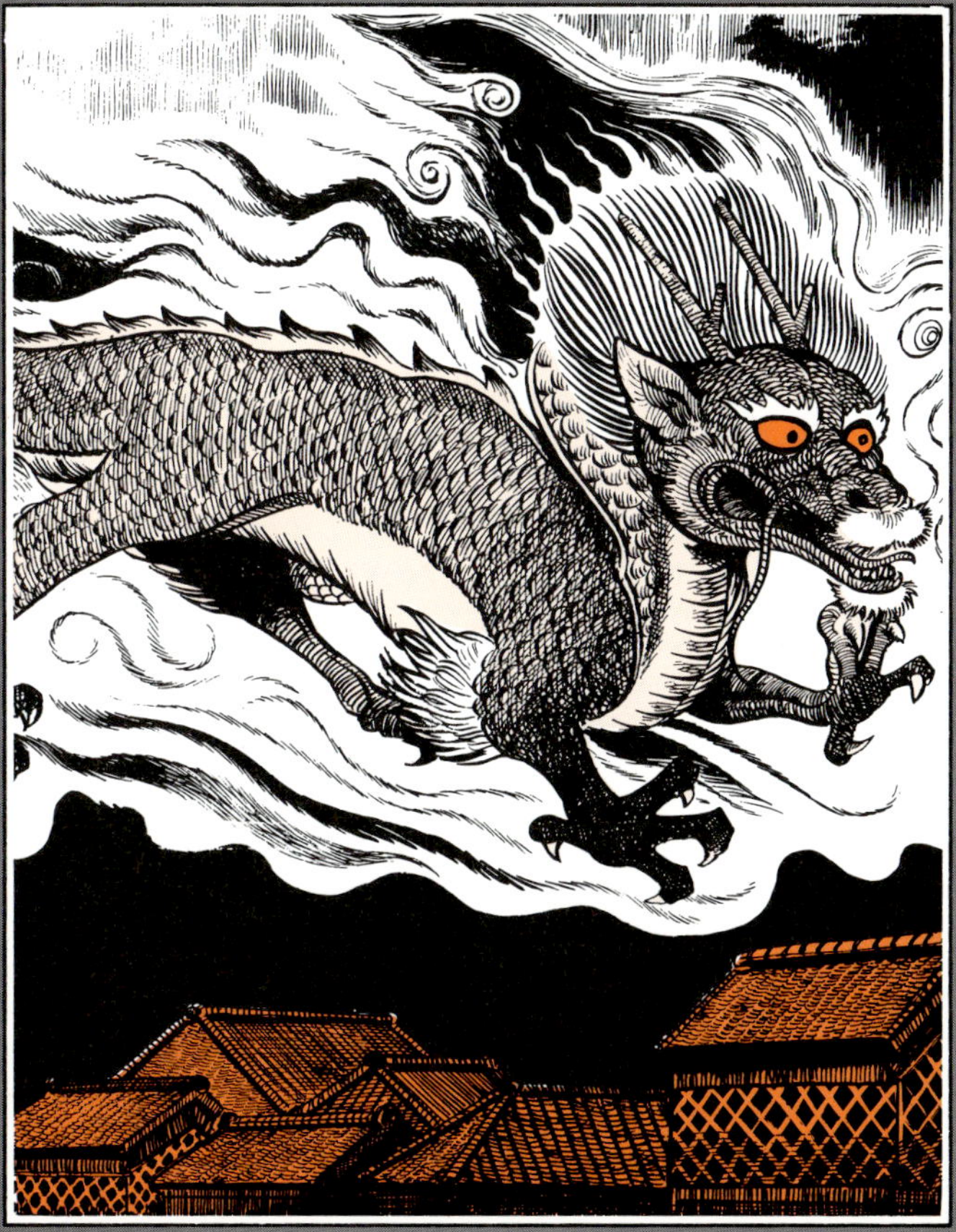

第1のポイント

妖怪とはどんなものだろう!!

大昔の人々は

万物にたましいのようなものが宿っているものと考えていた。すなわち、木には**木のたましい**があり、石には**石のたましい**があり、夜寝しずまったころ、踊りをおどったりしているかもしれないと考えていた。

妖怪のなかには、そうした大昔からいるようなものもあり、江戸時代の人が、作ったり感じたりしたものもまじっている。

感じたり、というのは、たとえば夜道を歩いていると、ことにまっ暗な田んぼの道などの場合、なんとなく気持ちがわるいので、急ぎ足になる。そうなると、よく足がもつれたようになって思うように進まない。すると恐怖心は倍になる。そんなとき、足にまつわりついているのは「**すねこすり**」という妖怪だ、というわけだ。

しかし、目には見えなくても、なんとなくそういう妖怪がいると考えたほうが、そのときの気持ちをよく表現できる。

そんなとき、妖怪は誕生するのだろう。

それに、昔は電気などないから、暗くて妖怪の出そうな気持ちのするところがたくさんあった。

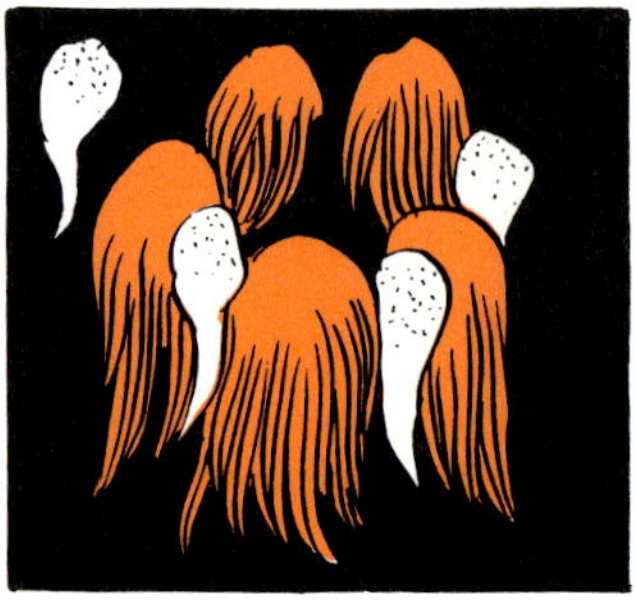

踊りをおどる**木のたましい**と**石のたましい**

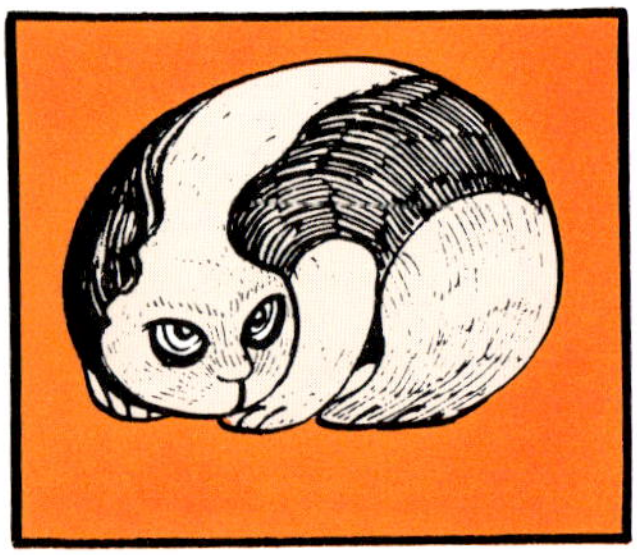

すねこすり

また、科学を信頼するということであれば、いまの科学では、妖怪のことはどうにも解けないが、しょうらい、そうした科学が進歩し、妖怪とか、それに近いものがいるということがわかれば、たのしみは倍になる。

だが、いまのところ、ある大学者の言葉をかりれば、「あるともいえるし、ないともいえる。」というのが、実状らしい。

幽霊というのは化けて出る。人間にうらみをいだいていて、その出現は、人々を恐怖におとしいれる。

妖怪は、恐怖もあるが、あいきょうもあり、うらみなどで出るのではなく、たとえば「**ざしきわらし**」のように前から住みついているのだ。人間の存在に関係なく、前からそこにいたのだという感じがある。

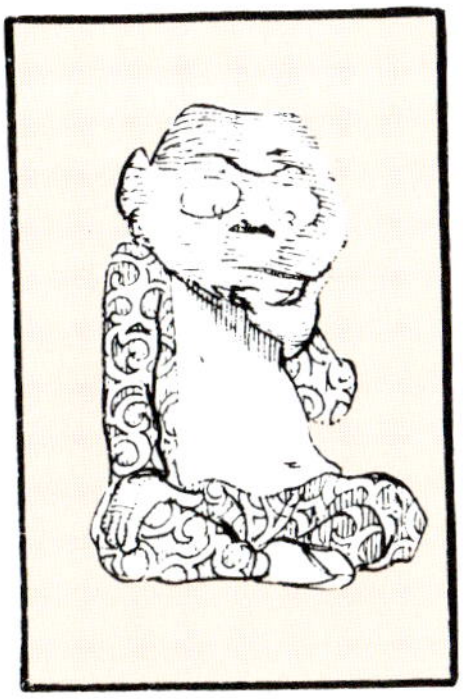

ざしきわらし

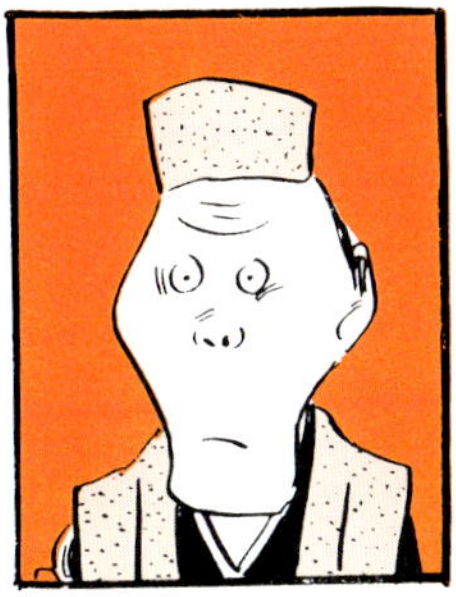

鳥山石燕

日本にも昔から妖怪の絵がたくさんあるが、なんといっても、妖怪の型を定着させたのは、いまから二百年前の**鳥山石燕**という画家だ。

彼は、じゅうらいあったものに、自分の創作をくわえ、民衆に伝えられていたものを絵にし、うすい本ではあるが、十二冊ほどの妖怪の本を残した。

彼のほかにも、たくさんの妖怪の絵とか、幽霊の絵はあるが、それらのものは妖怪というより、ただこわがらすだけの絵で、べつになんの味わいもない。

そのほかに、なんといっても、**柳田国男**の「**妖怪談議**」。これは、妖怪が生きている。しかし、残念なことに型はない。

私は、昔の絵などを参考にしたり、創作したりして、「妖怪談議」のなかのものを絵にした。

「**鬼太郎**」のなかで妖怪を創作したのも三十ばかりあるが、妖怪は、ほんらい、怪獣なんかのように創作されるべきものではないと思う。

妖怪は、昔の人の残した遺産だから、その型を尊重し、後生に伝えるのがよい。

第2のポイント

どんな妖怪がいるのだろう!!

妖怪で、いちばん多いのは

どうしたわけか、火の妖怪だ。もっとも、鳥山石燕などは、火は描きにくいし、やたらに描いてもおもしろくないから、火の妖怪の数はきわめて少ないが、いっぱんに民間に伝わる妖怪は、ほとんど火だ。

そういわれてみると、子どものとき「鬼火」をみて大さわぎしたものだ。やはり、妖怪体験は、「鬼火」とか「**ひとだま**（同じようなものだが）」に始まるようだ。

そのつぎは、家のなかの妖怪だ。

ことに古い家には、さまざまな妖怪を住まわせるふんいきがあり、夜、暗いはなれなどにいくと、なにもいないのにこわいことがある。

あの気持ちが形を得ると、妖怪になるのだろうと思う。とくに、くもの巣などは効果がある。

これはきっと大昔、人間が感じた不可思議な恐怖みたいなものが、尾底骨（昔、人間に尻尾があって、そのあと）のように残っているのだろう。

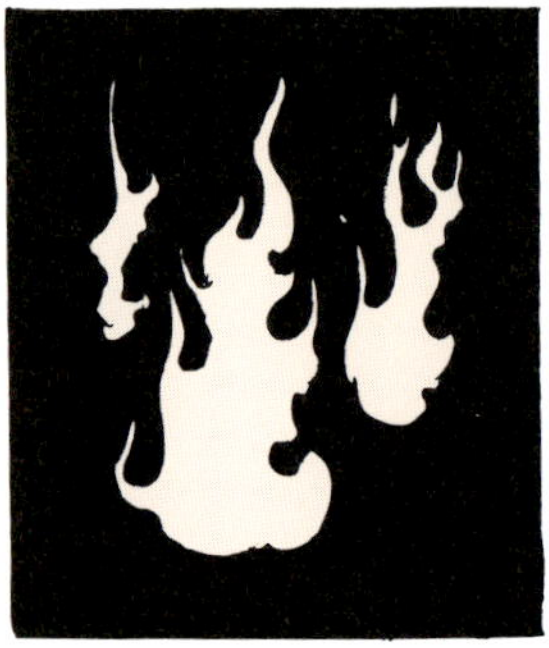

鬼　火

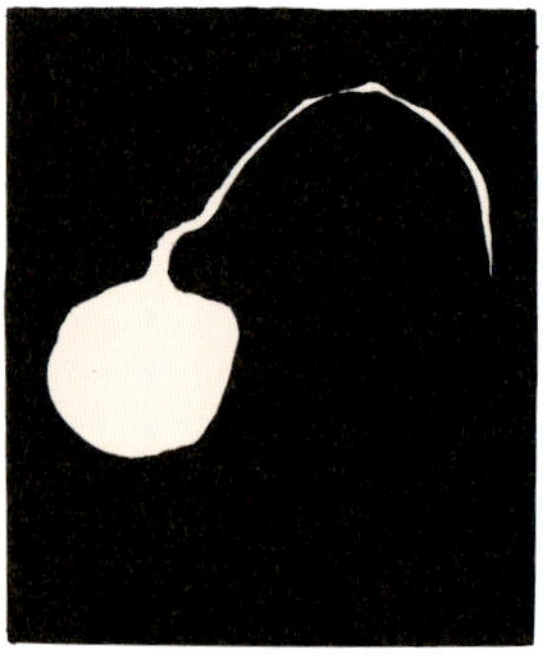

ひとだま

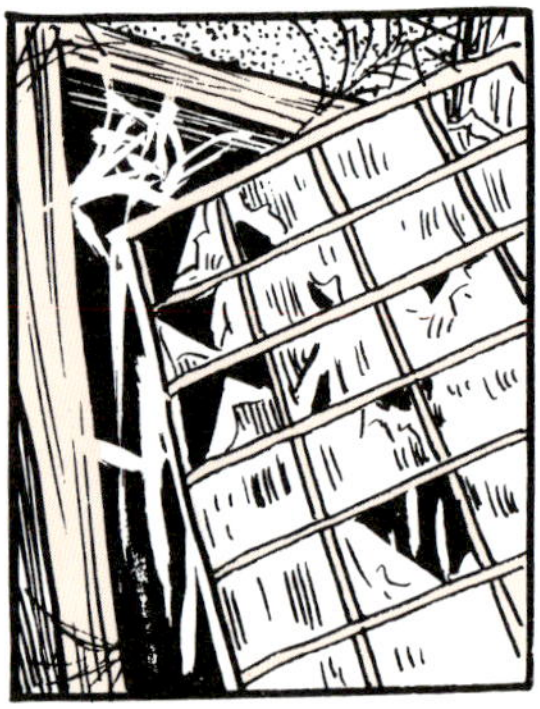

古い家には、妖怪をすまわせるふんいきがある。

また、よく空家なんかにいくと

かや（蚊帳）のくさったようなのがあって、ほこりだらけになり、その上にかびなどがはえていることがある。

見ても気味がわるいが、それが首にまきついたりすると、さらに気味がわるい。

そうした気味のわるさは、「しろうねり」という妖怪で表現されている。ぼろぼろになったかや（蚊帳）が、赤い口をあけて化けるのだ。

また、古い民家などにいくと、天井にしみなどがついて、なんとなく、なにかいそうな気持ちがするものだ。そんなところには、やはり、夜なかに「天井なめ」というお化けが出る。これは、そういう古い家の天井のしみをなめるのが大好きなお化けだ。

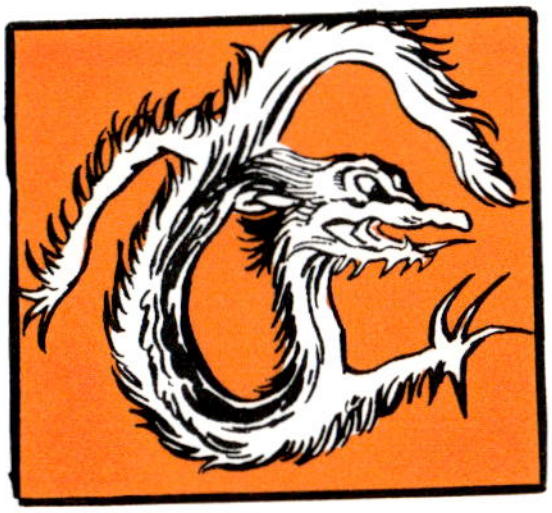

しろうねり

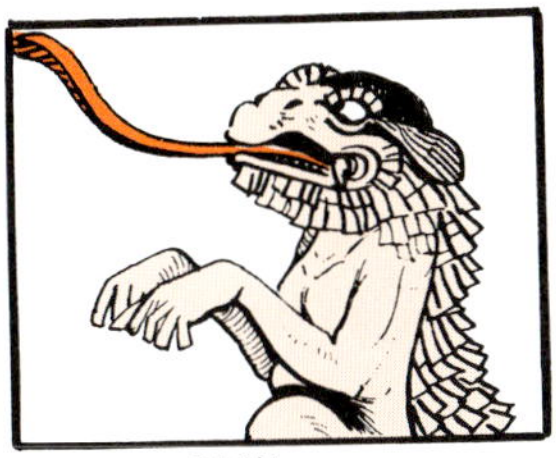

天井なめ

葬式のとき

とつぜん現われて、死体をかんおけからうばう化け物もいる。「火車」といって、いのししと狼をまぜたような顔をしている。火を出すから、近よれない。ひとふきの風とともに現われるといわれている。

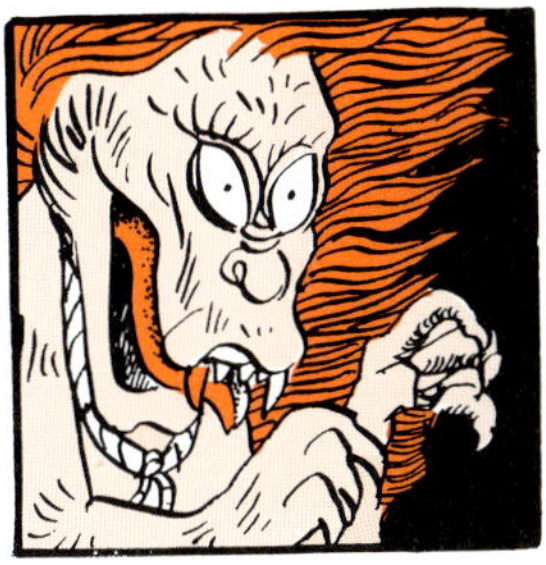

火車

また、昔、京都の町に「輪入道」という妖怪が、夜になると出た。人通りのひとりもないところを、コロコロと走ったという。昔のさびしい町の感じがよく出ている。

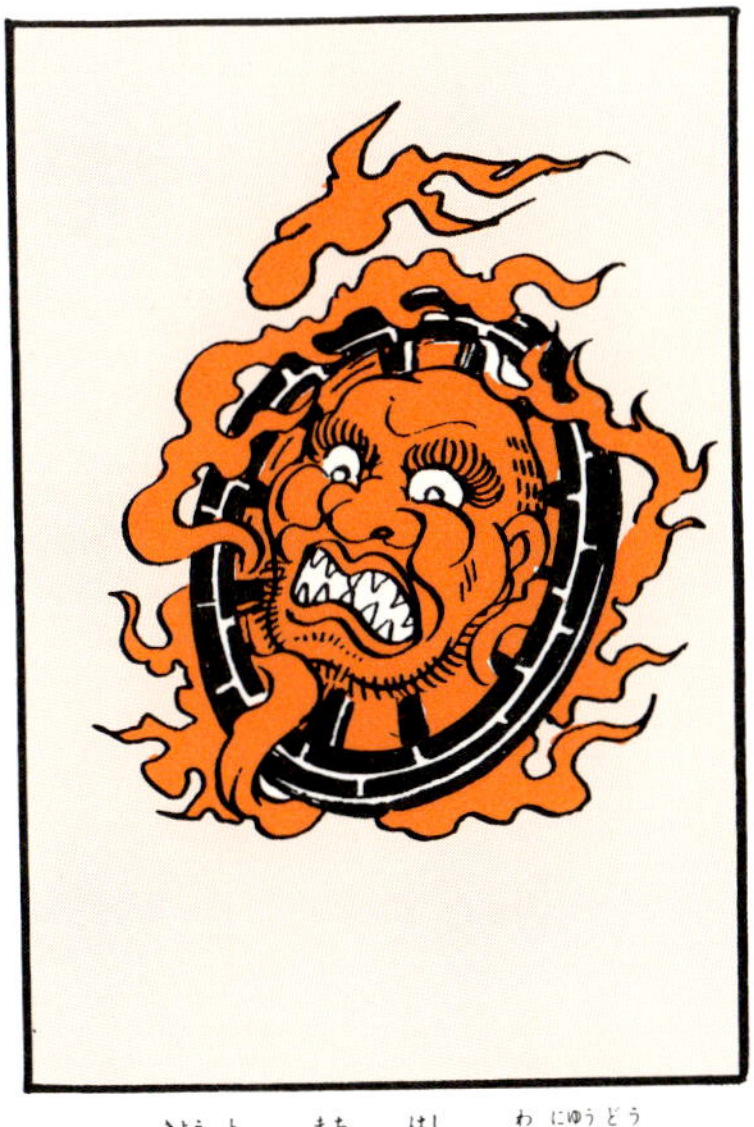

京都の町を走る輪入道

第3のポイント

妖怪はどこにすむのだろう!!

妖怪は

妖怪的ふんいきのある場所ならどこにでもすむ。ただコンクリートとか電車のなかとか、人工のかぎりをつくした場所とか、現代科学のすいを集めたような場所には出ない。きっと公害をおそれるのだろう。

いわば便所が水洗になってから、おそらく子どものとき、便所の穴から手が出るんじゃないかという恐怖は味わわなくてすむようになったが、便所に妖怪がひそんでるんじゃないかという恐怖は味わえないわけだ。

山にすむ妖怪

だから、現代では、妖怪の味をあじわうなら、やはり山のなかだろう。とくに人の行かない山のなかにキャンプしたりすると、原因不明の大きな音がしたりする。きっと大木でもたおれたんだろうと思って行ってみると、なんにもない。

これは、「**そらきがえし**」という妖怪で、昔からいたものだ。

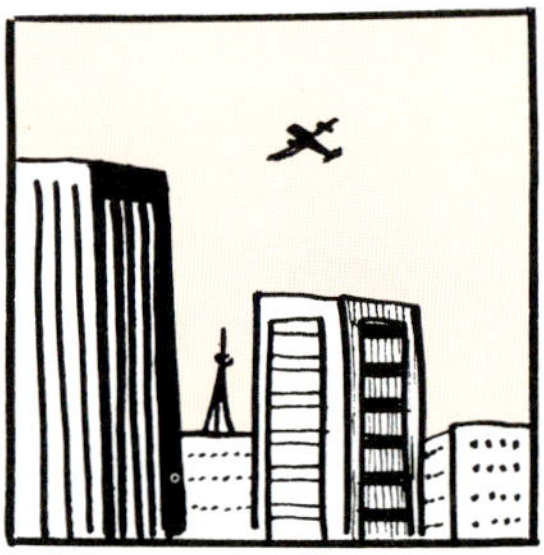

妖怪は、人工的な場所には現われにくい。

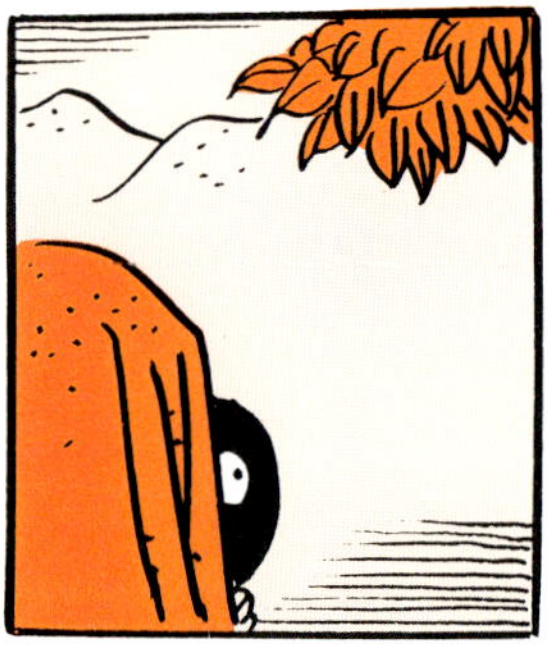

山のなかのほうが、妖怪は現われやすい。

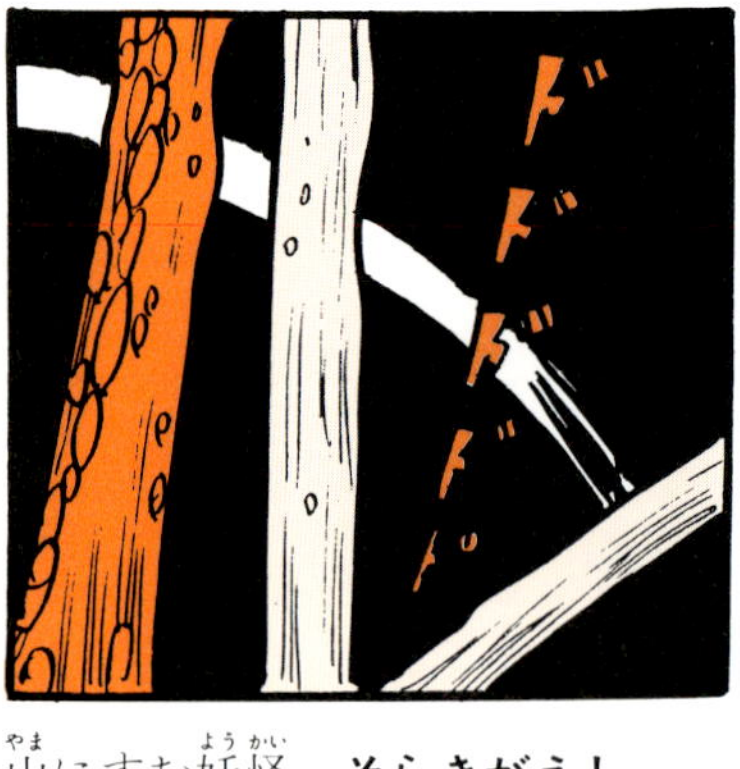

山にすむ妖怪、**そらきがえし**

海にすむ妖怪

また海とか川の中にも妖怪はいる。しかし、人が大勢行って、人の小便が海水より多いようなところにはいないから、これも人のいないところじゃないといけない。

とくに水中メガネで海中を見ていて夕方になったりすると、なんとなく帰りたくなってくる。そしてそのころ、人はいないし、なまぬるい風でも吹けば、どことなくおそろしさがせまってくるものだ。そんなときに、いきなりなにかおこるとはっとして、妖怪に見えることがある。

砂がとんできた場合は、「砂かけばばあ」、海面に音がしたときは、「いそなで」、石の場合は、「天狗つぶて」となる。

もちろん、本体は見えない。

こうしたとき、百メートルさきに人がいれば、気分がこわれるし、また妖怪も出ない。

家のなか

だってそうだ。家族が大勢いるときは、妖怪は出ない。ひとりで夜中に試験勉強しているときとか、静かな夜とか、電燈が消えてつかないとか、そんなときでないと出ない。

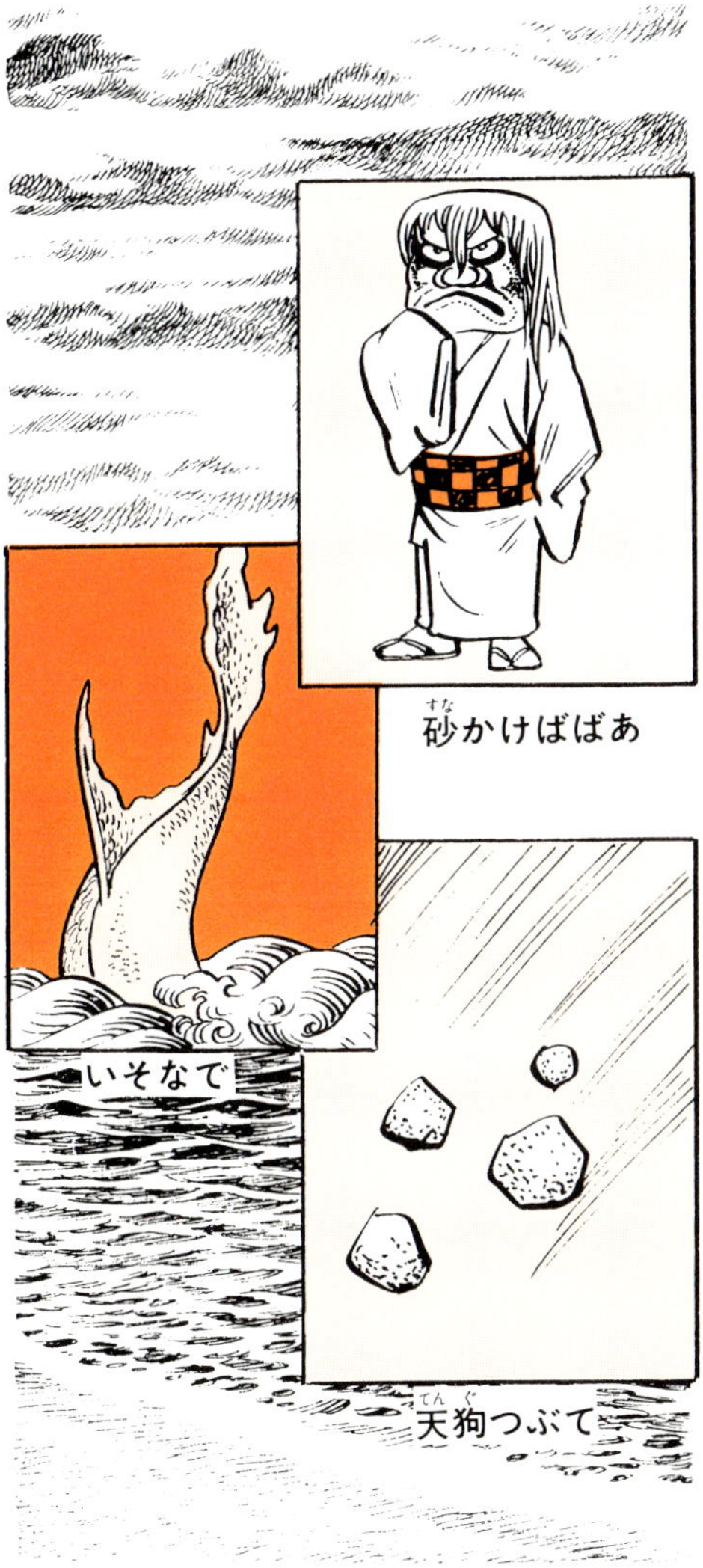

妖怪は、人のすくない海辺にも現われやすい。

第4のポイント

妖怪はなぜこわいのだろう!!

妖怪がこわいのは

やはり、食べられやしないかとか、異次元の世界へ連れて行かれるのじゃないか、という無意識の恐怖からだろうが、妖怪は、ほんらい、幽霊と違って人にうらみは持っていないから、そんなにこわくない。なかには、「金霊」といって、たのみもしないのに、蔵の中に大判小判をはいりきらないほど入れてくれるものさえある。

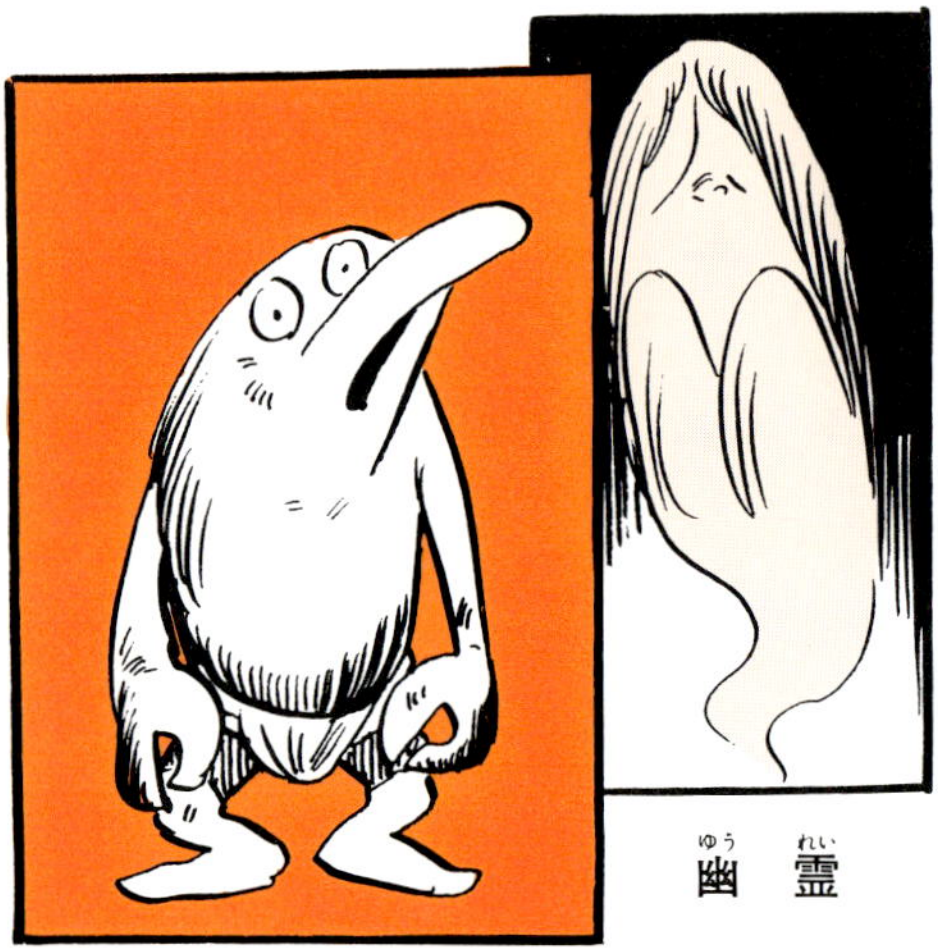

妖怪は、幽霊にくらべてこわくない。

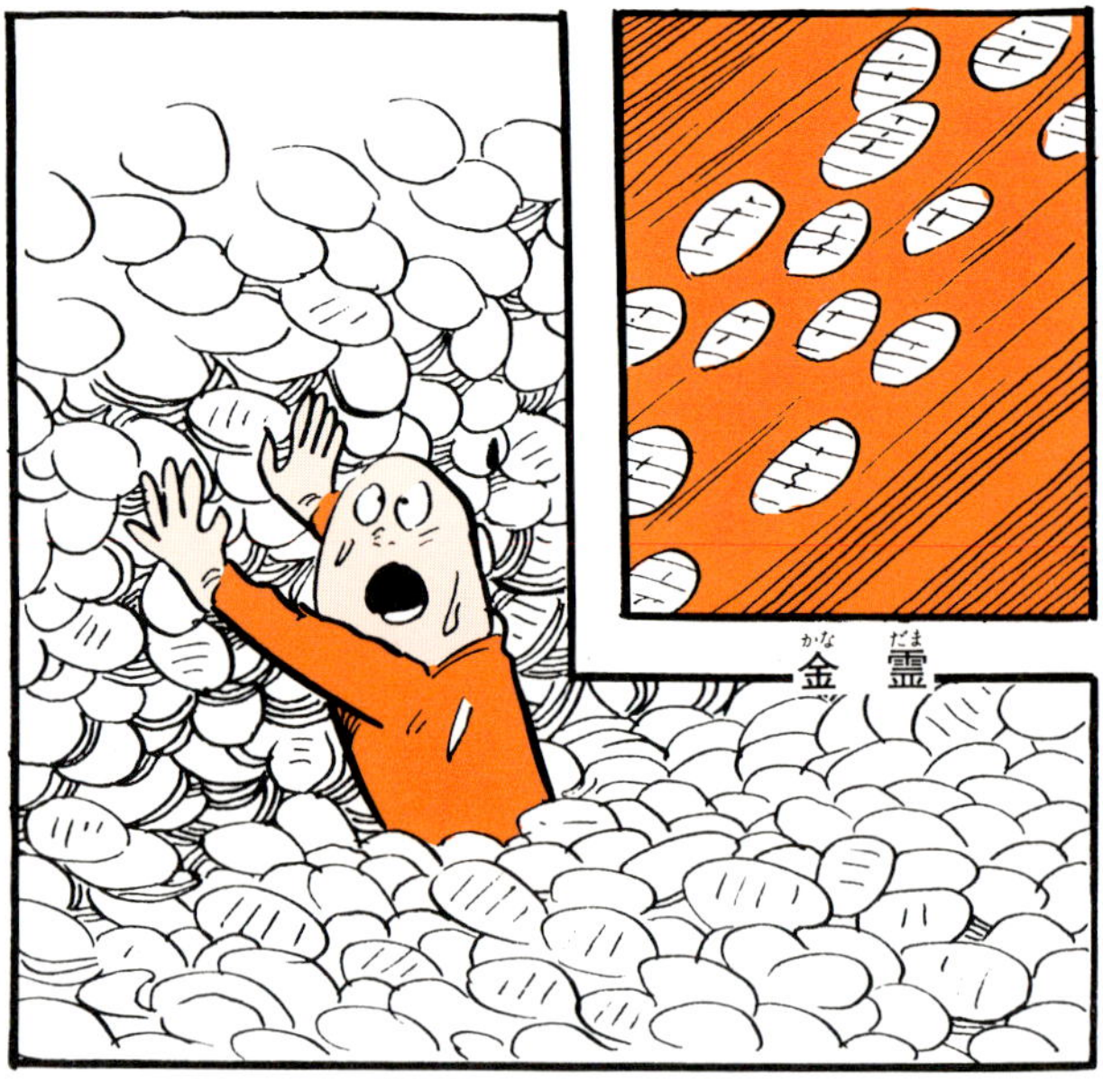

現代でいえば

大当りの歌手とか劇画屋がそうかもしれない。いちど金霊にとりつかれると、こわいなんて言ってられない。笑いが止まらなくなることもある。しかし、金霊がはなれると、やがてもとの貧乏にかえる。たぶん貧乏神と入れかわるのだろう。

現代では、貧乏神は妖怪よりこわい。

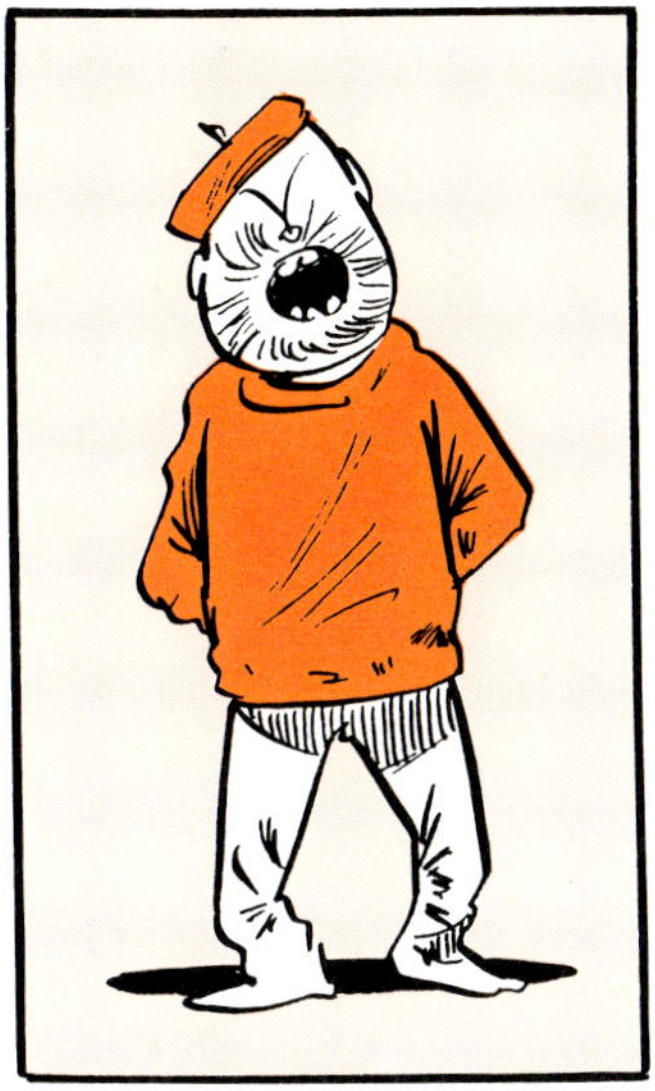

劇画屋

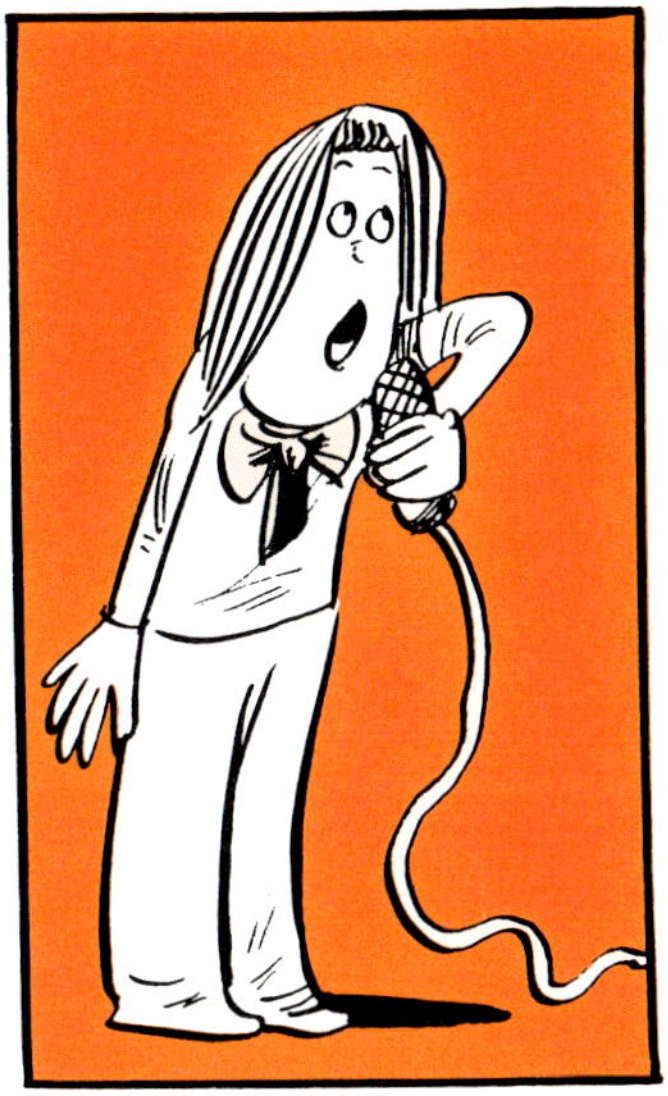

歌　手

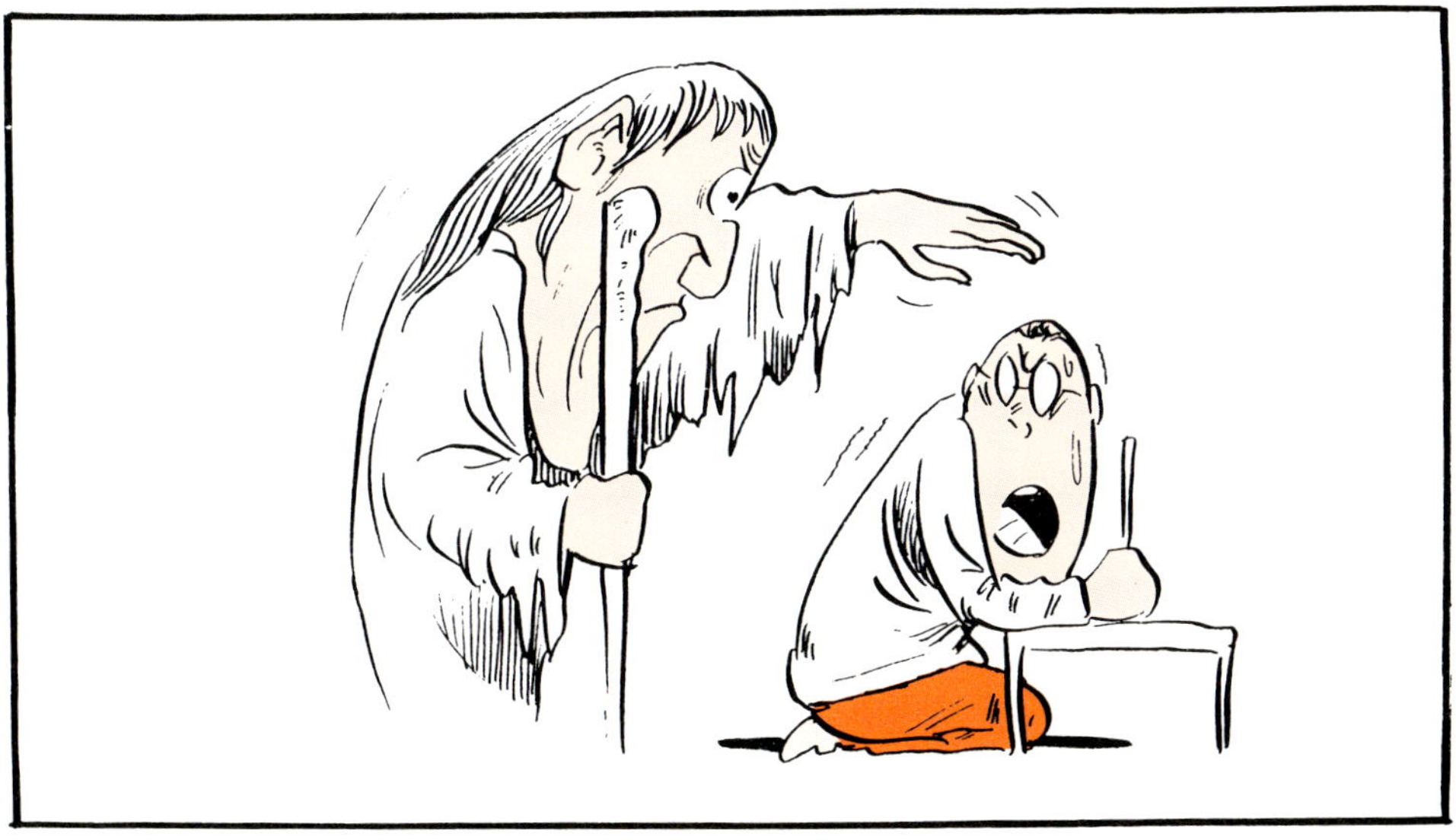

貧乏神は、妖怪よりこわい。

第5のポイント

妖怪はどんな能力をもっているのだろう!!

妖怪は おどかすことが好きだから、大きな声を出すのもいる。"うわん"とひと声、大声を出すのがいる、かと思うと、けらけら、と笑う女の妖怪もいる。

妖怪の能力は いっぱんに、ひとり一術であるらしく、ひと声笑ったりほえたりすると、それで仕事は終わり、もとの静けさにかえる。

また、「見越し入道」といって、とつぜん道の前面に現われ、はっと人をおどろかせることがある。これも、これで仕事は終わり、消える。

山のなかで、子どもの泣き声をする「こなきじじい」は、ふたつの術を持っている。

山のなかに子どもが捨ててあると思って行って、だくと千貫(三七五〇キロ)くらいの重さになってはなれない、というから、こんなのは用心したほうがよい。

「うぶめ」という女の妖怪も、これに似た術を持っている。「川赤子」というのもこれに似て赤ん坊の泣き声を出すが、これはかっぱの変形したものであろう。

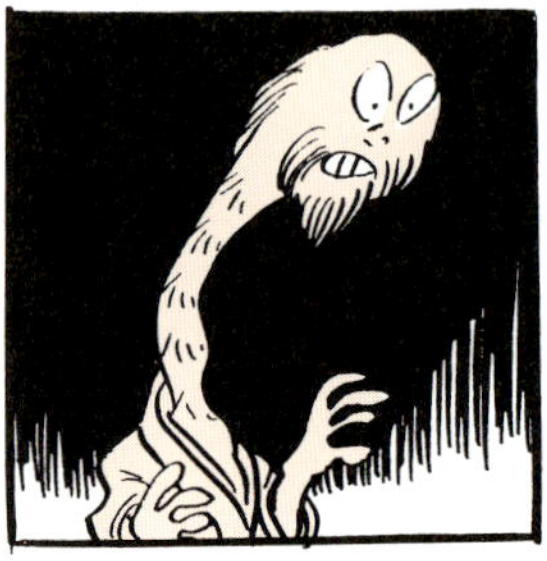
見越入道

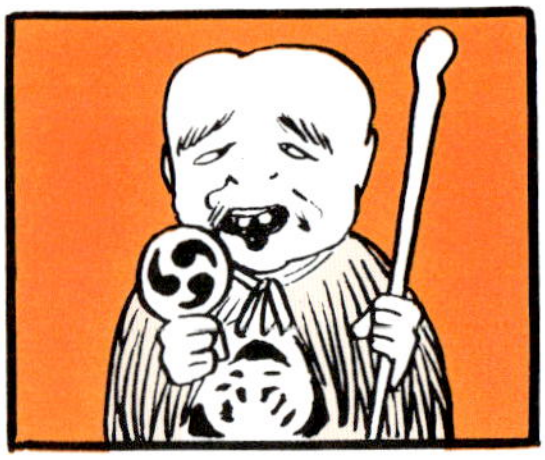
こなきじじい

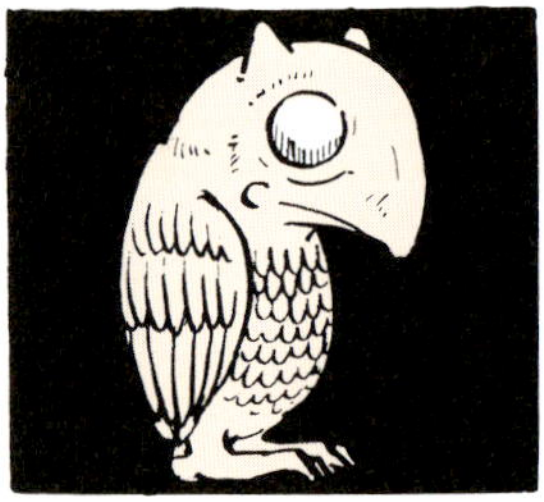
うぶめ

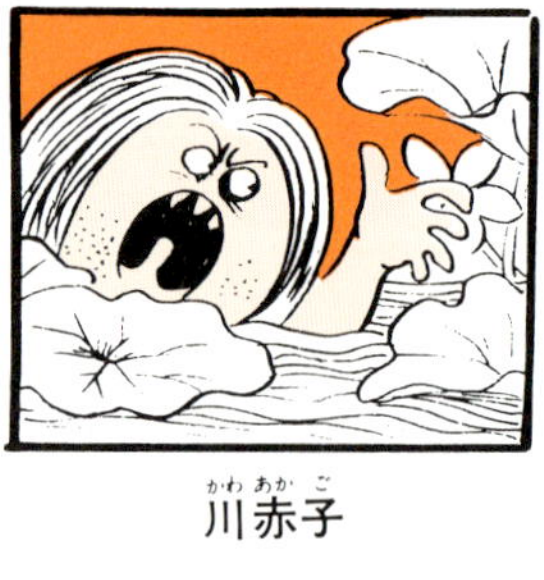
川赤子

妖怪は、いっぱんに

こちらがむかっていかなければ、むこうから、いっぽう的に攻撃してくることはない。

「**あみきり**」なども、知らないあいだにかや(蚊帳)を切ったりする程度で、怪獣のようにやたらに破かいする力はないようだ。

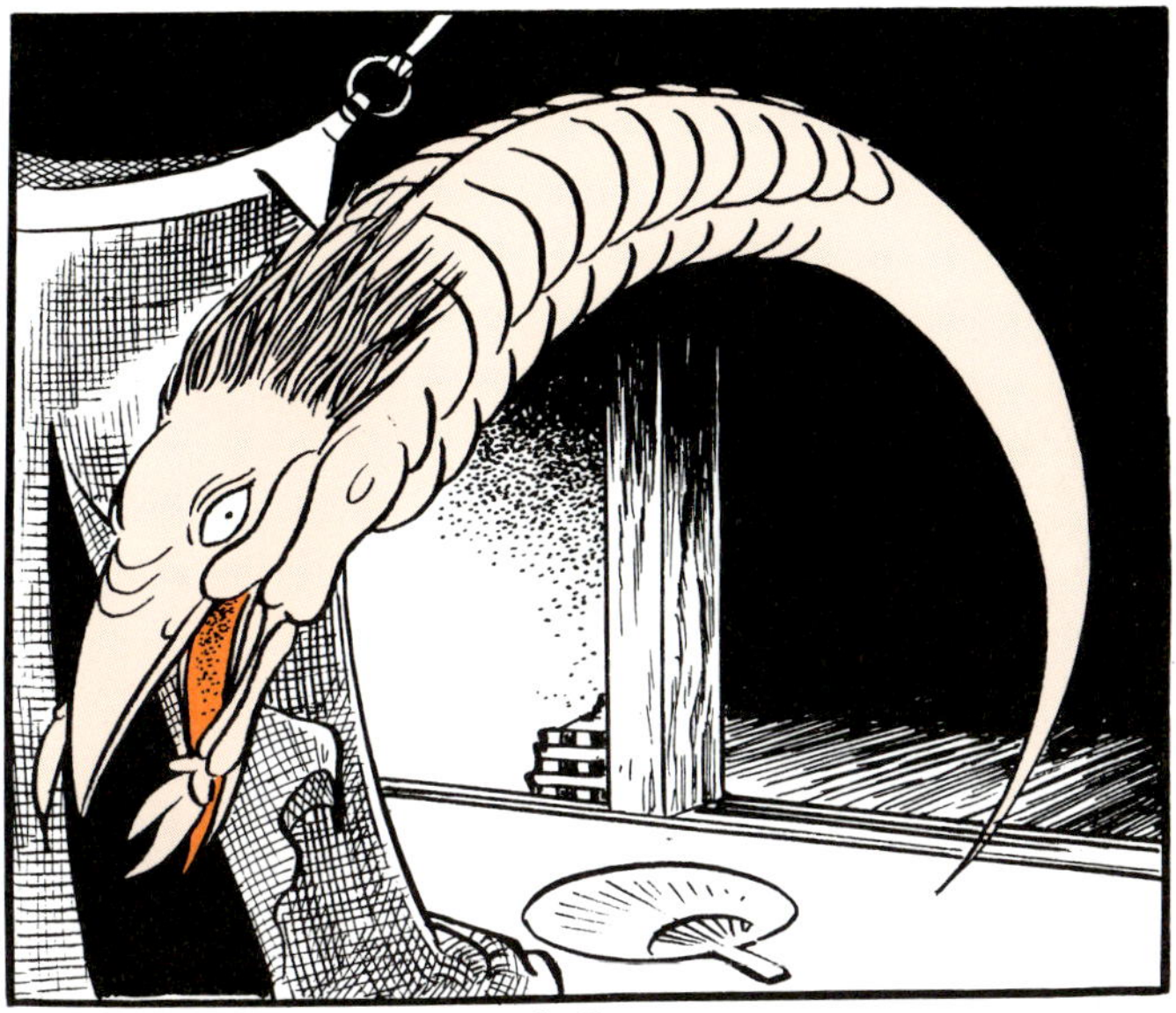

あみきり

「**大入道**」という富士山ぐらいの妖怪もいるが、おどかすくらいで、歩きまわって町をこわすようなことはない。

ひっそり独自の道をいくのが妖怪の道なのだろう。人間のようにやたらに有名になりたがったりするのはあまりいないようだ。

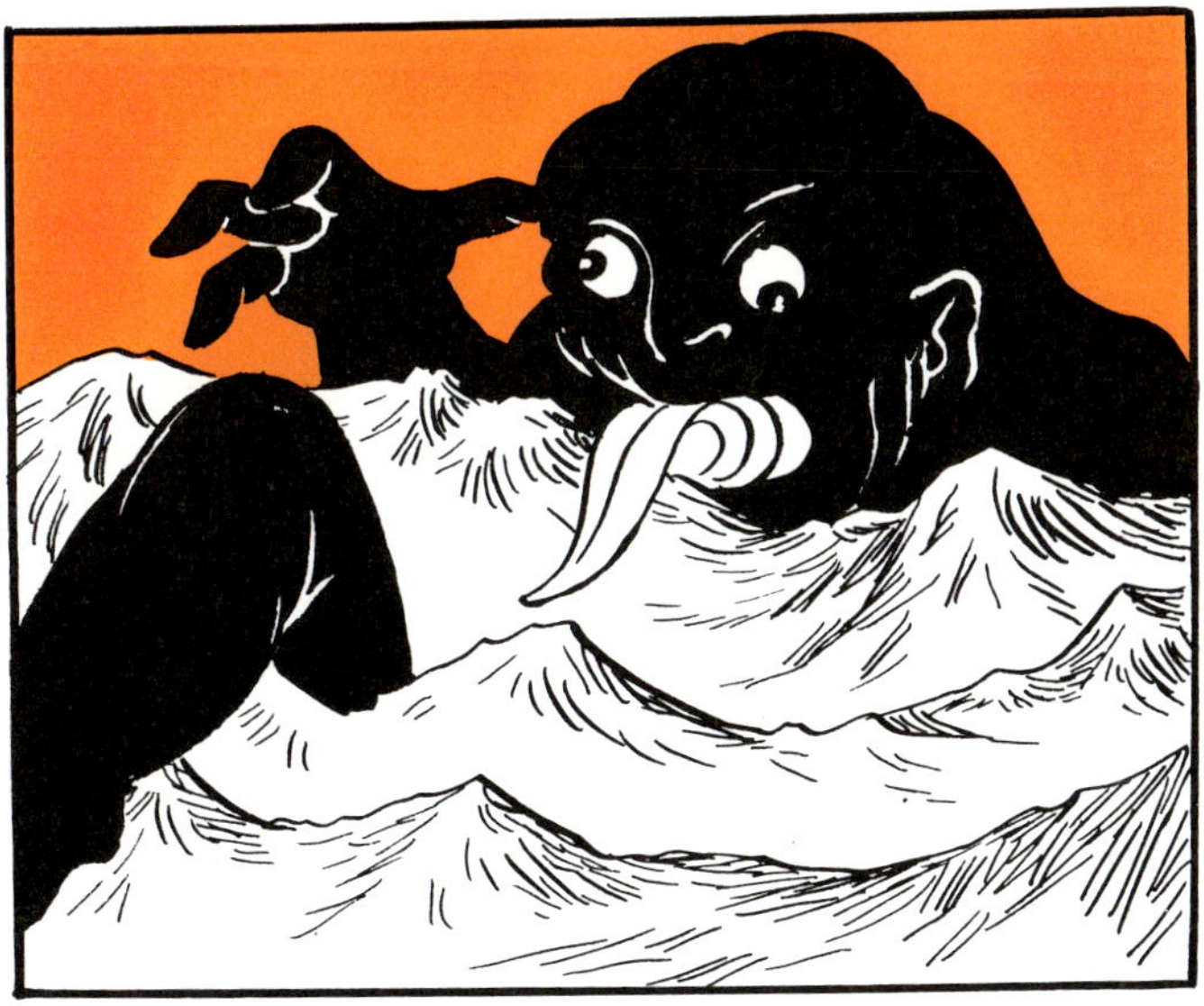

大入道

第6のポイント

妖怪は死ぬのだろうか!!

妖怪は 人間のように、生死とか金とか学校といったようなわくにしばられてはいない、次元の異なった世界にいるから、われわれはうかがいしれないが、どうもようすをみると、われわれのようにせかせかしていないし、バカバカしいことを毎日ゆっくりやっているから、不死としか考えられない。

これは余談だが、私は妖怪的生き方を理想としている。バカバカしいことをして人間の仲間にはいらず、せかせかせずにらくにくらそうといつも考えている。

妖怪は、「**あずきとぎ**」のように、谷川で小豆の音をさせてくらしているのもいるが、やはり、「**かくれ里**」という、われわれにはとうてい知れない別荘のようなところもあるようだから、そこで楽しくくらしているだろう。

最近は 妖怪のすみそうなところは、どんどん道路ができて、車がはいきガスをまきちらしているから、だんだん妖怪もすみにくくなってきていることは確かだ。

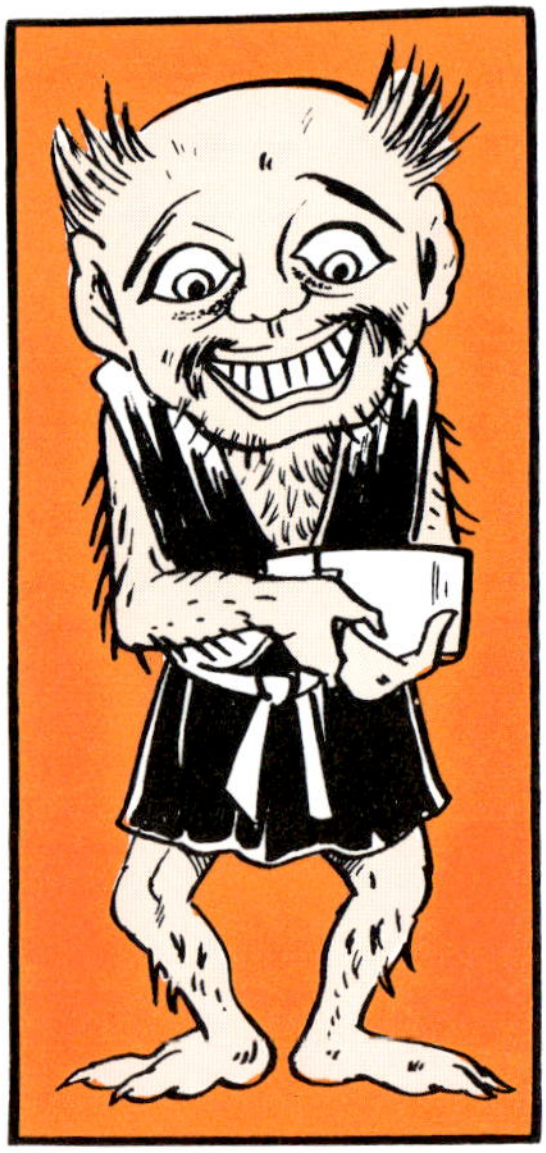

あずきとぎ

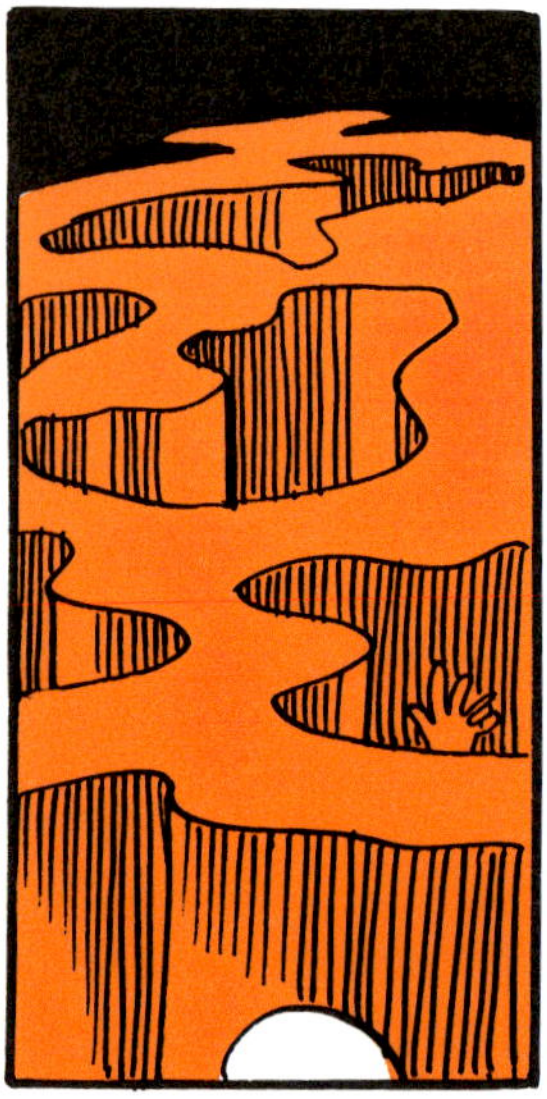

妖怪のすむ、**かくれ里**

よく、「木霊」とかいって、木に導かれて木になってしまうきこりの話など昔はあったが、もういまの日本にはない。

いつだったか南方の山の中に行ったとき、「木霊」を体験した。なんともいえない緑色にみせられて山を登るうちに、酸素のせいかどうかしらないが、気持ちがよくなってきて、いくら山を登ってもつかれない。

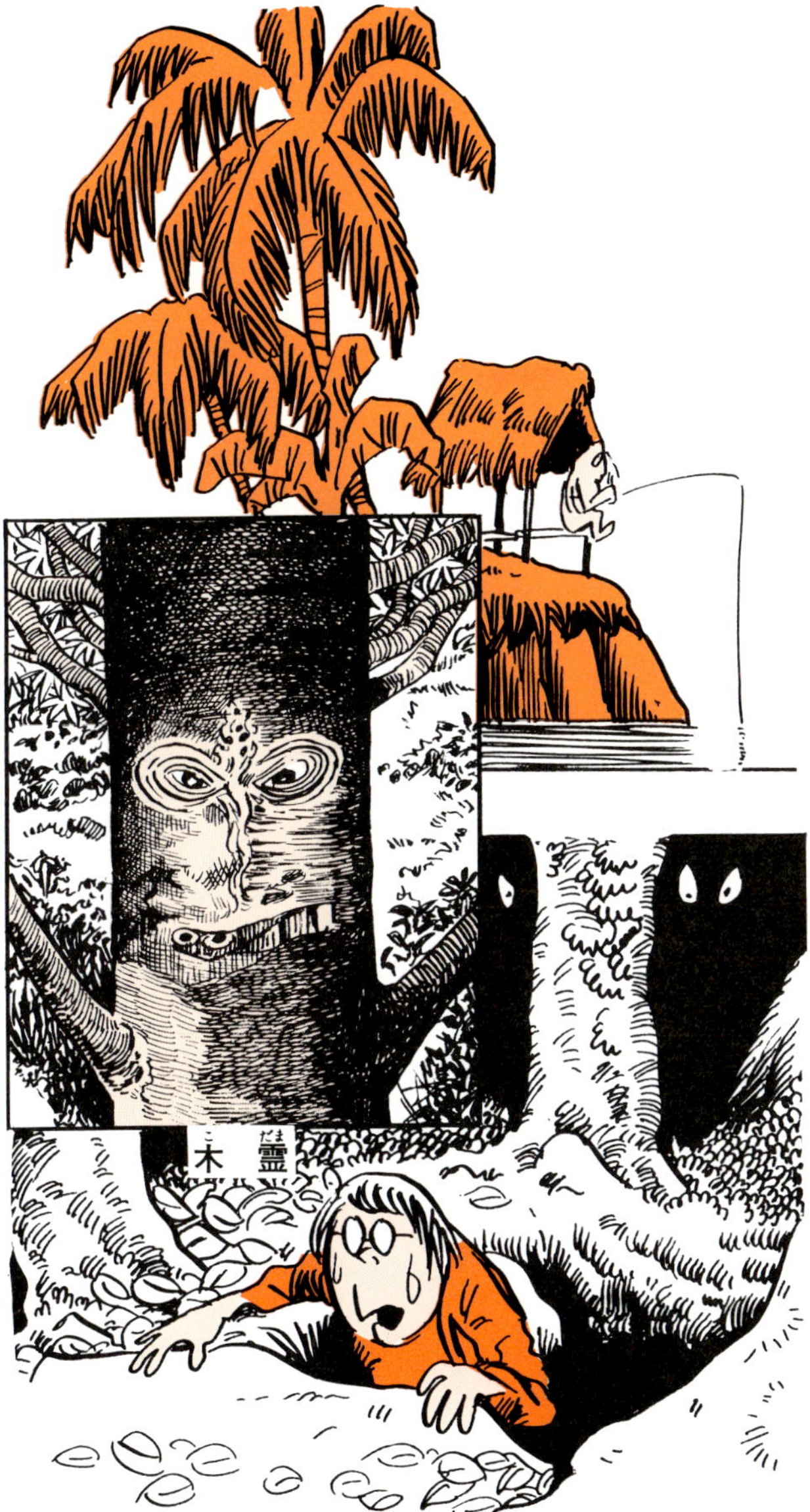

私はその緑の中に消えてしまうのではないかと思うほどいいこころもちだった。

はっとして我にかえり、あわてて下山した。ここらはほとんど無人島で木ばかり生えている秘境だったが、昔の人が「木霊」と呼んでいたものは、おそらくこんなものじゃなかっただろうかと思う。

うっかりして木になるところだった。

第7のポイント

妖怪はいまもいるのだろうか!!

「木霊」の話じゃないが、私は年ねん妖怪体験をつんでいる。

妖怪は

手にさわったり、食べて味わったりするものではない。あくまでも心の世界のものだ。

くらやみがおそろしいというのは、まず妖怪の原始的体験ともいうべきもので、妖怪を感ずる芽はある。

「世の中でおそろしいのは人間だけだ」となると、もう妖怪を感ずる力はだいぶおとろえている。

妖怪を感ずるには

現実には目に見える世界だけが世界ではない。もうひとつなにかあるんじゃないかというきもちが大切である。

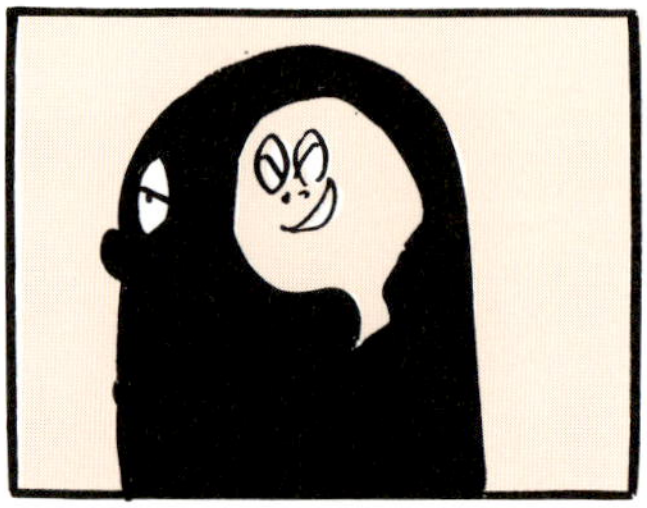

妖怪は、心の世界のものだ。

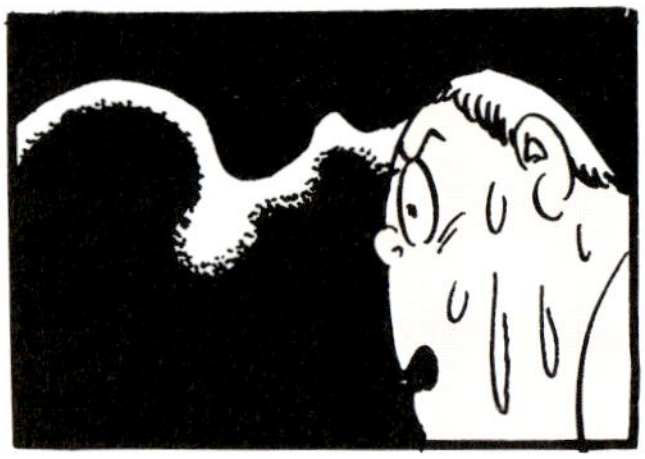

暗やみをおそろしいと感ずるのは、妖怪の原始的体験だ。

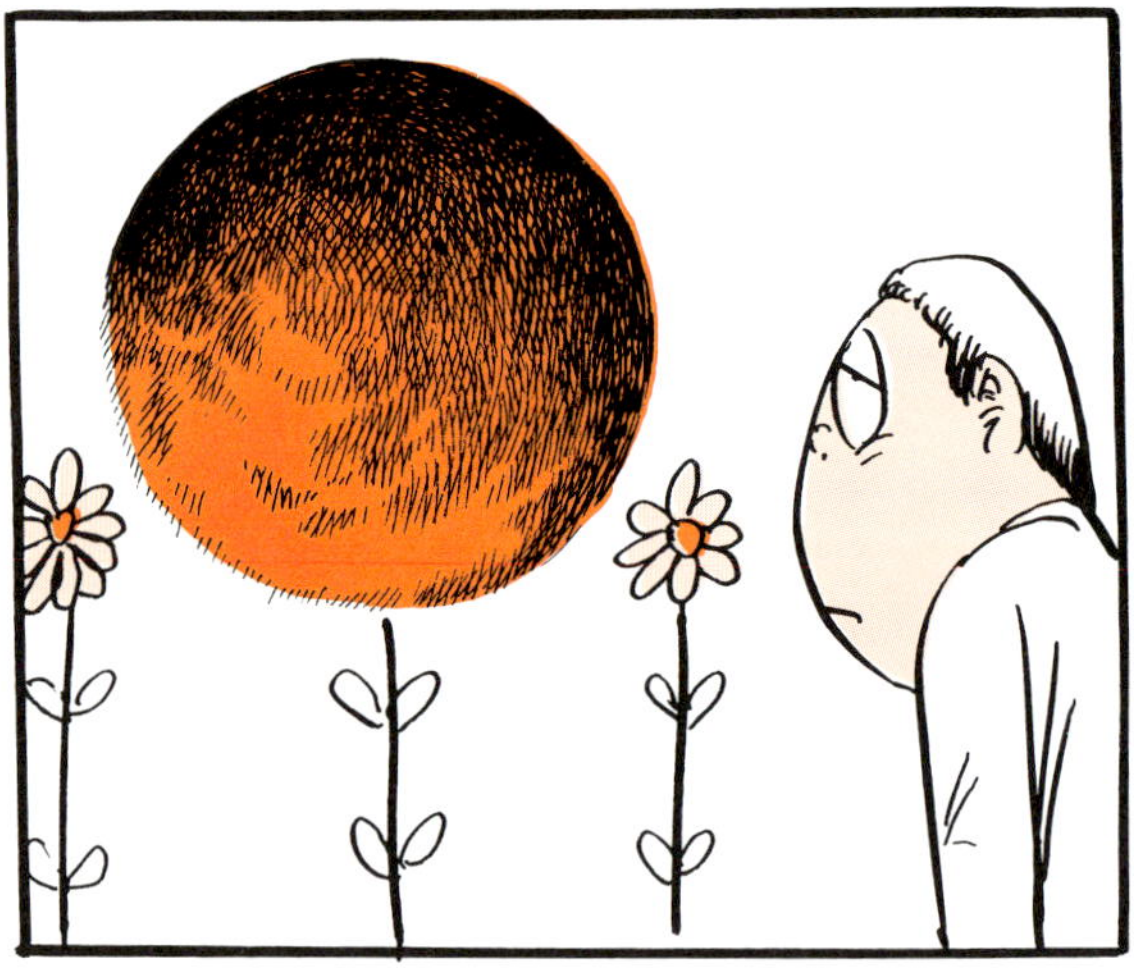

妖怪を感ずるには、目に見える世界のほかに、べつのなにかがあるのではないかという気持ちが必要だ。

私は変わり者であったから、十八歳ぐらいのとき、山に小人がいるのではないかと思い、もっとも確実にいると思ったわけではないが、毎日、火ばし（火ばしは小さな穴をほるのに便利だ）を持って山の中に行ったものだが、ときに熱心に虫の穴なんかをあらしていて夜になったことがある。

森は暗く道もわからない。そのとき私はあたりに「百鬼夜行」を感じた。べつに形が見えたわけではないが、なにかがいるという恐怖を味わったわけだ。

後年、「百鬼夜行」の絵を見ると、そこには私がかつて森で感じた、やみの中になにかがいるという感じはその「百鬼夜行」の絵に現わされていたわけだ。

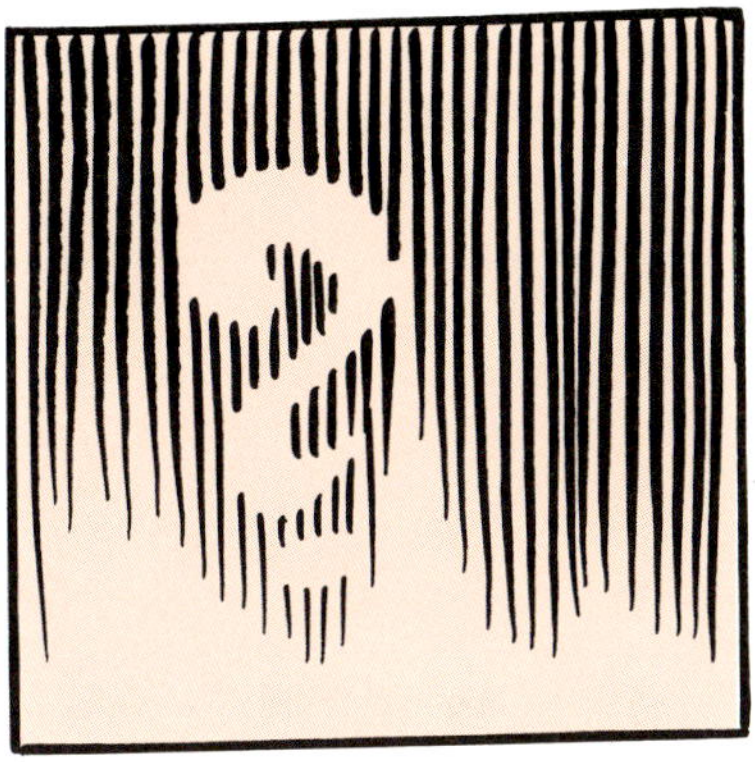

森の闇になにかがいると感じた。

なるほど、妖怪というのは、なにかいるという感じを形にしたものなんだなあと、そのとき思った。

さらに後年鳥山石燕の絵を見て、百五十くらいの妖怪は、こんなときの気分だなとか、これはあんなときの気分を表わしているんだなということがみんなわかり、友達ができたような気持ちになった。

というように、現代でも、特にいなか出身の人は妖怪を見られるだろう。くわしく言えば、見るのではなく感ずると言うべきかもしれないが。

しかし、都会のマンションでコンクリートばかりのところに住んでいる人は、妖怪を感じられない。想像力をかりたてようにも、コンクリートのような人工的環境では無理がある。鉄筋コンクリートでは妖怪もにげだすだろう。

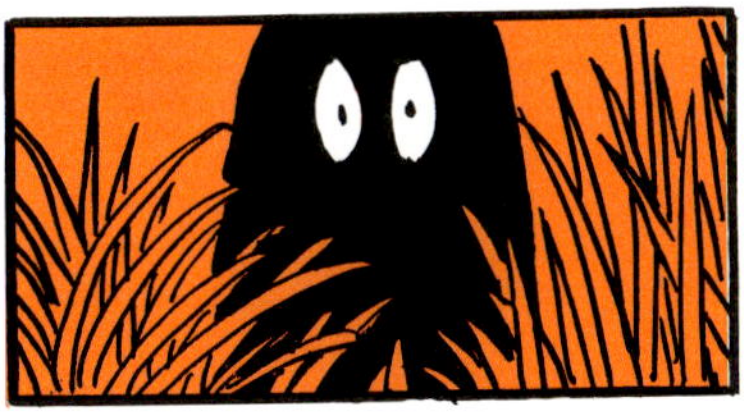

いなかの人は、妖怪を見やすい。

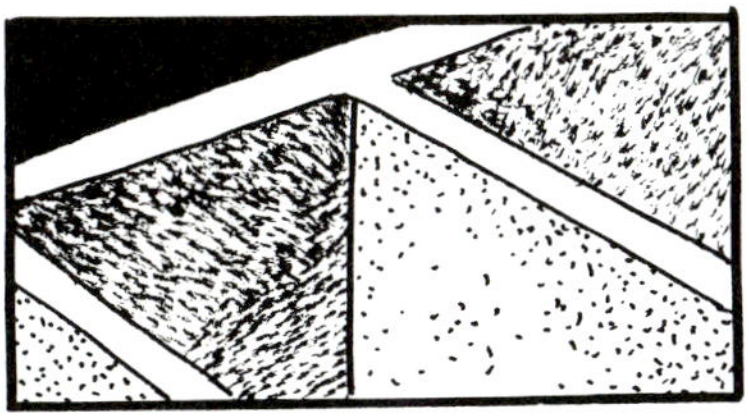

都会のコンクリートのなかでは、妖怪を感じにくい。

妖怪のひみつ①

■妖怪はどのようにして生まれたのだろう

妖怪は人間の恐怖心やあこがれやうらみなどから生まれたものであるといわれるが、そのような妖怪の生まれた原因を大きくわけると、次の五つにわけられる。

㋑噴火、地震、暴風、洪水などの天変地異へのおそれから。

㋺病気や、貧しさや、死への恐怖心から。

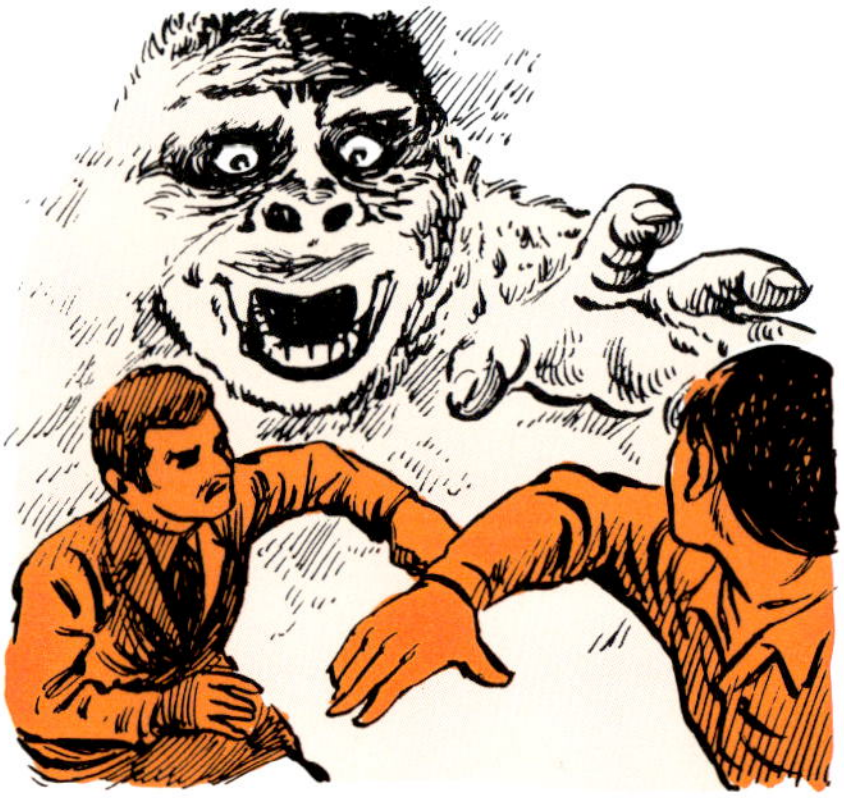

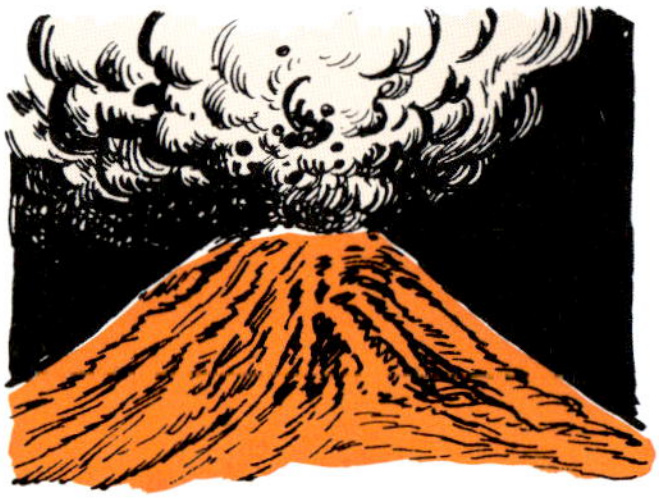

妖怪の誕生

㋩動物など、自分に危害をくわえるものへの恐怖心から。

㋥杉の木や松の木など、人間より長生きをする植物などは、永久に死ぬことはないと考えられていたので、自分もそのように永久に生きたいという不滅の生命へのあこがれから。

㋭人のうわさや迷信をそのまま信じたり、宗教の教えや、教訓のたとえ話を、ほんとうのことのように思いこんでしまうなど、科学的な知識の不足から。

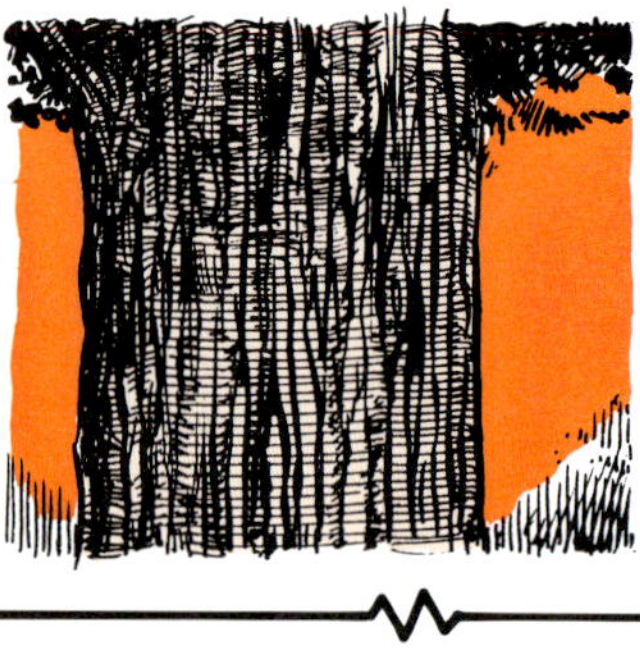

第2章　人間の妖怪

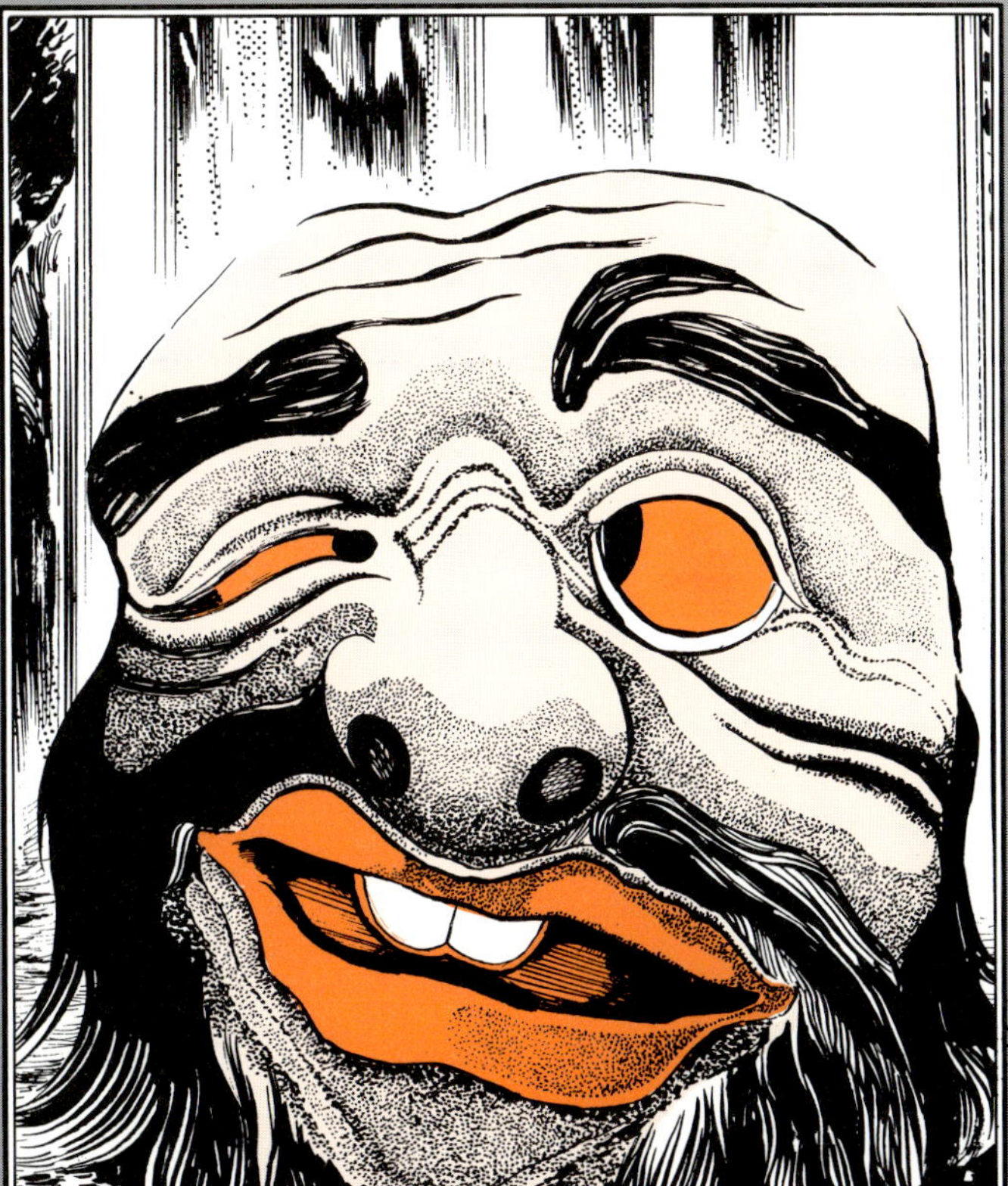

人間の妖怪たち

これは、人間の妖怪というよりも、人のかたちをした妖怪といったほうがいいだろう。たいてい、お坊さんのかたちとか、おばあさんのかたちとか、おじいさんのかたちとか、子どものかたちである。

●お坊さんのすがたをしたもの

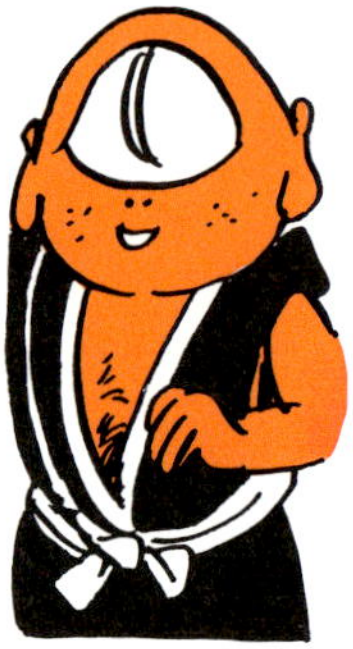

たとえば、茨城県の山おくに出る**ひよりぼう**とか、雨のふるときに、山のなかをぶつぶついいながらやまぶしのようなかっこうで歩いている**こさめぼう**とか、便所に出る**かんばり入道**といったものは、どちらかといえば、お坊さんのかたちに似ている妖怪だといえるだろう。

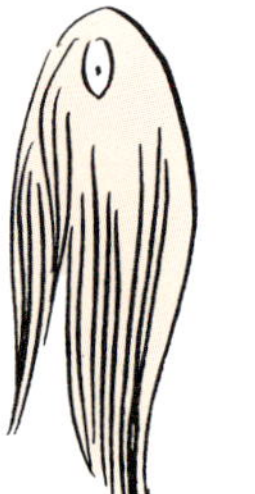

●おじいさんのすがたをしたもの

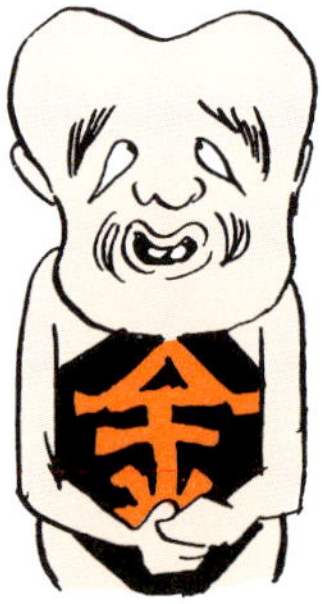

おじいさんのかたちに似ているものには、高知県の山のなかにでるふるそま、山おくにすんでいて山の精といわれる**さんせい**、山おくでかにをたべている**やまわろ**、山のなかに明治時代のなかごろまですんでいたといわれる**やまおに**などがある。また、むかし、村や町のつじにすわっていたといわれる**もんもじじい**、風雨の夜だけ町に出てうろつく**大座頭**、満月になると野原に現われる**手の目**、夕がた、ひょっこり現われる妖怪の頭目**ぬらりひ**

ょんなども、みんなおじいさんのかたちをしている。

●おばあさんのすがたをしたもの

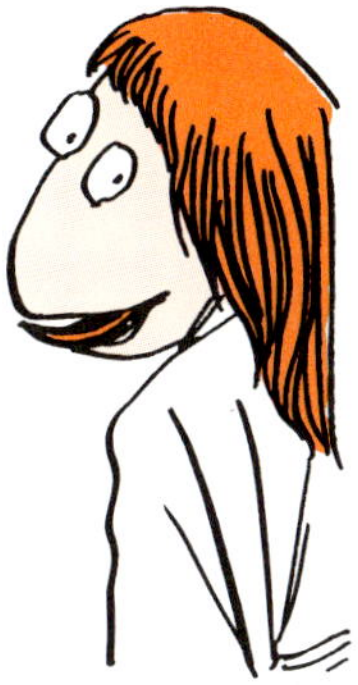

おばあさんのかたちをしているものには、岡山県に出る**おひあがり**、日本全国にいる**やまうば**、石川県の能登半島に大雪がふると現われるという**おしろいばばあ**、蛇塚のなかにいるといわれる**蛇骨ばばあ**、京都の神社あたりにいるといわれる**砂かけばばあ**、風もないのにとつぜんちょうちんの火を消したりする**ふっけしばばあ**、寺にすむ**古庫裏ばばあ**などがある。

また、昔、姫路城の天守閣にすんでいたといわれる**おさかべ**という妖怪、八丈島にすんでいたといわれる**テッチ**、これらはみな、おばあさんのかたちをした妖怪である。

●子どものすがたをしたもの

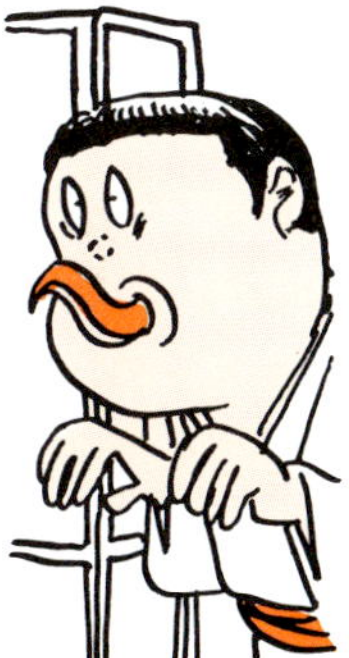

子どものかたちをした妖怪には、**こなきじじい**がある。これは、子どもの泣き声で人の助けをよび、いきなりだきついて人を苦しめるといわれるものだが、どちらかといえば、おじいさんと子どものあいのこである。また、**あまのじゃく**という、なんにでも反対する妖怪がいるが、これも子どもくらいの大きさである。

昔、京都に出た**そろばんぼうず**や**あめふり小僧**という雨の神のつかいといわれる妖怪も、子どものかたちをしているし、埼玉県に出る**そでひき小僧**に**とうふ小僧**、風呂場に出る**あかなめ**、滋賀県に出て、油をなめる**あぶら赤子**や東北などに出る**ざしきわらし**、**川赤子**といったものは、子どものかたちで、あいきょうがある。

こなきじじい

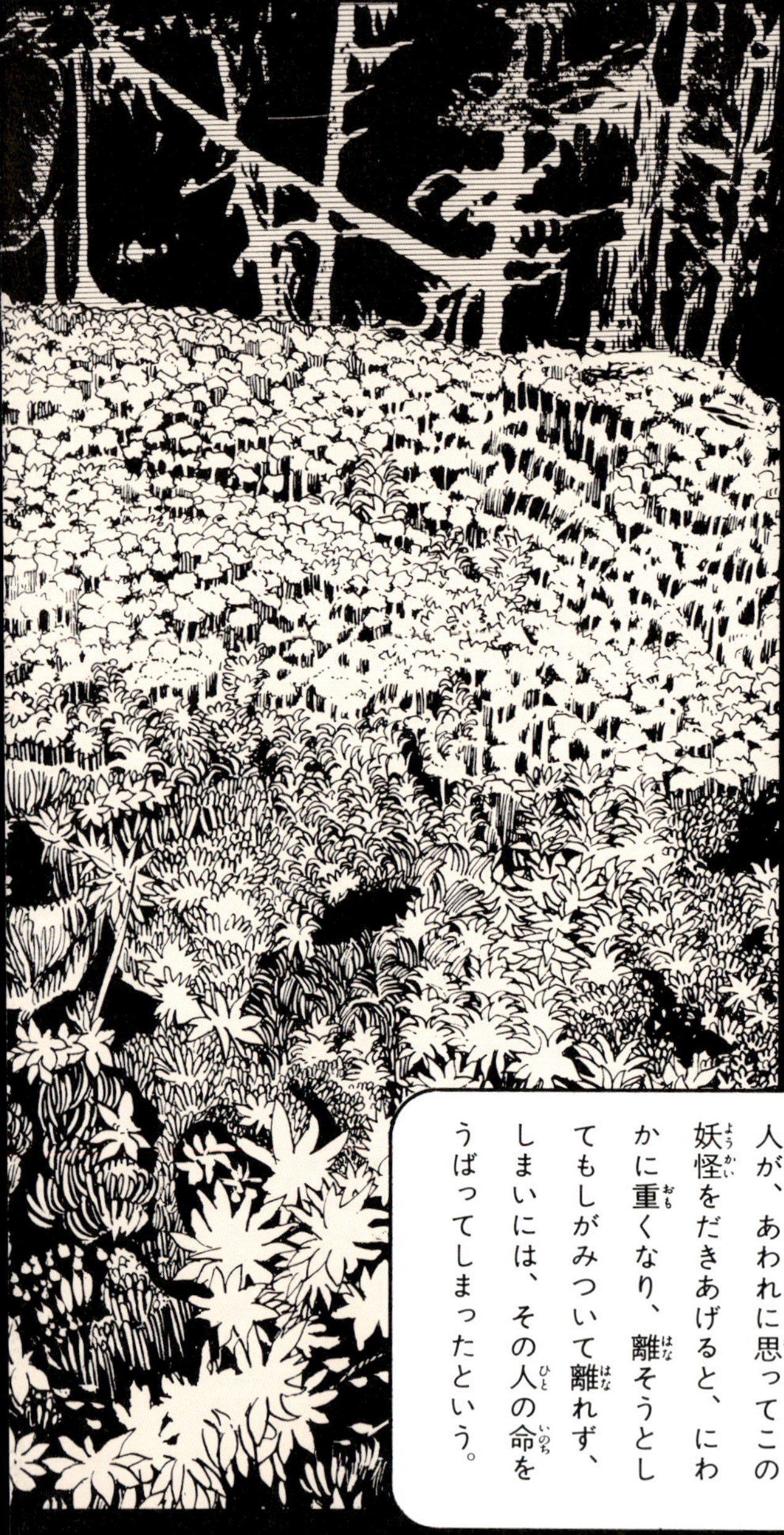

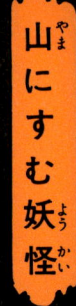

四国地方の山おくにすむといわれる妖怪。
すがたは老人に似ているが、赤んぼうのような泣き声をだす。
あるとき、山のなかで赤んぼうのような声をきいた人が、あわれに思ってこの妖怪をだきあげると、にわかに重くなり、離そうとしてもしがみついて離れず、しまいには、その人の命をうばってしまったという。

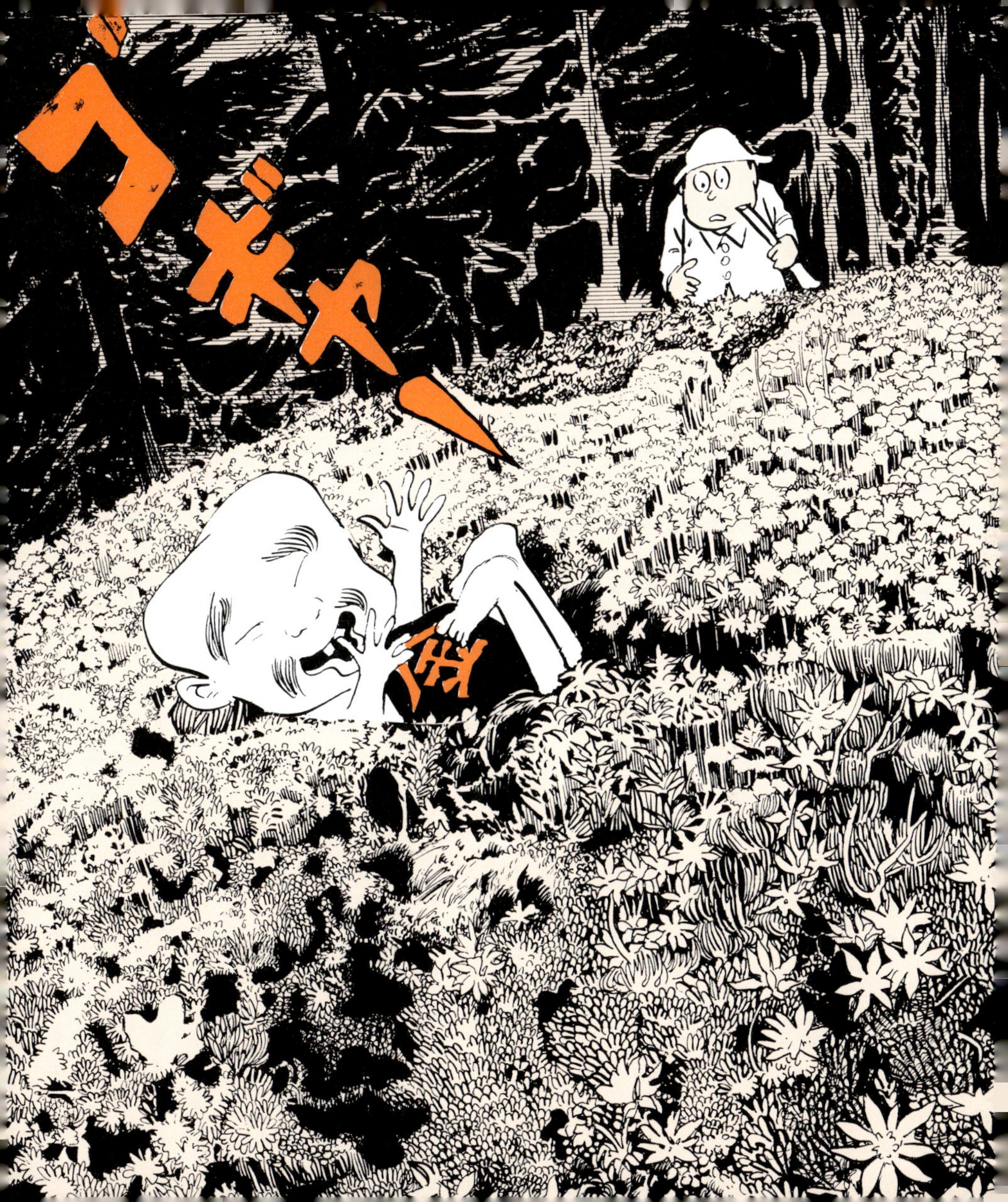
クギャー

山にすむ妖怪

やまわろ

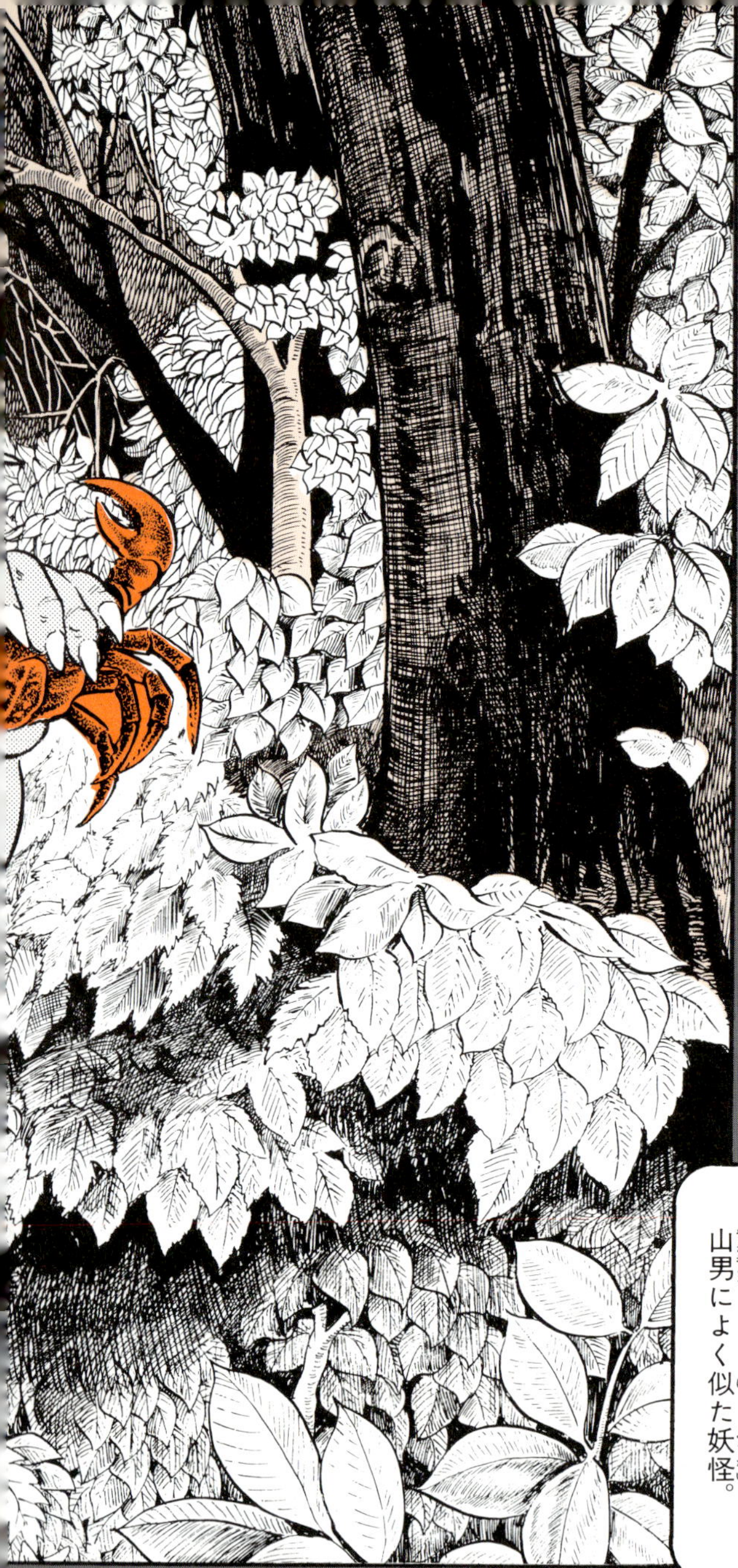

めったに人のおとずれない山ふかくにすんでいる。
いつもは、かにや木の根をたべていたが、あるとき、石をたべものと感ちがいをしてたべすぎ、死んでしまったといわれている。
山男によく似た妖怪。

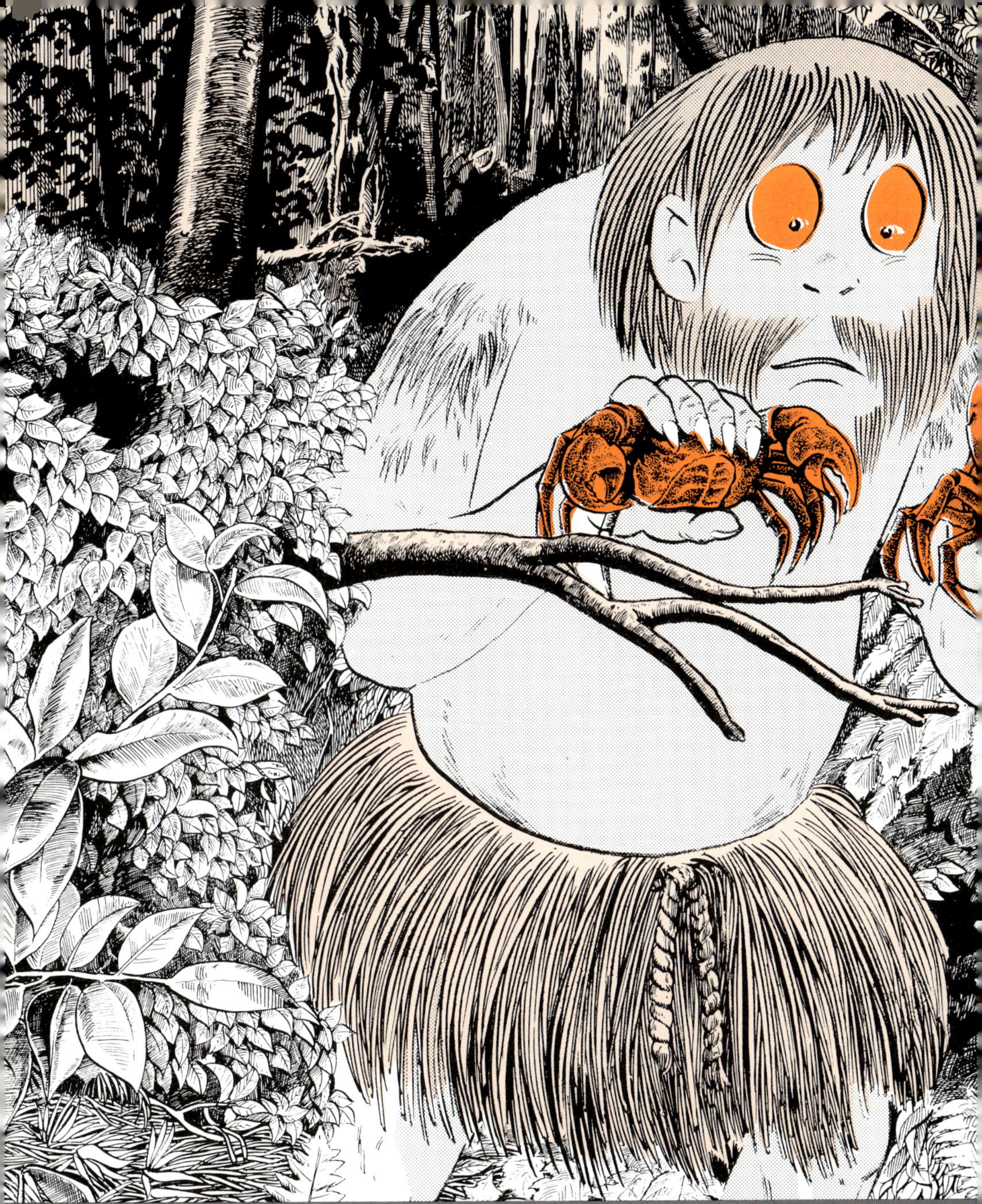

コロポックル

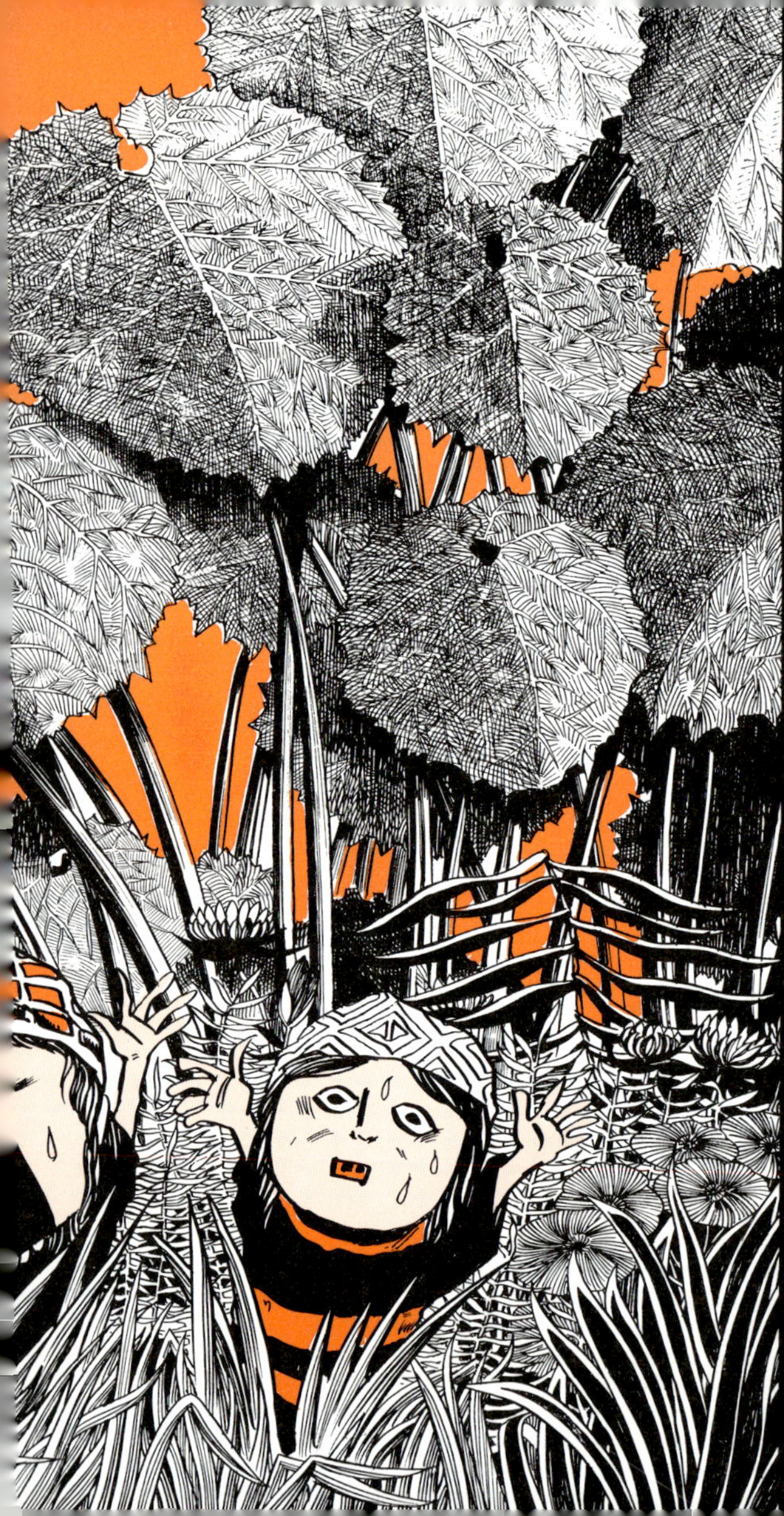

むかし、北海道で、ふきの葉の下に、小さな小さな家をつくって、すんでいたという小さな種族。力が弱くて、他の種族に、ほろぼされてしまったけれど、現在の日本人は、このコロポックルの子孫ともいわれている。

雨がふると、何人もいっしょに、ふきの葉の下に集まって、雨やどりしたらしい。

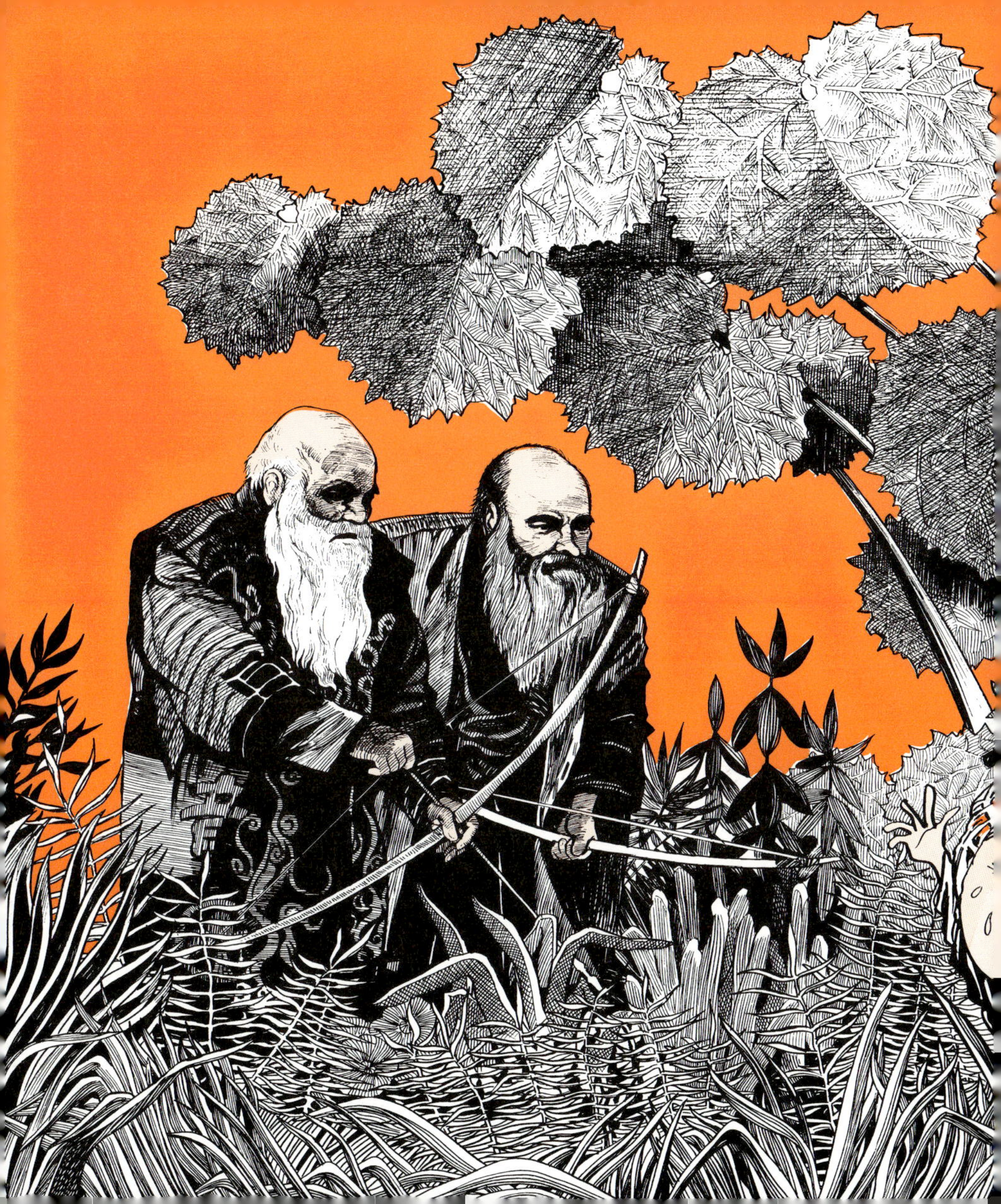

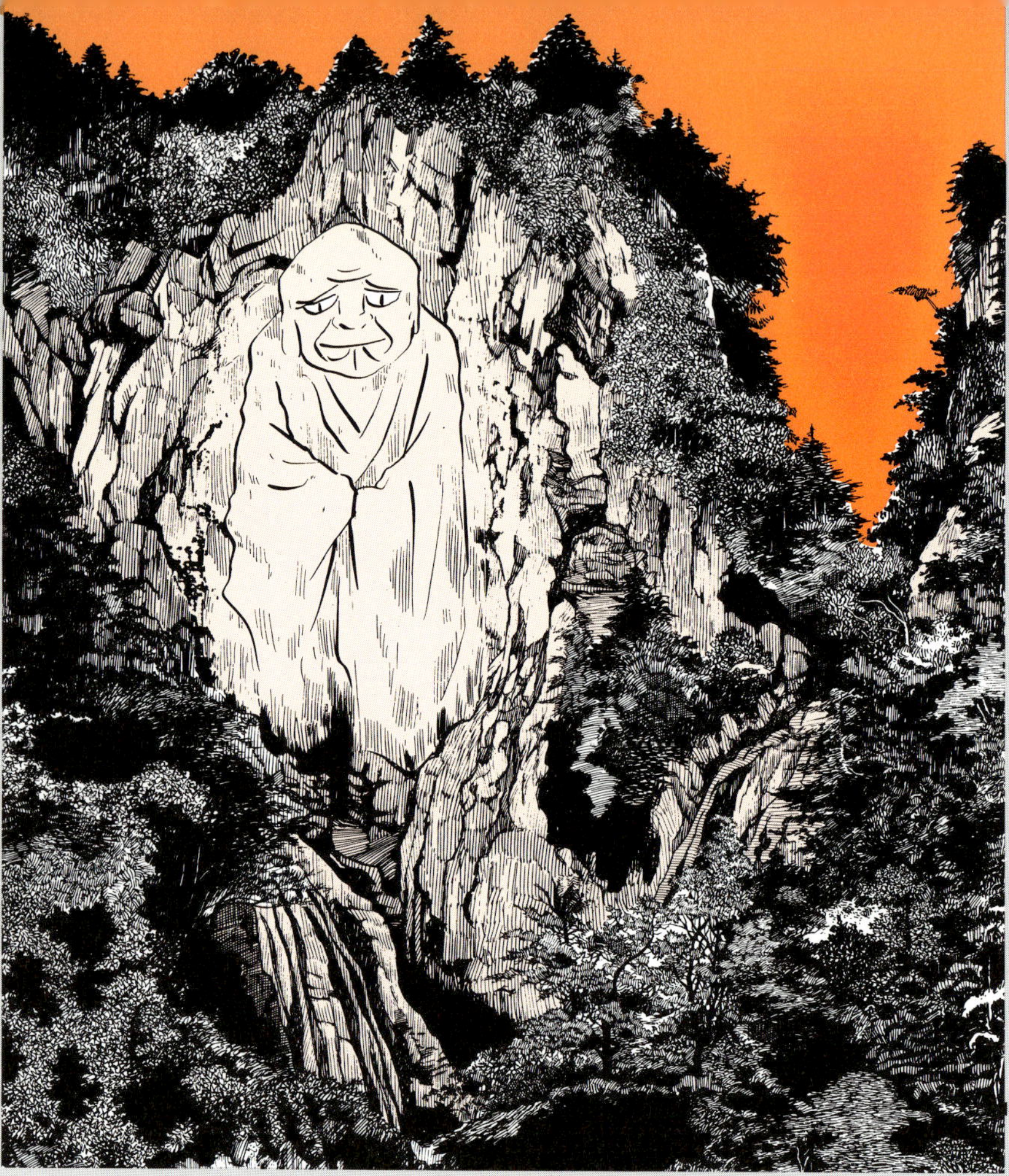

山にすむ妖怪

ひよりぼう

ところは茨城県。
雨の日がいやになったら、いまの子どもは、「てるてるぼうず　てるぼうず　あした天気にしておくれ……」と願いをかけるけれども、むかしの子どもは、「出てきておくれよ　ひよりぼう」と願うと、山おくの大きな岩に、ヌーッとすがたが現われて、たちまち空が晴れわたったという。

ひよりぼうは、晴れた日がお気にいりで、雨やくもりの日には、しぶって出てこない。

やまじじい

やまじじいは、人間に似ていて、七十歳くらいの老人のようなすがたをしているといわれる。

全身は、ねずみ色の短い毛でおおわれ、みののようなものを着ており、ひどく大きな光った目がひとつ、足も一本。さるの頭を、まるでだいこんをかじるようにたべてしまうほどの強い歯をもち、おおかみにさえこわがられたという。

しかし、このやまじじいを見たものはすくない。あるとき、村の老婆が道でばったりすれちがったので、おどろいてあとをふりかえったが、ぴょんぴょんとんで歩くやまじじいのすがたは、もう見えなかった。また、ある大雪の日に、やまじじいの足あとらしいものが、村はずれの道に、ちょうどきねで押したようにまるくついていた。

このような雪の上のまるい足あとは、高知県、広島県、和歌山県の山のなかに見られたという。いまでも、ときどき見ることもあるという。

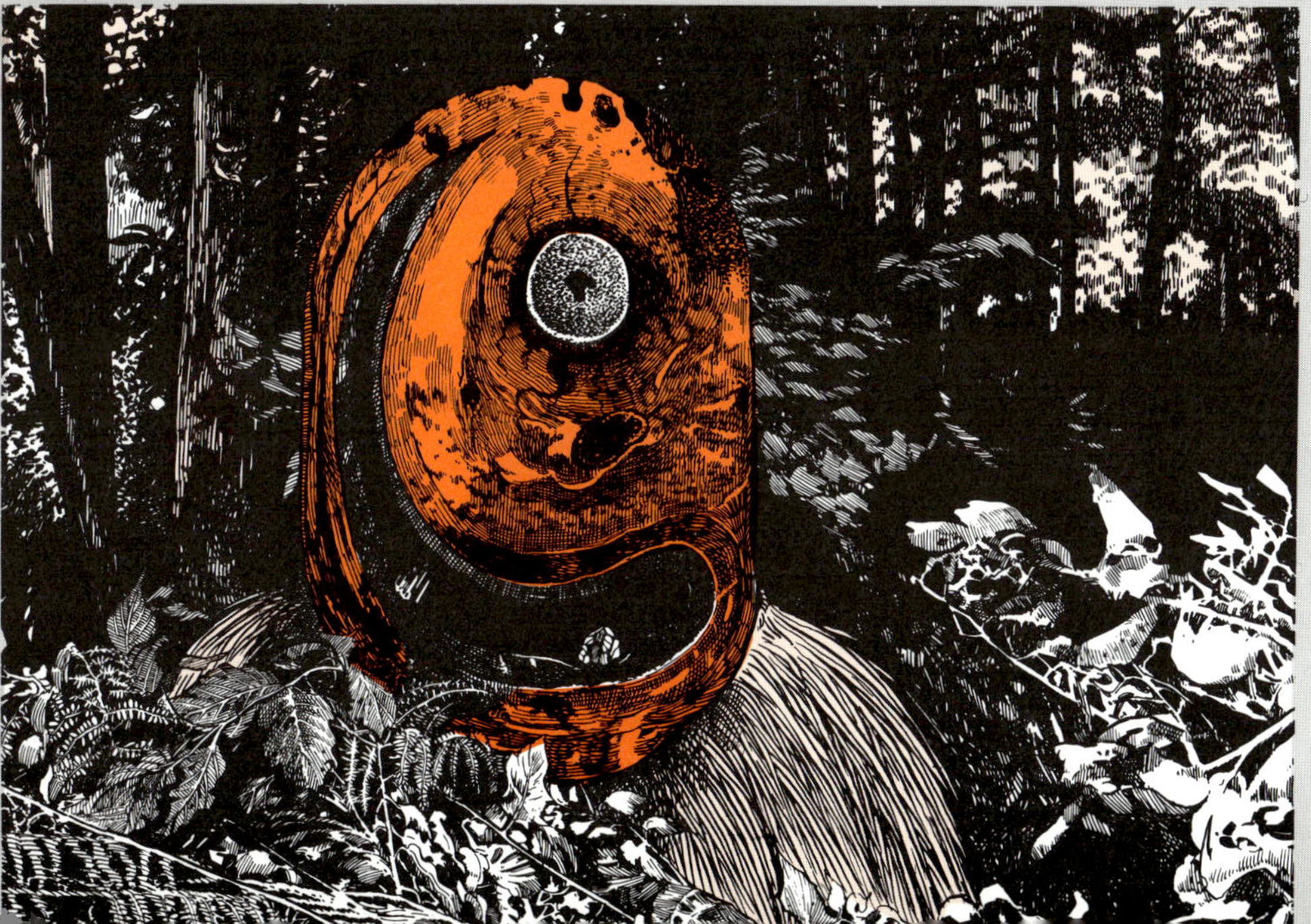

山にすむ妖怪

さんせい

ただただ塩が大すきなさんせいは、人間の命をうばうなんて、そんな悪いことはしないけれど、ただただ塩が大すきなばっかりに、山へやって来た木こりのところから、人間のすがたに身を変えて、ただただ塩だけをぬすんで、山おくに帰っていく。

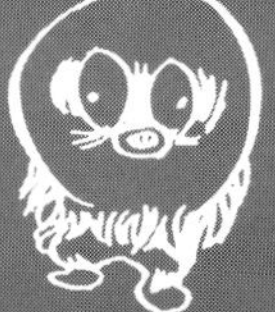

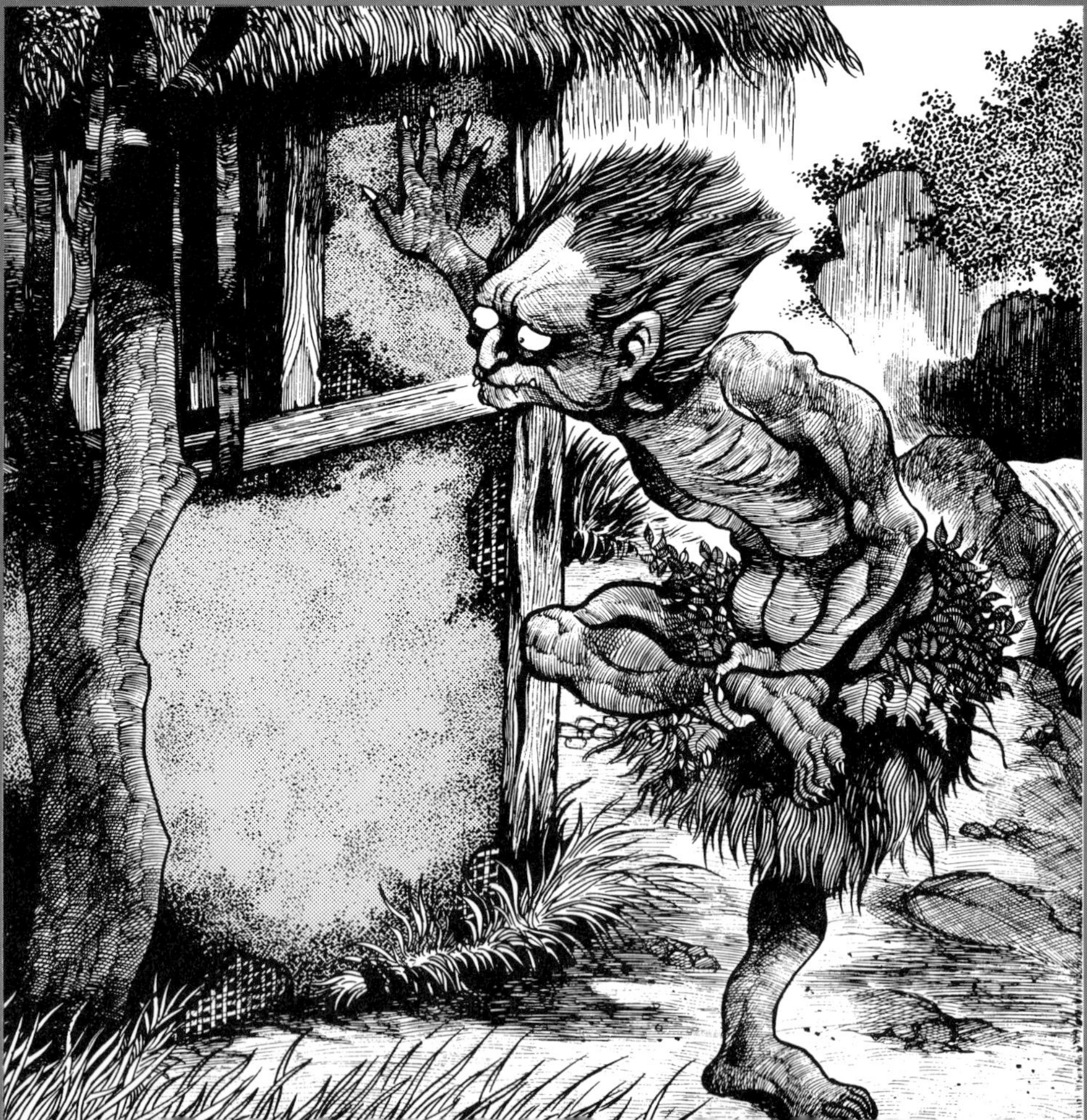

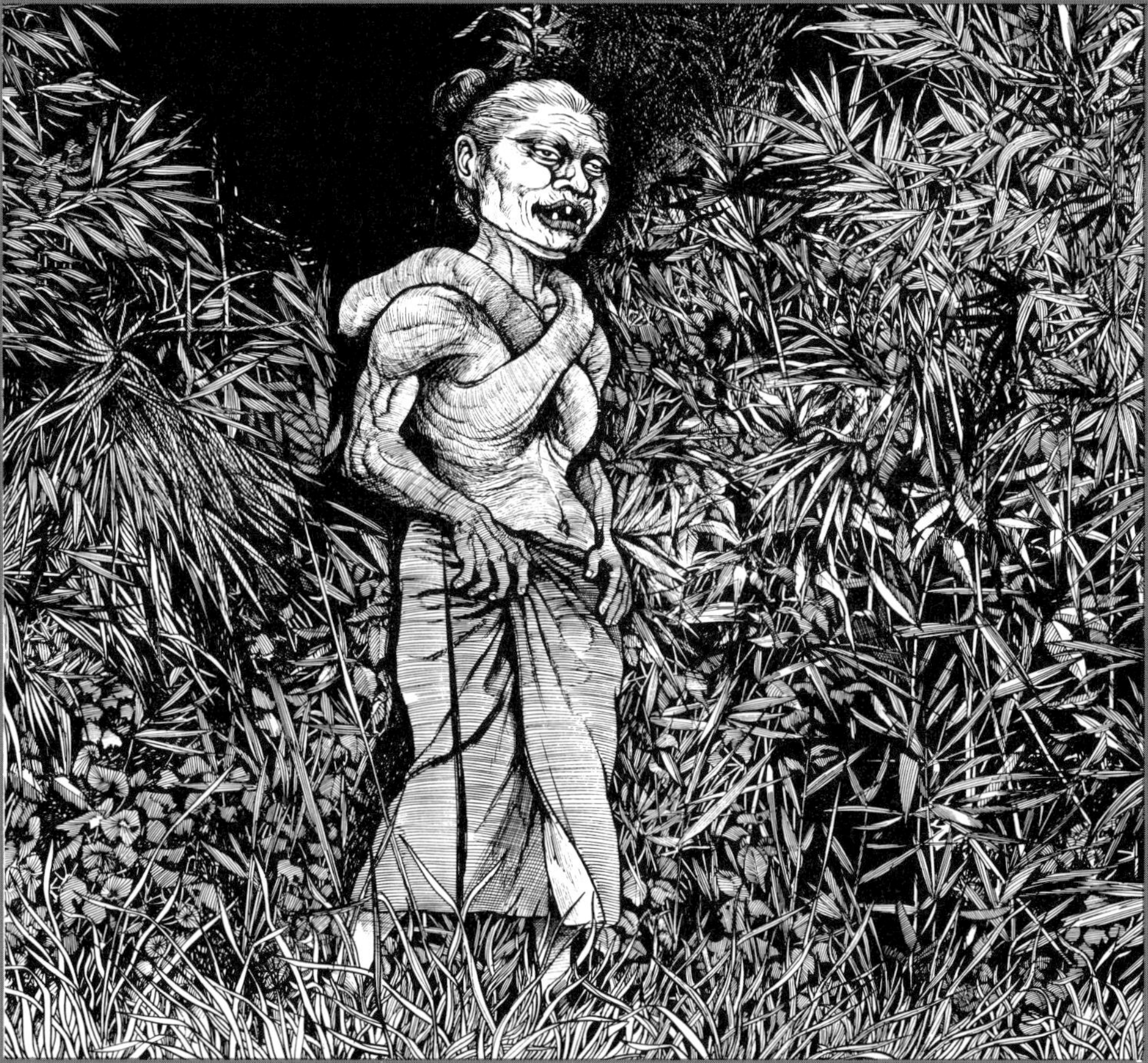

山にすむ妖怪

テッチ

乳は長くたれているので両肩にかけられ、からだはかさぶただらけ、「テンジ」ともいうこの妖怪は、八丈島にすんでいた。

人を蒸発させたり、夜じゅう、暗い山道を迷わせたりして意地悪もするが、親しくなった人の家の戸口まで、まぐさを持ってきてくれたり、山の中で行方不明になった子どもを、養って助けてあげるようなやさしいところがあった。

山にすむ妖怪

あまのじゃく

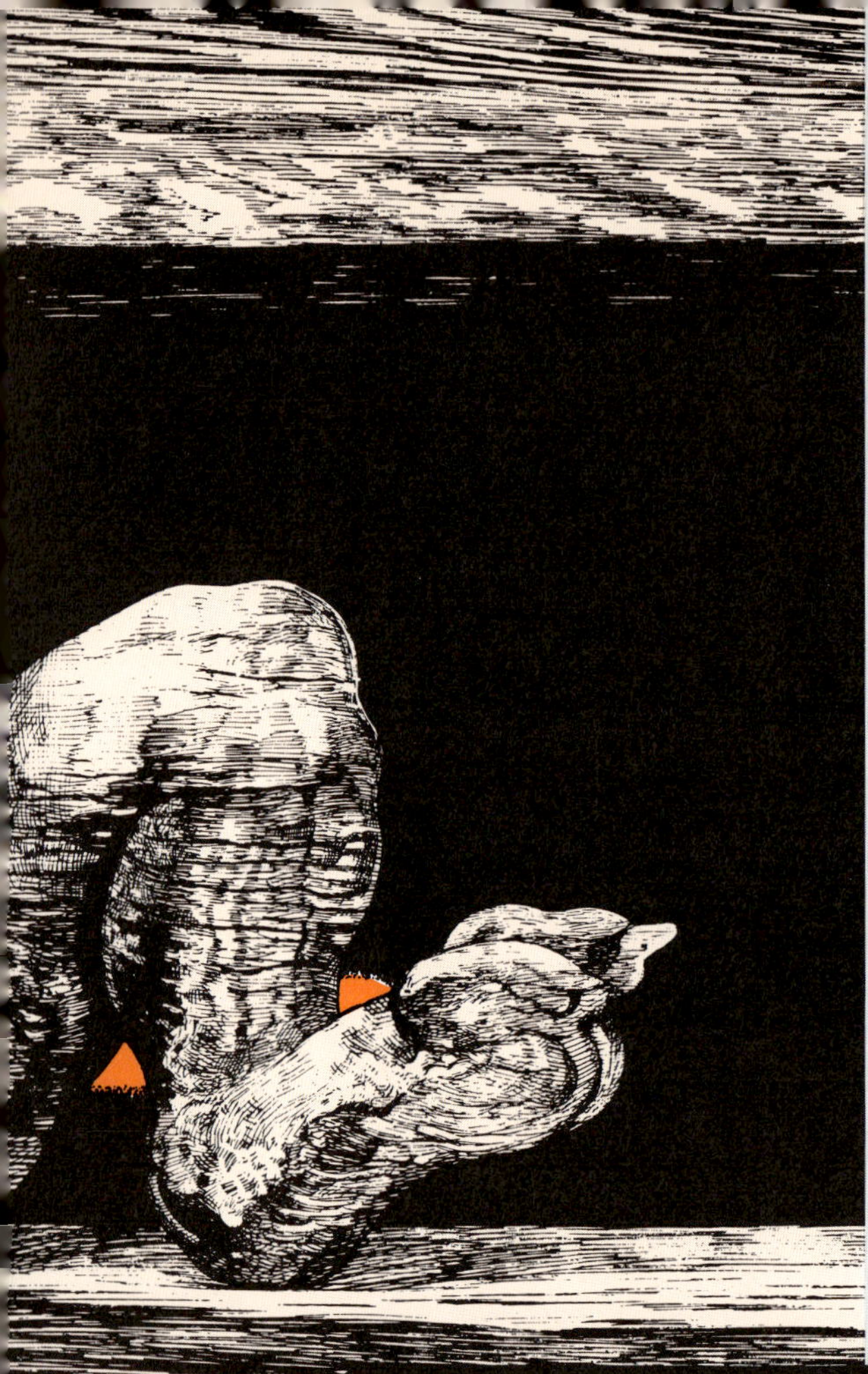

弱いくせに、人の口まねをしたり、反対することが大すきなあまのじゃく。

むかしは、男の子とけんかをするとたちまち負けてしまったが、女の子には強かったあまのじゃく。

でも、いまは、強い女の子がいっぱいいるから、女の子にも負けるだろう。

人のこころをすばやく見ぬく術をもっていたので、『さとりの怪』ともいわれたあまのじゃく。

日本には、むかしから、そんな妖怪がいた。

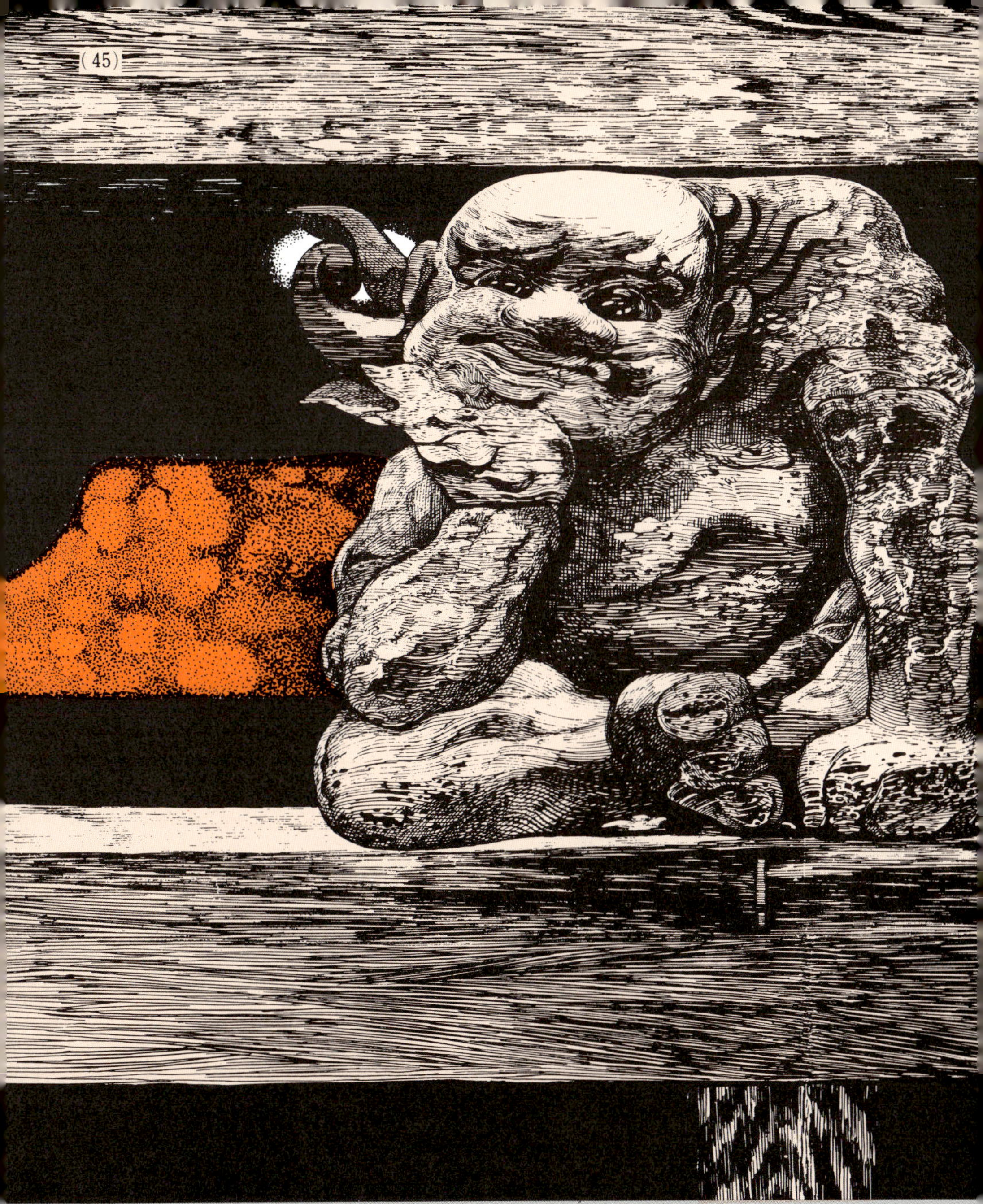

里にすむ妖怪

そでひき小僧

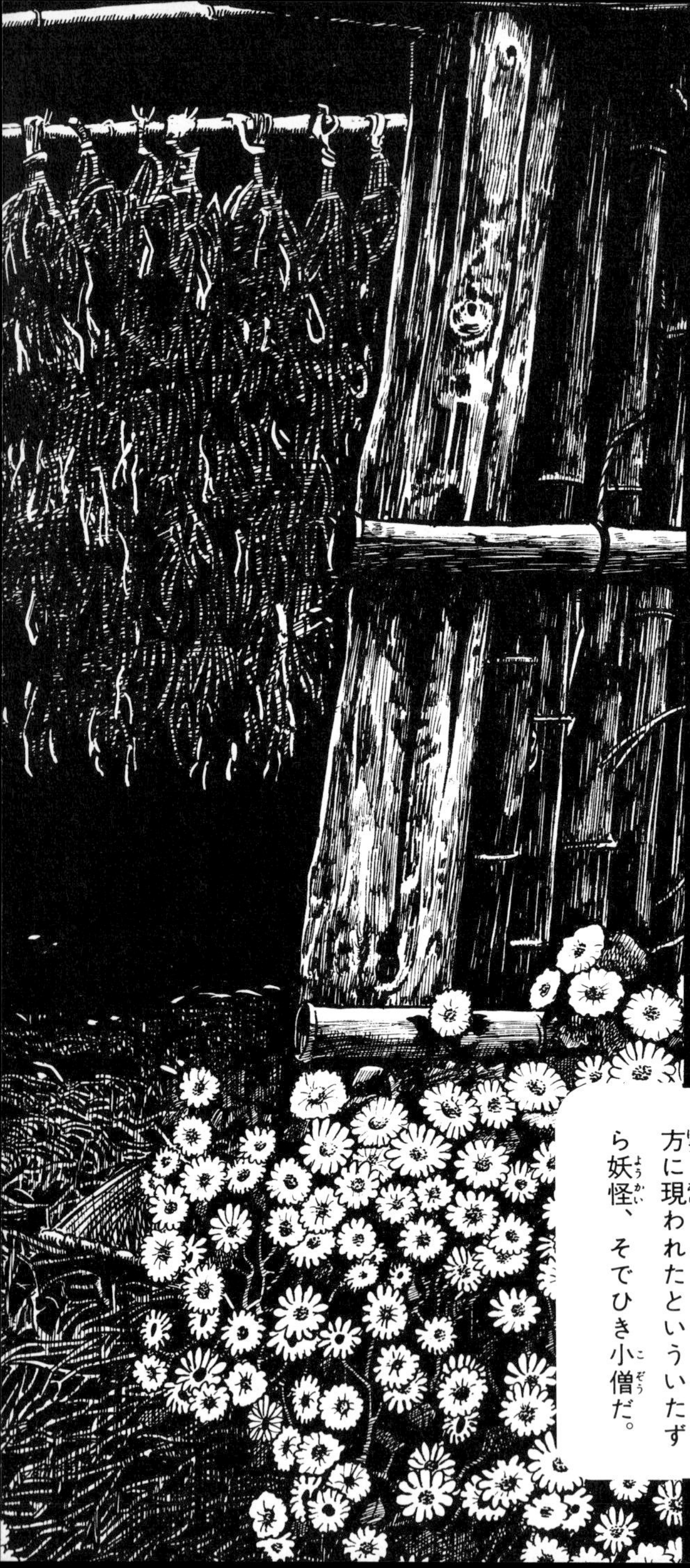

夕がた、日の落ちた道をポコポコ歩いていると、ふっとうしろから着物のそでをひくものがいる。びっくりしてふりむいても、そこにはだれもいない。

これが、むかし、埼玉地方に現われたといういたずら妖怪、そでひき小僧だ。

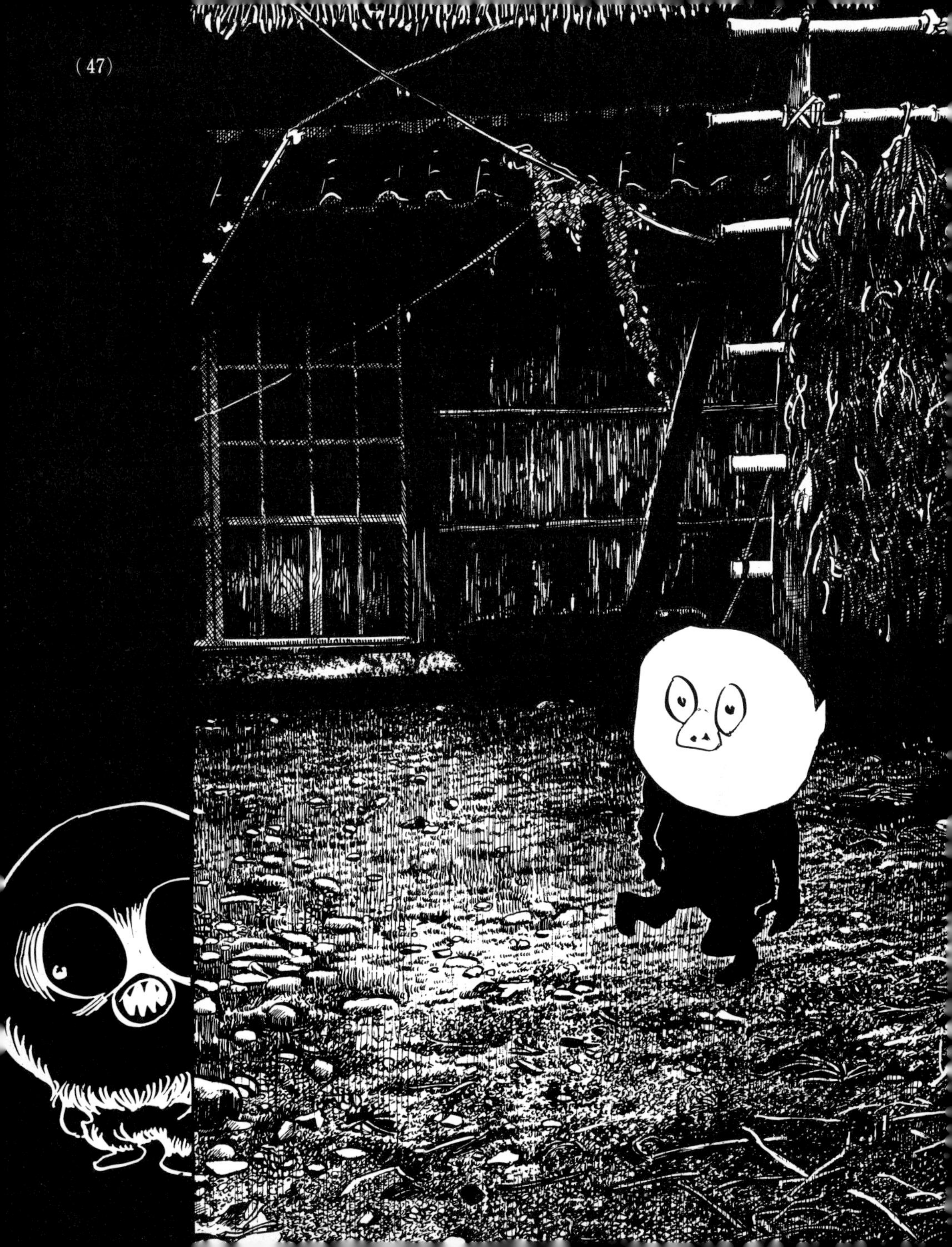

砂かけばばあ

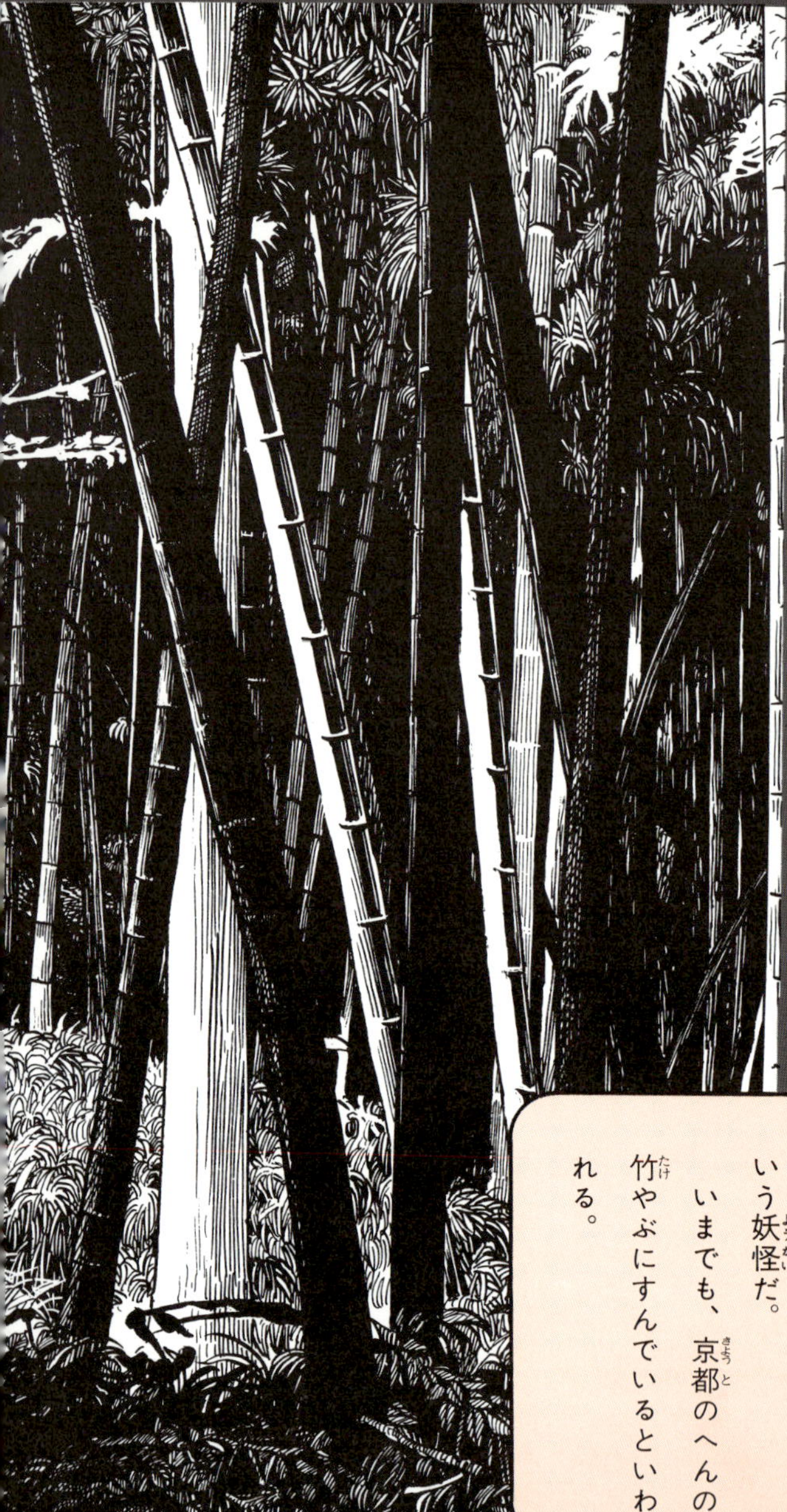

神社の近くのさびしい森かげや、夕がたの浜辺などをとおると、砂をばらばらふりかけて、人をおどろかす。べつに、それ以上のことは何もしない。

これが、砂かけばばあという妖怪だ。

いまでも、京都のへんの竹やぶにすんでいるといわれる。

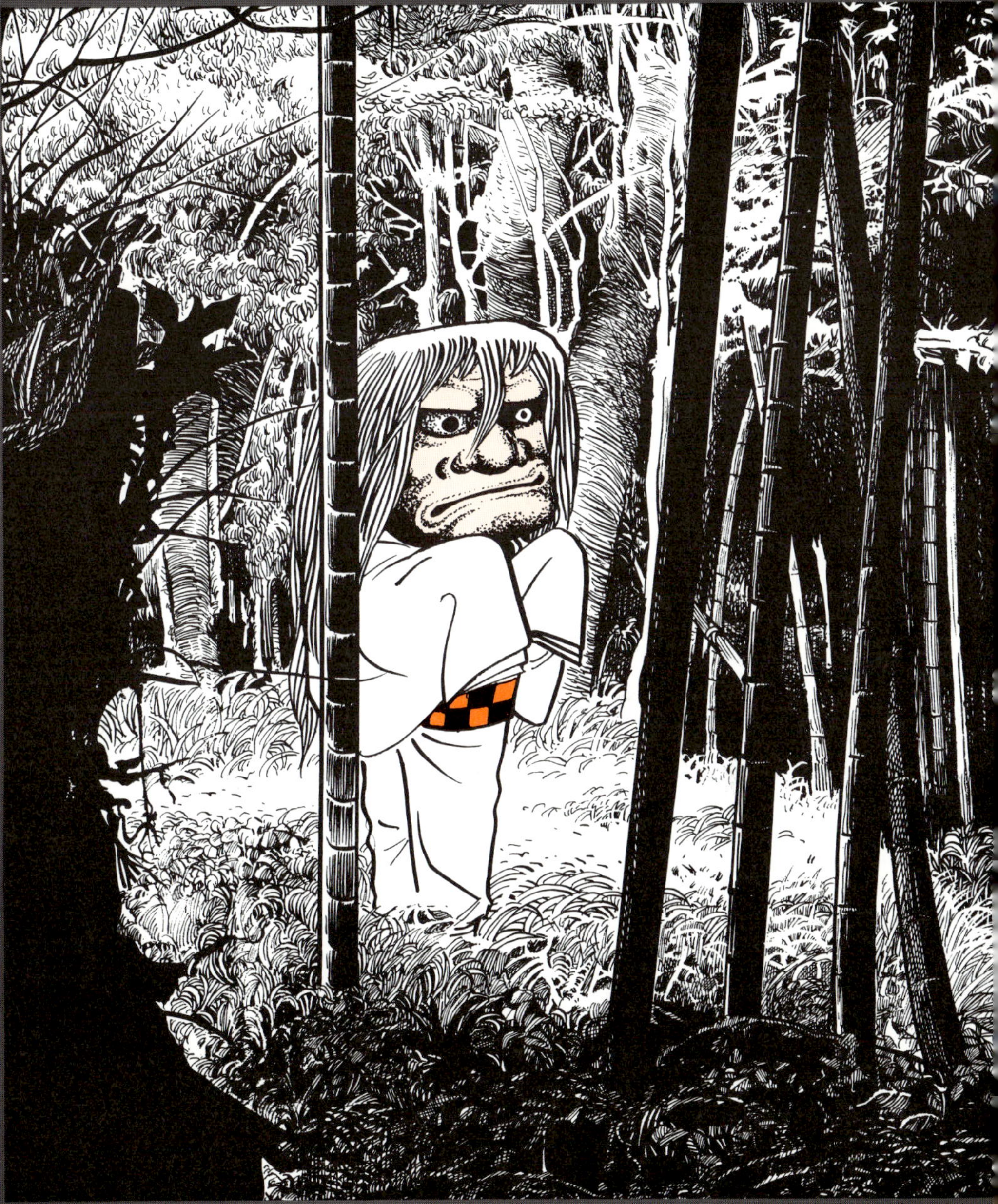

(50)

里にすむ妖怪

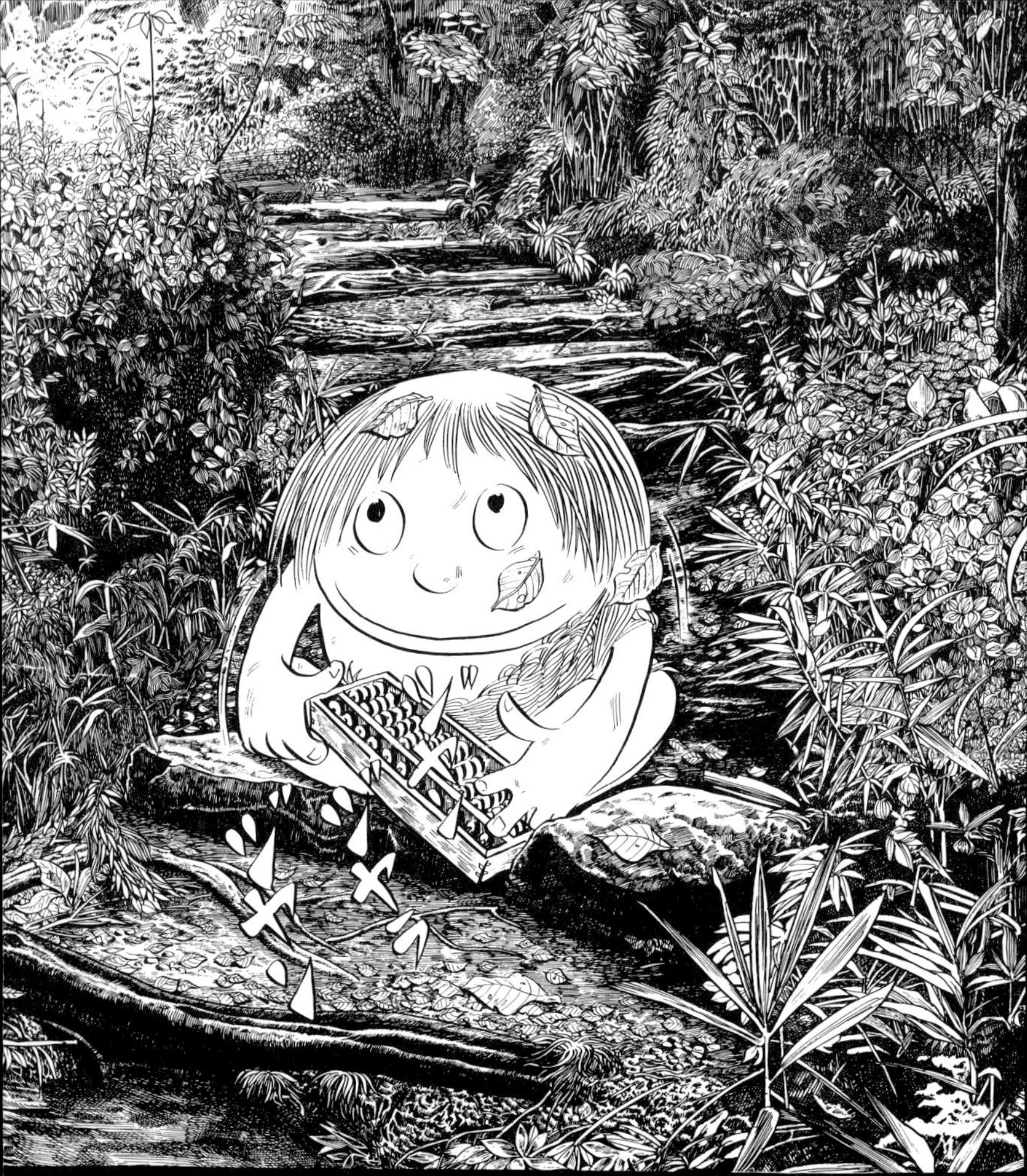

そろばんぼうず

ジャンジャラジャン……
そろばんをはじくような音が、道を歩いていた人の耳にいきなりとびこんできた。心ぞうがどっきりするほどおどろかされたその人は、はらだたしさもてつだって音をたてた主の正体を見破ってやれと、音のした道ばたの木に近づくと、音は急になりやんだ。

むかし、こんないたずらをして楽しんでいた妖怪は丹波の国（京都府・兵庫県）の、その名もそろばんぼうず。まだだれも、この妖怪を見た者はいない。

とうふ小僧

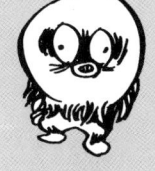

小雨がしとしとふっている。

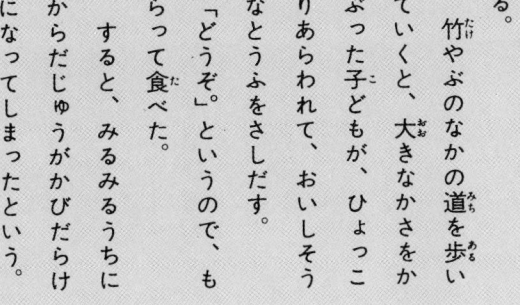

竹やぶのなかの道を歩いていくと、大きなかさをかぶった子どもが、ひょっこりあらわれて、おいしそうなとうふをさしだす。

「どうぞ。」というので、もらって食べた。

すると、みるみるうちにからだじゅうがかびだらけになってしまったという。

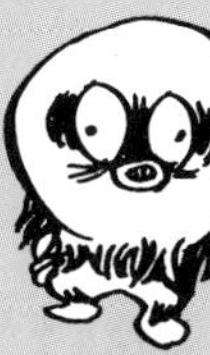

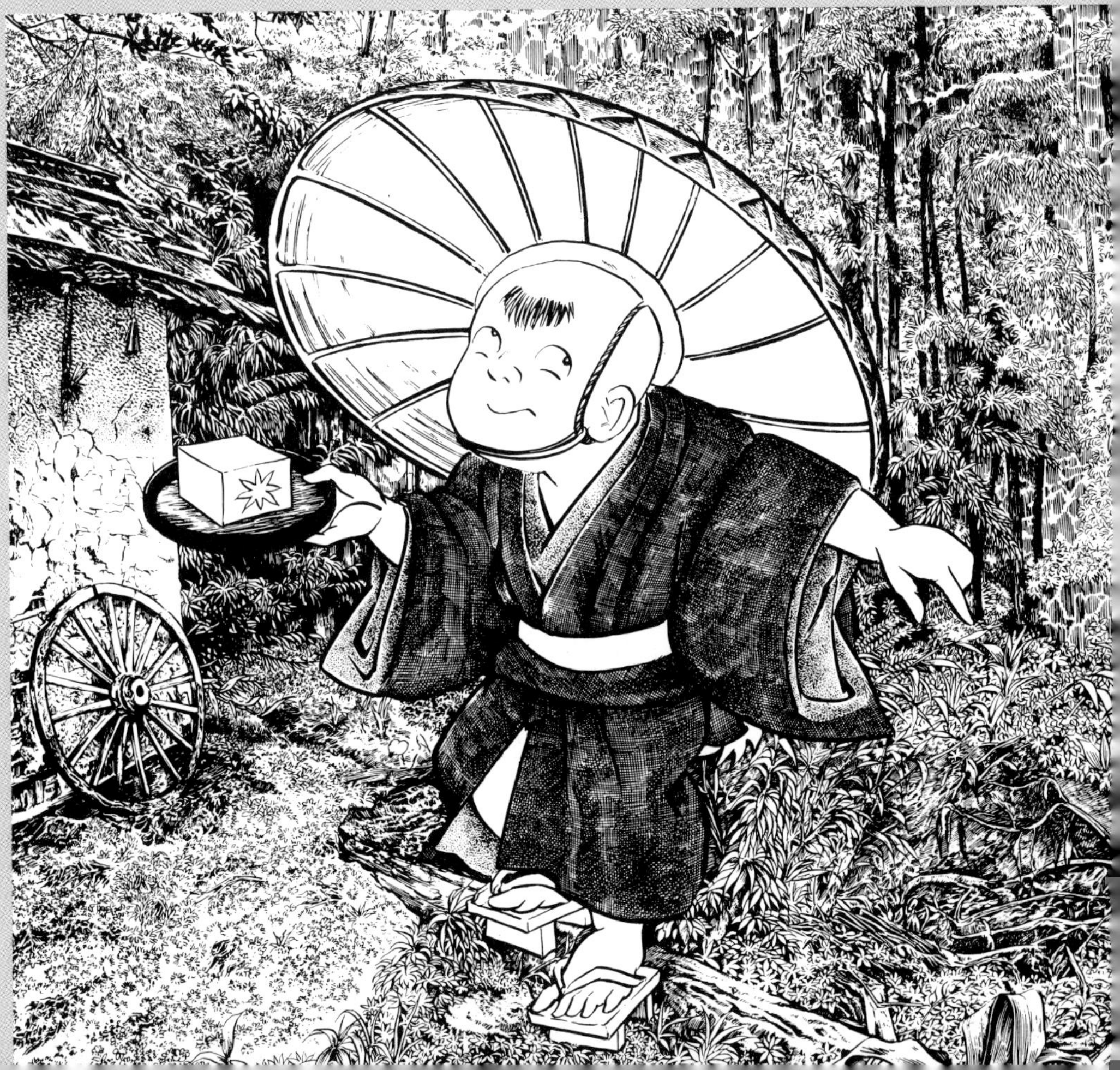

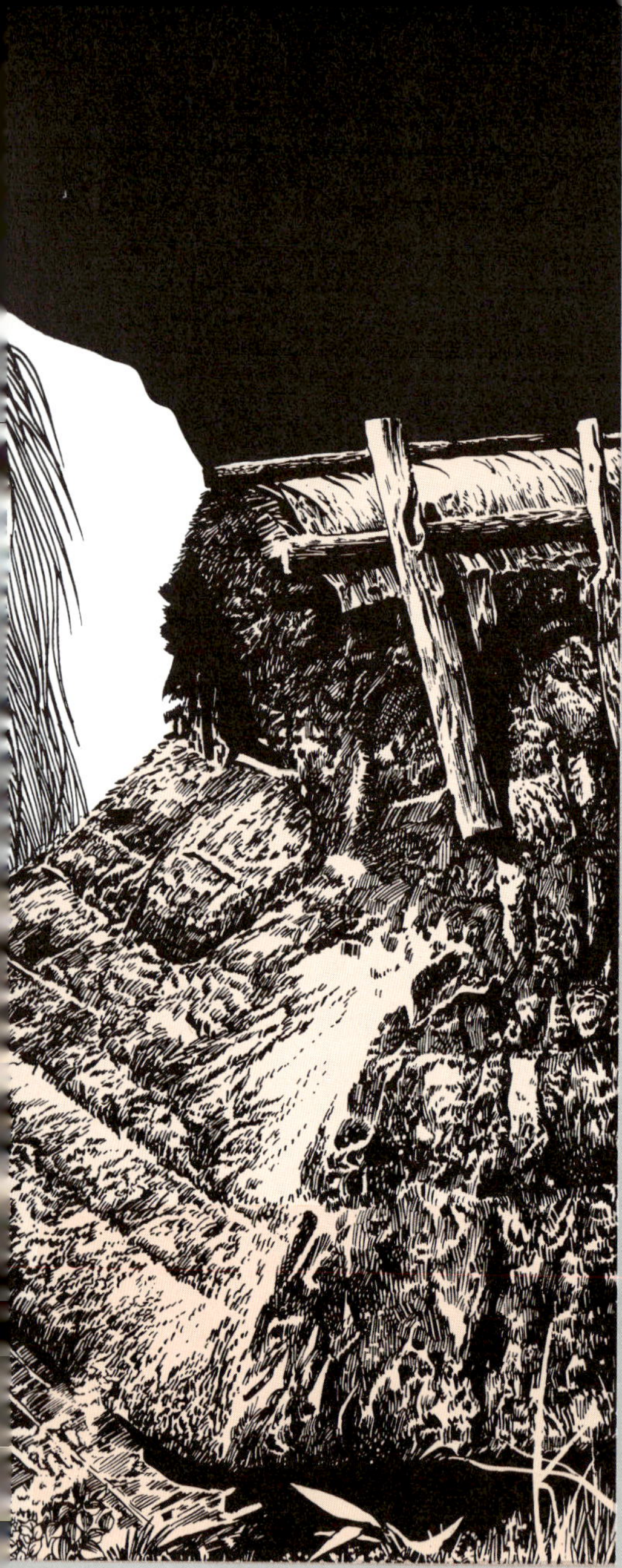

里にすむ妖怪

はたおんりょう

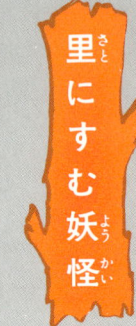

むかし、きょう作で食べるものもなくが死した人びとを、そう式もせずにそのままほうっておくと、死んだ人びとが、ものすごくおそろしい顔をして、うらめしげに、妖怪となってあらわれると信じられていた。

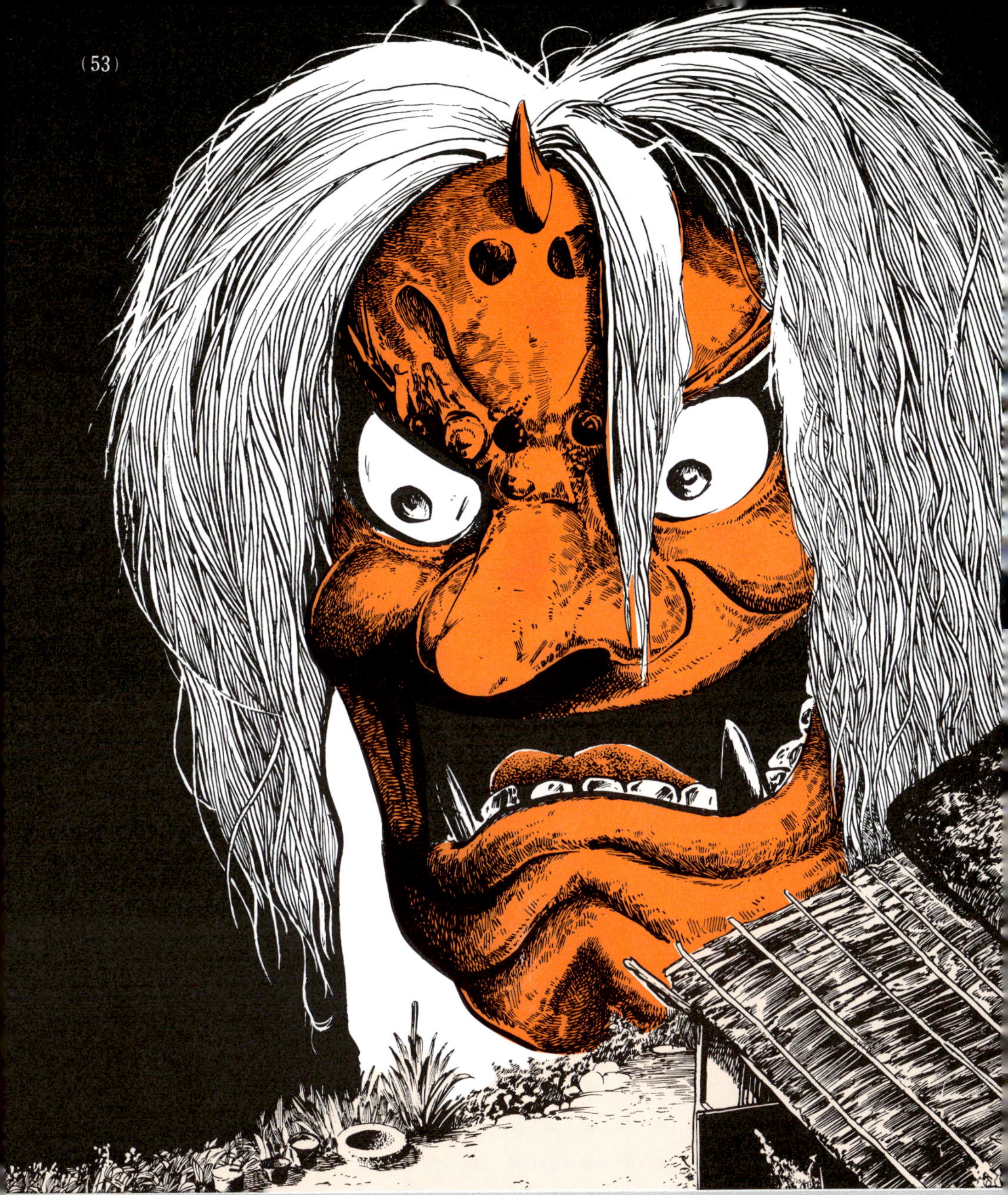

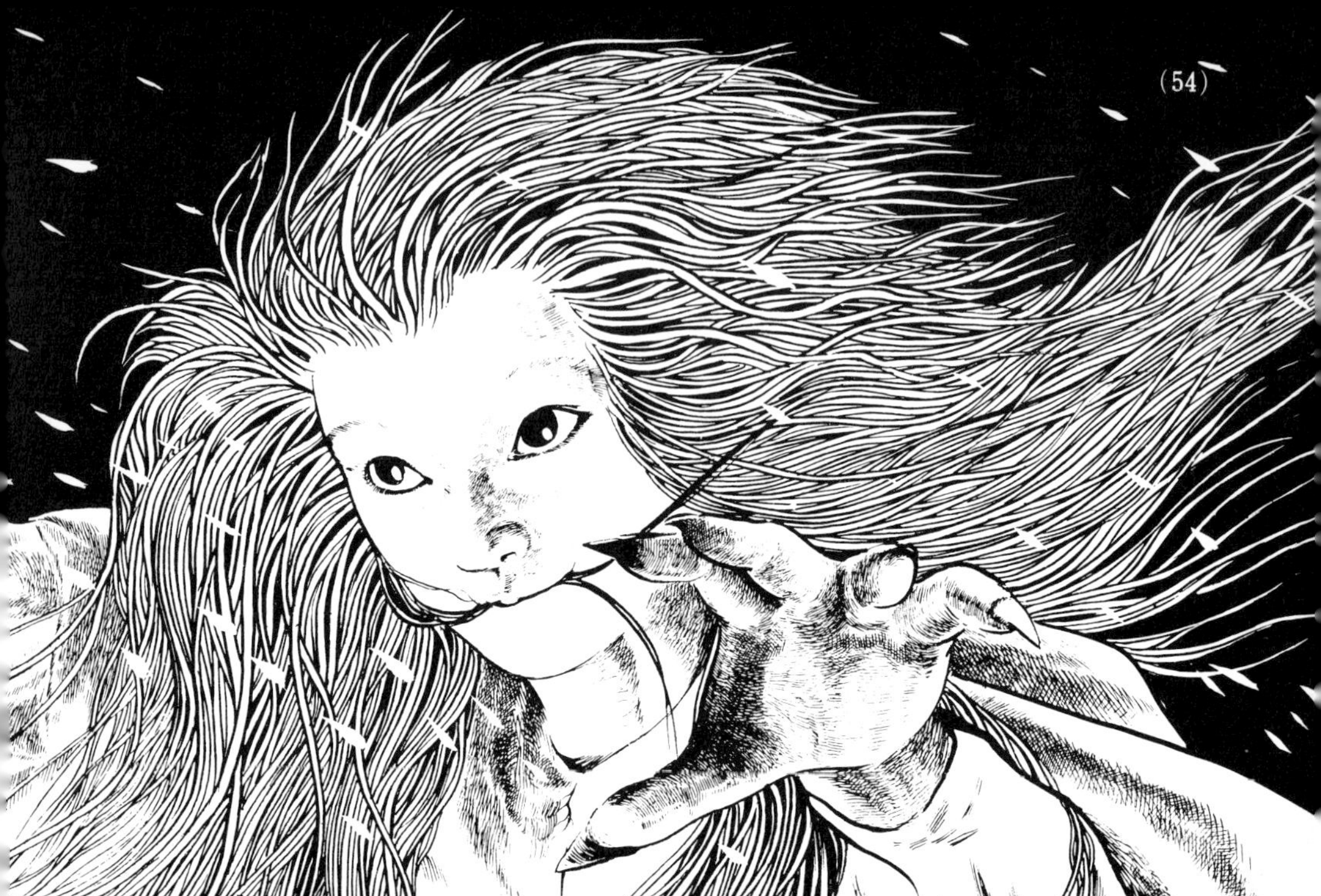

里にすむ妖怪

雪女

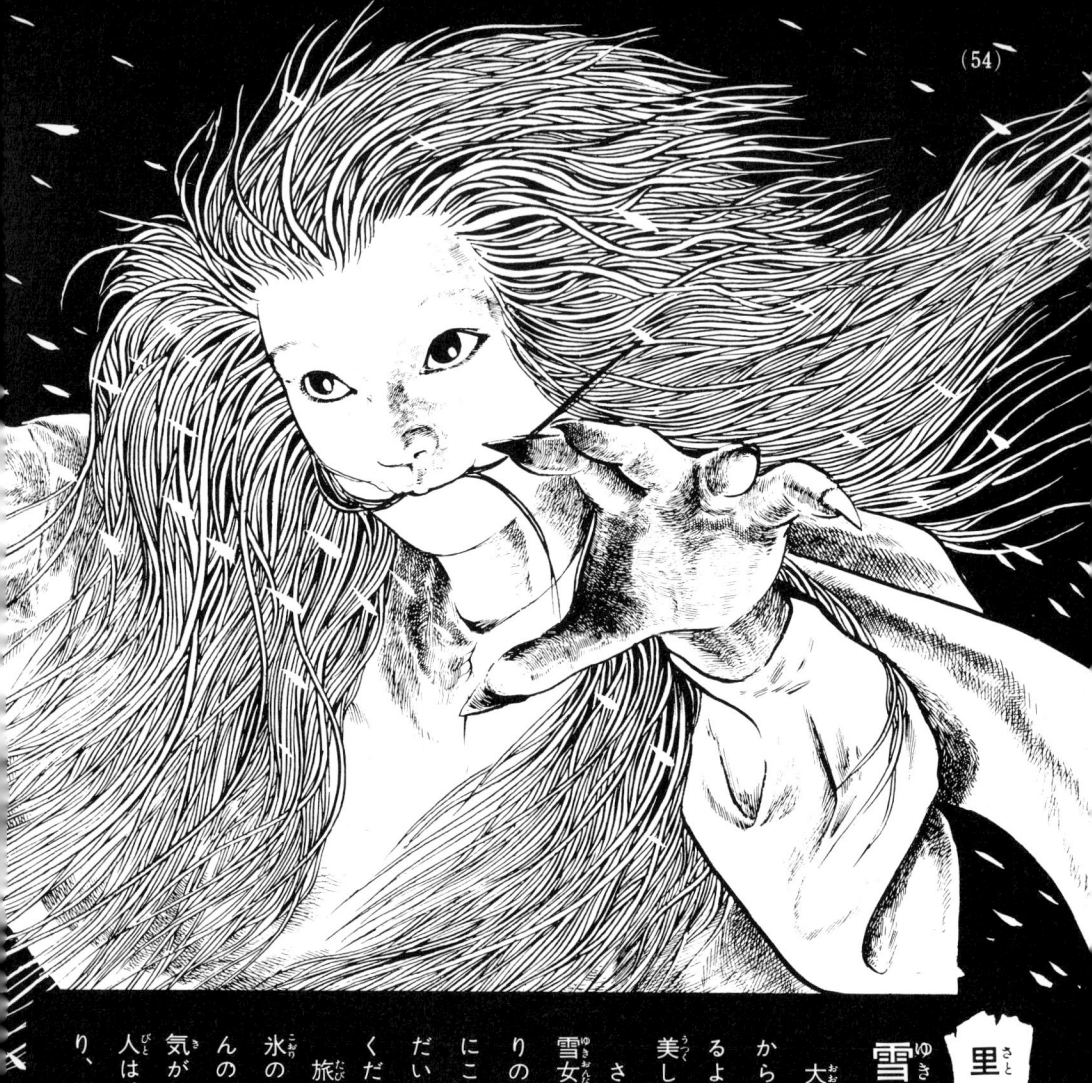

大雪の夜、ふぶきのなかからあらわれる、すきとおるような白い着物すがたの美しい女の妖怪。

さらった子どもをだいた雪女の細い声が、通りすがりの旅人にとても悲しそうにこだまする。「この子をだいてください……だいてください……」

旅人がその子をだくと、氷のように冷たく、たくさんの雪をだいているような気がしてきて、いつしか旅人は、冷たい大雪にうずまり、こごえ死ぬという。

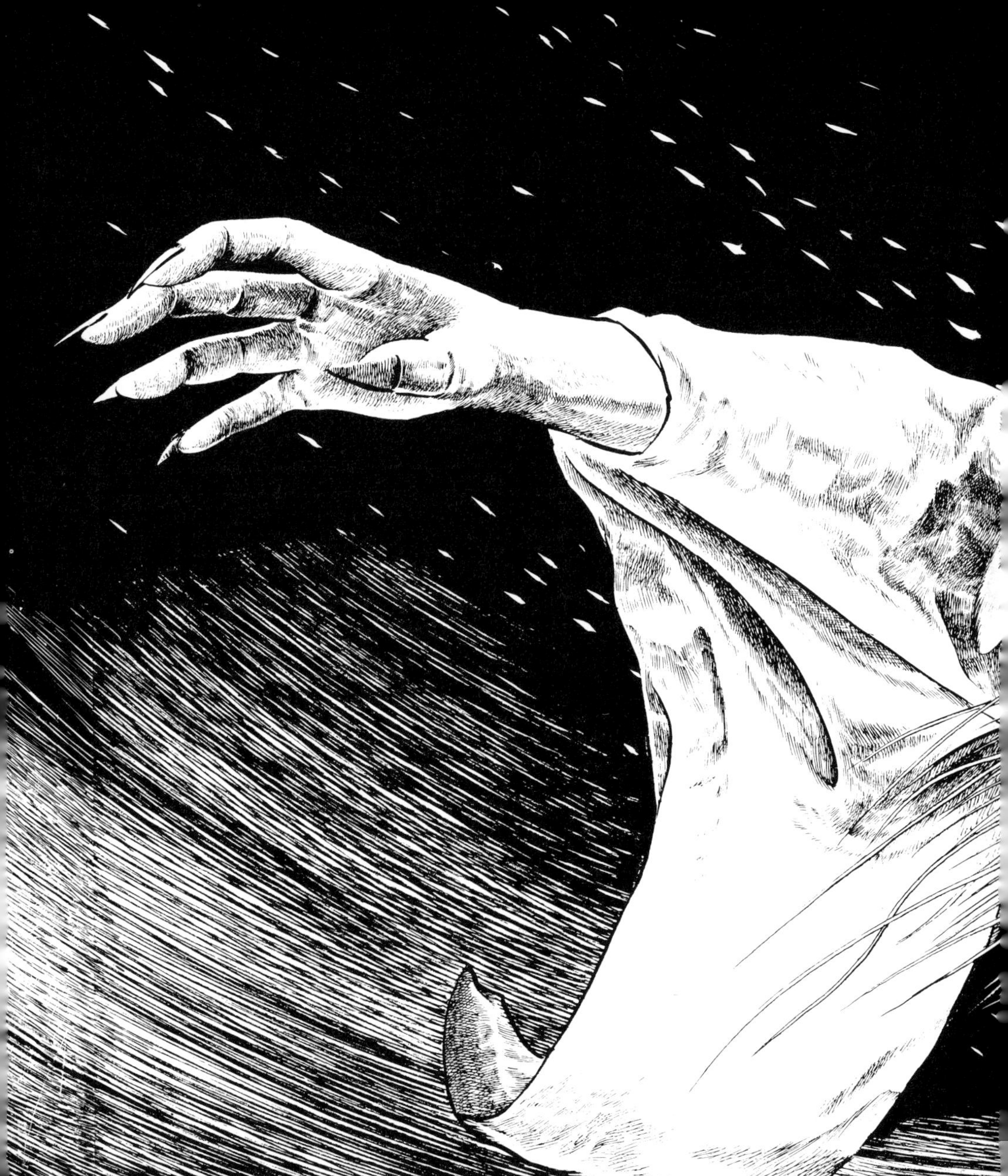

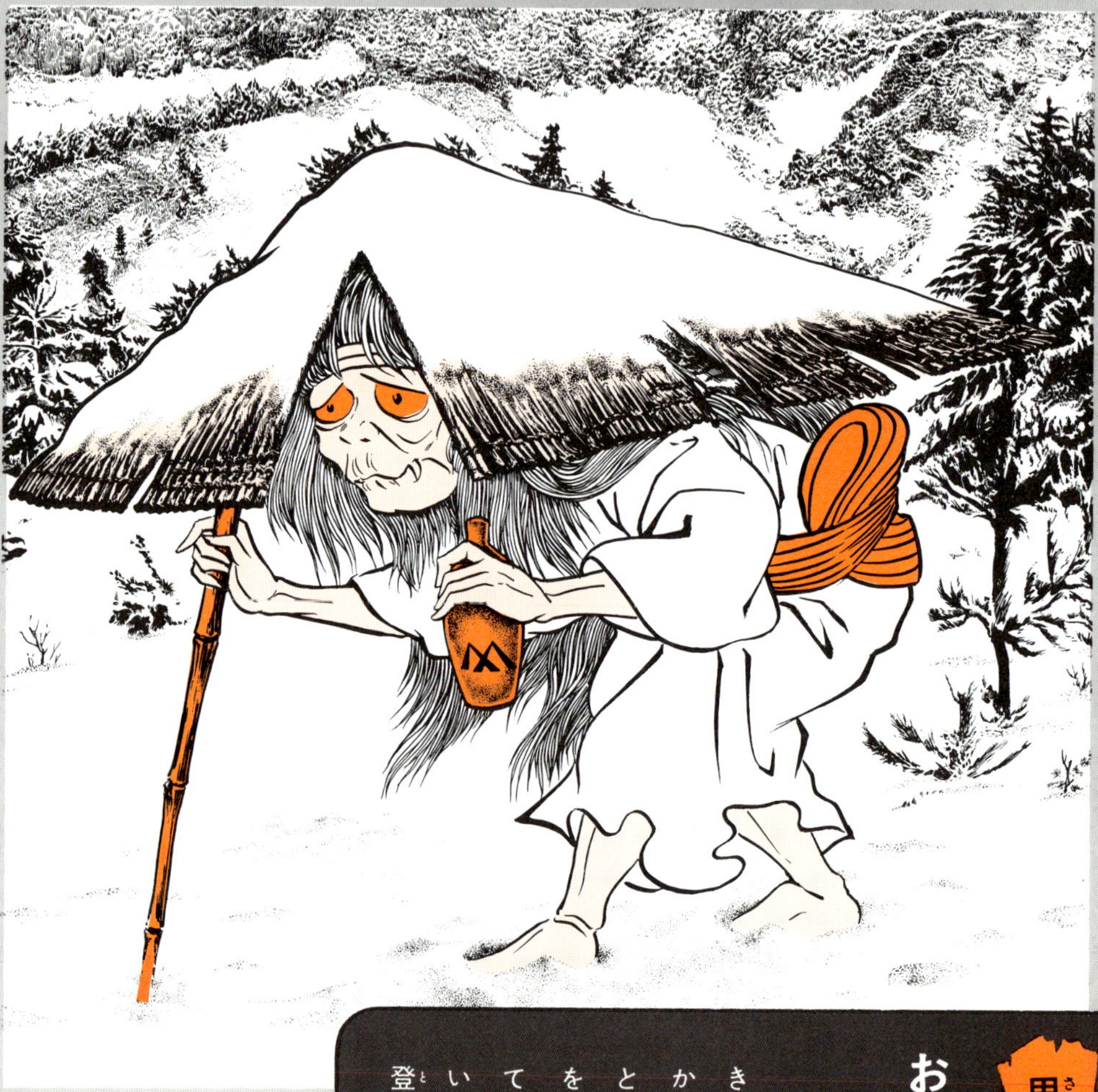

里にすむ妖怪

おしろいばばあ

寒いさむい雪の日に、大きなかさをかぶり、冷えたからだをあたためようと、とっくりをかた手に、つえをつきながら、酒をもとめてうろつく老ばの妖怪が、いつのころか、石川県の能登半島にいたという。

里にすむ妖怪

もんもじじい

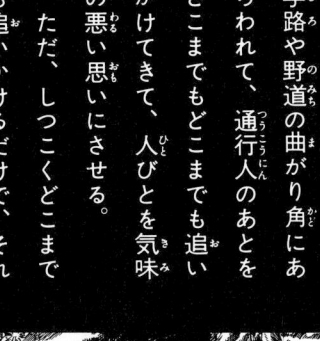

もんもじじいは、町の十字路や野道の曲がり角にあらわれて、通行人のあとをどこまでもどこまでも追いかけてきて、人びとを気味の悪い思いにさせる。
ただ、しつこくどこまでも追いかけるだけで、それ以上の悪いことはしない。

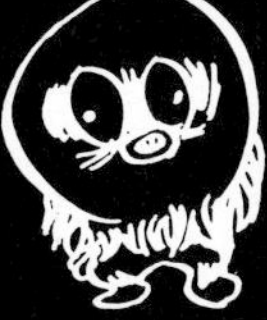

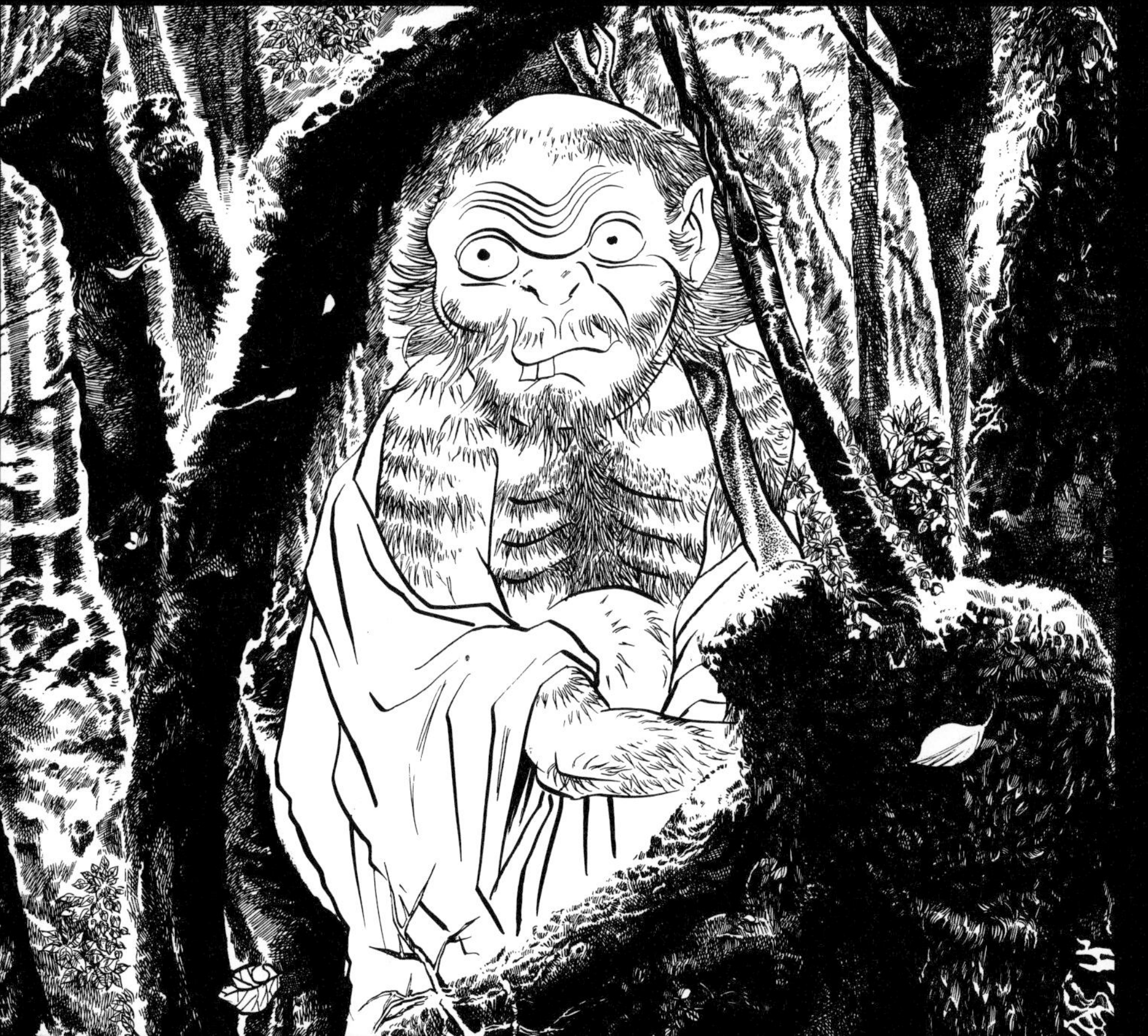

里にすむ妖怪

大座頭

ペペンペンペン……風の音にまじってきこえるしゃみせんの音は、大座頭が、女のいる家にあがりこんで、おどけながらひいているその音だ。

風雨の夜だけ、里から町に出て、そこらじゅうをうろつきまわって遊ぶ。

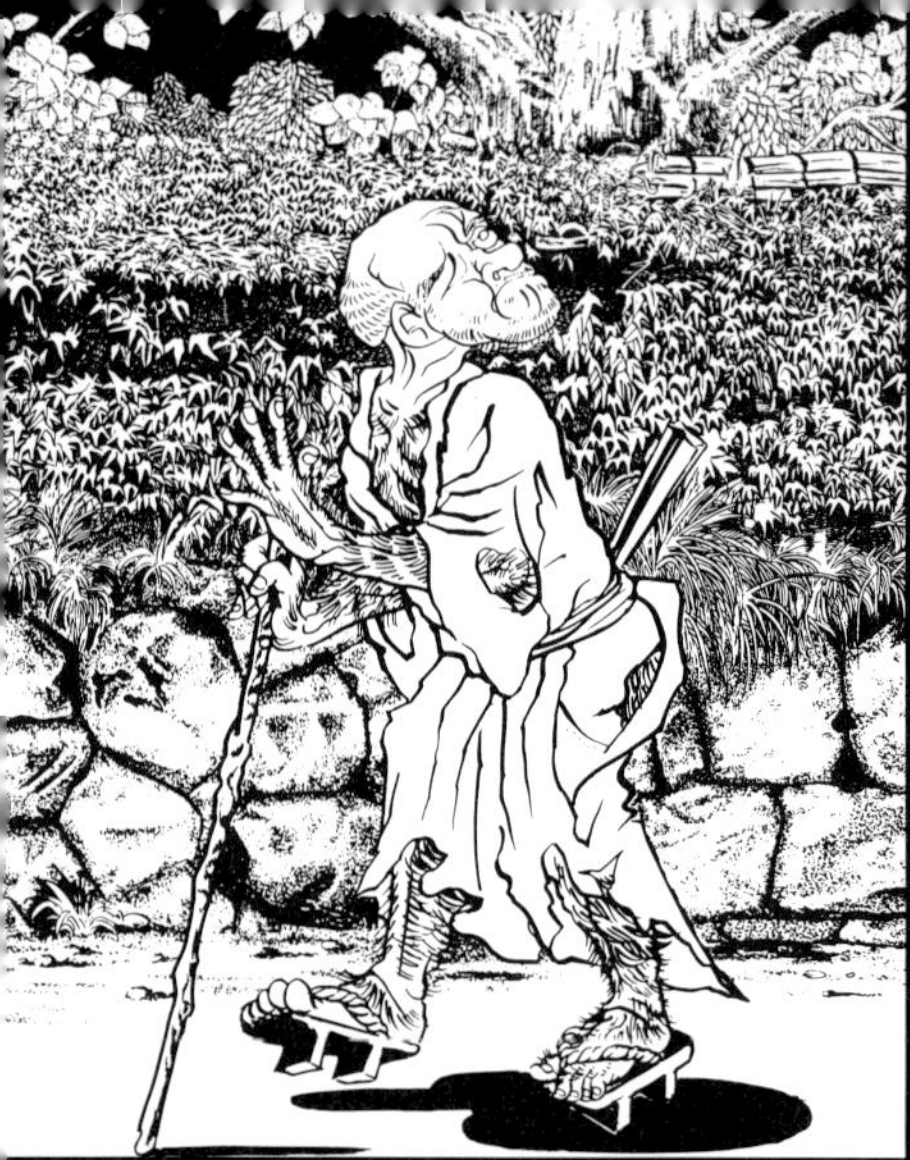

どろたぼう

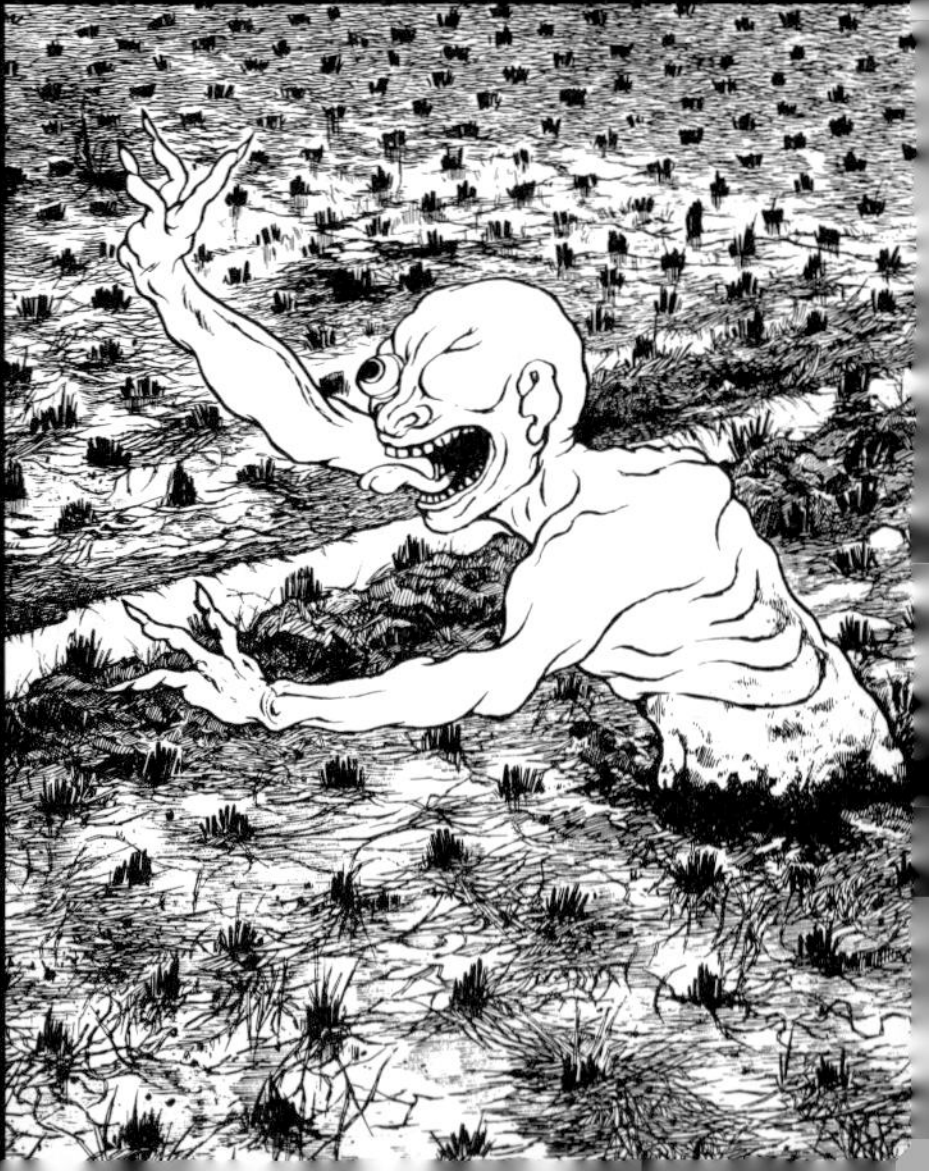

むかし、どろたぼうは、夜になると、田んぼのなかから出てきて、「田んぼを返せ！　田んぼを返せ！」とどなった。

なまけものの子どものために、じぶんの残した田んぼを売られてしまった人がどろたぼうになって、うらみといかりをこめて、夜じゅうさけびつづけたのだという。

のでらぼう

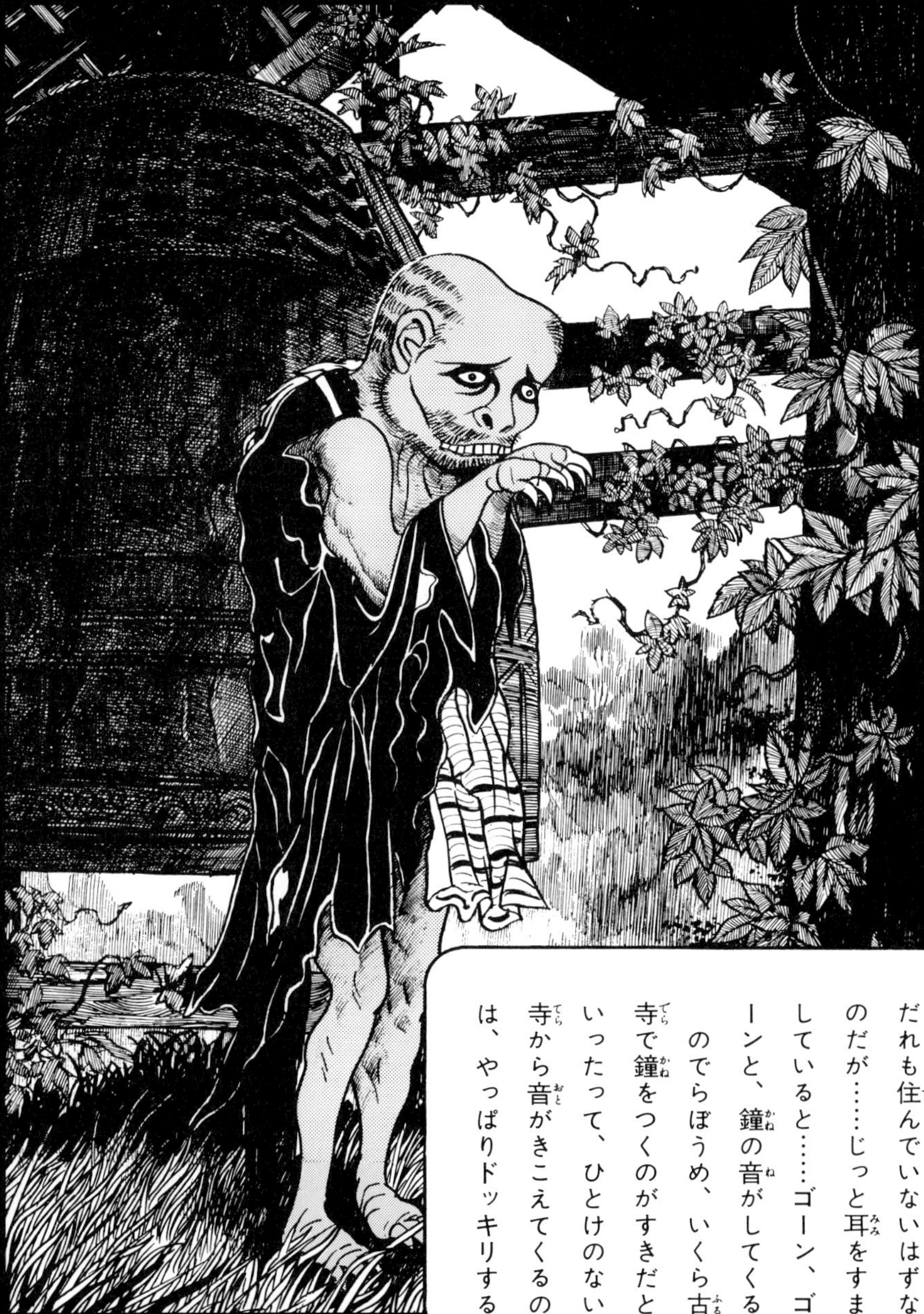

たしかあそこの古寺にはだれも住んでいないはずなのだが……じっと耳をすましていると……ゴーン、ゴーンと、鐘の音がしてくる。
のでらぼうめ、いくら古寺で鐘をつくのがすきだといったって、ひとけのない寺から音がきこえてくるのは、やっぱりドッキリする。

里にすむ妖怪

うわん

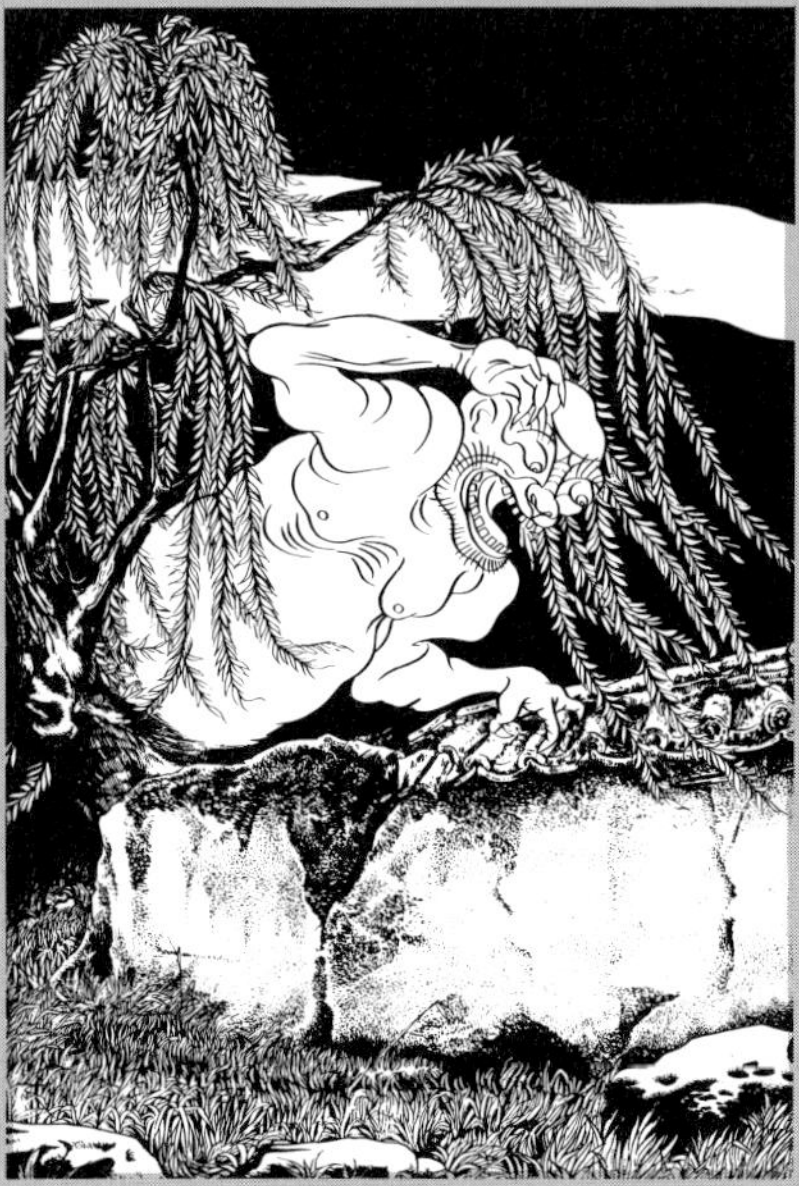

うわんは、「うわん」とほえるのが楽しくてしかたのない妖怪だ。
人通りがなく、人の住んでいない古やしきのあたりを人が通ると、なんの前ぶれもなく、それこそいきなり「うわん」とひと声、気味の悪い声をだして、人を全身、ひや汗びっしょりにさせる。

ぶるぶる

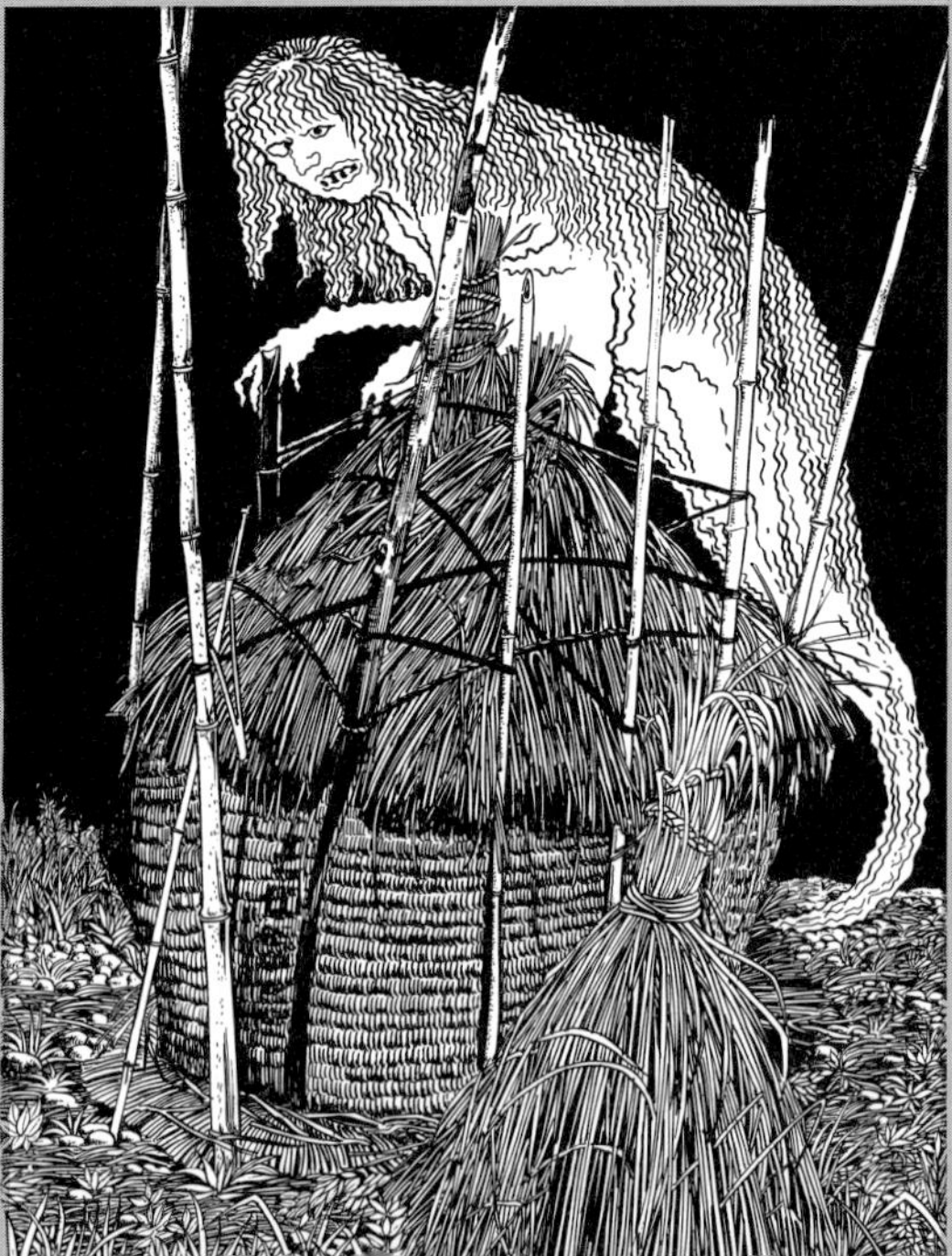

ぶるぶるは、人間のえりもとにぴったりとくっついて、ぶるぶるとふるふるわせる。
この妖怪にとりつかれた人間は、おそろしそうにひどくぶるぶるふるえるので、「あの人は、おくびょう神にとりつかれているんだ。」などといわれる。

お歯黒べったり

しーんと静まりかえった夜、お墓やお宮の森で、お歯黒べったりが、ふいにこちらをふりむく。見れば、目も鼻もなく、のっぺらぼうの顔のなかに、ただひとつある口を大きくあけて、げらげら笑い、そこから、まっ黒にそめた歯をのぞかせている。

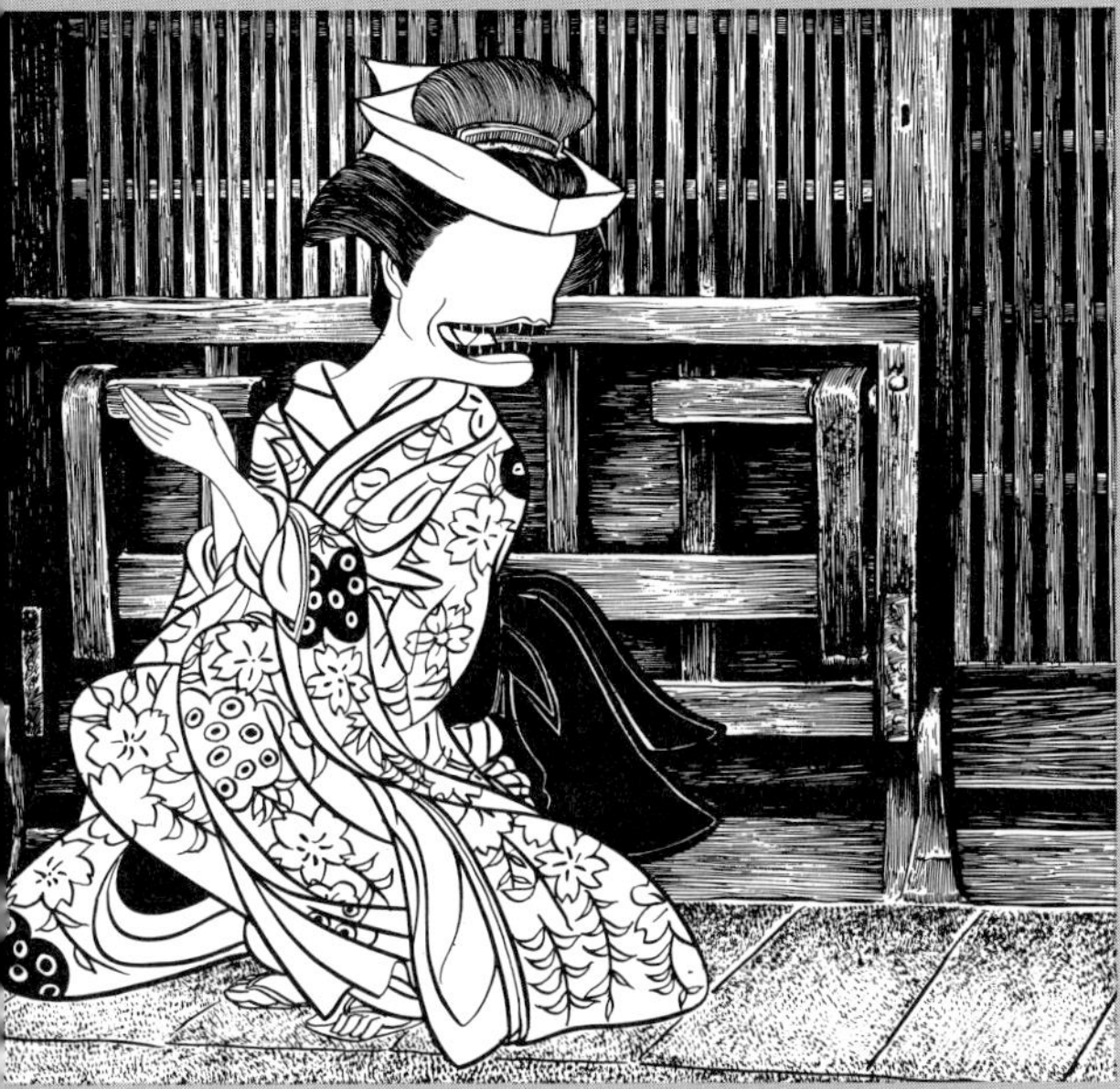

骨女

骨女の妖気をあびた人には、骨女がとても美しく見えるのだが、妖気をあびない人が見ると、美しいどころか、死人か、がい骨にしか見えない。人の通らない夜道をひとり歩きする美人にであったら、それは、骨女であるかもしれない。

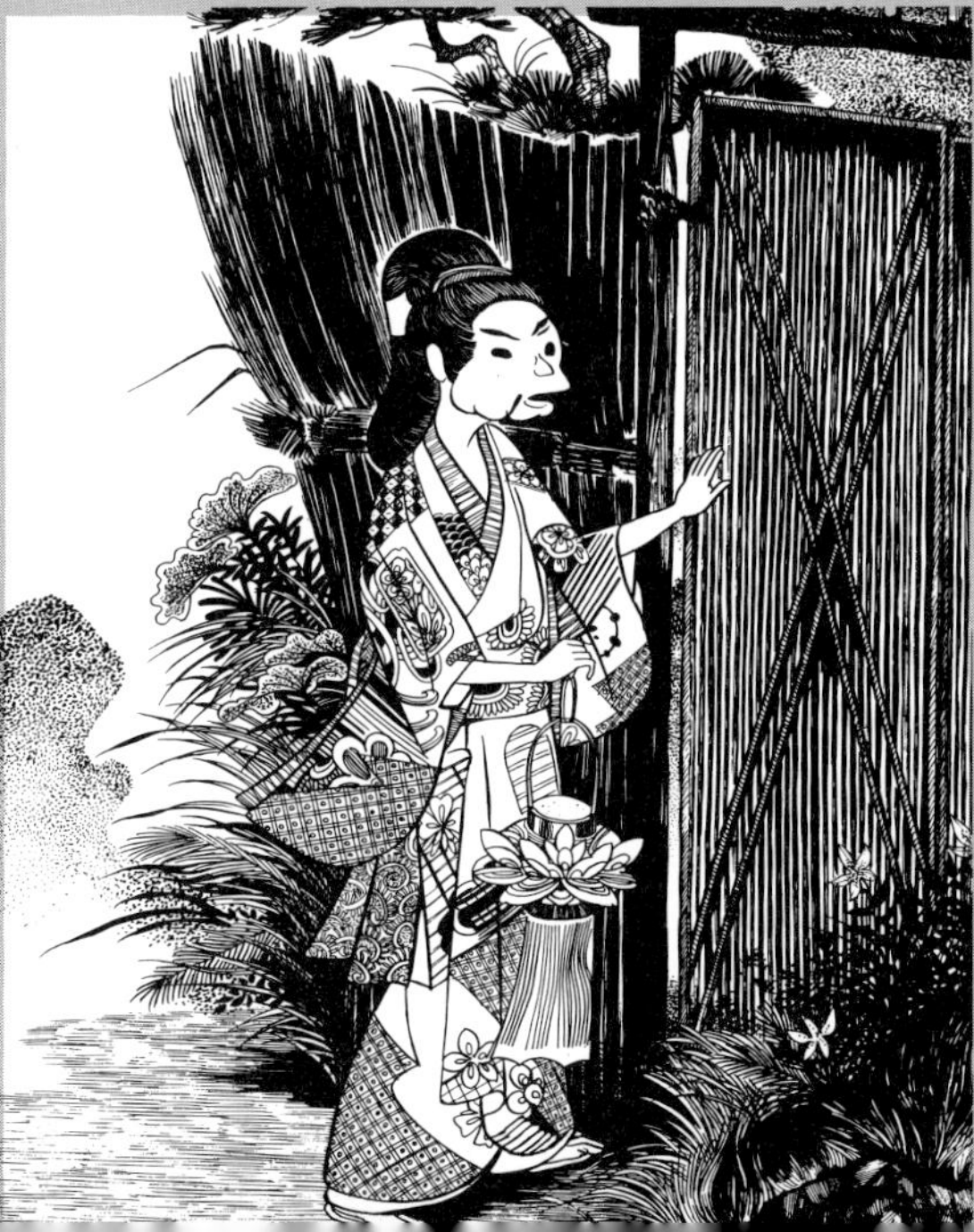

家にすむ妖怪

ざしきわらし

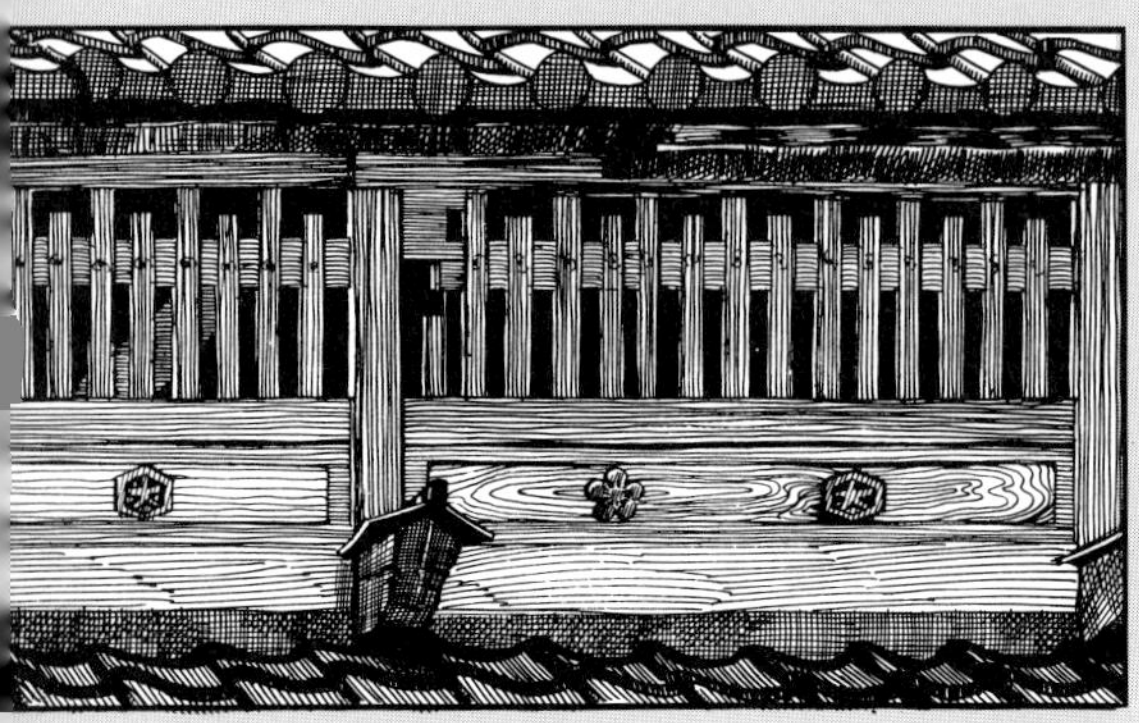

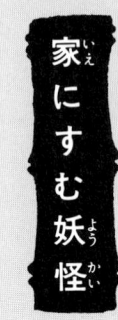

ざしきわらしは東北地方にいる妖怪で、天じょう裏や古い土蔵のなかにすんでいる。子どもには姿が見えても、おとなには姿が見えないというふしぎな妖怪だ。

岩手県では、いくつかの小学校に、ざしきわらしがあらわれた。子どもといっしょになって、遊びたわむれていたり、夜九時ごろ、白い着物をきた子どもが、戸のすきまから教室にはいり、机やいすのあいだをくぐっては、楽しそうに遊んでいたという。だが、やはり、その姿は、子どもだけにしか見えなかったという。

また、東京にも百年以上むかし、梅原宗得という人の家の土蔵に、ざしきわらしがすみついていたという。

そこへ人間がはいると、とつぜん大小便をもよおすことがあり、そんなときは、妖怪があらわれるまえぶれといわれていたので、いそいで土蔵をとびださなければならなかった。また、ときどき、夜、金棒をひく音がきこえたりもした。

ある年、その家の近くで火事があり、火の手がどんどんひろがってくるので、あわてた家の人が、家具などをかたずけはじめていたところ、いつのまにあらわれたのか、みなれない子どもがひとり出てきて、荷もつをまとめて、蔵にいれてくれる。顔を見ようとしても、どうしても見えない。やがて、荷もつを、ぜんぶ蔵のなかへ入れると、自分もなかにはいって、戸を閉じてしまった。

この古い土蔵は、どこといってべつにかわったところもないのだが、ただ、すみのたなの上に、いままでだれも手をつけたことがない十五、六センチ四方のはこがあった。

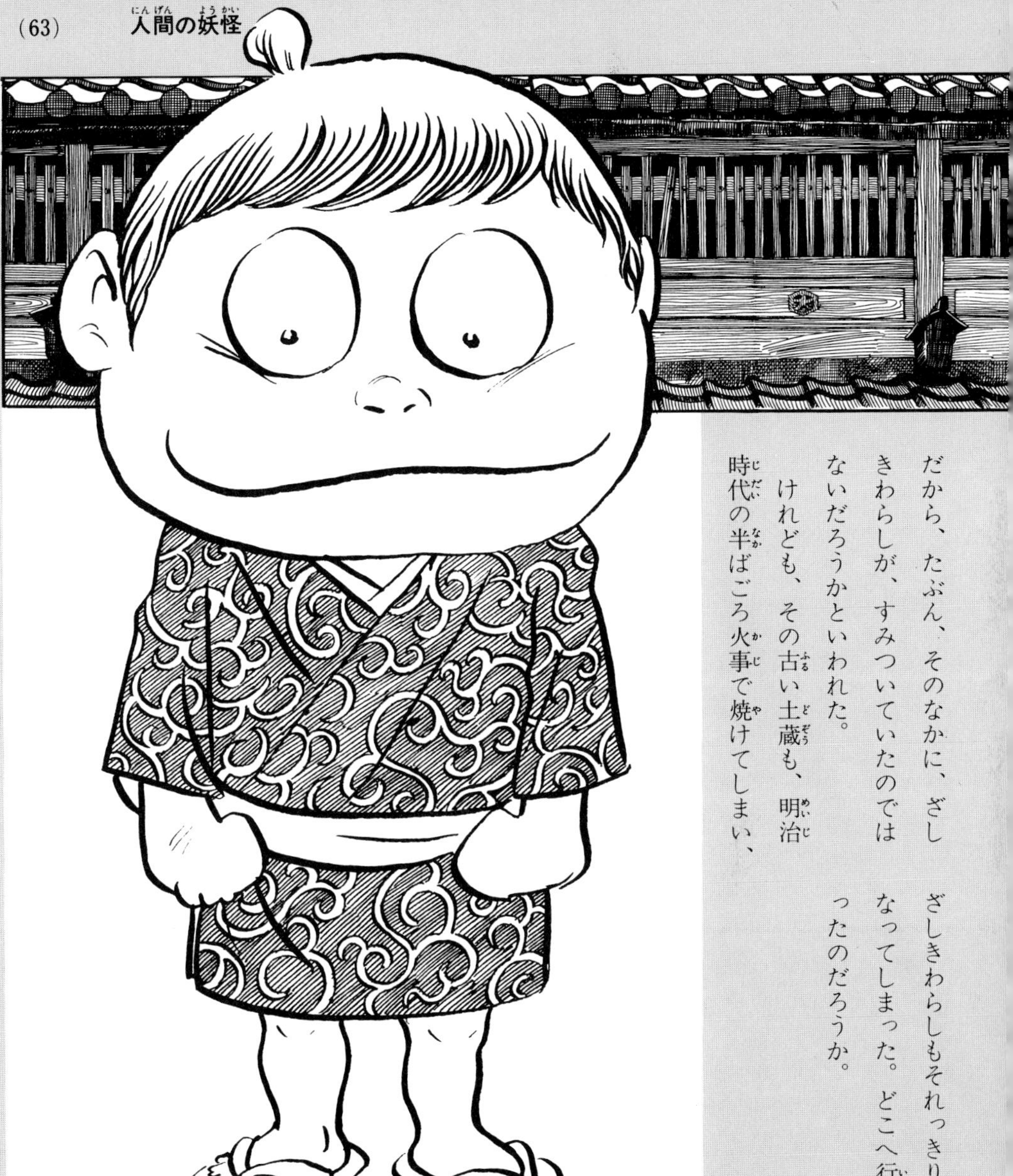

だから、たぶん、そのなかに、ざしきわらしが、すみついていたのではないだろうかといわれた。

けれども、その古い土蔵も、明治時代の半ばごろ火事で焼けてしまい、ざしきわらしもそれっきり見えなくなってしまった。どこへ行ってしまったのだろうか。

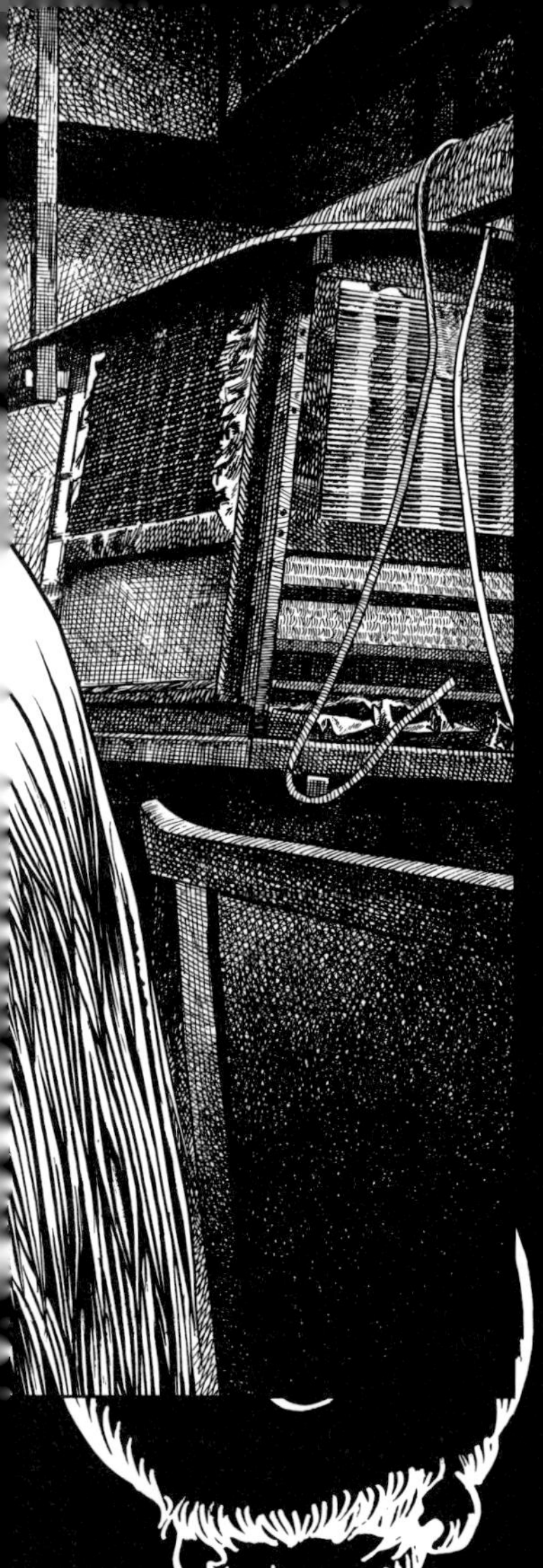

死霊

死霊は、死んだ人を手あつくほうむらないと、化けてでる妖怪だ。

四十九日のあいだ、墓まいりしたり、仏前にお茶やごはんをそなえるのをやめたりすると、死霊が、うらめしそうにあらわれてくる。

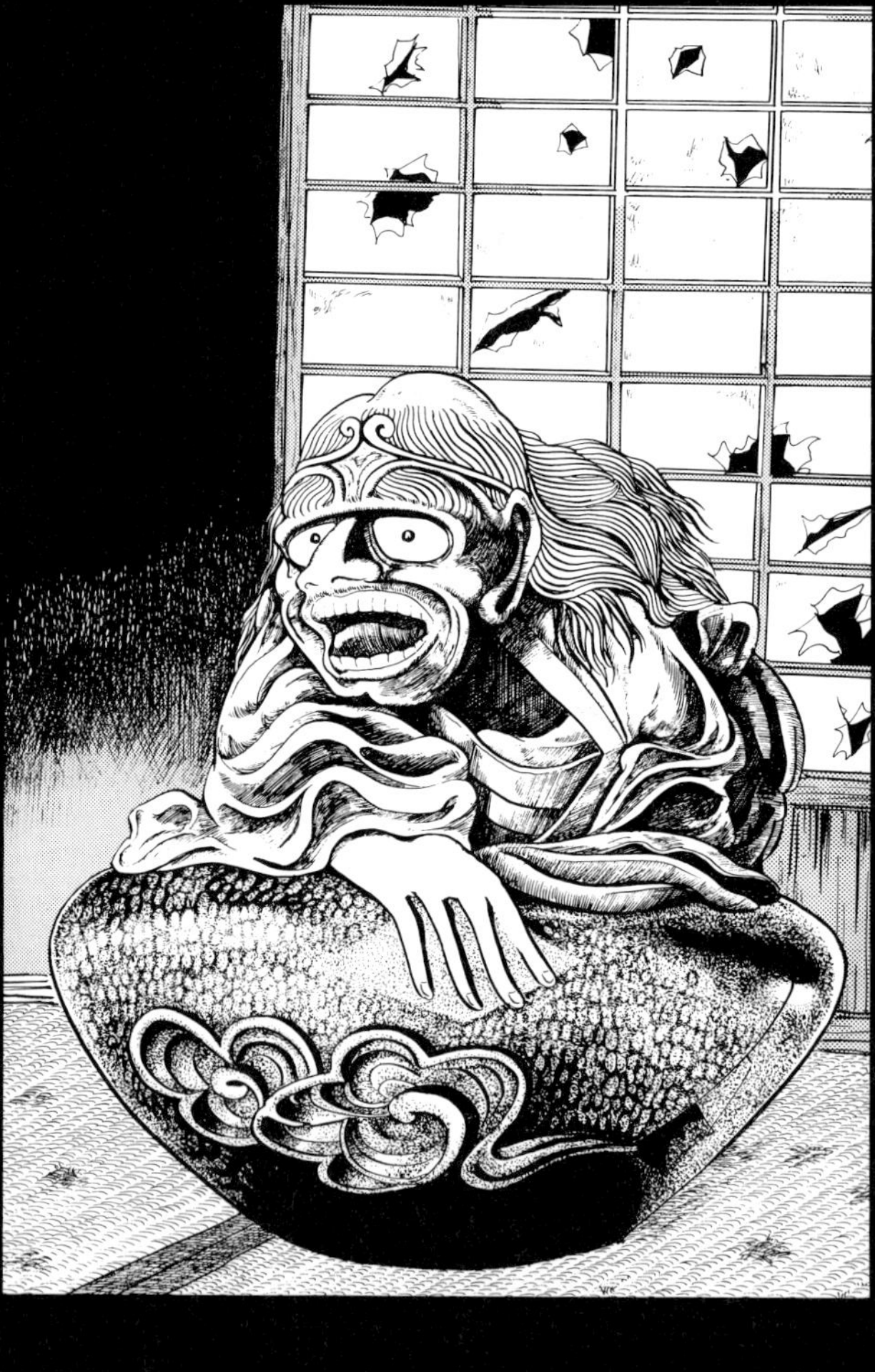

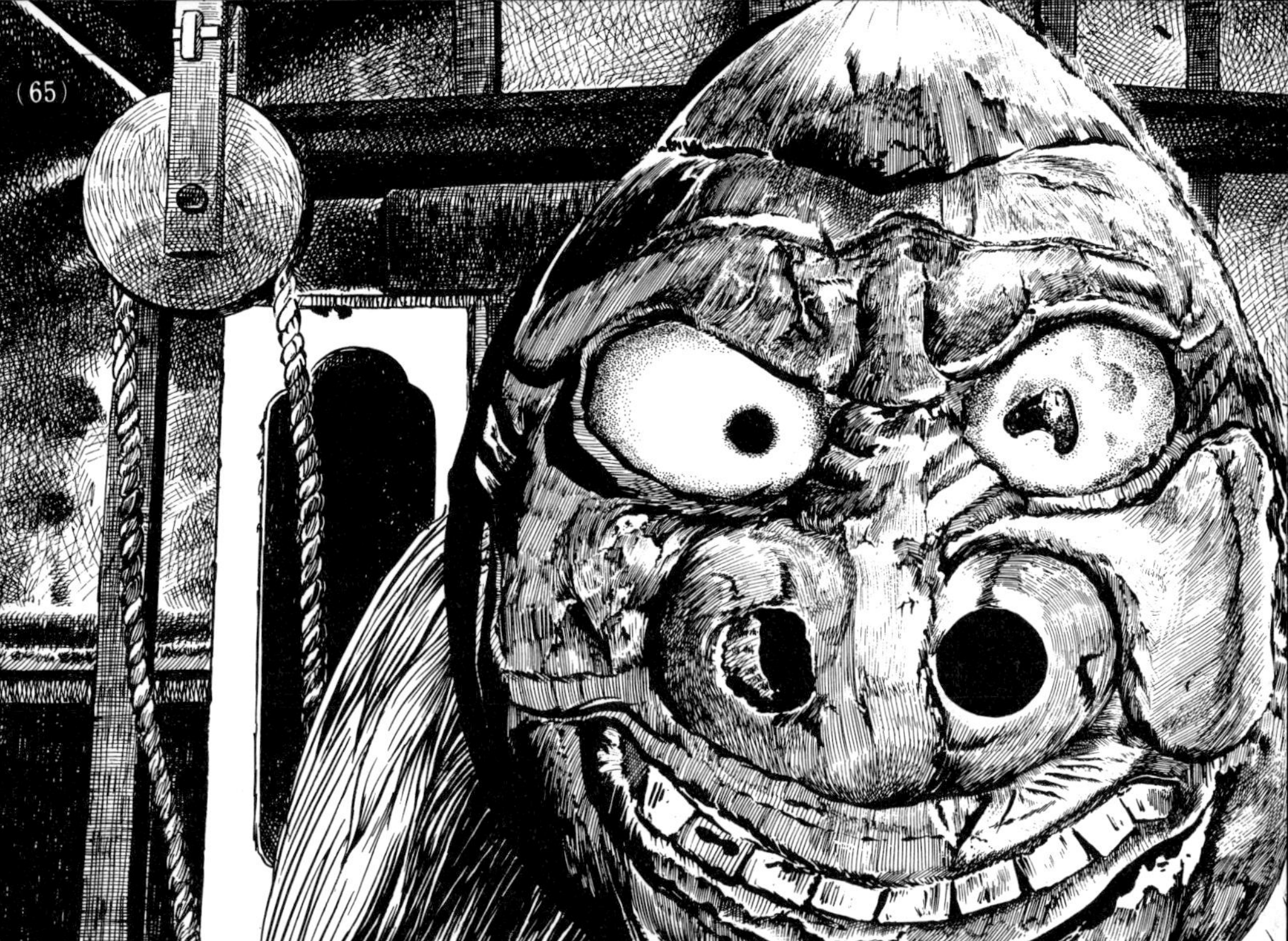

あまめはぎ

むかし、能登（石川県）の鹿島郡では、おおみそかの夜から新しい年にかけて除夜の鐘が鳴りひびくころ、山からのっそり出てきたあまめはぎが、子どもの足の皮をはいで持っていったという。

それで、むかしの子どもは、除夜の晩は早くねた。

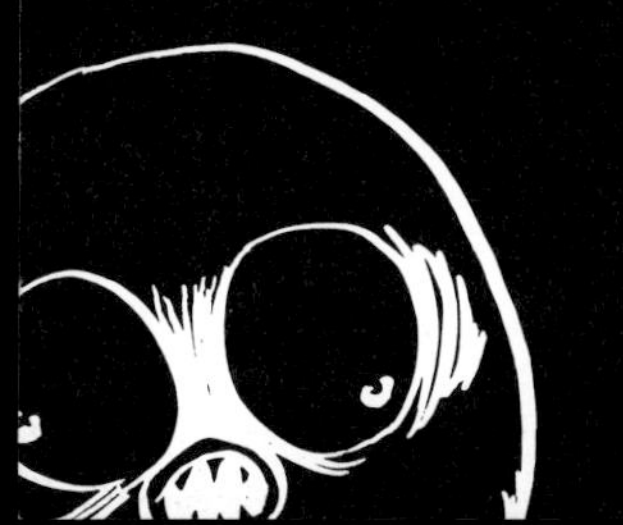

家にすむ妖怪

古庫裏ばばあ

ある古寺に、老ばがすんでいた。この老ばは、人間ではなく、妖怪だった。

古庫裏ばばあは、死んだ人のかみの毛をあんで着物をつくり、死人の肉で料理をつくってくらしていた。⬇

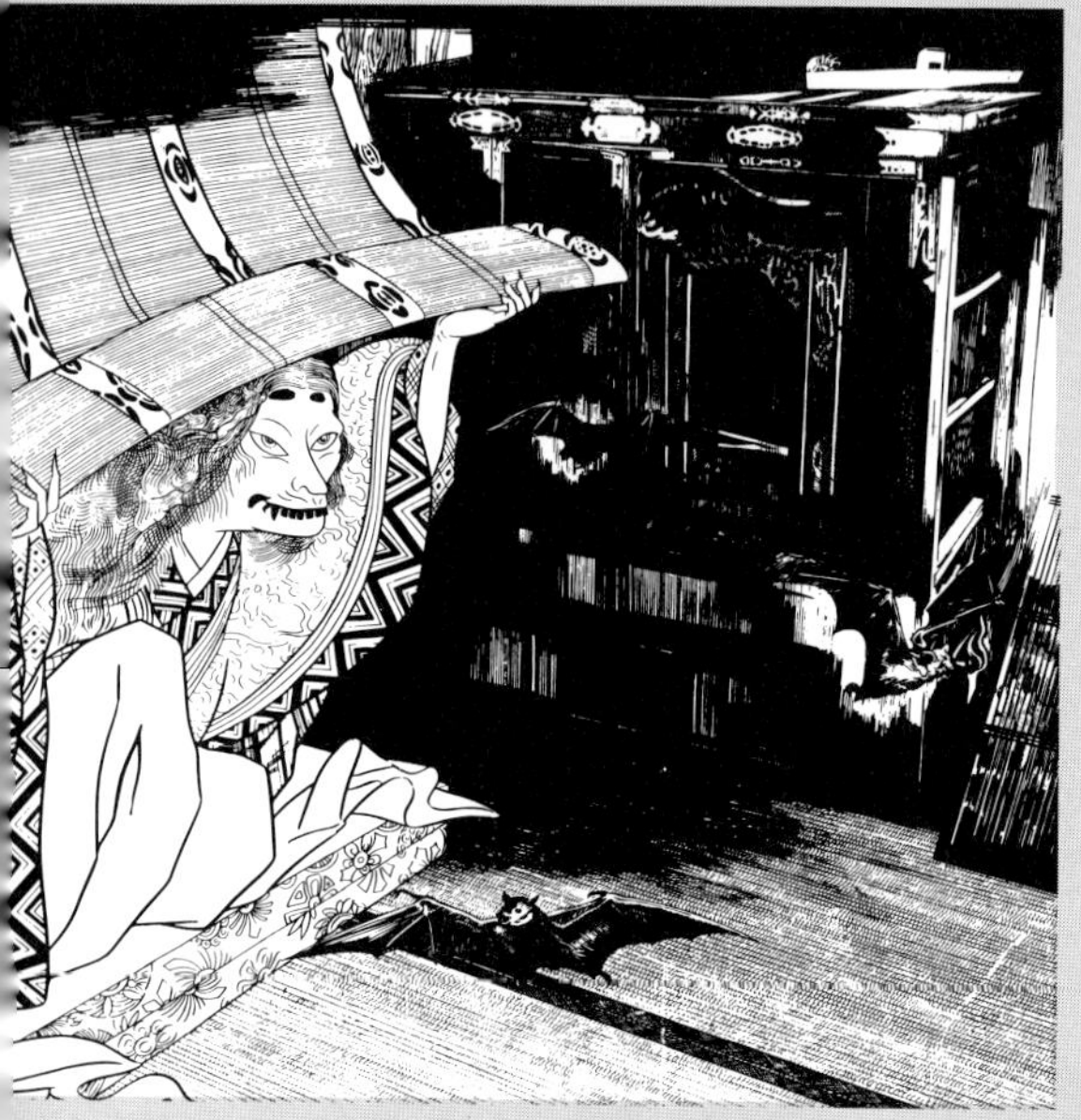

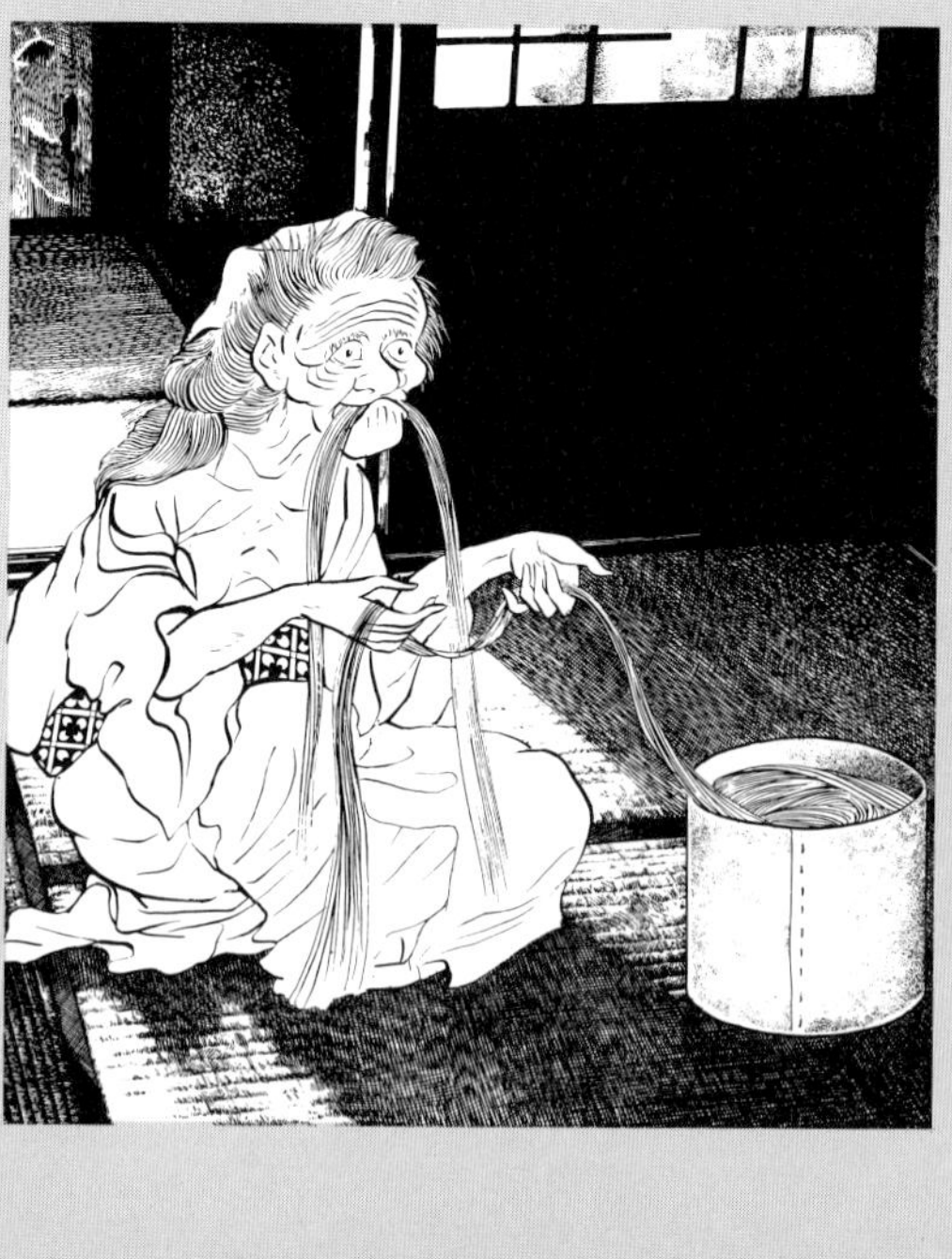

おさかべ

⬆老ばのすがたをしたおさかべが、いまの兵庫県姫路市にある姫路城の天守かくにすんでいた。

おさかべは、年にいちど、城主にだけ面会した。ほかの人があおうとしたが、天守かくには、いるはずのおさかべのすがたはどこにも見えず、ただこうもりだけが、あたりを飛びまわっていたという。

ふっけしばばぁ

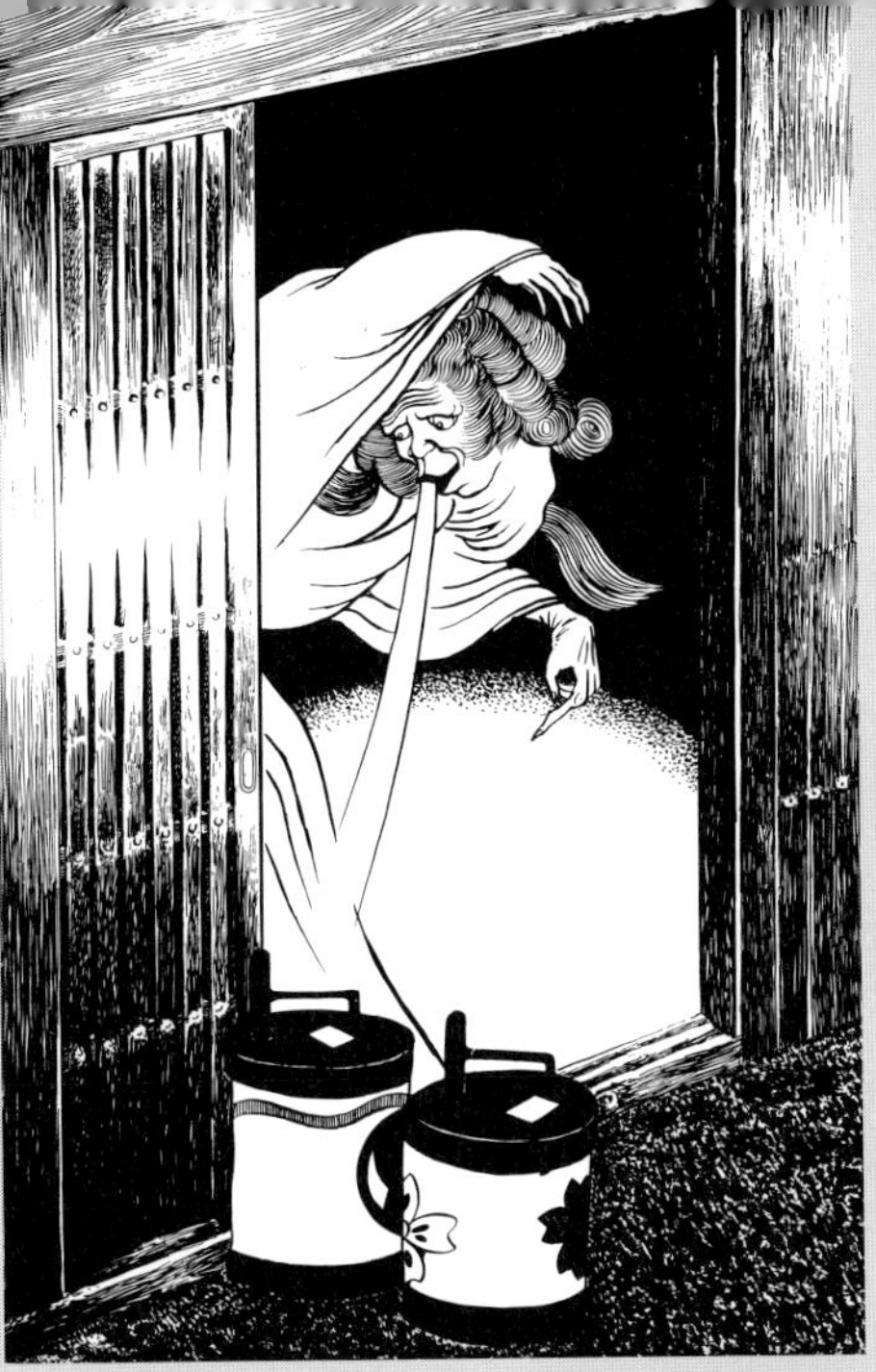

とつぜん、いままで燃えさかっていたはずの火が消えた。外では、木のえだがザワザワとゆれ動いて、うるさいくらいだ。風はない……

ふっけしばばあが、フーッフーッと息をふきつけたのだ。

しかし、これは妖怪の息なので、人間は、ふきつけられてもそれとは気づかない。

火まむし入道

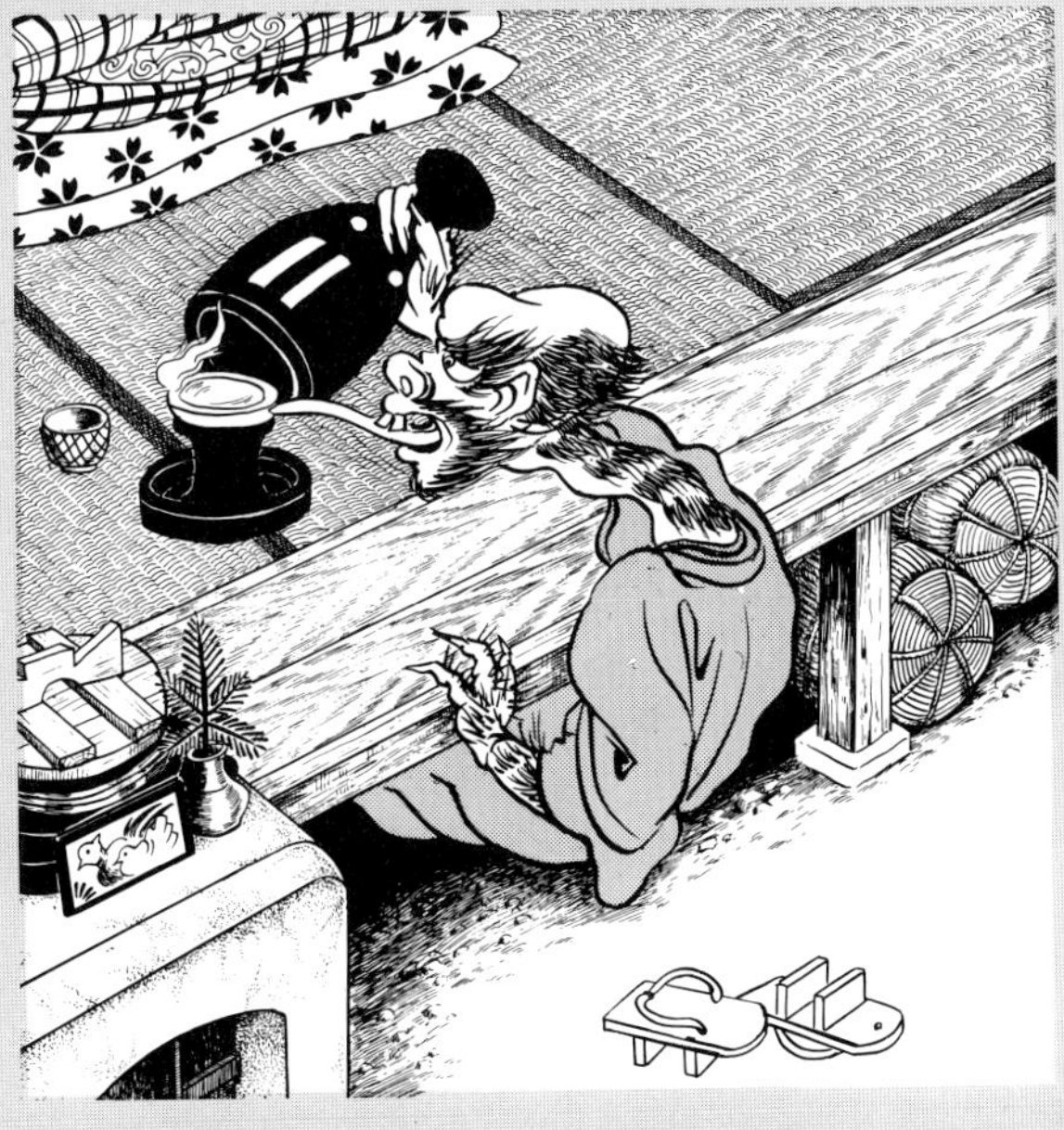

人がねしずまった真夜なかごろまで仕事をしていると、よく、火まむし入道があらわれて、いたずらをしたり、仕事のじゃまをする。

人生を努力しなかった人は、死んでから火まむし入道になり、きらわれるという。

水にすむ妖怪

あずきとぎ

シャリシャリ……夜、川や谷で、あずきを洗うような音がする。それは、あずきとぎが、音を出すのだと日本各地でいわれている。

あずき　とごうか　人とって
食おか　ショキ　ショキ　などと

歌をうたっていたのは、信州（長野県）のあずきとぎで、村のわかものが、棒をもって、その歌声のするほうへ近づいてみたが、そこには、あずきのとぎ汁があるばかりだった。

また、鳥取県では、ある家のそばのみぞのなかで、真夜なかにあずきを洗う音がした。ものずきな人が、なんとか正体を見ようとみぞに近づいたが、とつぜん足をふみはずして、みぞに落ちてしまった。けがはなかったが、落ちたのはあずきとぎのしわざだろうといわれた。

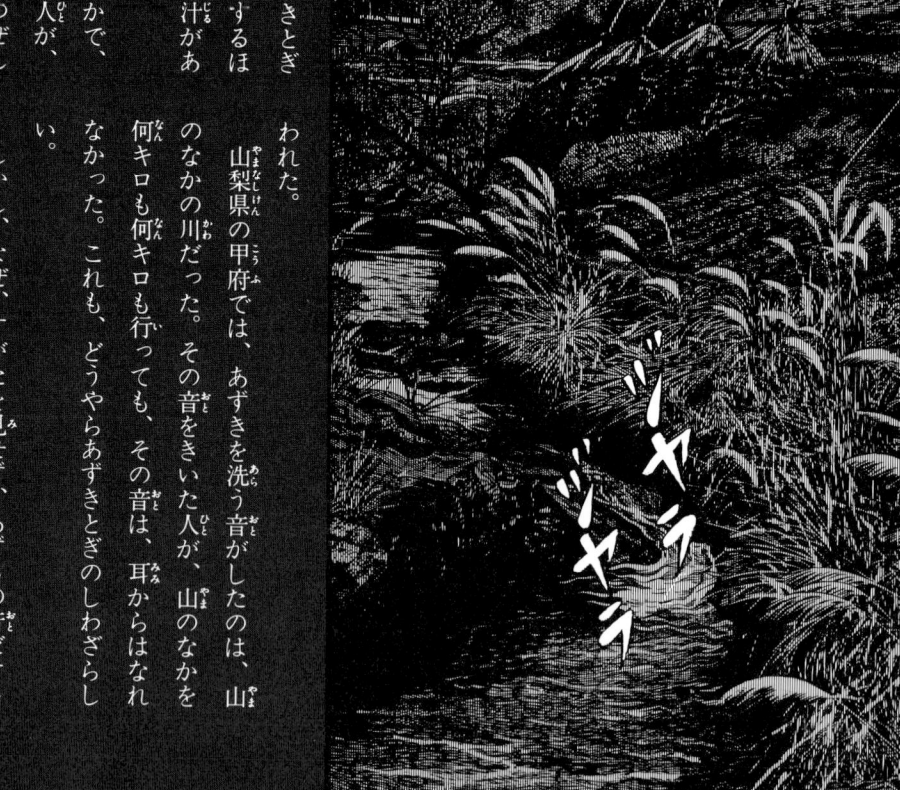

山梨県の甲府では、あずきを洗う音がしたのは、山のなかの川だった。その音をきいた人が、山のなかを何キロも何キロも行っても、その音は、耳からはなれなかった。これも、どうやらあずきとぎのしわざらしい。

しかし、なぜ、すがたを見せず、あずきの音だけさせるのか……とてもふしぎである。

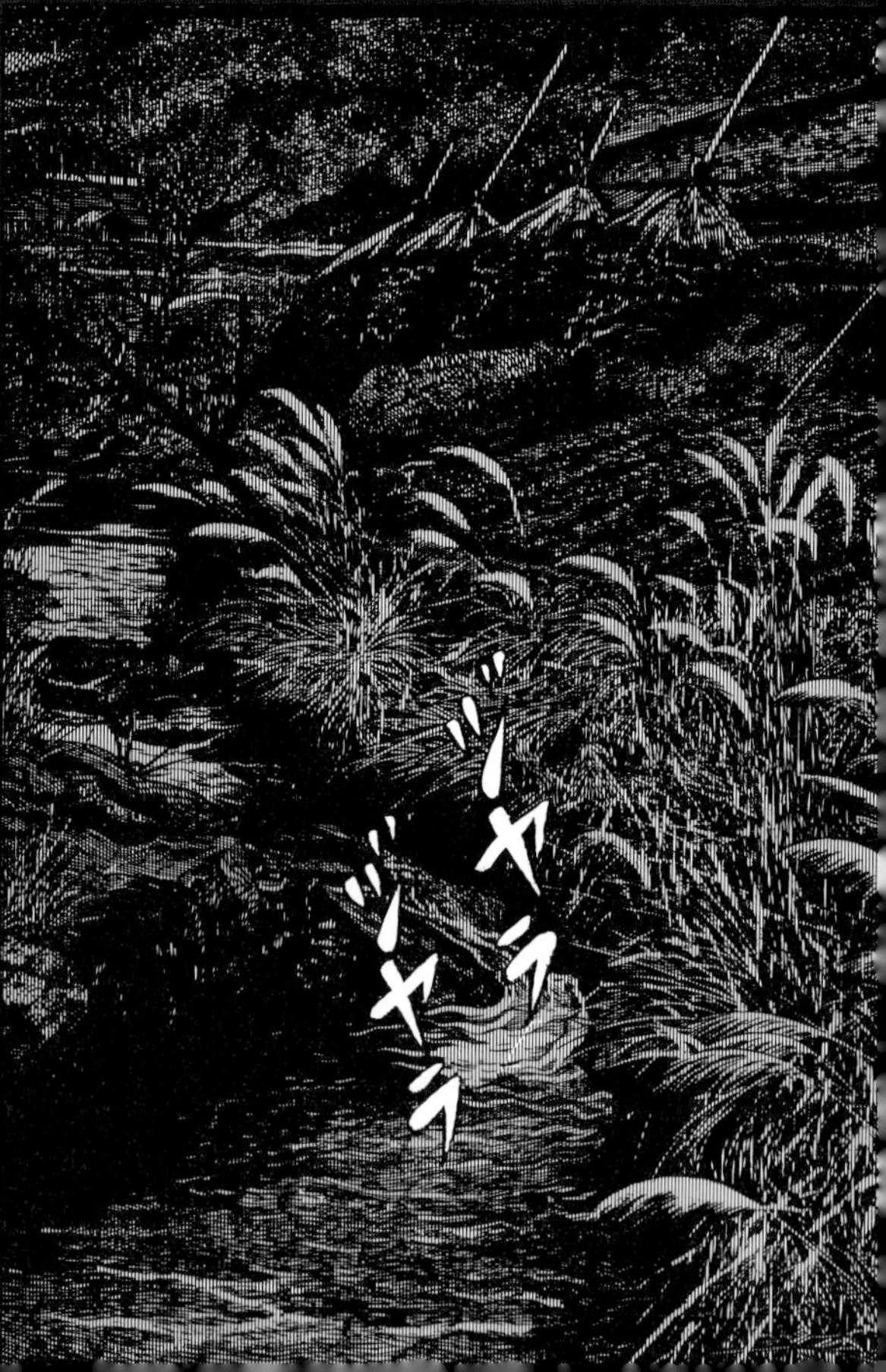

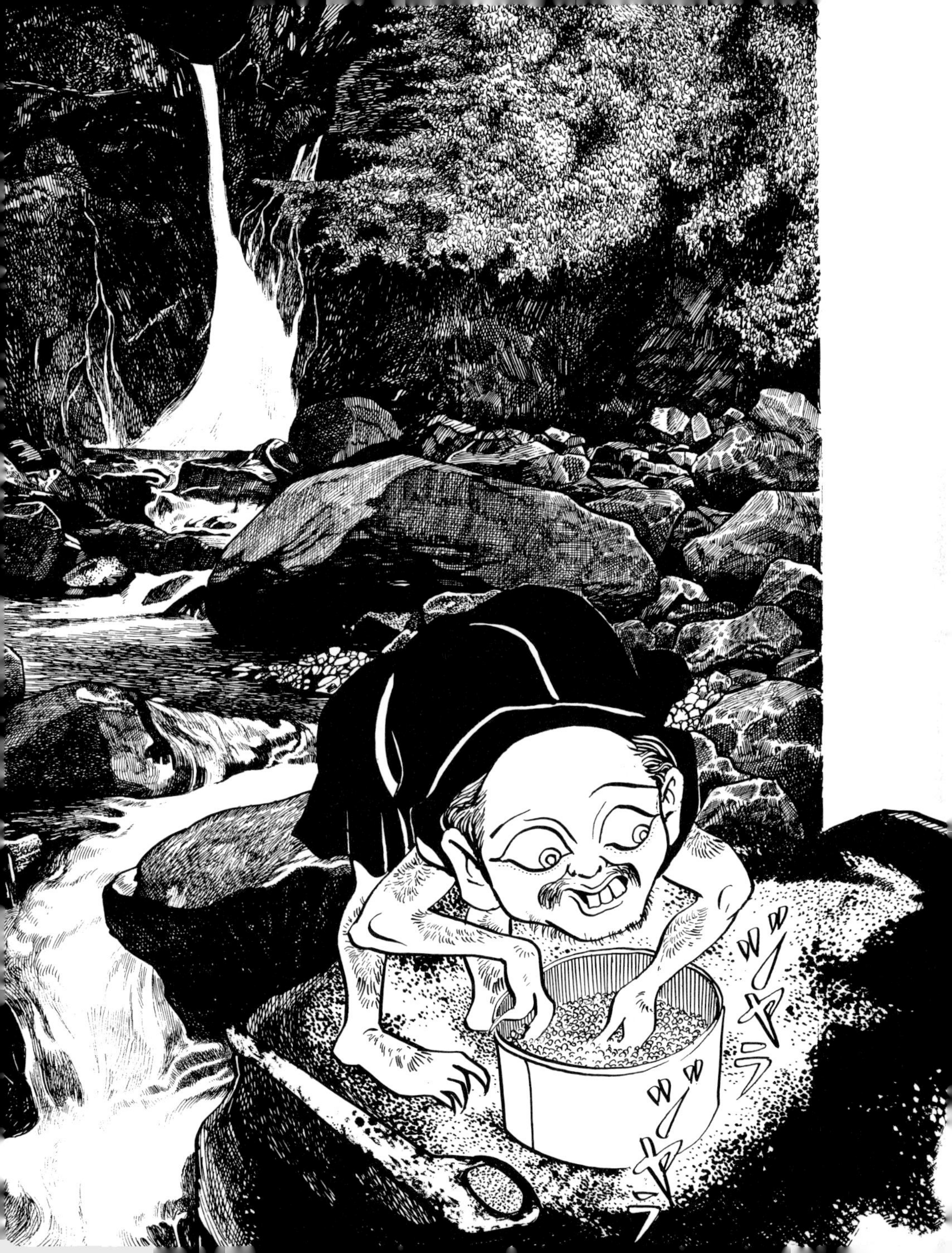
ジャラ
ジャラ

妖怪のひみつ②

1 妖怪とお化けは どうちがうのだろう

妖怪もお化けも、言いかたがちがうだけ。妖怪をお化けと言ったりするのは、妖怪のなかまに、きつねが化けたり、死んだ人のうらみが幽霊になって現われるなど、変身するものが多いからだ。

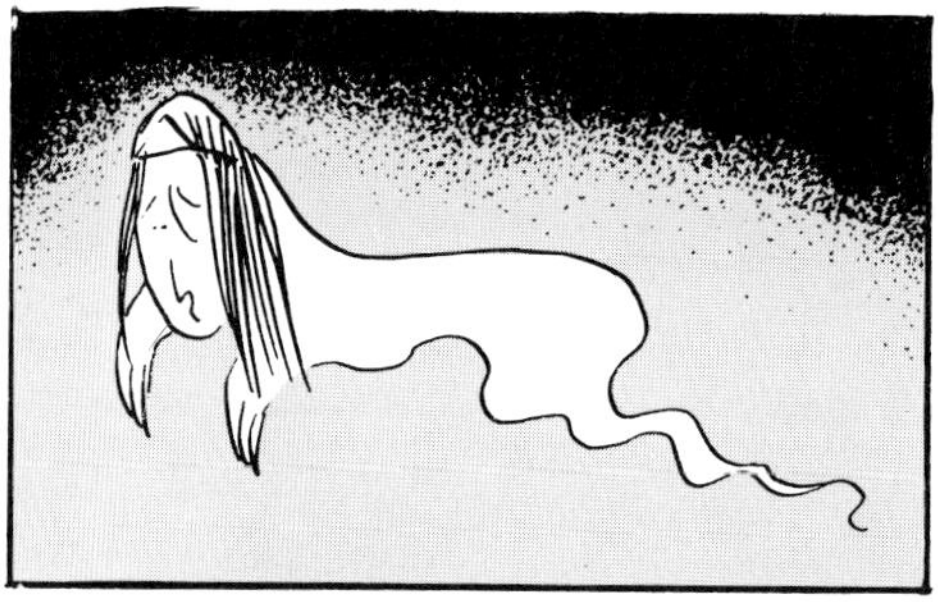

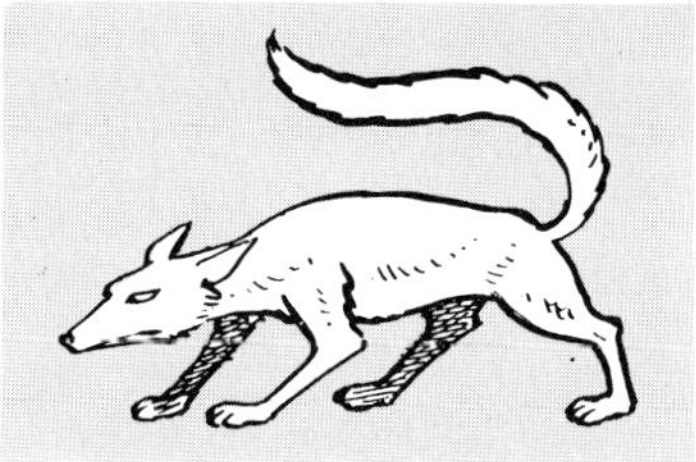

妖怪のなかま

2 妖怪には どんな妖怪があるだろう

大きくわけると、幽霊、怪獣、変化、超自然の妖怪にわけられる。

妖怪

- ①幽霊⇒人魂や亡霊や死霊など、人間の怨霊がこの世に現われたもの。
- ②怪獣⇒ふしぎな魔力をもった動物や昆虫の妖怪。
- ③変化⇒いろいろなものが、ほかのものに化けたもの。
- ④超自然⇒謎につつまれたふかしぎな現象のこと。

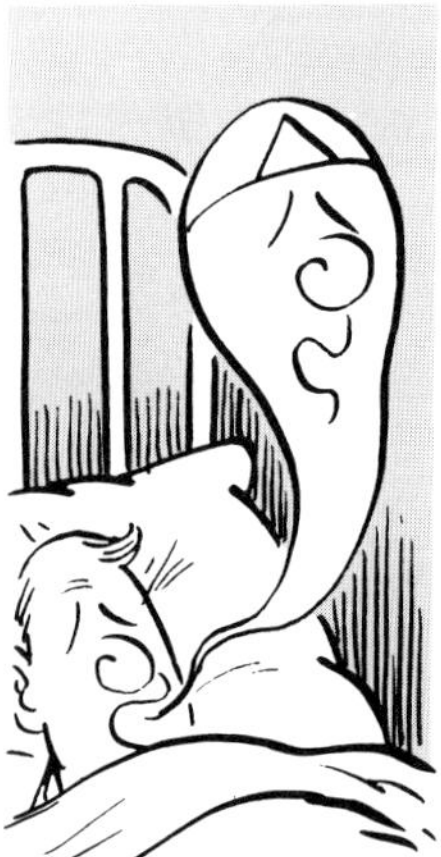

3 日本には妖怪のなかまがどれくらいいるのだろう

およそ、千種類くらいあるといわれている。そのなかで、絵や資料にのこされている妖怪は、やく四百種類。外国にも妖怪はたくさんいるが、その数はまだわかっていない。

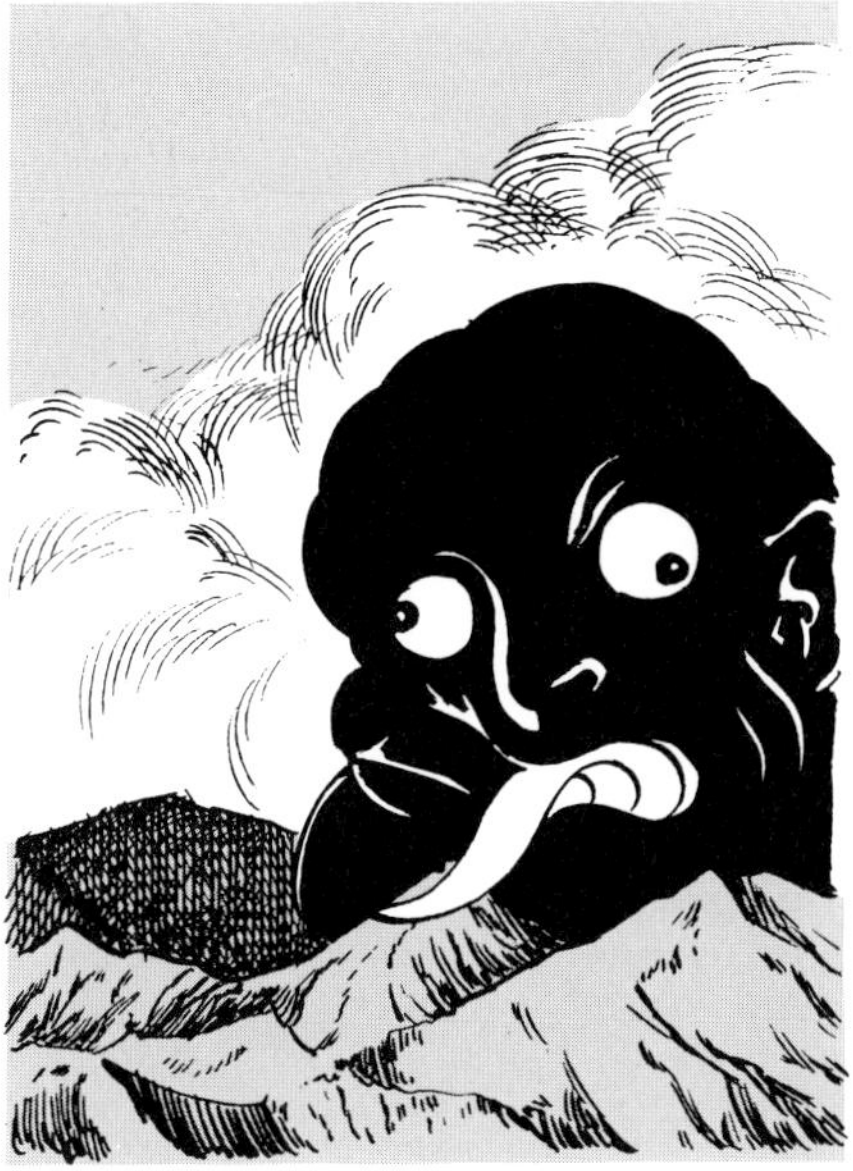

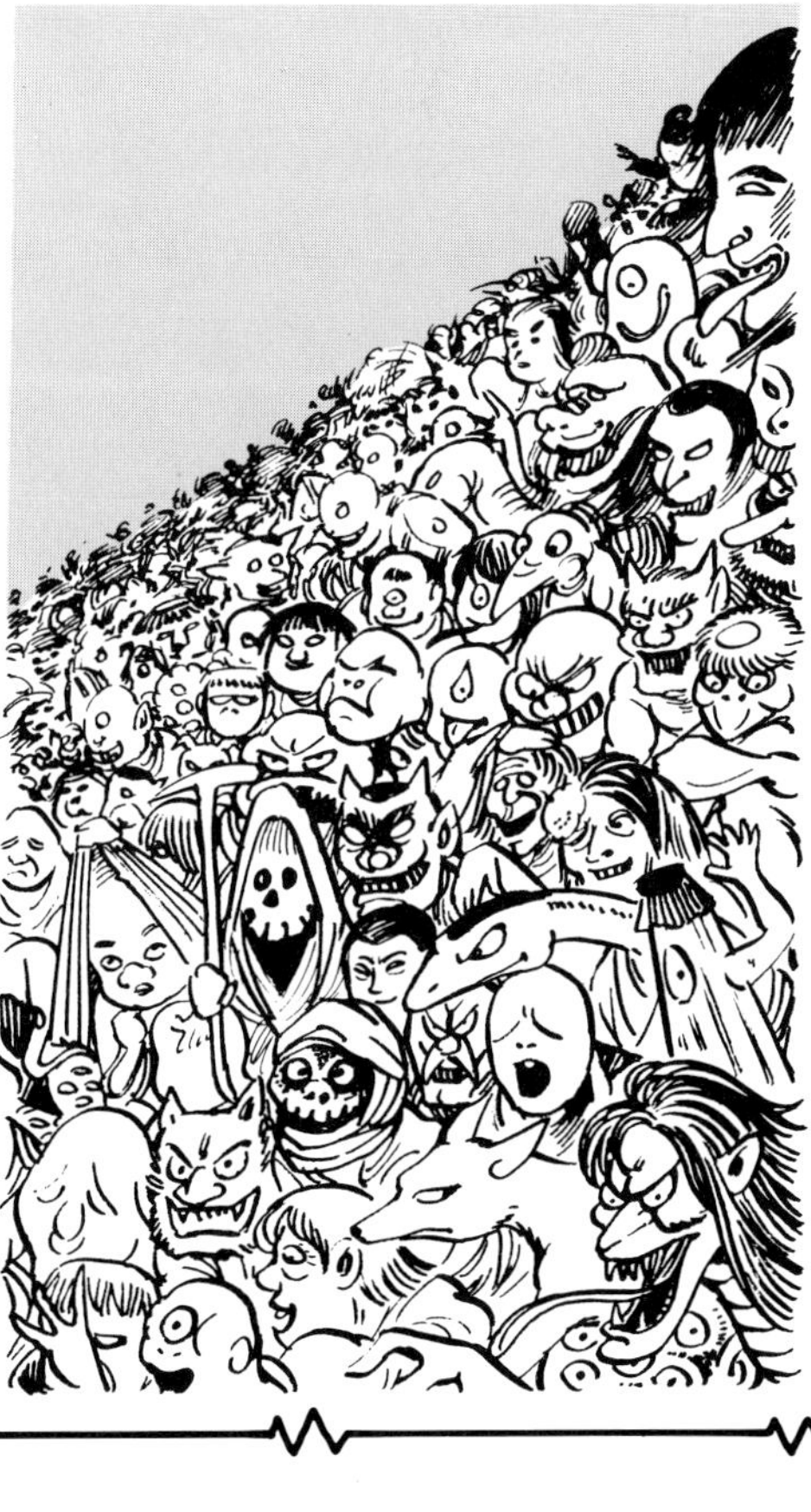

4 妖怪のなかでいちばん体の大きい妖怪はなんという妖怪だろう

大入道という妖怪だ。体の大きさは富士山くらいあるといわれる。しかし、この大入道は、おどろかすことはあっても、人間に危害をくわえるようなことはない。

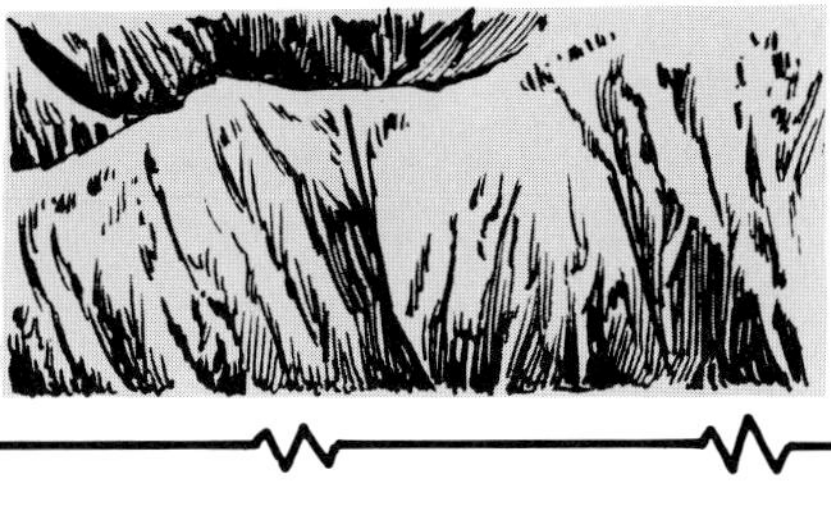

音でおどろかす妖怪

●うわん

古い屋敷にすむ妖怪で、人が通りかかると、いきなり〝うわん〟と、ぶきみな声をあびせる。

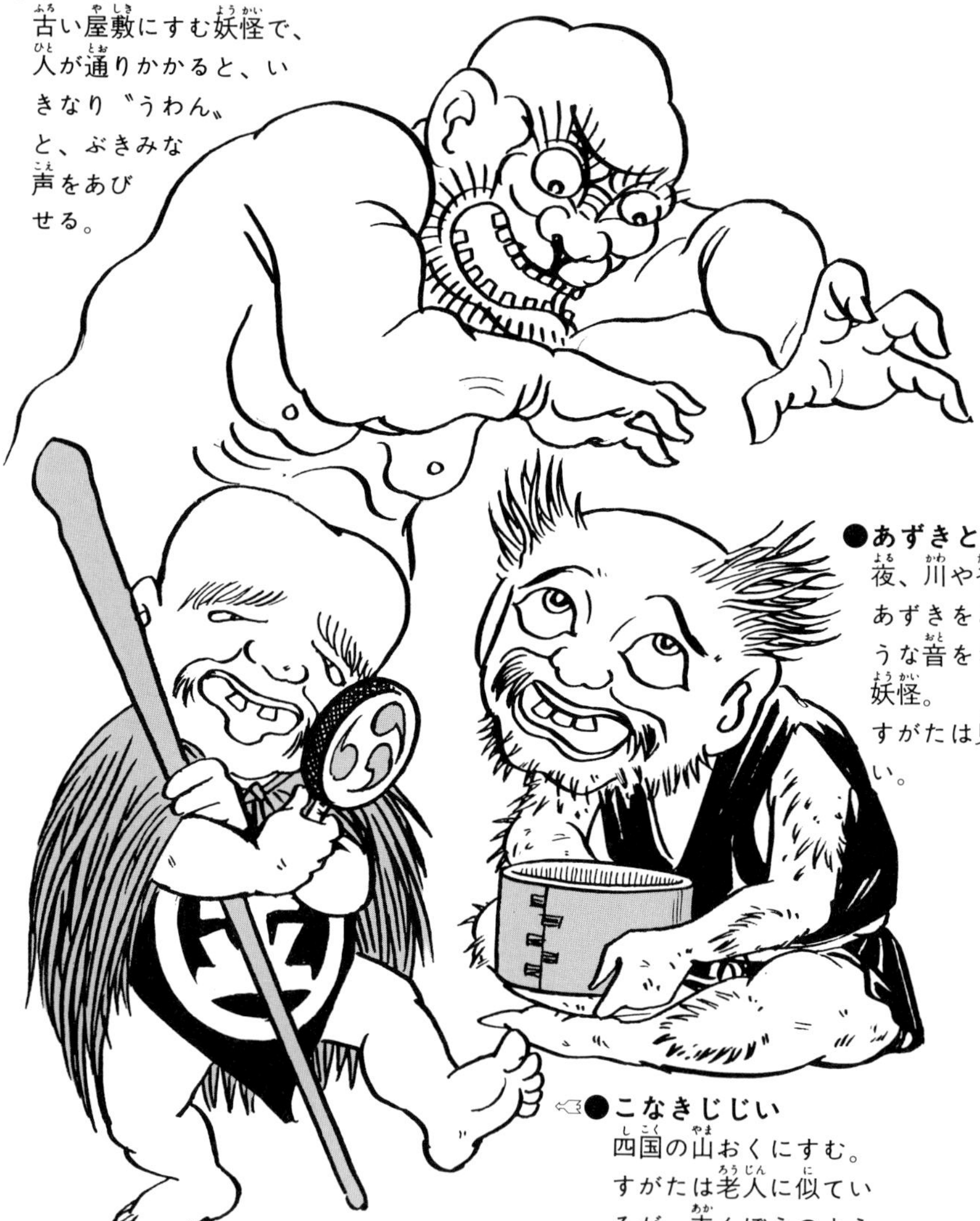

●あずきとぎ

夜、川や谷で、あずきをとぐような音をさせる妖怪。すがたは見えない。

⇦●こなきじじい

四国の山おくにすむ。すがたは老人に似ているが、赤んぼうのような泣き声をだす。

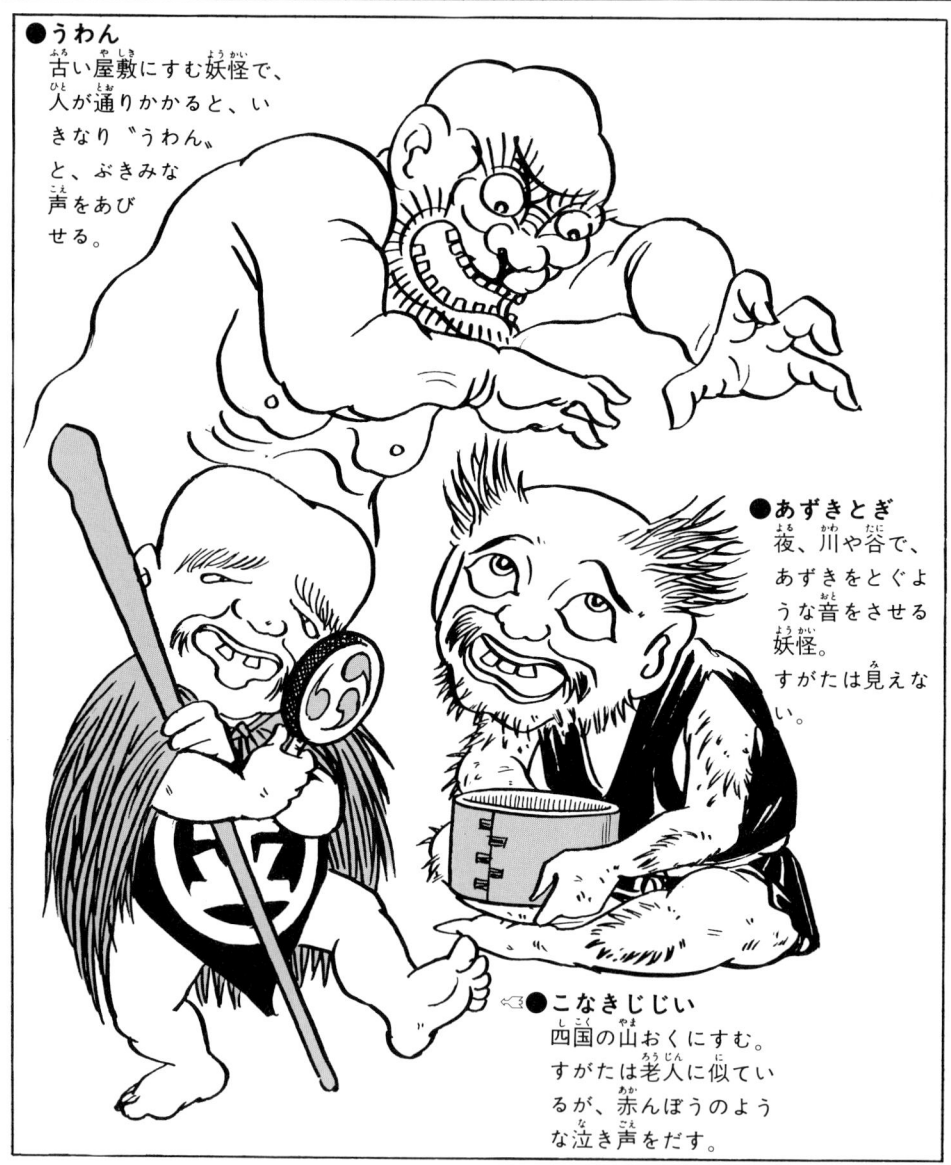

第3章 動物の妖怪

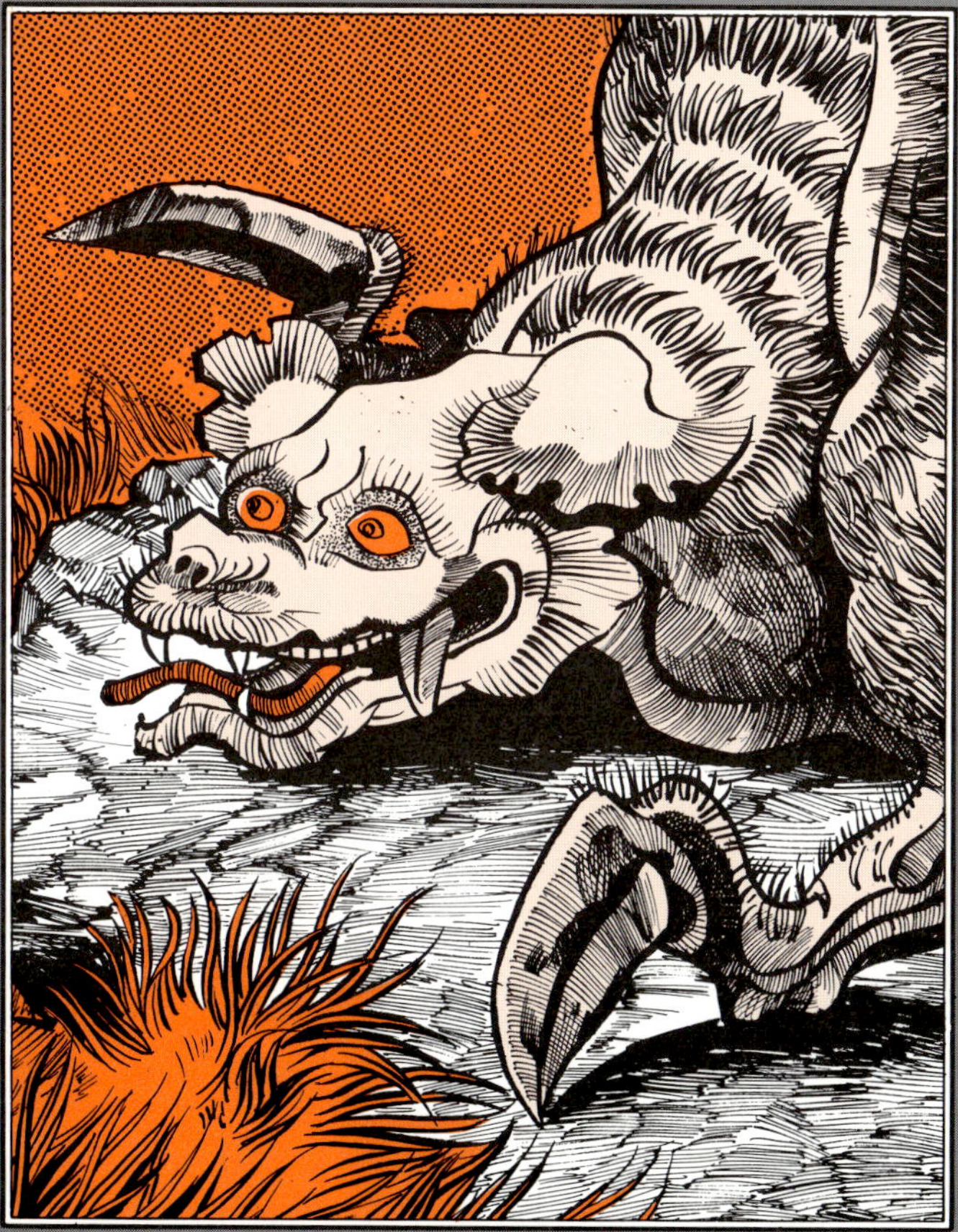

動物の妖怪たち

妖怪は、もともと人間が空想したり、幻想をいだいたりするなかから生まれてくることが多い。だから、妖怪のすがたも、人間のかたちにちかいか、人間の身近なもののすがたをとりやすい。

昔はへんな動物も多かったらしいから、はっきり分らないものを妖怪として解決したものもある。

では、動物の妖怪には、どんなものがあるのだろう? いちばん多いのは、山にいる動物を妖怪と見ちがえてしまったもの、それと、いまは絶めつしてしまったけれども、むかしはいたと思われる動物のすがたをしたものだろう。

たとえば、深い山にあらわれるわいら、古い木にとりつくほうこうなどは、柳田国男(民俗学者)によれば、いまは絶めつしてしまったけれども、むかしはいたと思われる動物のすがたをしているといわれる。また、これらの動物は、ひじょうにかしこい動物だったので、妖怪にされたのだともいわれる。

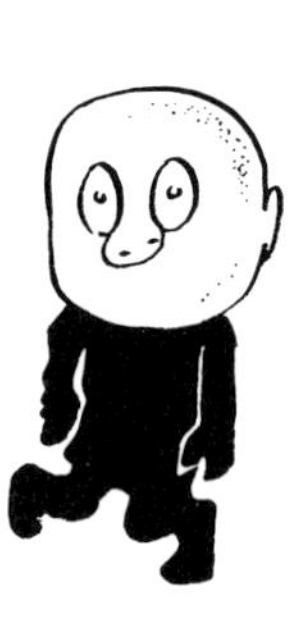

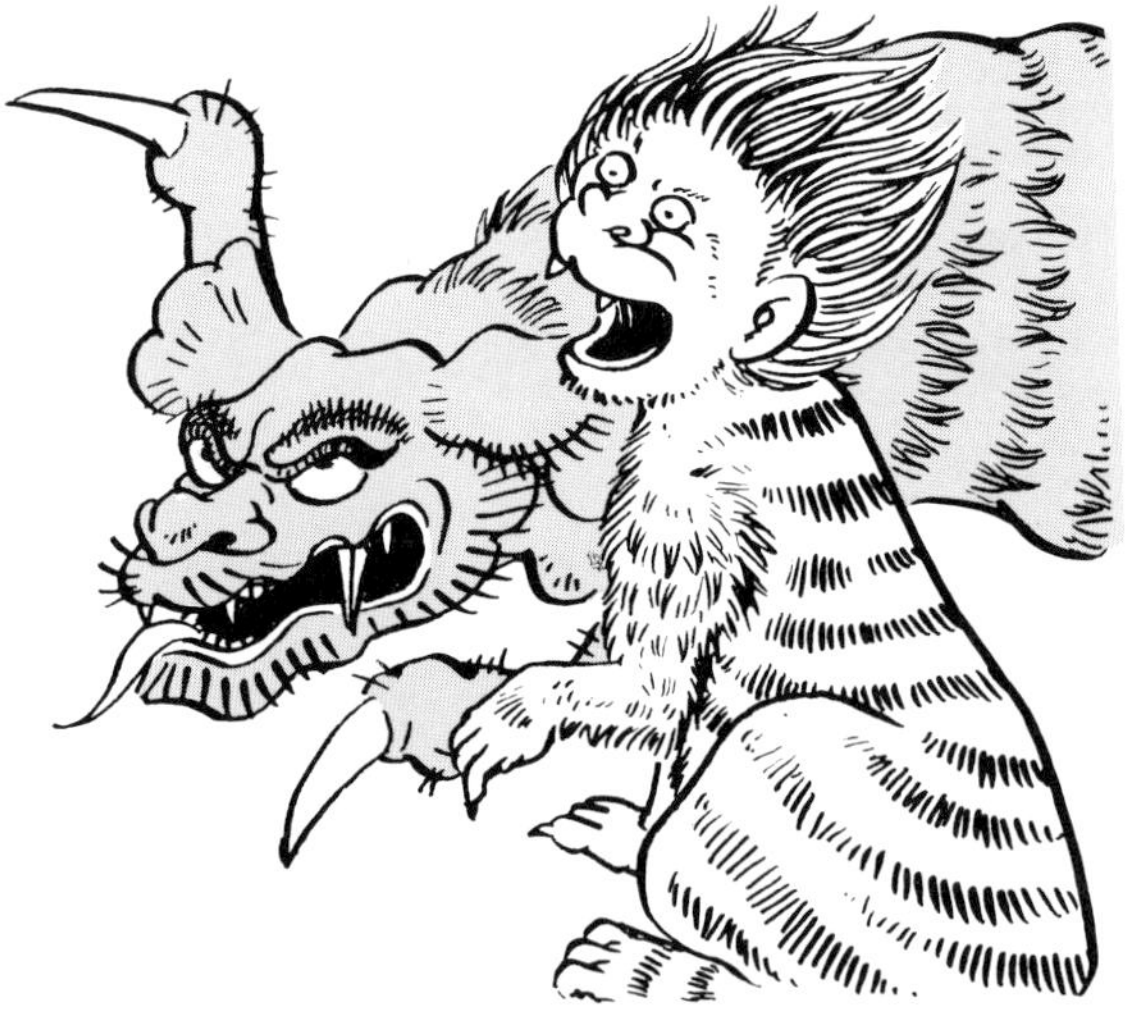

わいら　　ほうこう

動物の妖怪には、きつねに似た**はくぞうす**という坊さんの妖怪、**ぬえ**、**いつまでん**、**かまいたち**、**けうけげん**などがある。これらの妖怪は、みな、全身に毛が生えているので動物の妖怪にはいる。また、岡山県で雨のふる夜に現われる**すねこすり**、むかしの京都に現われた**土ぐも**、夢を食うといわれる**ばく**、十年以上生きた猫が化けるといわれる**ねこまた**などの妖怪も、全身に毛が生えている妖怪だ。

そのほか、**がま**、巨大な化けもの**赤えい**、九州地方の海に現われる**いそなで**、これらは、みな動物の妖怪のなかまだ。

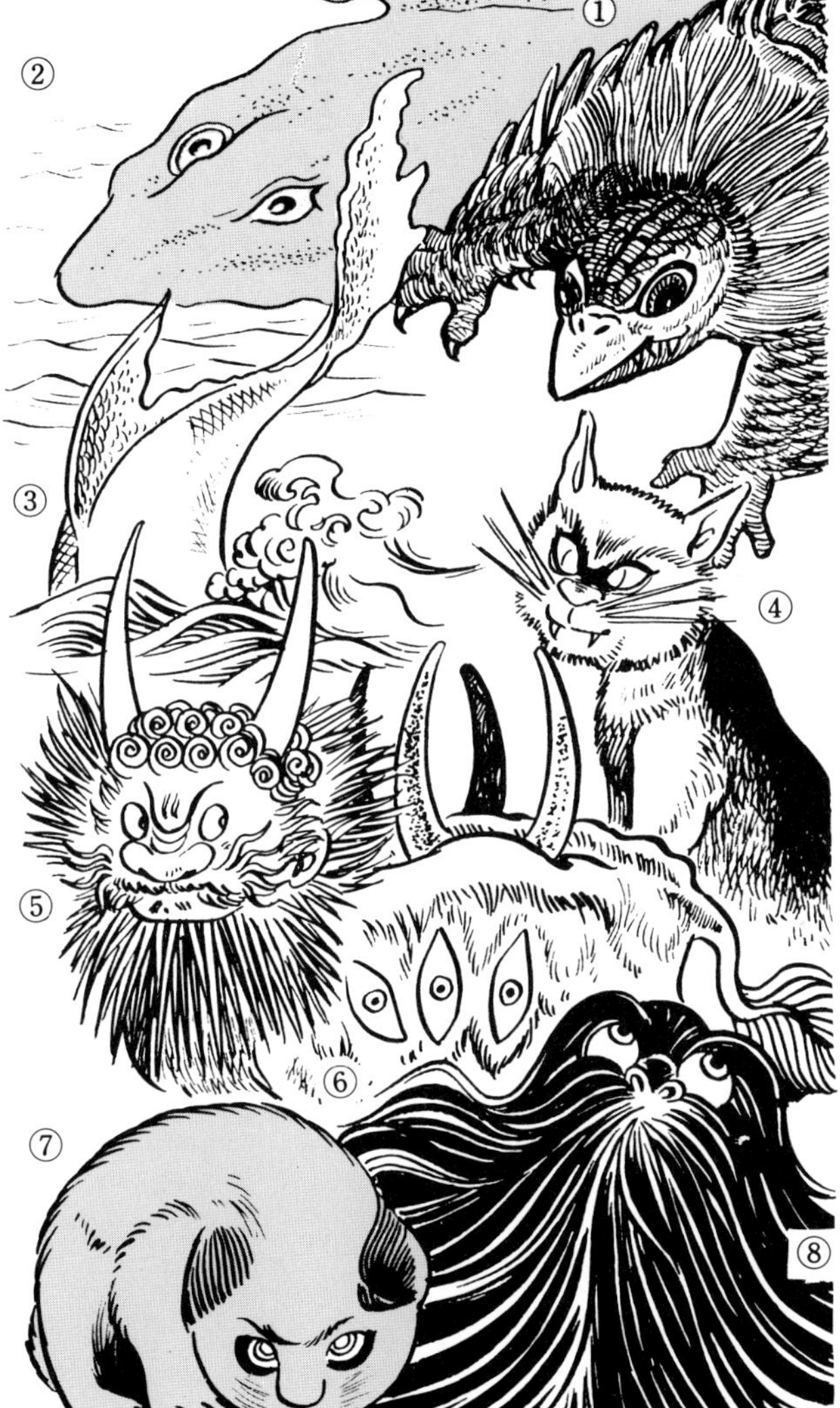

①いつまでん　②赤えい　③いそなで　④ねこまた
⑤土ぐも　⑥ばく　⑦すねこすり　⑧けうけげん

山にすむ妖怪

はくぞうす

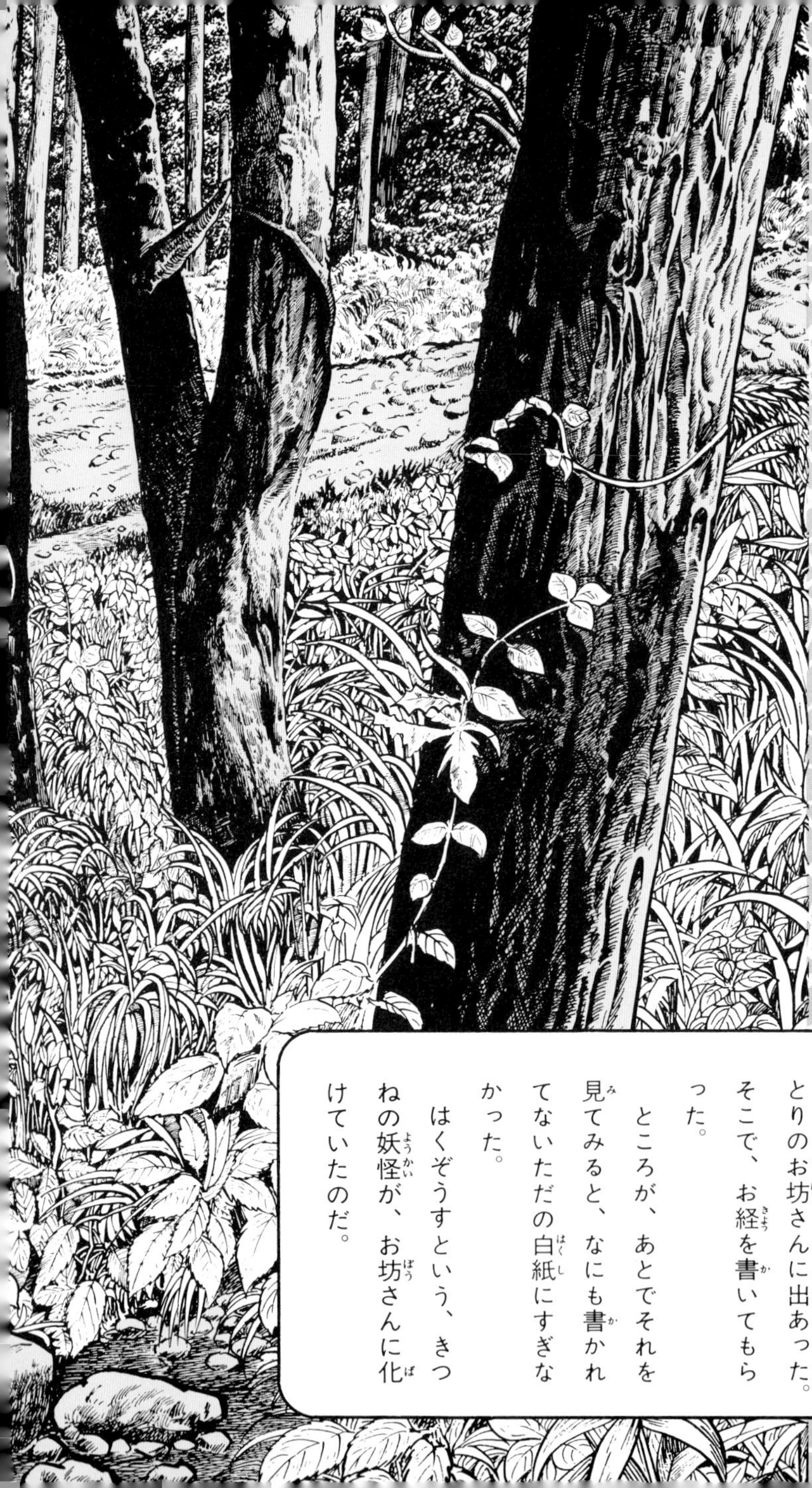

むかし、こんな話があった。

旅のとちゅう、ある人がみるからにりこうそうなひとりのお坊さんに出あった。そこで、お経を書いてもらった。

ところが、あとでそれを見てみると、なにも書かれてないただの白紙にすぎなかった。

はくぞうすという、きつねの妖怪が、お坊さんに化けていたのだ。

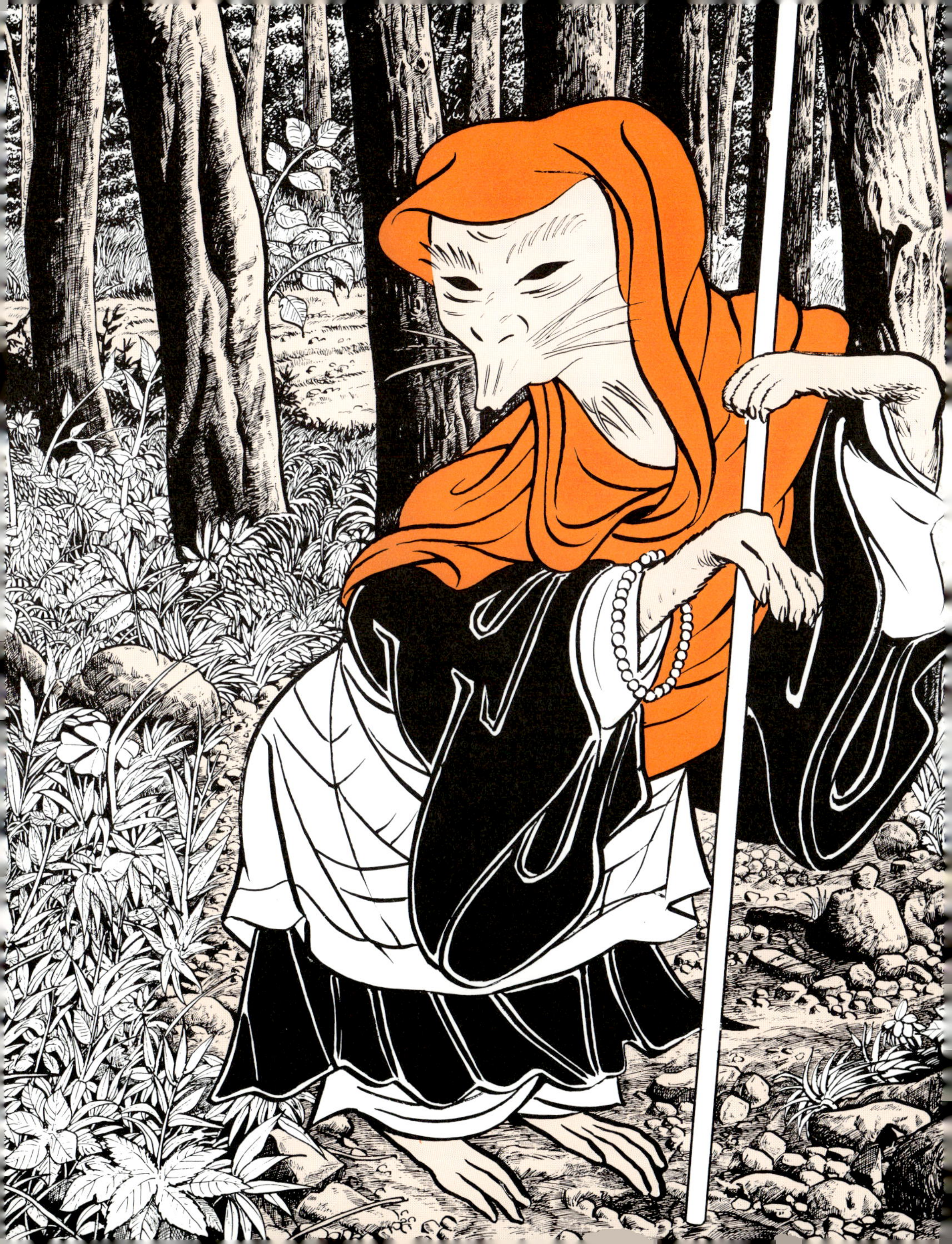

山にすむ妖怪

ほうこう

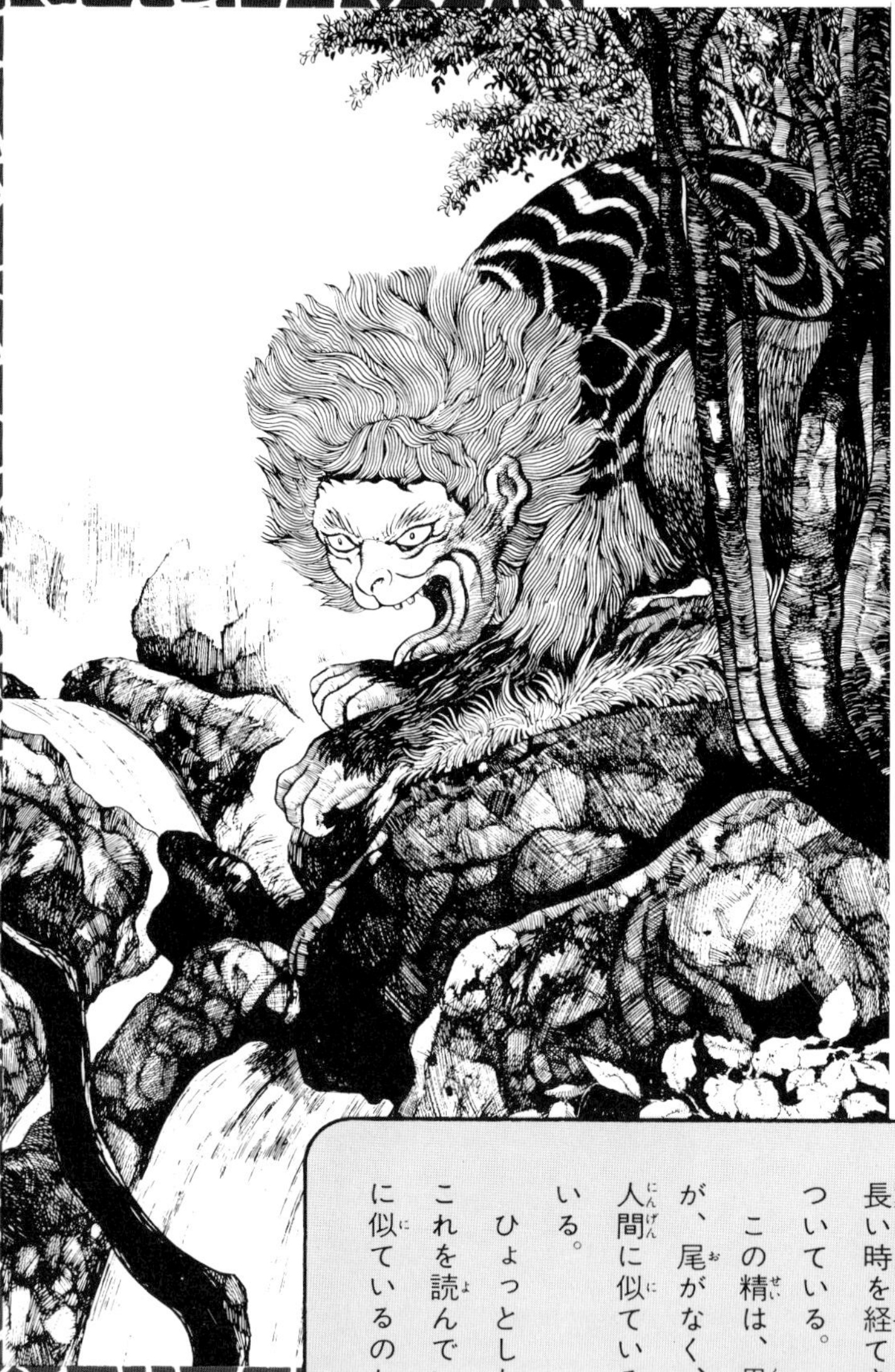

気のとおくなるほどはるかなはるかなむかしから、木は生きていた。

ほうこうは、そういった長い時を経てきた木にとりついている。

この精は、黒狗のようだが、尾がなく、顔つきは、人間に似ているといわれている。

ひょっとしたら、いま、これを読んでいるきみの顔に似ているのかもしれない。

里にすむ妖怪

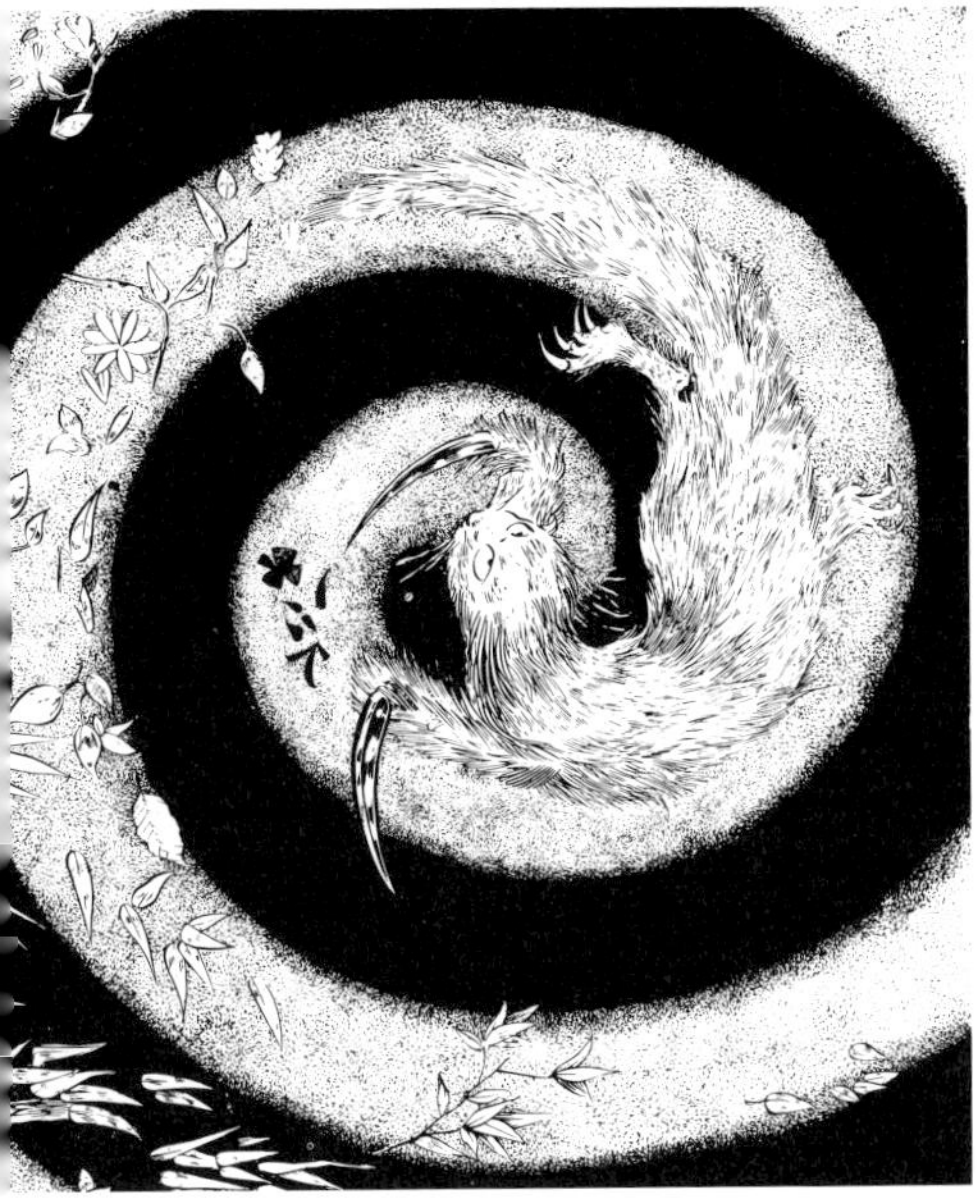

かまいたち

とつじょ、うずをまいたつむじ風がおこると、そのなかにひそむかまいたちが、まきこまれた人間の手足にかまを切りつける。

つむじ風にまきこまれたとき、理由もないのに、ひふがさけ、きずができるときがあるのは、このかまいたちのしわざらしい。

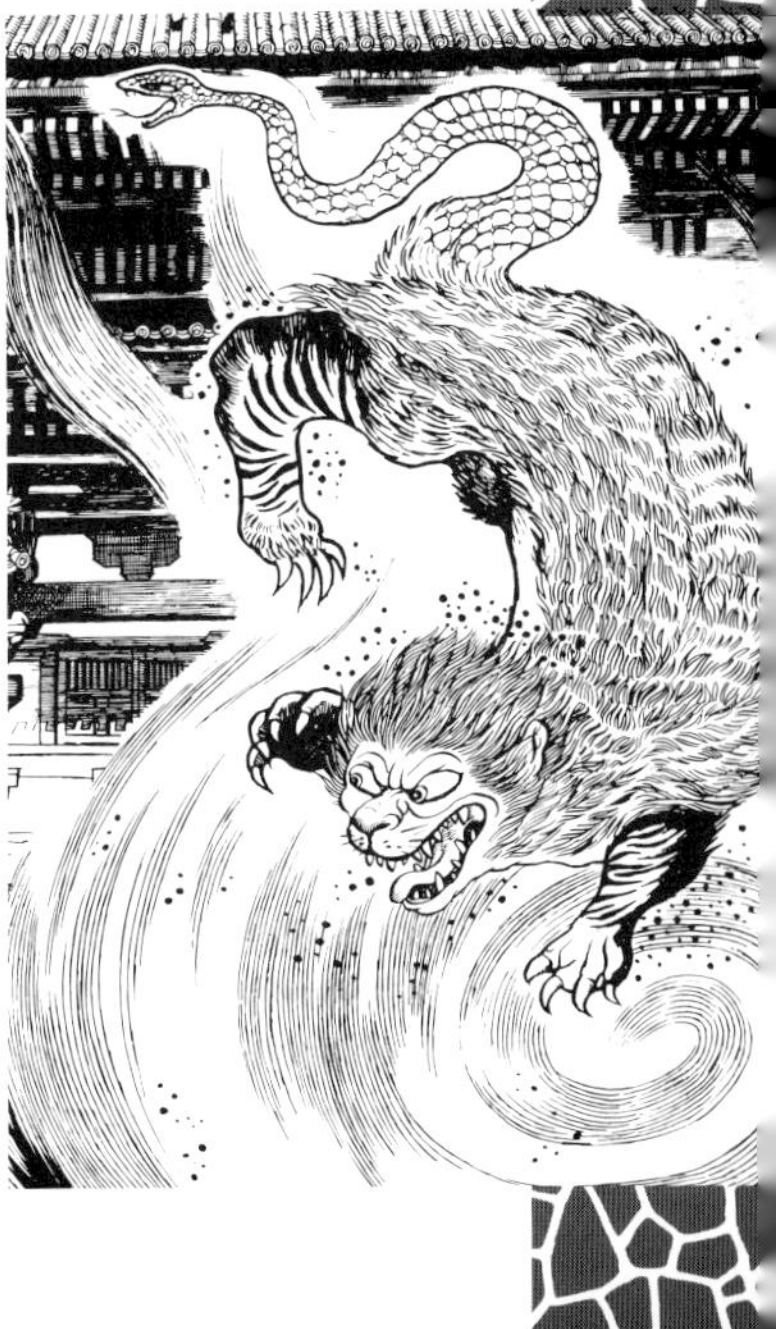

ぬえ

平安時代のこと、京の都では、毎夜、丑の刻（午前二時）になると、帝のおられる御所の上空に、子どもの泣声に似た声で鳴くぬえがあらわれた。

都の人びとは、それを不吉に感じ、ひどくおそれた。そこで、源三位頼政という武士が、これを射落とした。

ぬえは、頭はさる、からだはとら、しっぽがへびというおそろしい姿をしていた。

ほんとうは、鳥の化けもので山おくにすんでいるのだが、長生きをするために人間のたましいを食べようと、都にあらわれたらしい。

里にすむ妖怪

かみきり

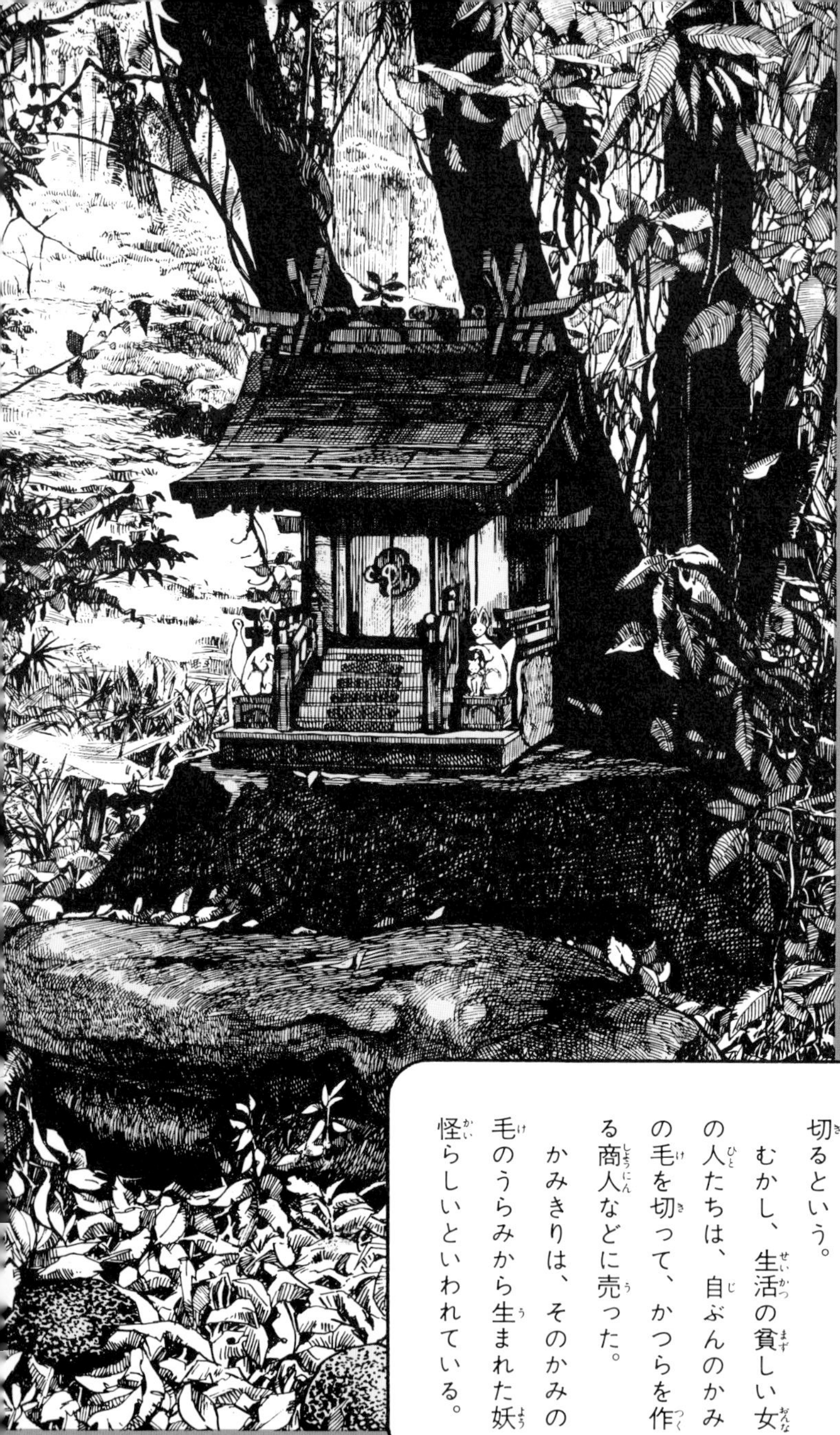

人間がけものやゆうれいと結こんしようとすると、かみきりがどこからともなくあらわれ、人間のかみを切るという。

むかし、生活の貧しい女の人たちは、自ぶんのかみの毛を切って、かつらを作る商人などに売った。

かみきりは、そのかみの毛のうらみから生まれた妖怪らしいといわれている。

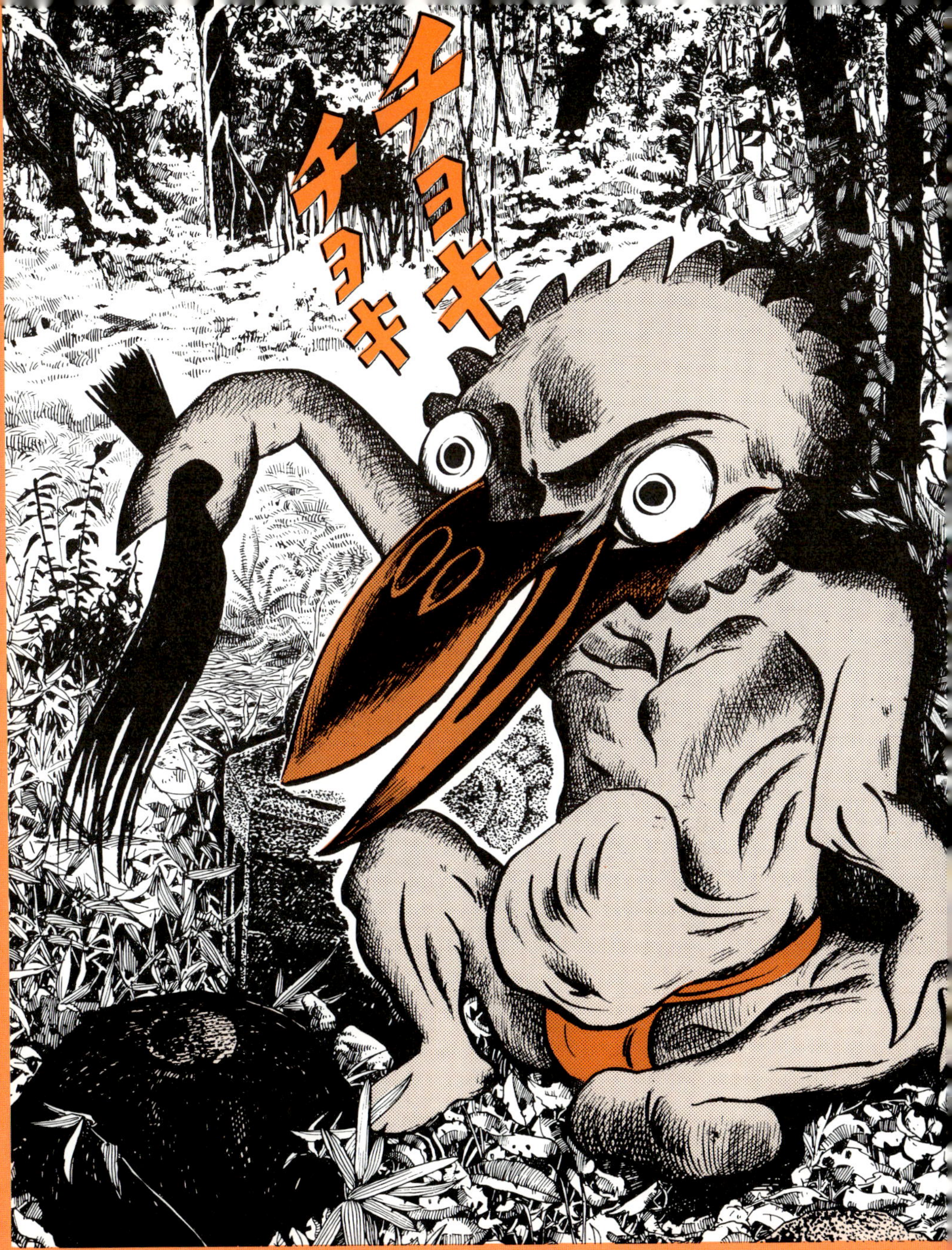
チョキ
チョキ

水にすむ妖怪

がま

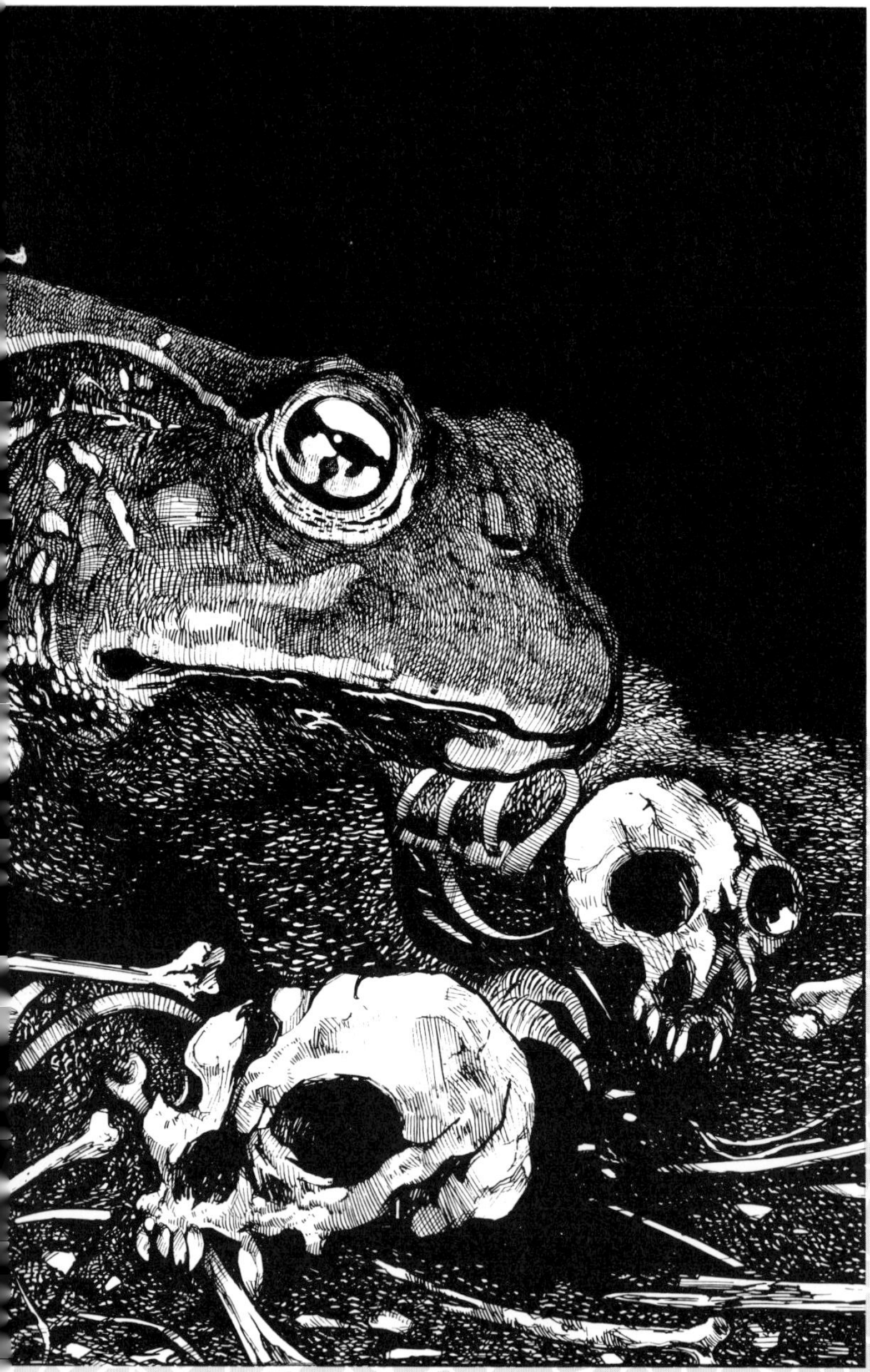

人の骨や動物の骨がいり乱れた地面に、のっそりとぶきみな大がまがあらわれた。

この年をとった大がまは、すずめやねこなどを食べ、夜なかになると毒をはく。

そして、これが、床下に住みつくと、その家の人たちは病気になるという。

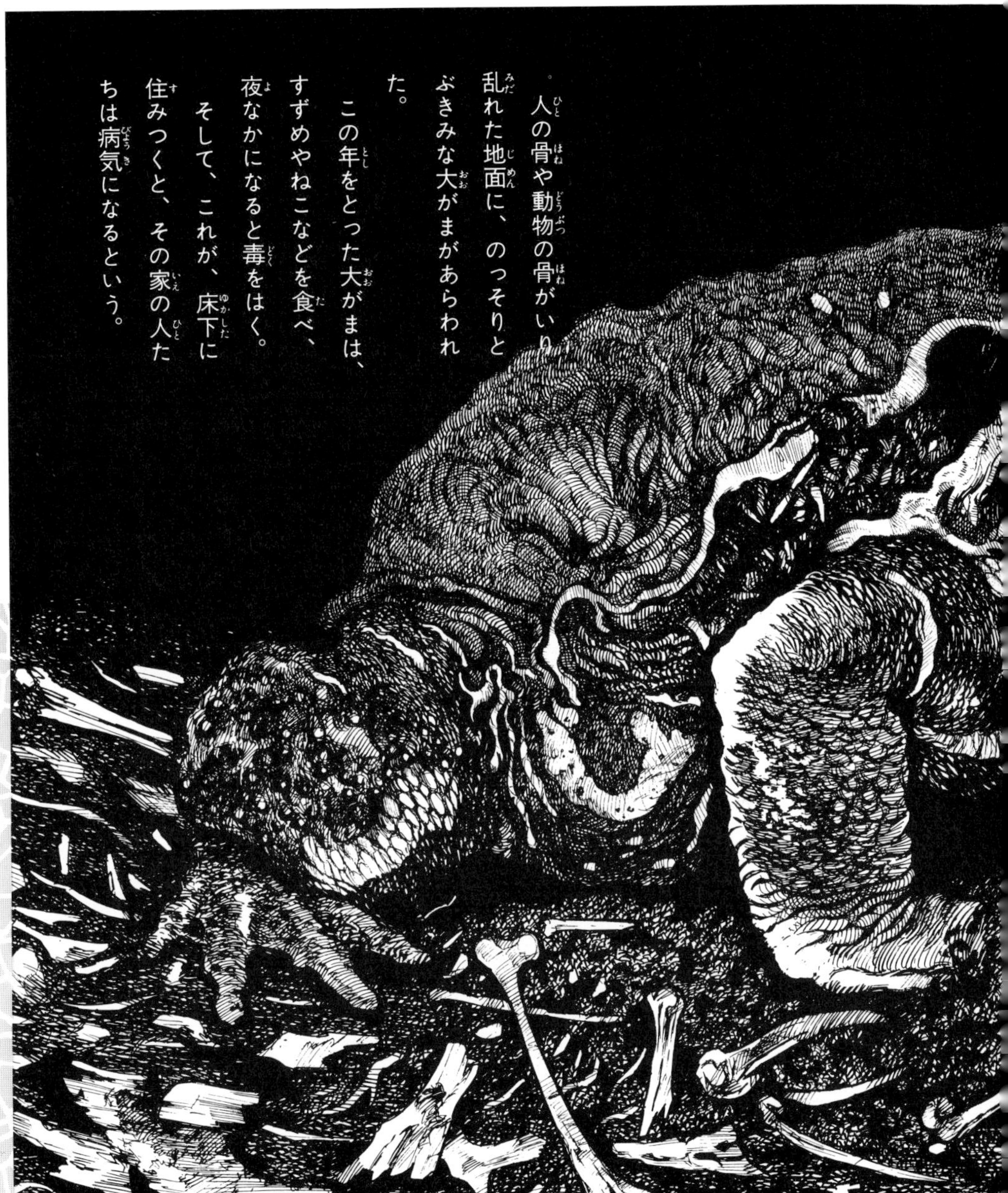

水虎

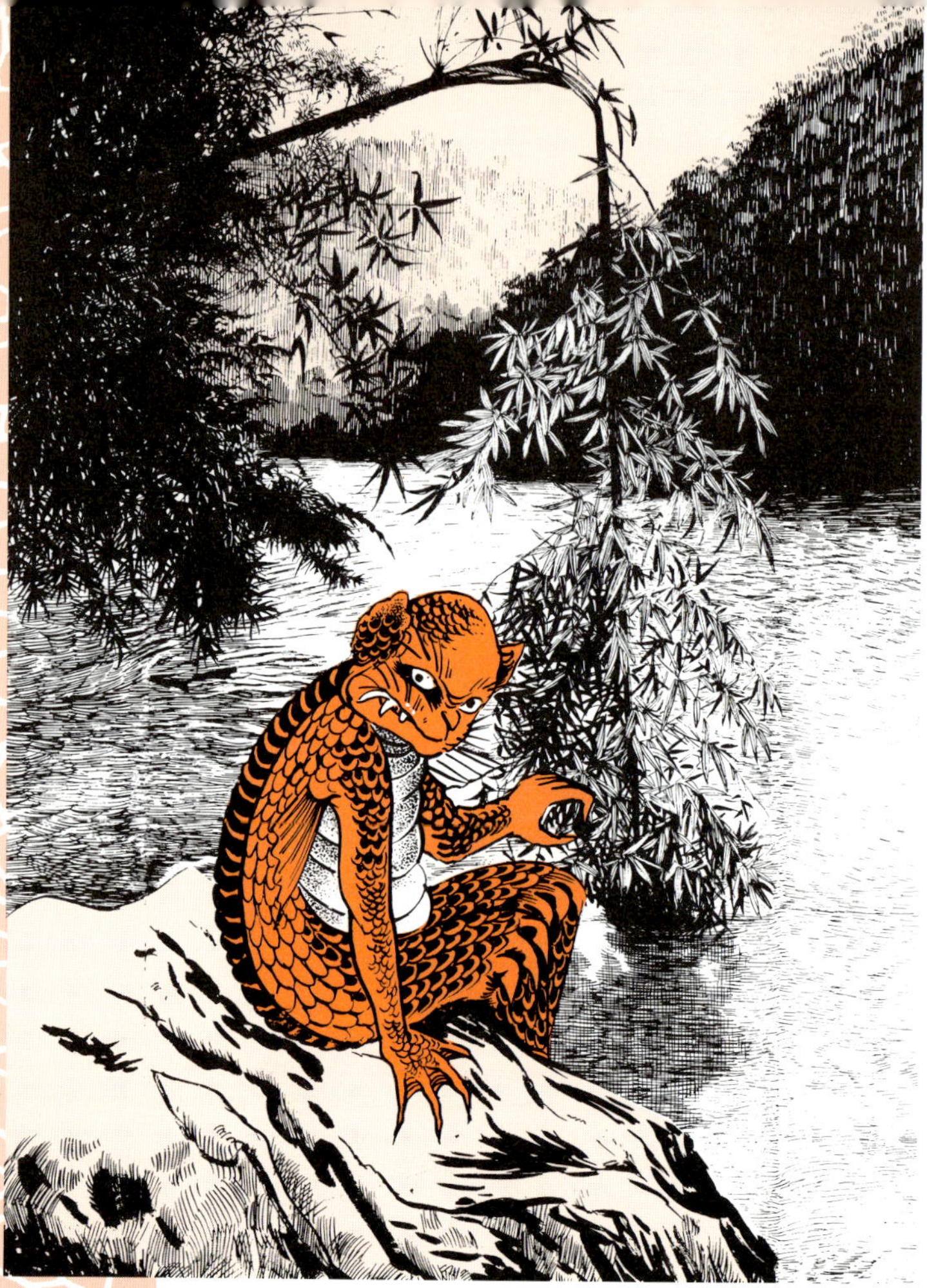

「いい天気だ。どれ、ひとつこうら干しでもしよう。」

ここ、中国の、流れの急な川べりで、いかにも水からあがったばかりのような水虎が、しずくをたらしながら、つぶやいた。

見れば、背なかには、石をぶつけてもびくともしないようなかたいこうら、手には、とらのようなするどいつめがある。

お陽さまがさんさんと照るなかで、水虎は、岩の上に、のんびり、そのおそろしそうなからだを横たえる。

(85) 動物の妖怪

オベベ沼の妖怪

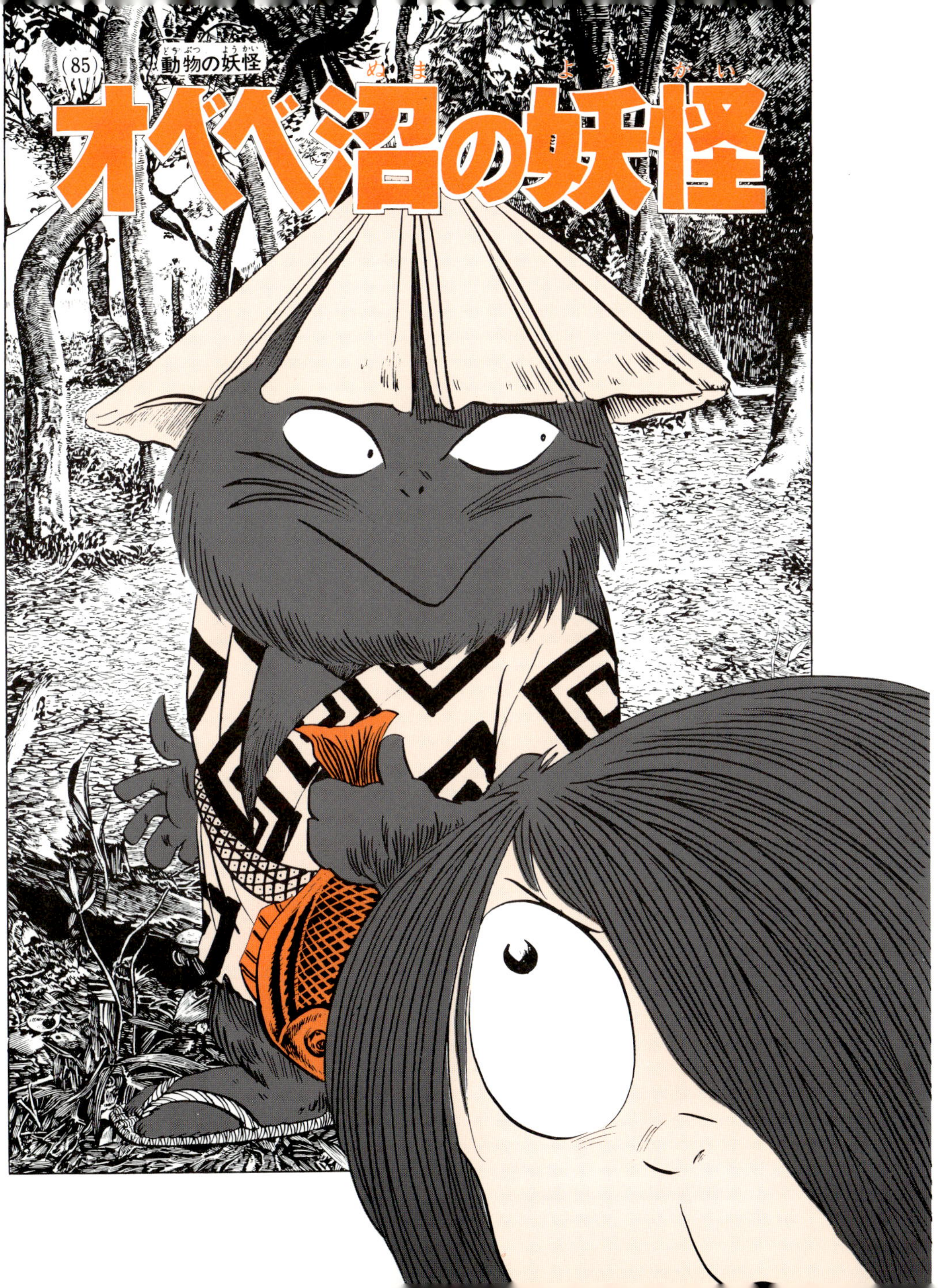

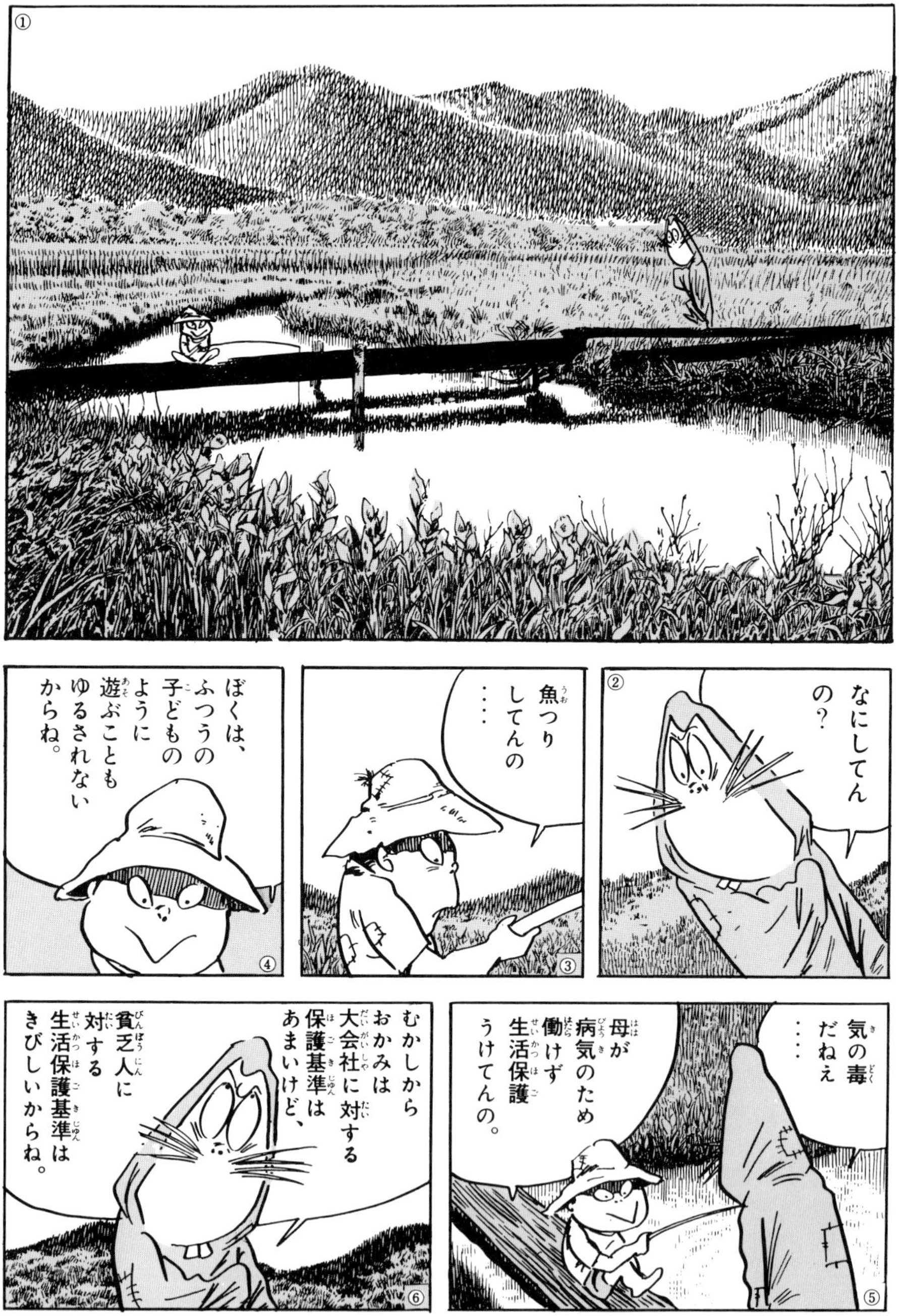
なにしてんの?
魚つりしてんの・・・・
ぼくは、ふつうの子どものように遊ぶこともゆるされないからね。
気の毒だねえ・・・・
母が病気のため働けず生活保護うけてんの。
むかしからおかみは大会社に対する保護基準はあまいけど、
貧乏人に対する生活保護基準はきびしいからね。

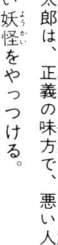

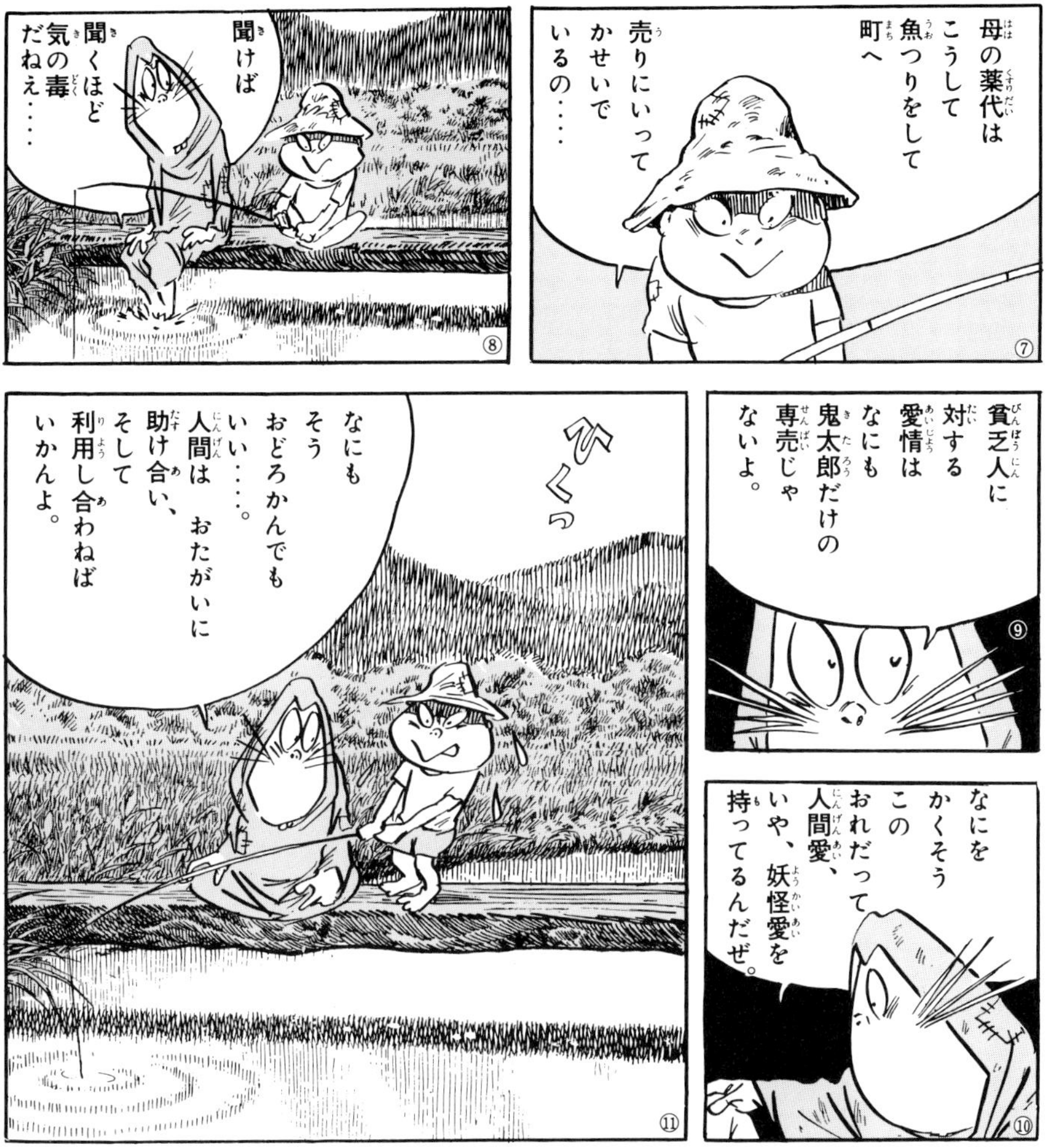
母《はは》の薬代《くすりだい》はこうして魚《うお》つりをして町《まち》へ売《う》りにいってかせいでいるの・・・・
聞《き》けば聞《き》くほど気《き》の毒《どく》だねえ・・・・
貧乏人《びんぼうにん》に対《たい》する愛情《あいじょう》はなにも鬼太郎《きたろう》だけの専売《せんばい》じゃないよ。
なにをかくそうこのおれだって人間愛《にんげんあい》、いや、妖怪愛《ようかいあい》を持《も》ってるんだぜ。
ひくっ
なにもそうおどろかんでもいい・・・・。人間《にんげん》は おたがいに助《たす》け合《あ》い、そして利用《りよう》し合《あ》わねばいかんよ。

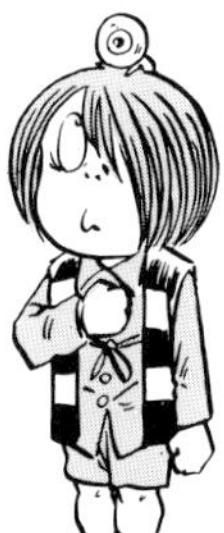

◆鬼《き》太《た》郎《ろう》の生《お》いたち

鬼太郎《きたろう》の種族《しゅぞく》は、人類《じんるい》が地上《ちじょう》にはびこるまえからいたともいわれ、父親《ちちおや》はその最後《さいご》の子孫《しそん》だったが、病気《びょうき》になり、目玉《めだま》だけが残《のこ》った。母《はは》が死《し》んで、墓場《はかば》のなかで生《う》まれた鬼太郎《きたろう》は、墓《はか》をはいあがり、目玉《めだま》だけになった父《ちち》に助《たす》けられて成長《せいちょう》した。

鬼太郎《きたろう》が幼稚園《ようちえん》にはいるころ、父《ちち》はどこからともなくチャンチャンチャンコをもってきて、鬼太郎《きたろう》に着《き》せる。

このチャンチャンコは、鬼太郎《きたろう》の祖《そ》先《せん》の霊毛《れいもう》（鬼太郎《きたろう》の種族《しゅぞく》は、死《し》ぬときに一本《ぽん》の髪《かみ》の毛《け》を残《のこ》す。それが霊毛《れいもう》。）でできていて、鬼太郎《きたろう》があぶないときに救《すく》ってくれる力《ちから》をもっている。

また、鬼太郎《きたろう》自身《じしん》も超能力《ちょうのうりょく》の持《も》ち主《ぬし》で、胃《い》のなかに蛇《へび》をかっているし、おこると髪《かみ》の毛《け》が針《はり》のようになって相手《あいて》につきささる。

鬼太郎《きたろう》は、正義《せいぎ》の味方《みかた》で、悪《わる》い人間《にんげん》や悪《わる》い妖怪《ようかい》をやっつける。

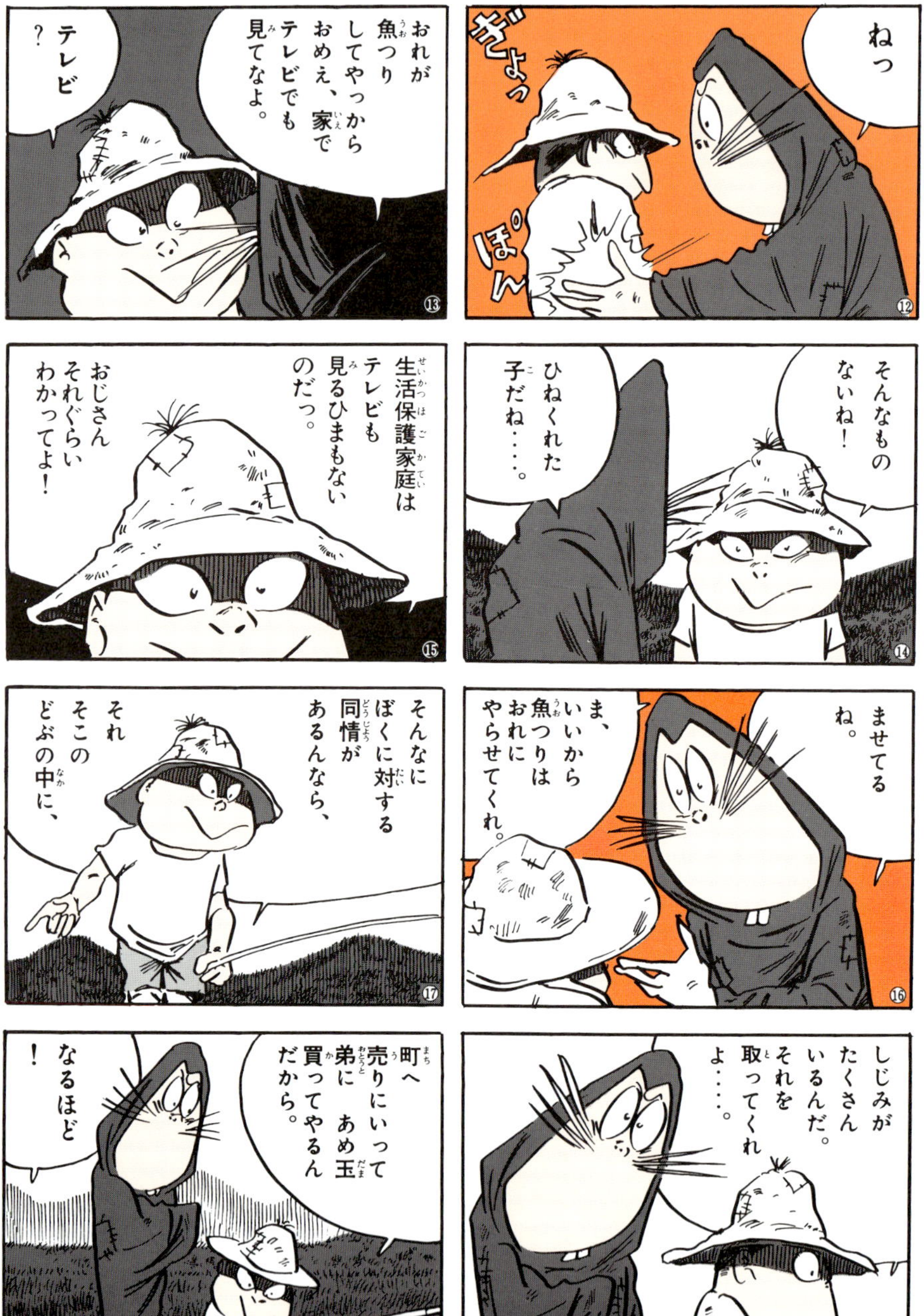
ねっ
ぎょっ
ぽん
おれが魚つりしてやっからおめえ、家でテレビでも見てなよ。
テレビ？
そんなものないね！
ひねくれた子だね・・・。
生活保護家庭はテレビも見るひまもないのだっ。
おじさんそれぐらいわかってよ！
ませてるね。
ま、いいから魚つりはおれにやらせてくれ。
そんなにぼくに対する同情があるんなら、
それそこのどぶの中に、
しじみがたくさんいるんだ。それを取ってくれよ・・・。
町へ売りにいって弟に　あめ玉買ってやるんだから。
なるほど！

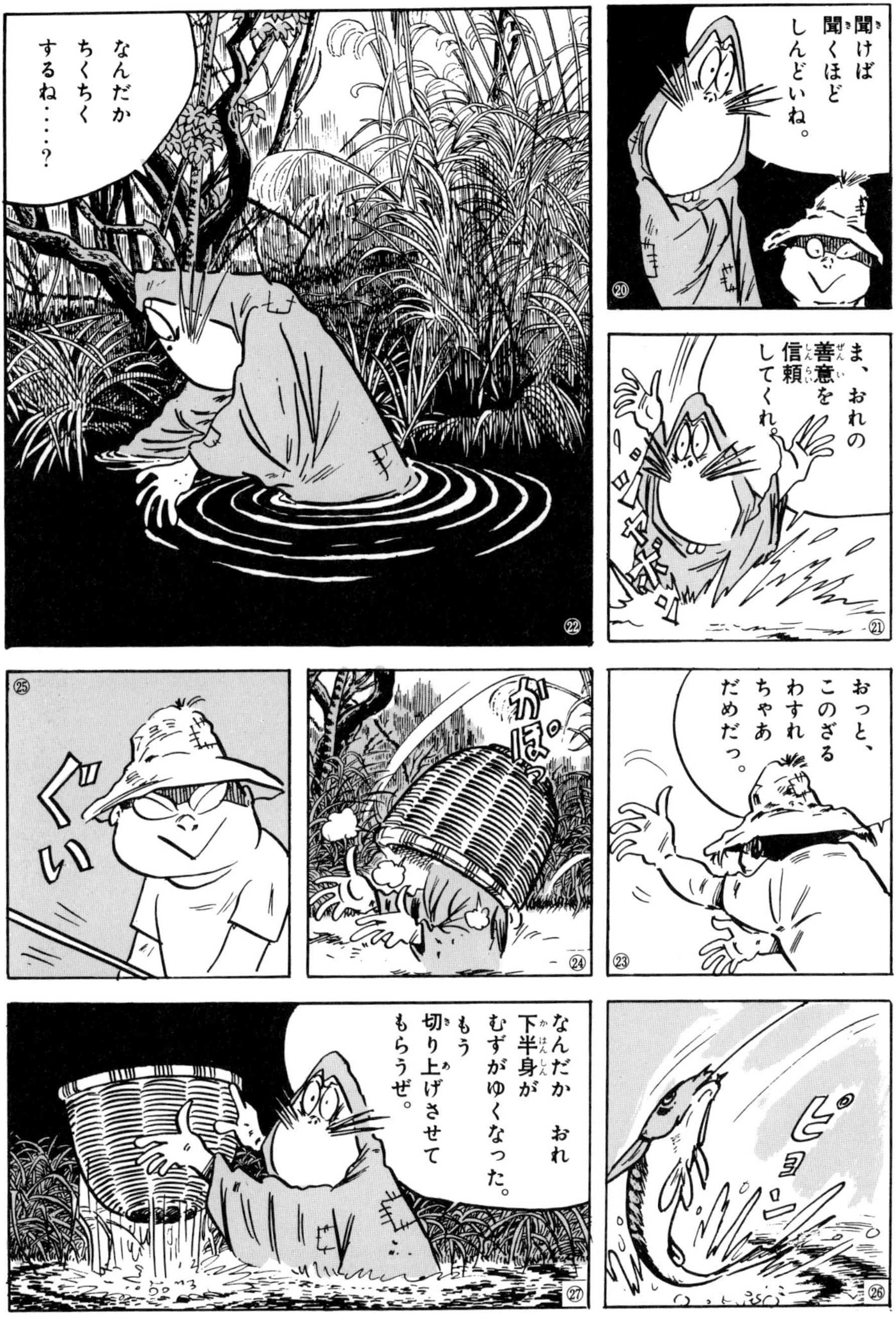
聞けば聞くほどしんどいね。
ま、おれの善意を信頼してくれ。
なんだかちくちくするね・・・・?
おっと、このざるわすれちゃあだめだっ。
かぽっ
ぐい
ピョローン
なんだか おれ下半身がむずがゆくなった。もう切り上げさせてもらうぜ。

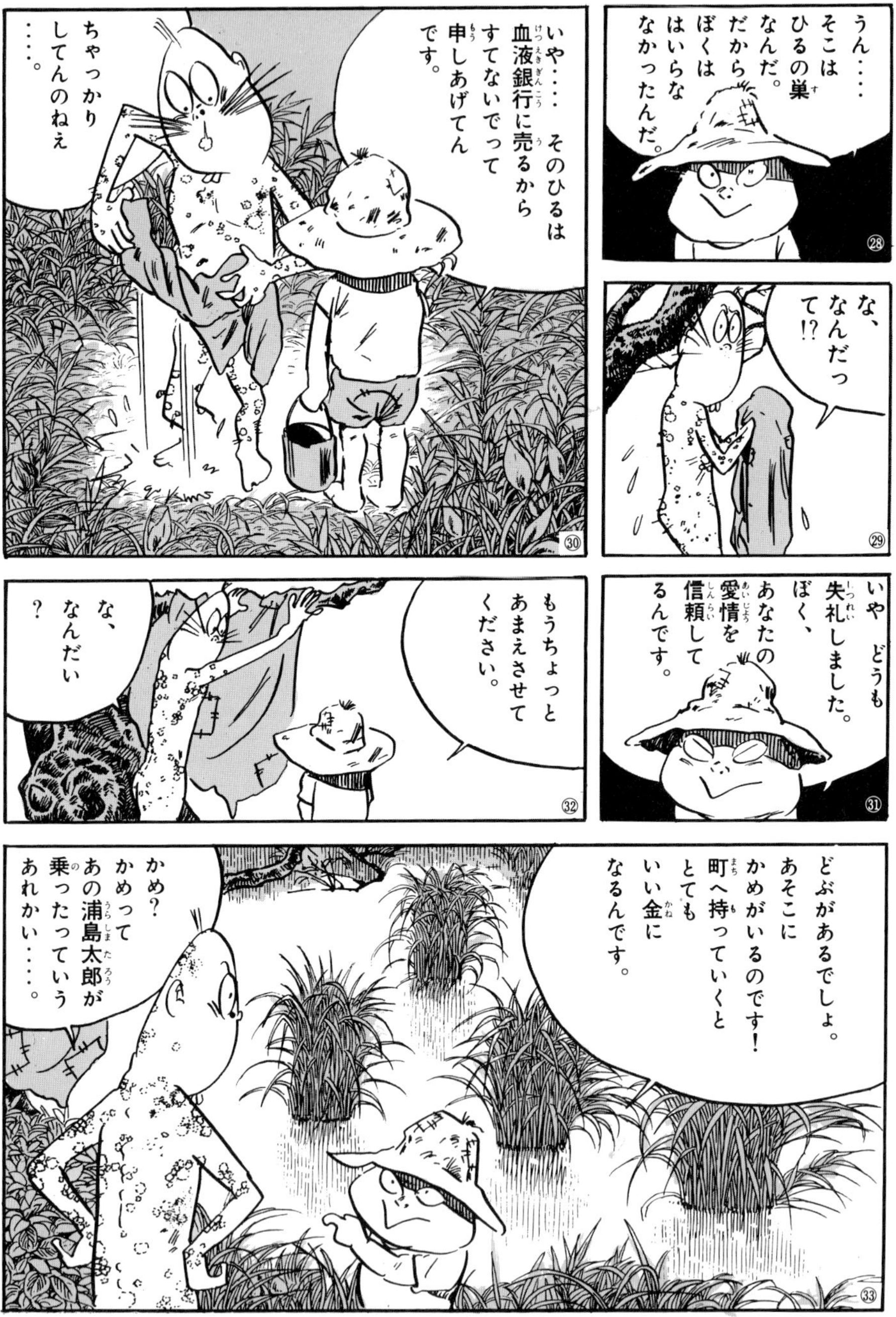

うん・・・・そこはひるの巣なんだ。だからぼくははいらななかったんだ。

な、なんだって!?

いや・・・・そのひるは血液銀行に売るからすてないでってて申しあげてんです。

ちゃっかりしてんのねえ・・・・。

いや　どうも失礼しました。ぼく、あなたの愛情を信頼してるんです。

もうちょっとあまえさせてください。

な、なんだい？

どぶがあるでしょ。あそこにかめがいるのです！町へ持っていくととてもいい金になるんです。

かめ？かめってあの浦島太郎が乗ったっていうあれかい・・・・。

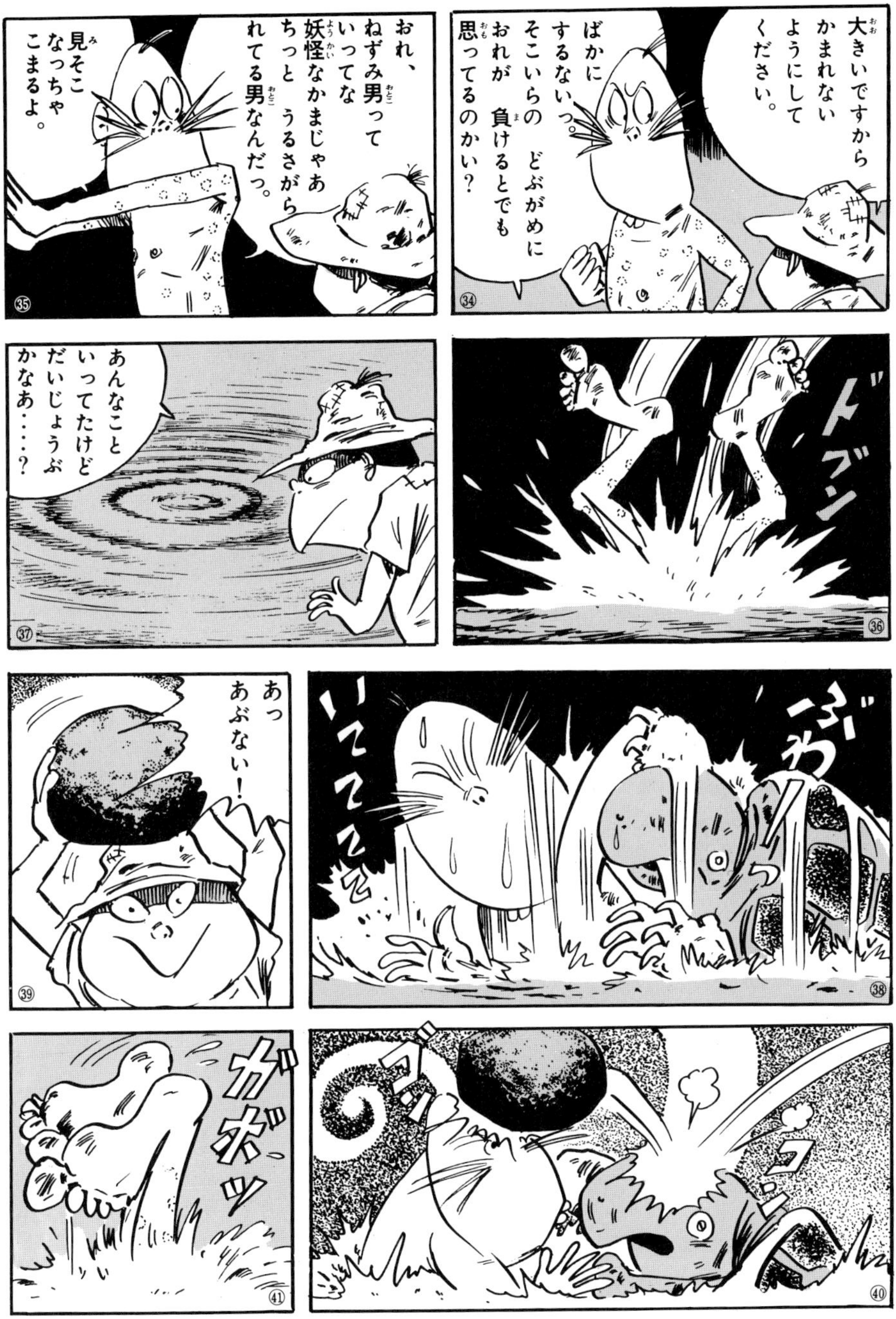
大きいですから
かまれない
ようにして
ください。
ばかに
するないっ。
そこいらの どぶがめに
おれが 負けるとでも
思ってるのかい？
おれ、
ねずみ男って
いってな
妖怪なかまじゃあ
ちっと うるさがら
れてる男なんだっ。
見そこ
なっちゃ
こまるよ。
ドブン
あんなこと
いってたけど
だいじょうぶ
かなあ‥‥？
いててて
あっ
あぶない！
ガボッ

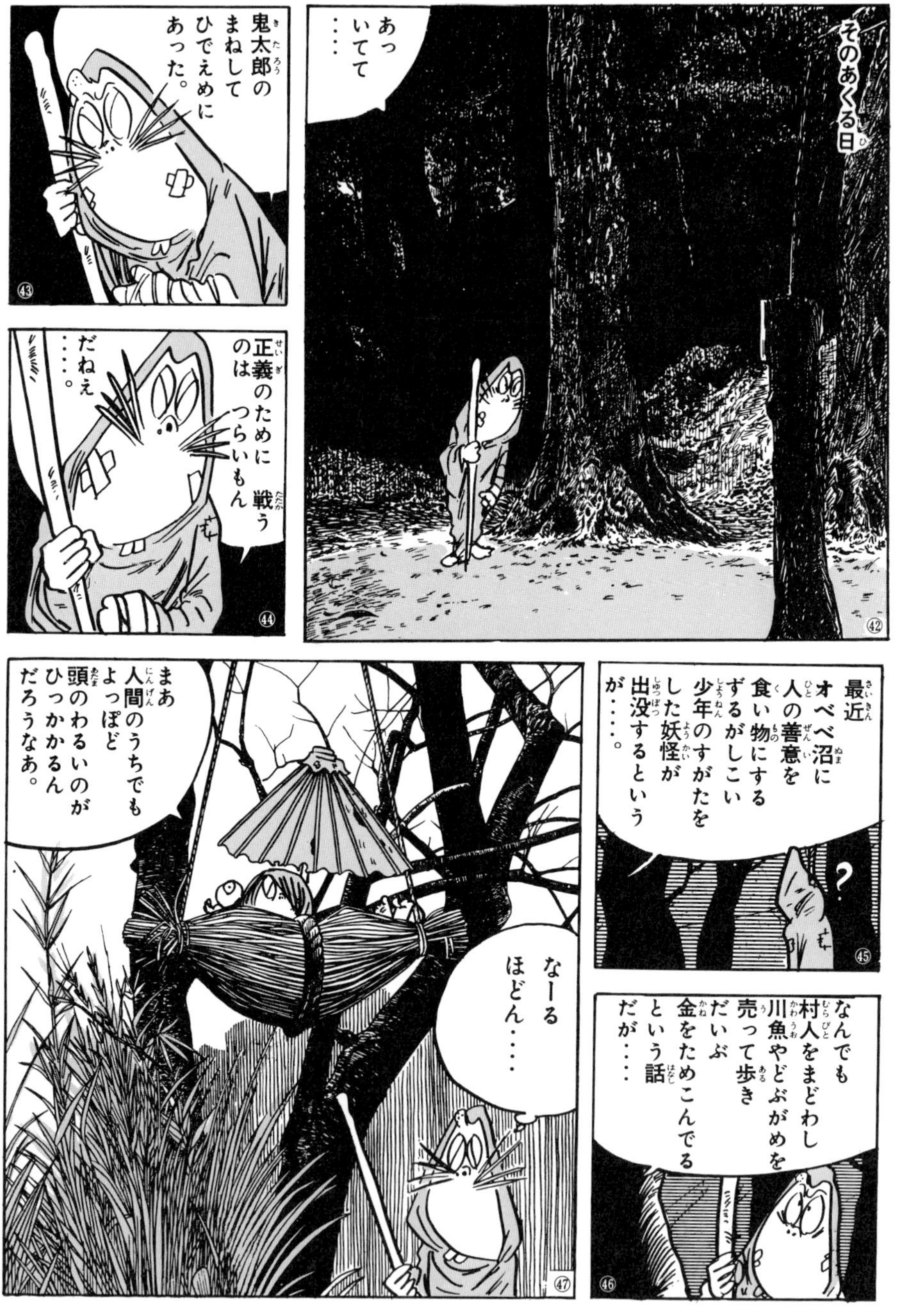
そのあくる日
あっ いてて・・・・
鬼太郎のまねしてひでえめにあった。
正義のために戦うのはつらいもんだねえ・・・・。
最近オベベ沼に人の善意を食い物にするずるがしこい少年のすがたをした妖怪が出没するというが・・・・。
?
なんでも村人をまどわし川魚やどぶがめを売って歩きだいぶ金をためこんでるという話だが・・・・
まあ人間のうちでもよっぽど頭のわるいのがひっかかるんだろうなあ。
なーるほどん・・・・

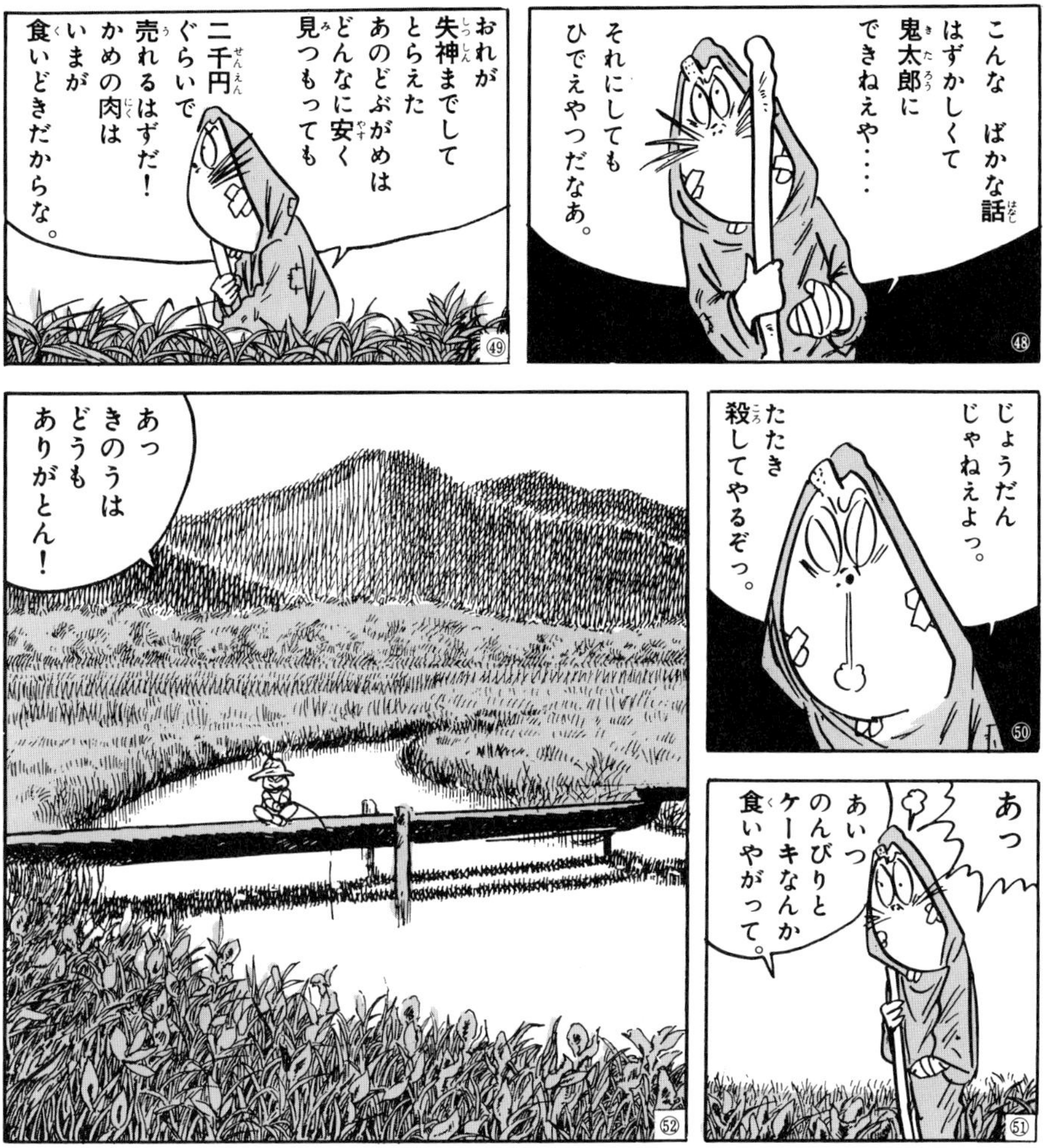
こんな　ばかな話《はなし》
はずかしくて
鬼太郎《きたろう》に
できねえや……
それにしても
ひでえやつだなあ。
おれが
失神《しっしん》までして
とらえた
あのどぶがめは
どんなに安《やす》く
見《み》つもっても
二千《せん》円《えん》
ぐらいで
売《う》れるはずだ！
かめの肉《にく》は
いまが
食《く》いどきだからな。
じょうだん
じゃねえよっ。
たたき
殺《ころ》してやるぞっ。
あっ
あいつ
のんびりと
ケーキなんか
食《く》いやがって。
あっ
きのうは
どうも
ありがとん！

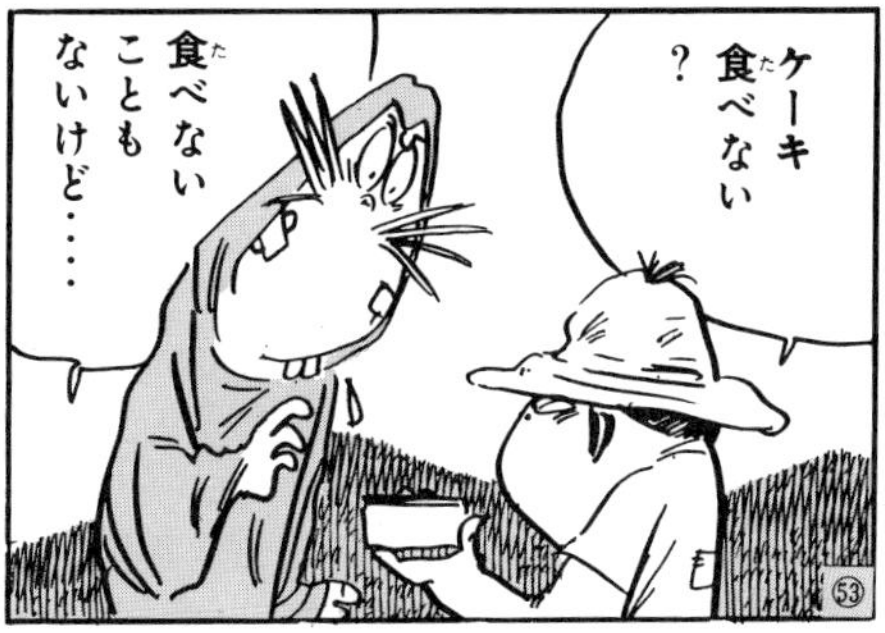
ケーキ
食《た》べない
？
食《た》べない
ことも
ないけど……

ねずみ男の生《お》いたち

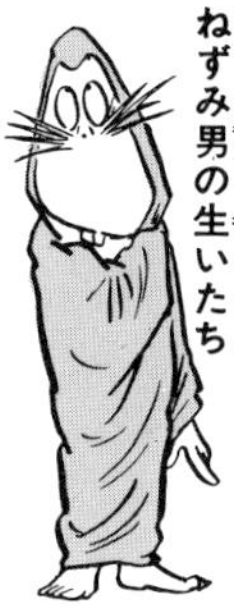

ねずみ男《おとこ》は、人間《にんげん》と妖怪《ようかい》とのあいだに生《う》まれ、自分《じぶん》では怪奇大学卒《かいきだいがくそつ》といっている。
日本一《にっぽんいち》ふけつな男《おとこ》で、三百《びゃく》年《ねん》生《い》きているのに、まだ一度《ど》も風呂《ふろ》にはいったことがないので、からだじゅうにインキンタムシとか、ひふ病《びょう》がひろがっている。
吐《は》く息《いき》はくさく、その息《いき》にかかると十メートルさきのハエも落《お》ちるといわれる。

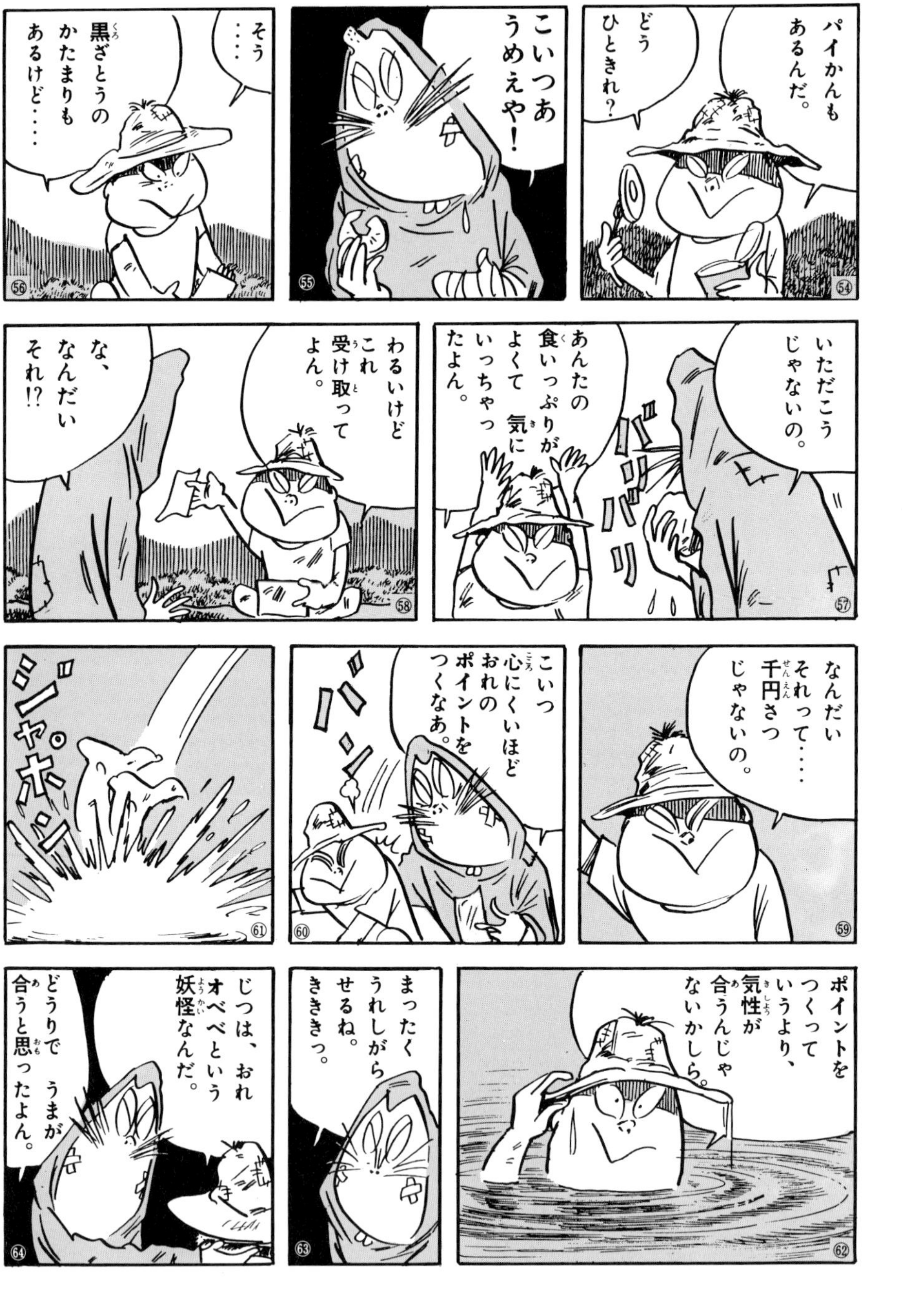

パイかんもあるんだ。
どうひときれ？
こいつあうめえや！
そう……
黒ざとうのかたまりもあるけど……
いただこうじゃないの。
バリバリ
あんたの食いっぷりがよくて気にいっちゃったよん。
わるいけどこれ受け取ってよん。
な、なんだいそれ!?
なんだいそれって……千円さつじゃないの。
パーン
こいつ心にくいほどおれのポイントをつくなあ。
ジャポーン
ポイントをつくっていうより、気性が合うんじゃないかしら。
まったくうれしがらせるね。きききっ。
じつは、おれオベベという妖怪なんだ。
どうりでうまが合うと思ったよん。

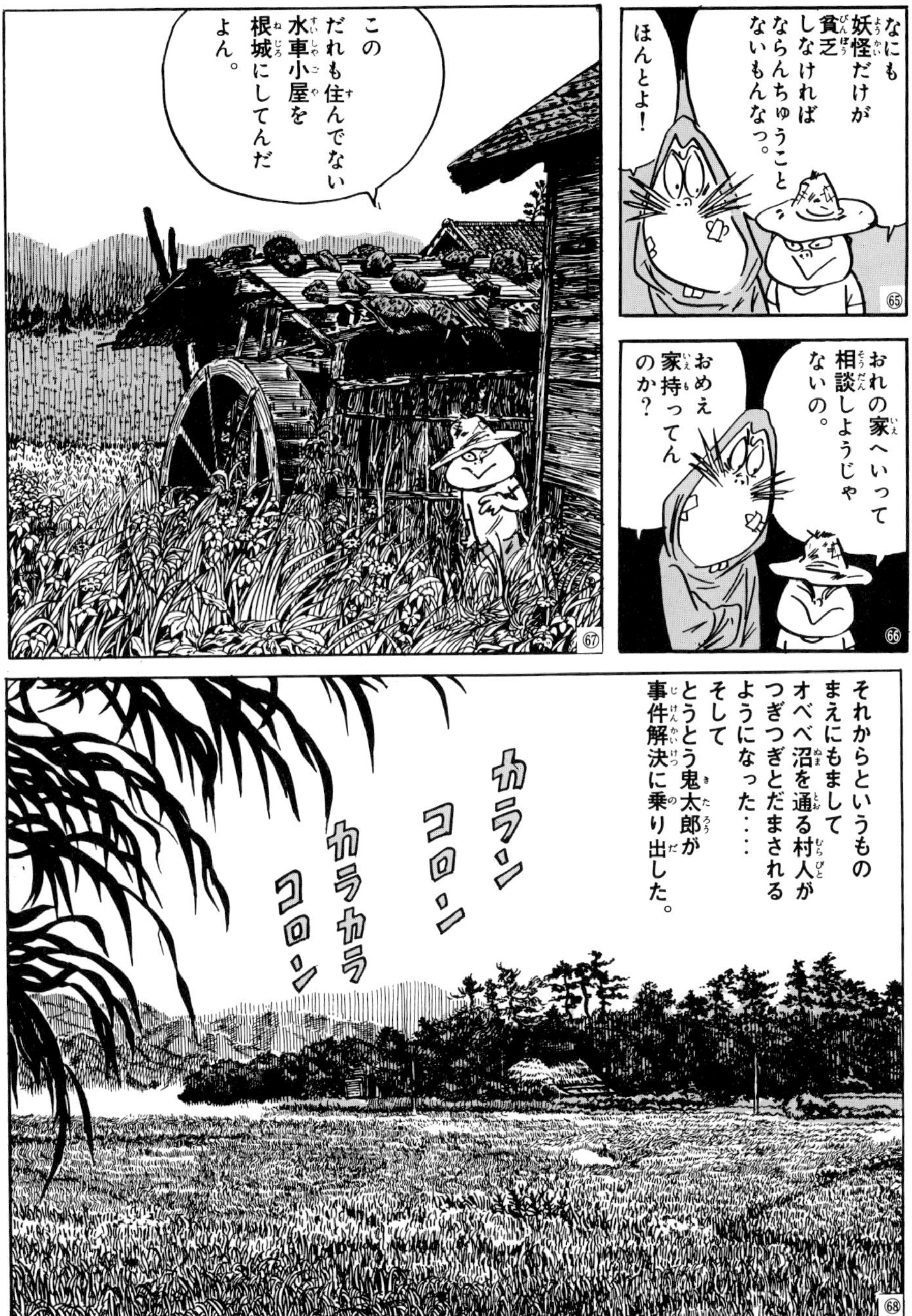

なにも妖怪だけが貧乏しなければならんちゅうことないもんなっ。
ほんとよ!
おれの家へいって相談しようじゃないの。
おめえ家持ってんのか?
このだれも住んでない水車小屋を根城にしてんだよん。
それからというものまえにもましてオベベ沼を通る村人がつぎつぎとだまされるようになった・・・・そしてとうとう鬼太郎が事件解決に乗り出した。
カラン
コロン
カラカラ
コロン

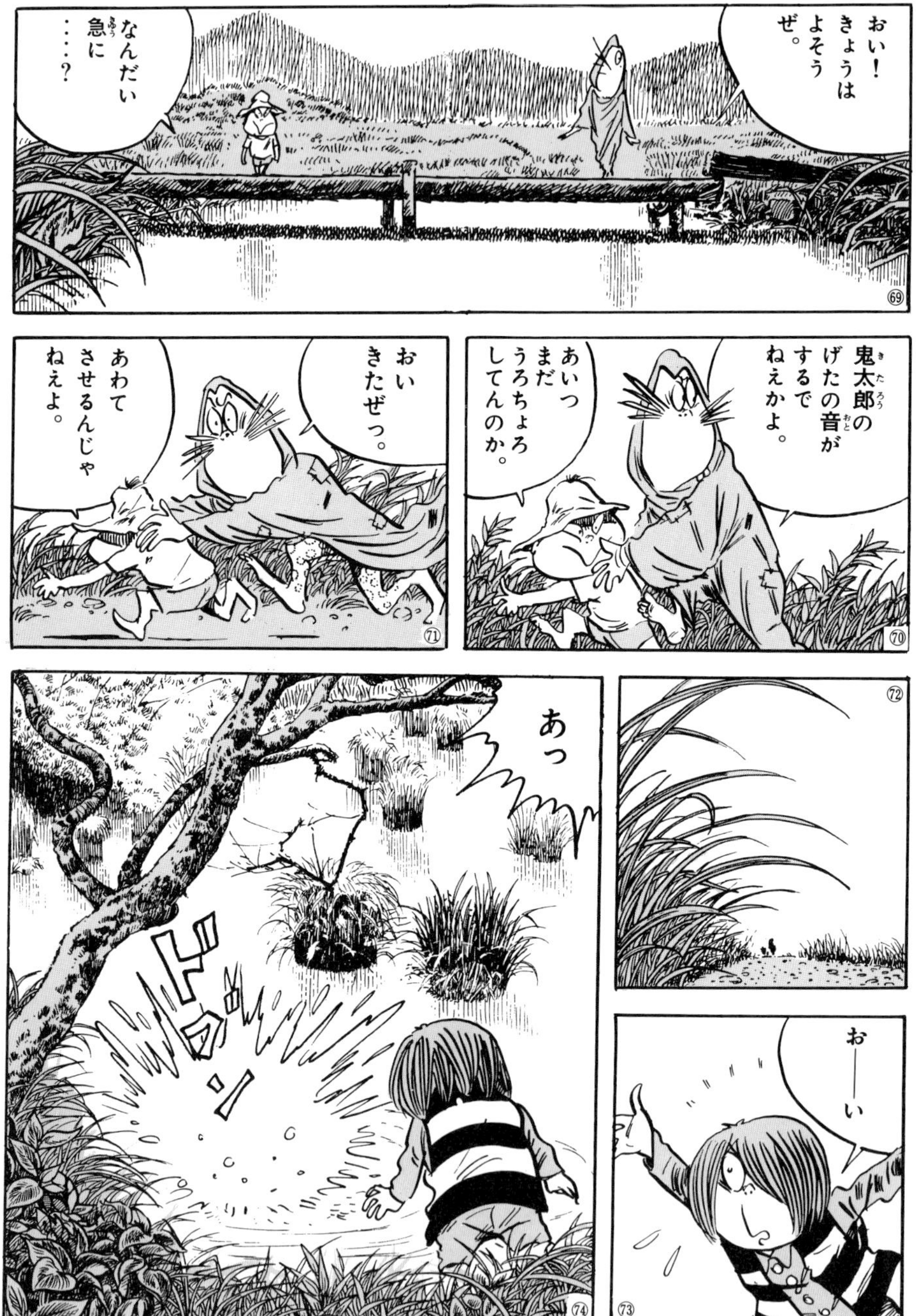
おい！きょうはよそうぜ。
なんだい急に……？
鬼太郎のげたの音がするでねえかよ。
あいつまだうろちょろしてんのか。
おいきたぜっ。
あわてさせるんじゃねえよ。
お——い
あっ
ドカッ！

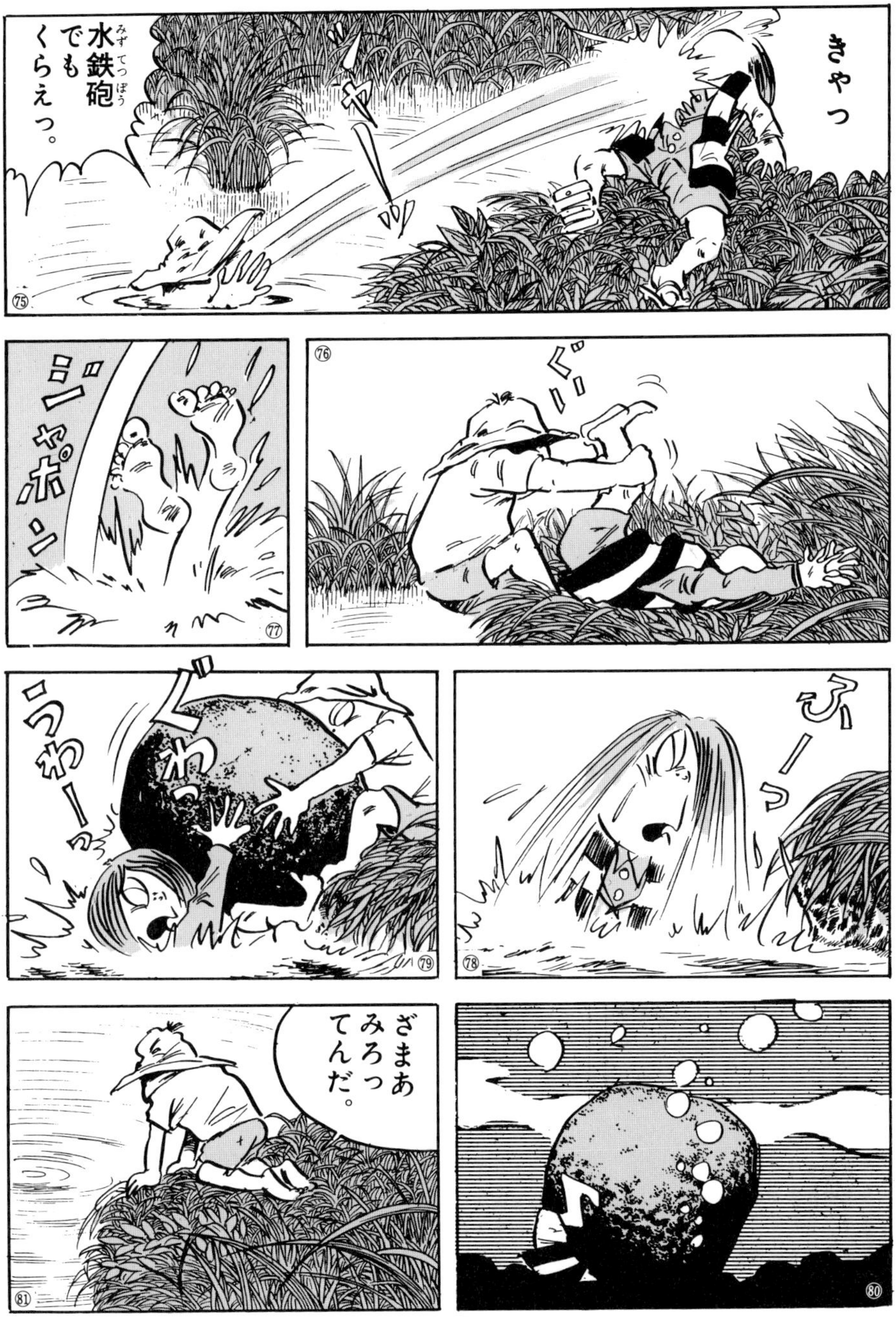

きゃっ
水鉄砲でもくらえっ。
ジャーッ
ぐい
ジャポン
ひーっ
ぐわっ
うわーっ
ざまあみろってんだ。

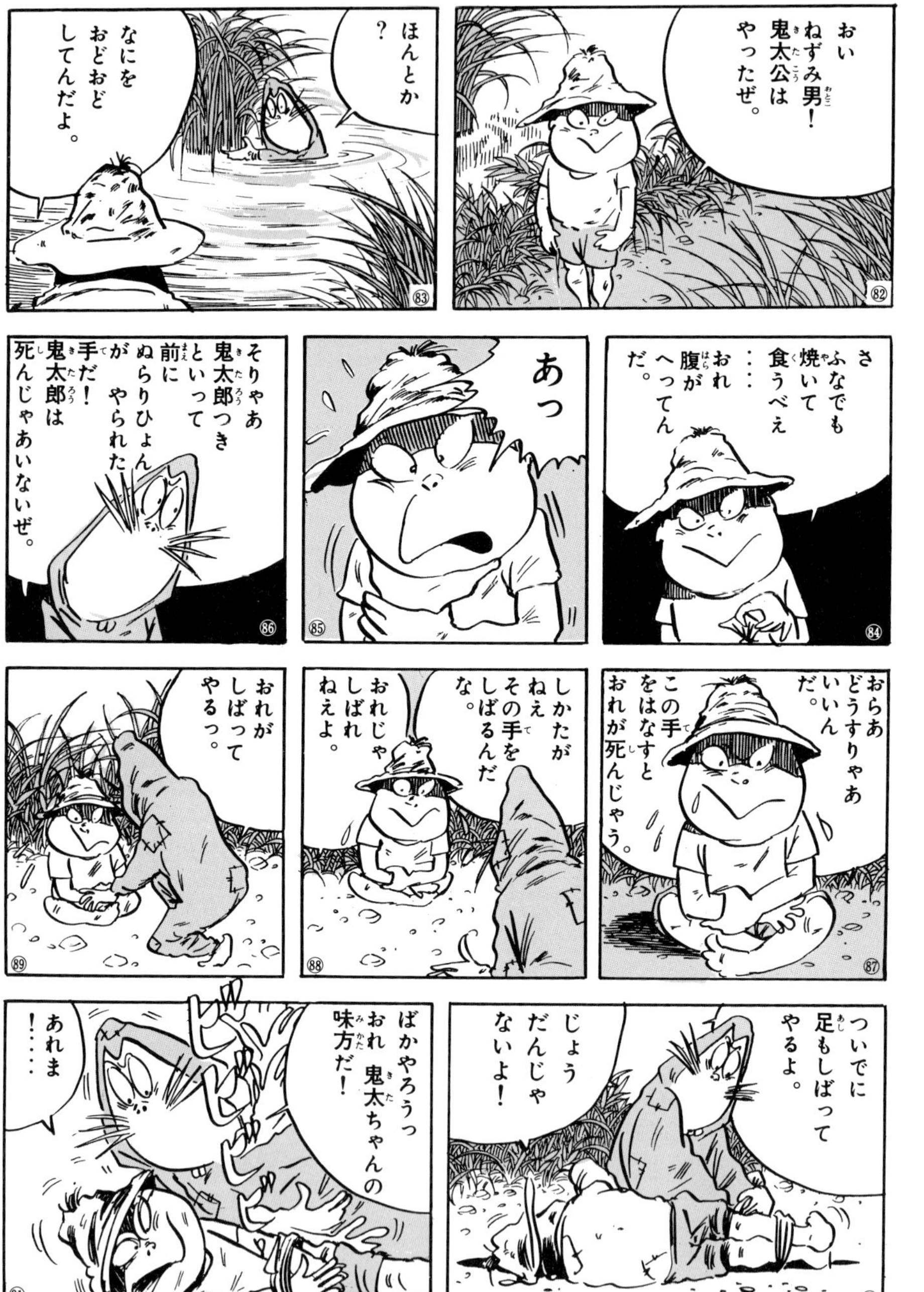
おい ねずみ男! 鬼太公は やったぜ。
ほんとか ?
なにを おどおど してんだよ。
さ ふなでも 焼いて 食うべえ ……
おれ 腹が へってん だ。
あっ
そりゃあ 鬼太郎つき といって 前に ぬらりひょん が やられた 手だ! 鬼太郎は 死んじゃあいないぜ。
おらあ どうすりゃあ いいんだ。
この手 をはなすと おれが死んじゃう。
しかたが ねえ その手を しばるんだ な。
おれじゃ しばれ ねえよ。
おれが しばって やるっ。
ついでに 足もしばって やるよ。
じょう だんじゃ ないよ!
ばかやろうっ おれ 鬼太ちゃんの 味方だ!
あれま !……

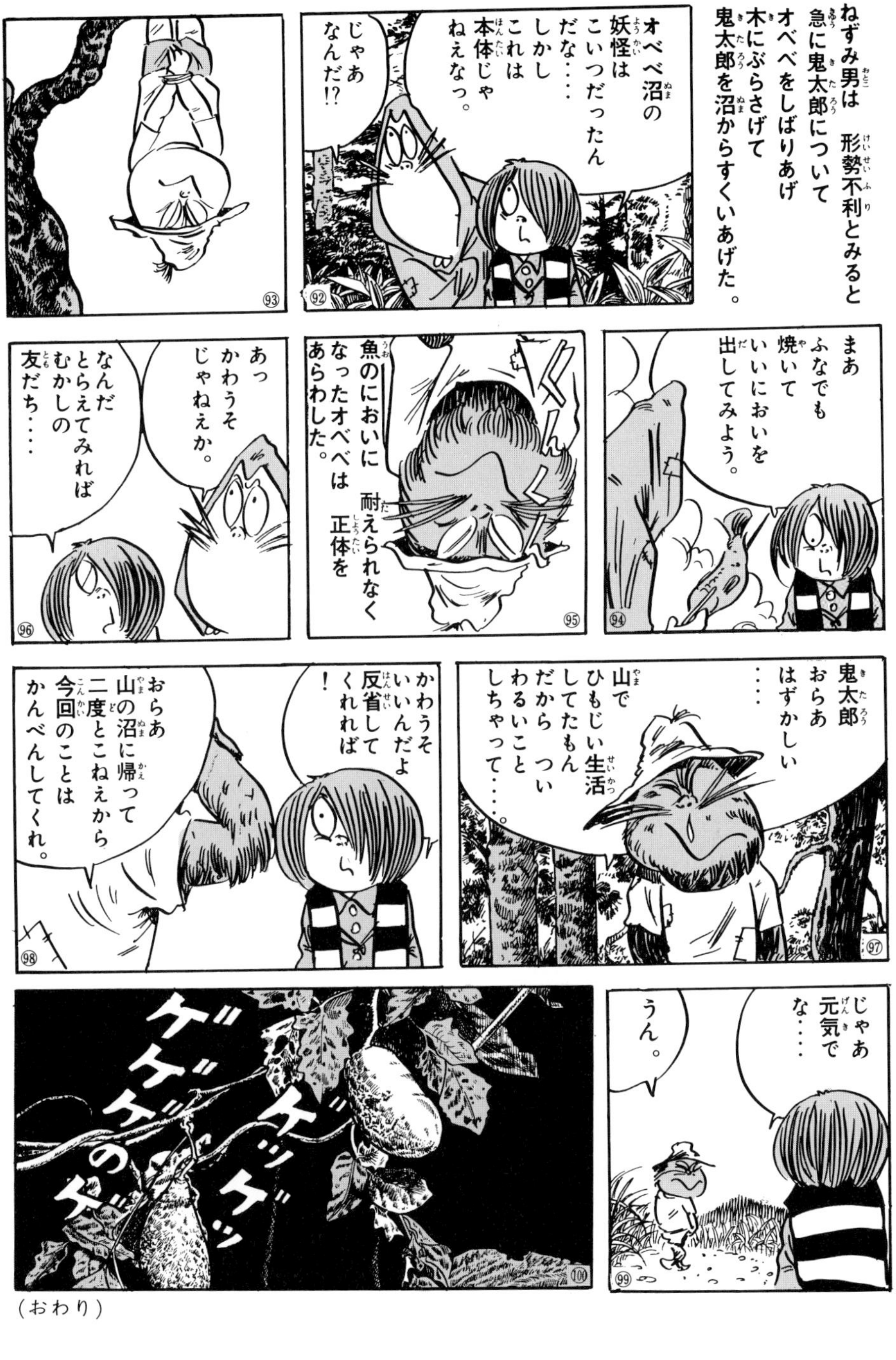
ねずみ男は　形勢不利とみると
急に鬼太郎について
オベベをしばりあげ
木にぶらさげて
鬼太郎を沼からすくいあげた。
オベベ沼の妖怪はこいつだったんだな・・・・しかしこれは本体じゃねえなっ。
じゃあなんだ!?
まあふなでも焼いていいにおいを出してみよう。
くんくん
魚のにおいに　耐えられなくなったオベベは　正体をあらわした。
あっかわうそじゃねえか。
なんだとらえてみればむかしの友だち・・・・
鬼太郎おらあはずかしい・・・・山でひもじい生活してたもんだから　ついわるいことしちゃって・・・・。
かわうそいいんだよ反省してくれれば!
おらあ山の沼に帰って二度とこねえから今回のことはかんべんしてくれ。
じゃあ元気でな・・・・
うん。
ゲッゲッ
ゲゲゲのゲ

（おわり）

妖怪のひみつ③

妖怪の生命力

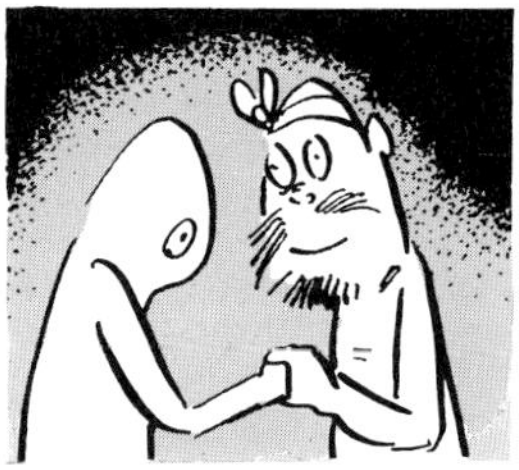

1 妖怪はなぜ人々から親しまれるのだろう

それは、妖怪がもともと人間の恐怖心やあこがれから生まれたものだからだ。時代はちがっても昔の人々がそれぞれの妖怪を生み育ててきた気持ちとつうじあう恐怖心やあこがれを、いまのわれわれも、持っているからだ。

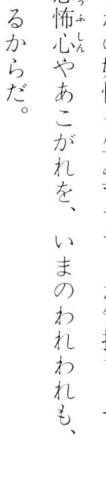

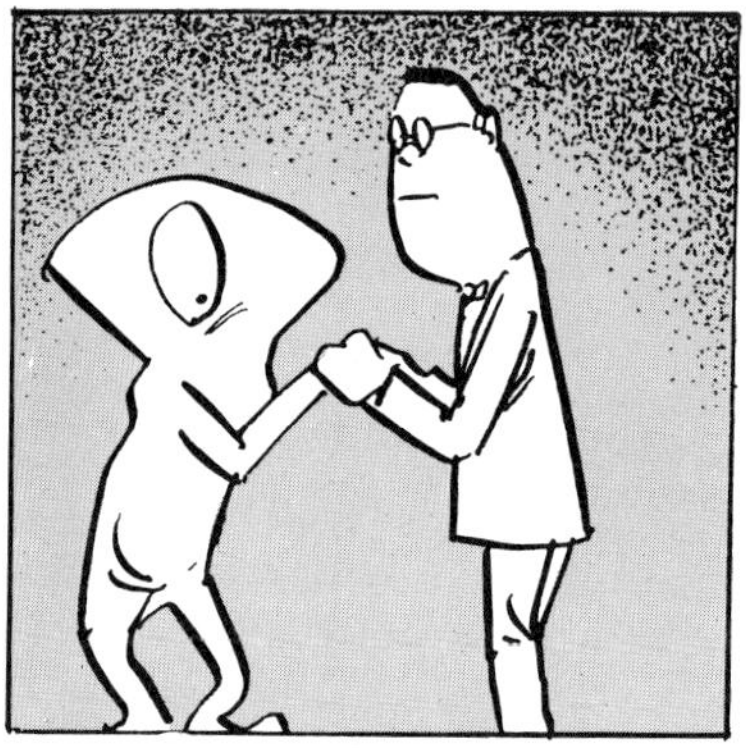

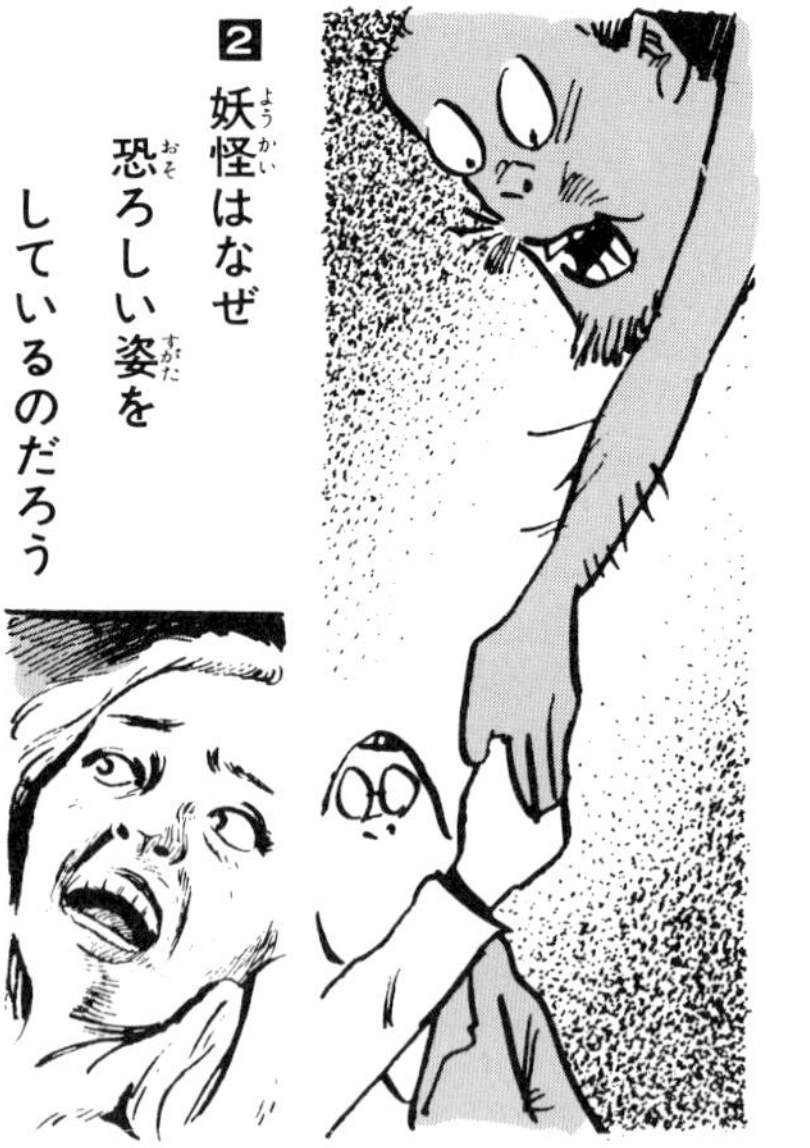

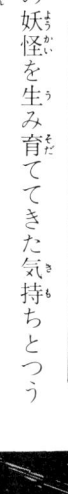

2 妖怪はなぜ恐ろしい姿をしているのだろう

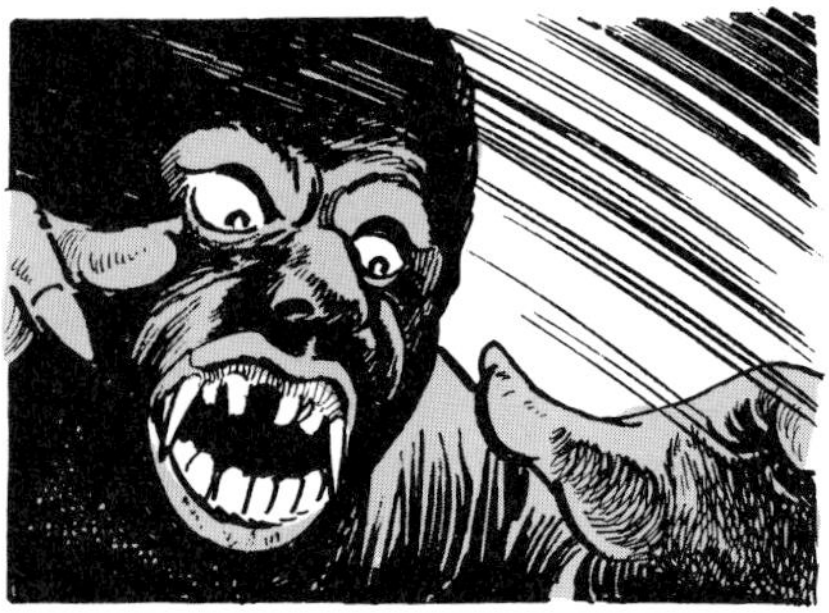

あいきょうのある妖怪もいるが、ほとんどの妖怪が恐ろしい姿をしているのは、それらの妖怪を生みだした昔の人々の強い恐怖心を、姿、形のうえにうつしだしているからだ。

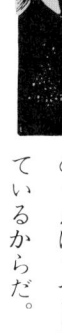

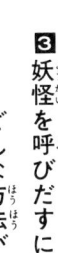

たとえば、人が死んで、その死体がくさったり、くずれたりしてるのを見て、死ぬのがこわくなった人は、自分が死んだときにも、同じようにむごたらしい死にかたをするのではないだろうとか想像するだろう。そうすると、自分の死ぬことへの恐怖心がますます強くなり、しだいに、みにくい死の幻影におびやかされるようになる。

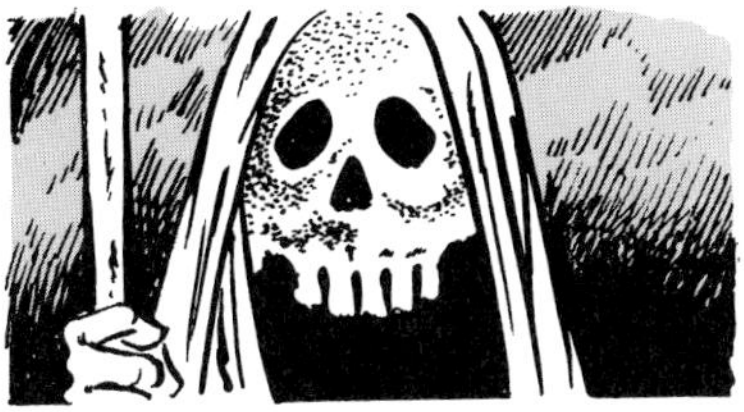

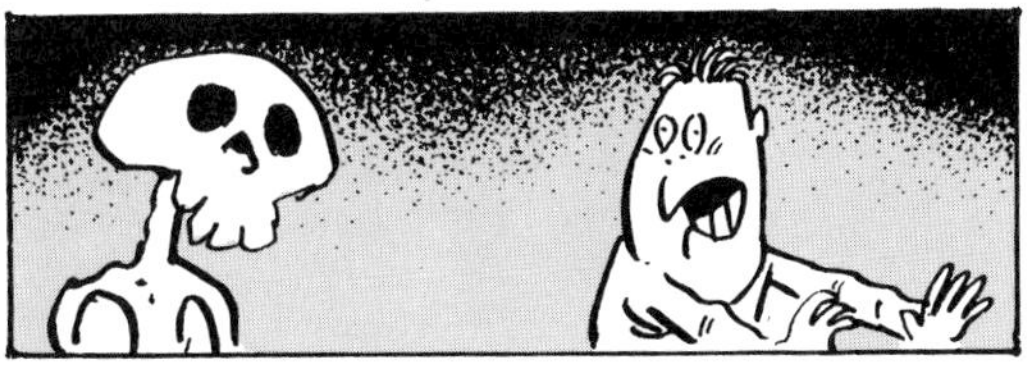

はじめは、幻影だったものが、やがて生きもののようにうごきはじめ、奇怪な姿でその人を苦しめるようになったら、それは、もうあきらかに妖怪だ。

恐ろしい姿をした妖怪というのは、そんなふうにして生まれるのだろう。

3 妖怪を呼びだすには どんな方法があるだろう

江戸時代に流行した方法は、**百物語**といわれるもので、妖怪の話を百話続け、それが終わると妖怪が現われるといわれた。

どういうふうにするかというと、妖怪の話をはじめるとき、まず百本のろうそくに火をともしておき、話が一話終わるごとに一本ずつろうそくを消していって、百話目の話が終わり、ろうそくも全部消えてあたりがまっ暗になると、そのとき妖怪が現われるというものだ。

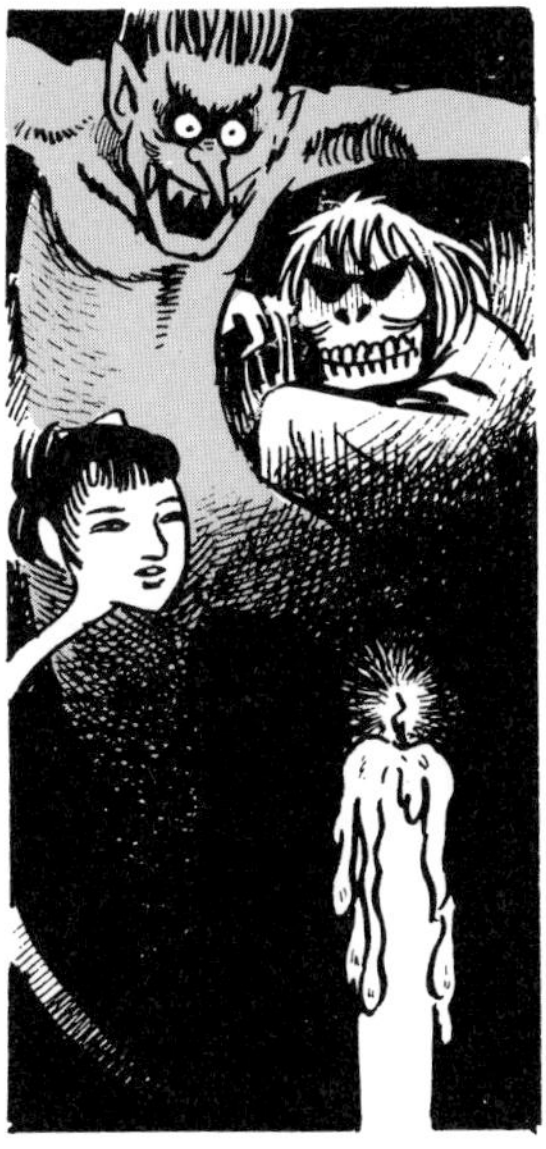

だまっておどかす妖怪

●おとろし

人のいない神社でいたずらをすると、鳥居の上からこの妖怪が落ちてきて、こらしめるという。

●さがり

馬の首に似た妖怪で、道ばたの古いひのきの木から、いきなりぶらさがる。

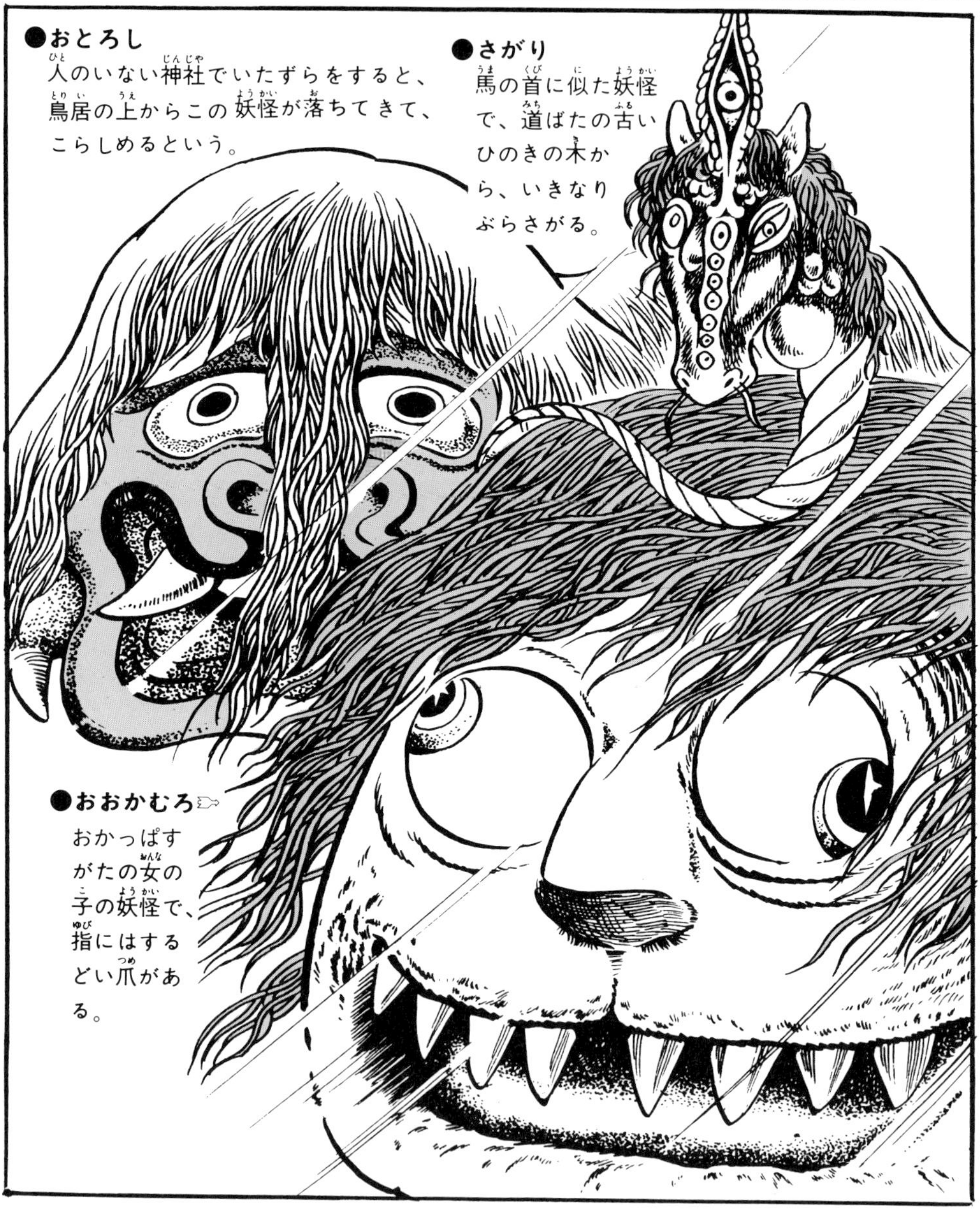

●おおかむろ

おかっぱすがたの女の子の妖怪で、指にはするどい爪がある。

第4章 人獣の妖怪

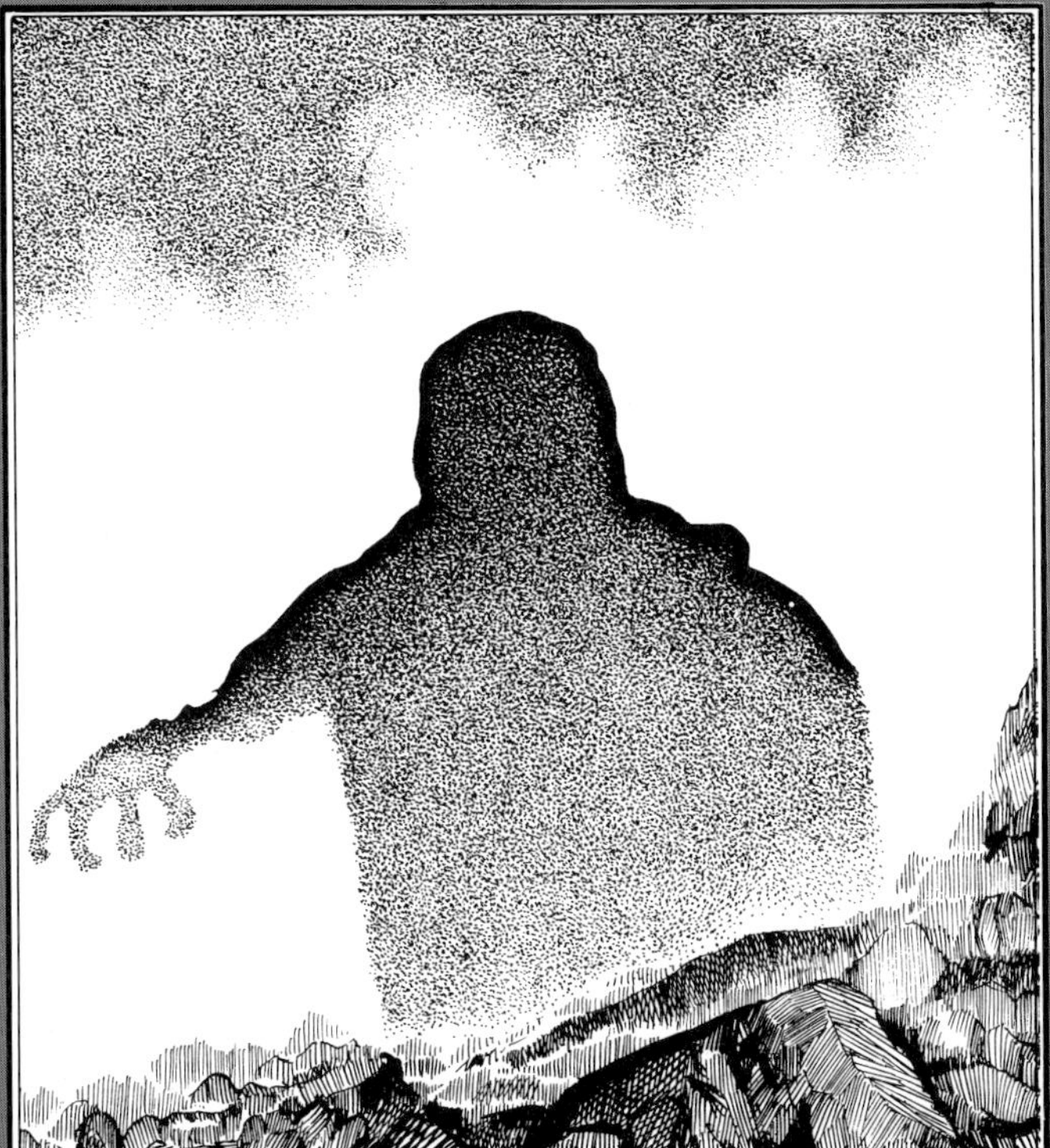

人獣の妖怪たち

人獣の妖怪というのは、人ともけものともつかない妖怪たちのことだ。

たとえば、人魚のように、上半身は人間のすがたをしているが、下半身は魚のすがたをしているというように、人間と、人間以外の動物とから成りたっている妖怪である。

どんな例があるかというと、人間と竜、人間と獅子、人間と鳥、人間と蛇、などがあるが、このほかにも、さまざまな動物と人間とがそれぞれ、いりまじって成りたっているものがある。

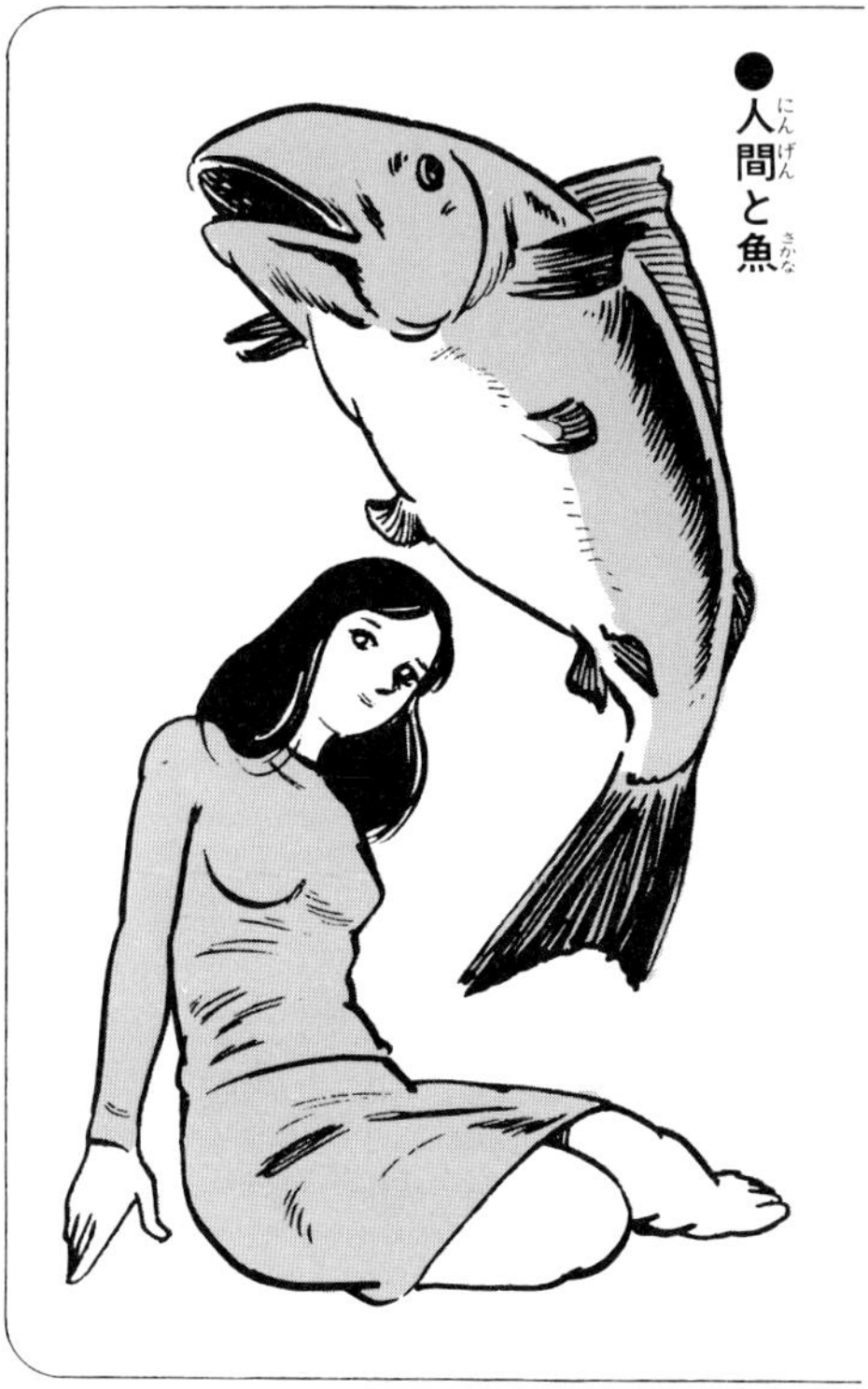

●人間と魚

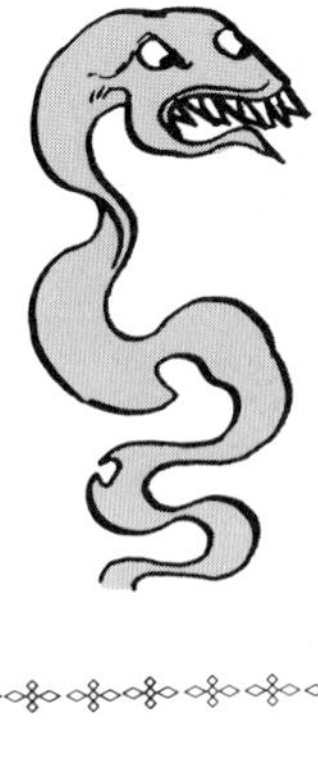

人魚のように人間と魚とから成りたち、しかも上半身と下半身とでわかれて区別しやすいようなものは、ごく少なくて、ほとんどのものは、顔だけが人間に似ていたり、からだは人間でありながら動物の尾がついていたり、また、からだつきは人間に似ているけれども、そのからだ全体に動物のような毛が生えているというようなも

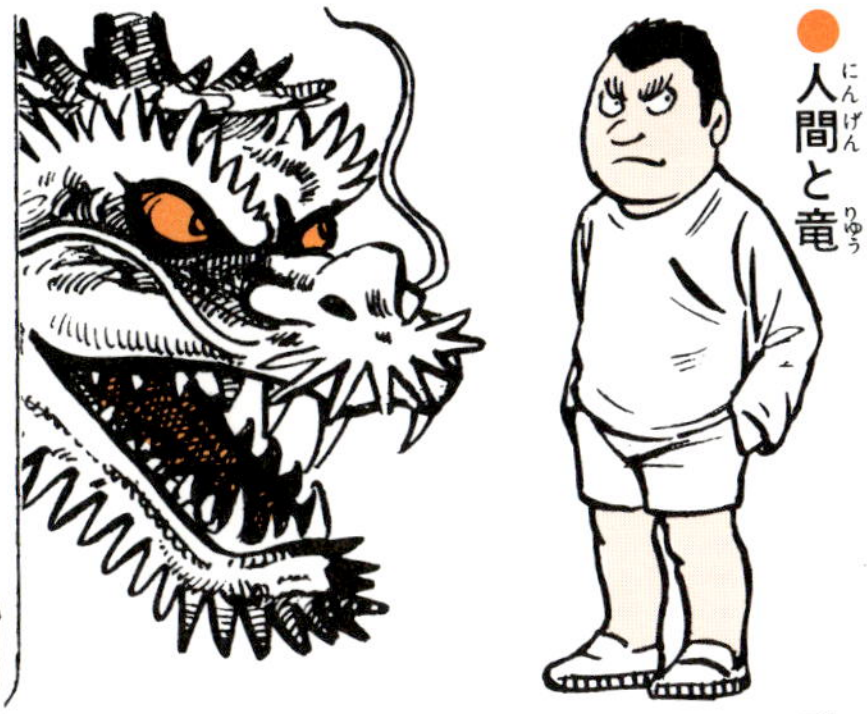

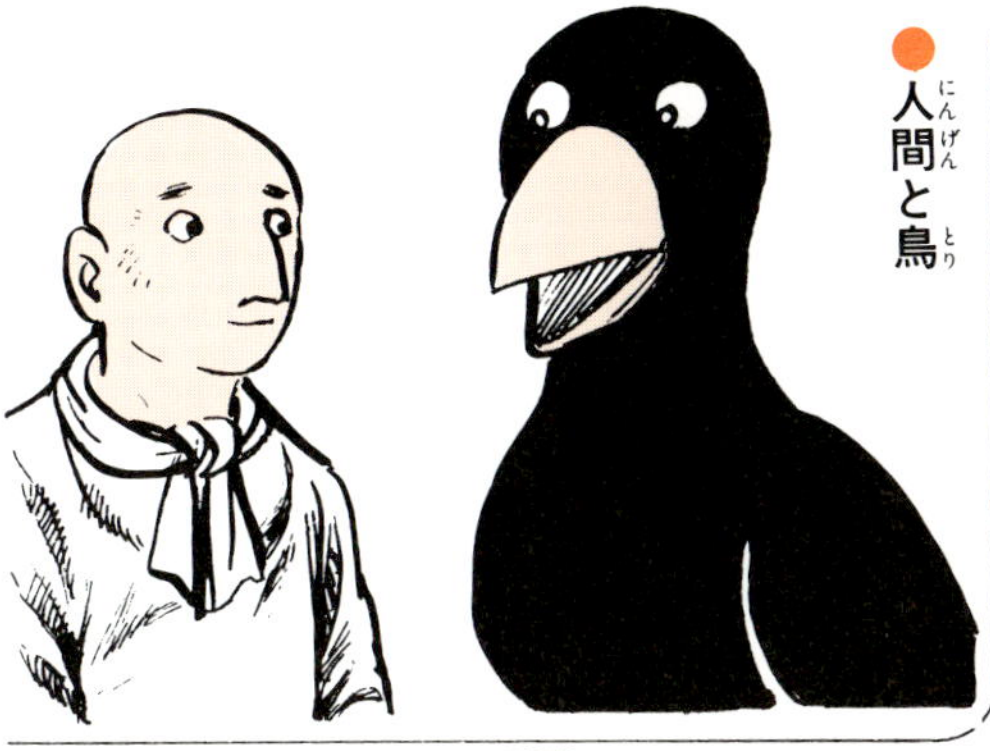

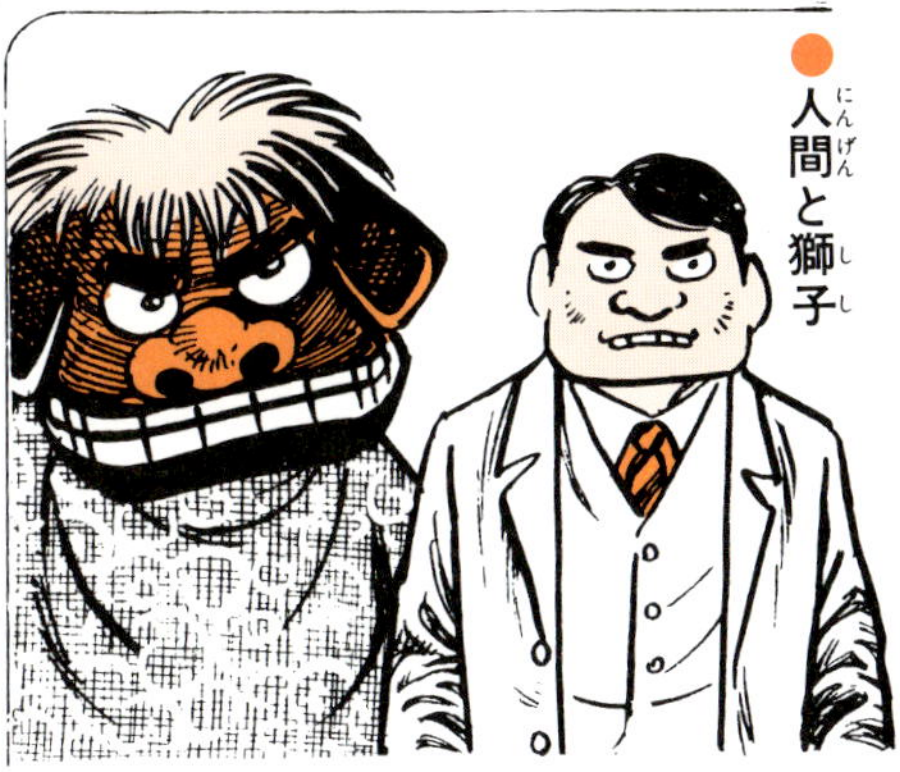

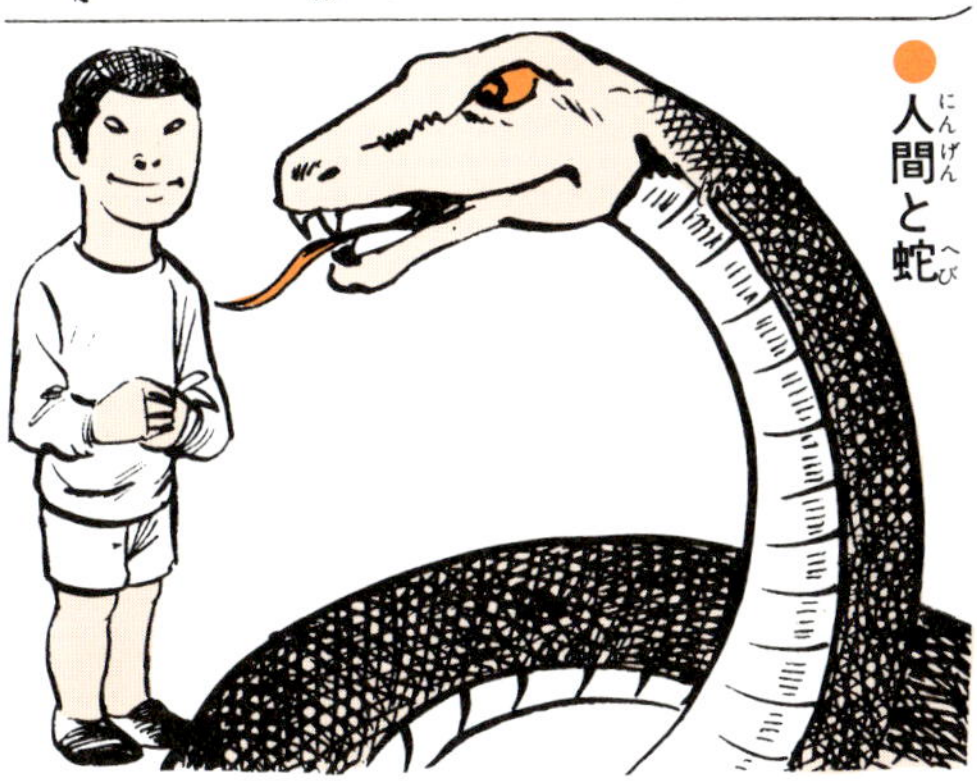

のが多い。

だから、人獣の妖怪たちのなかにも、分けかたによっては、百鬼夜行の妖怪たちのなかに入れてよいものもあるし、ぎゃくに、百鬼夜行の妖怪たちのなかでもこの人獣の妖怪たちのなかに入れてよいものもあるだろう。

このように、妖怪たちは、種類別に区別しようとしても、なかなか区別しにくいのが特ちょうともいえる。なぜなら、妖怪たちは、もともと目には見えないし、かたちにもあらわしにくい人間のこころ、さまざまなおそれや恐怖心を、なるべくありのままに伝えようとしたところから生まれたものだからだ。それだからこそ、妖怪は楽しい。

山にすむ妖怪

さとり

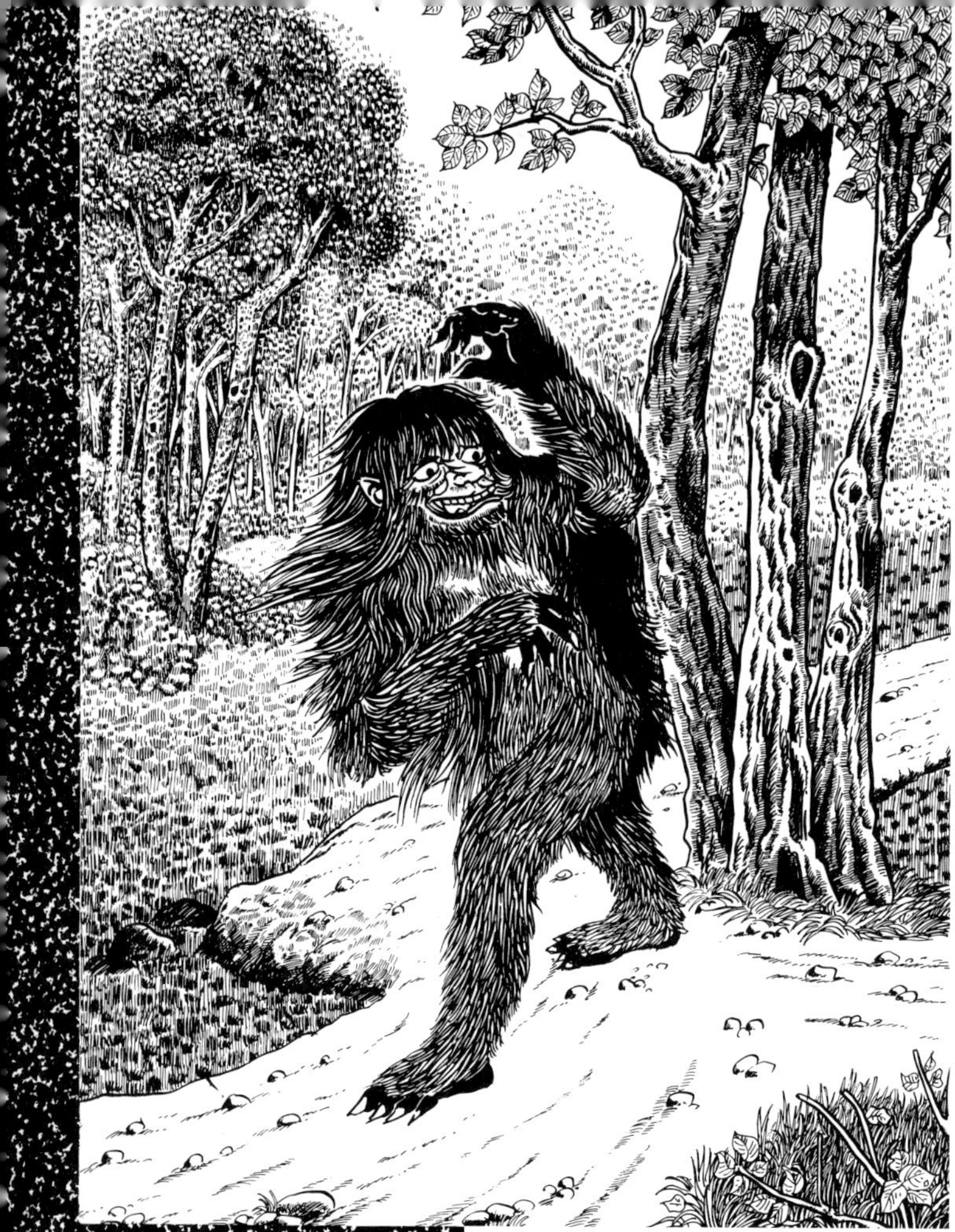

さとりは、飛騨（岐阜県）の山おくにすんでいた。色が黒くて、毛が長く、人間との会話ができる妖怪だ。

人間には害をあたえないけれど、人間が殺そうとすると、その人のこころをさとり、するりとにげてしまう。

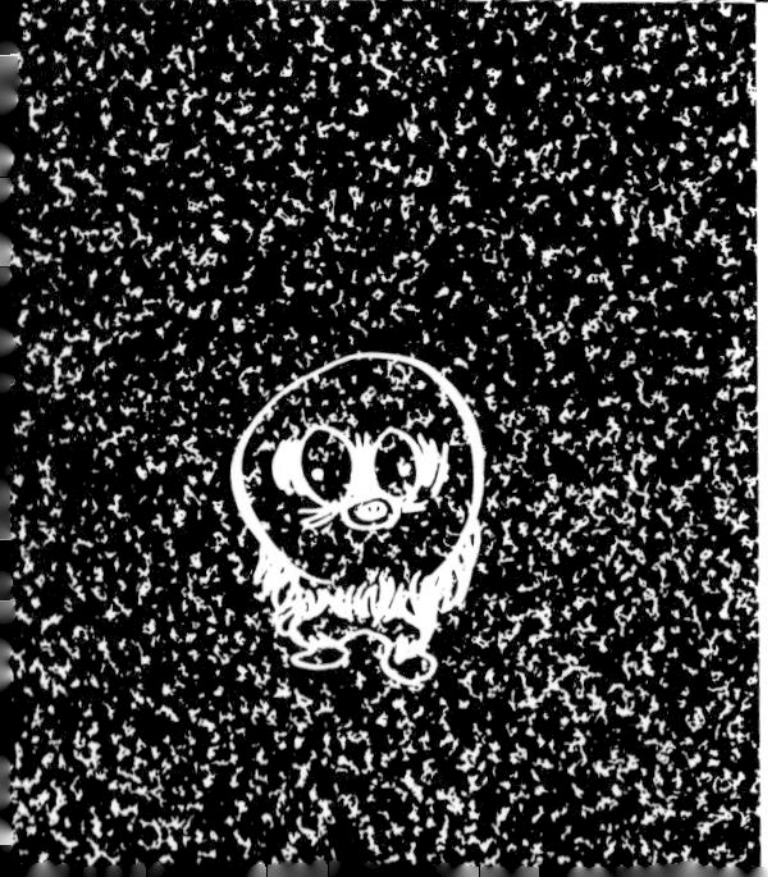

里にすむ妖怪

百々目鬼

女の人が他人のお金をぬすむと、うでに鳥目の精とよばれる目玉が、百個もとりつくことがある。

このなんともいえぬ気味の悪いうでをもった女の人は、百々目鬼という妖怪となって人びとからおそれられるという。

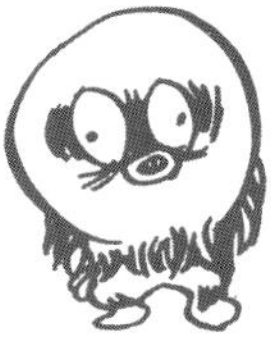

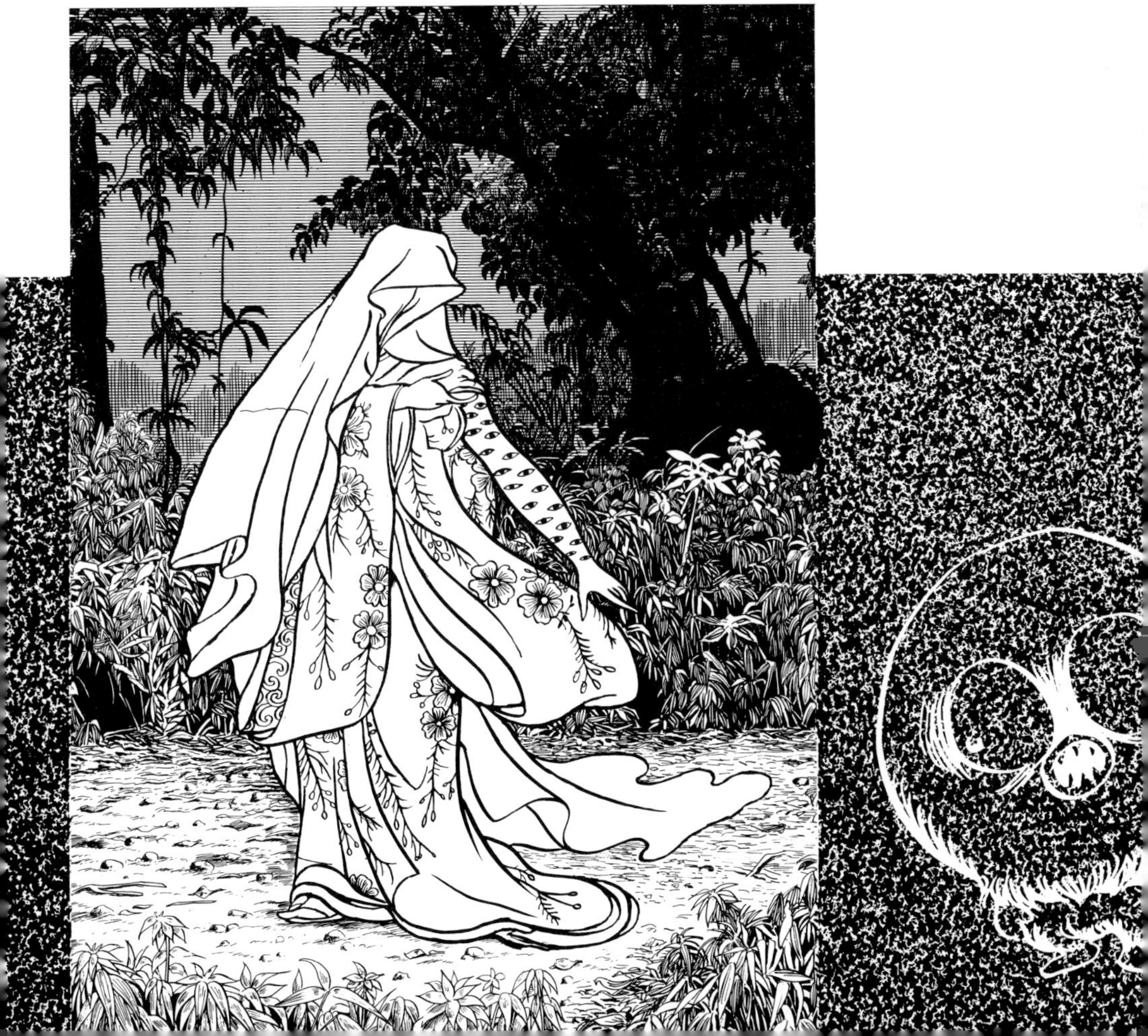

里にすむ妖怪

蛇骨ばばあ

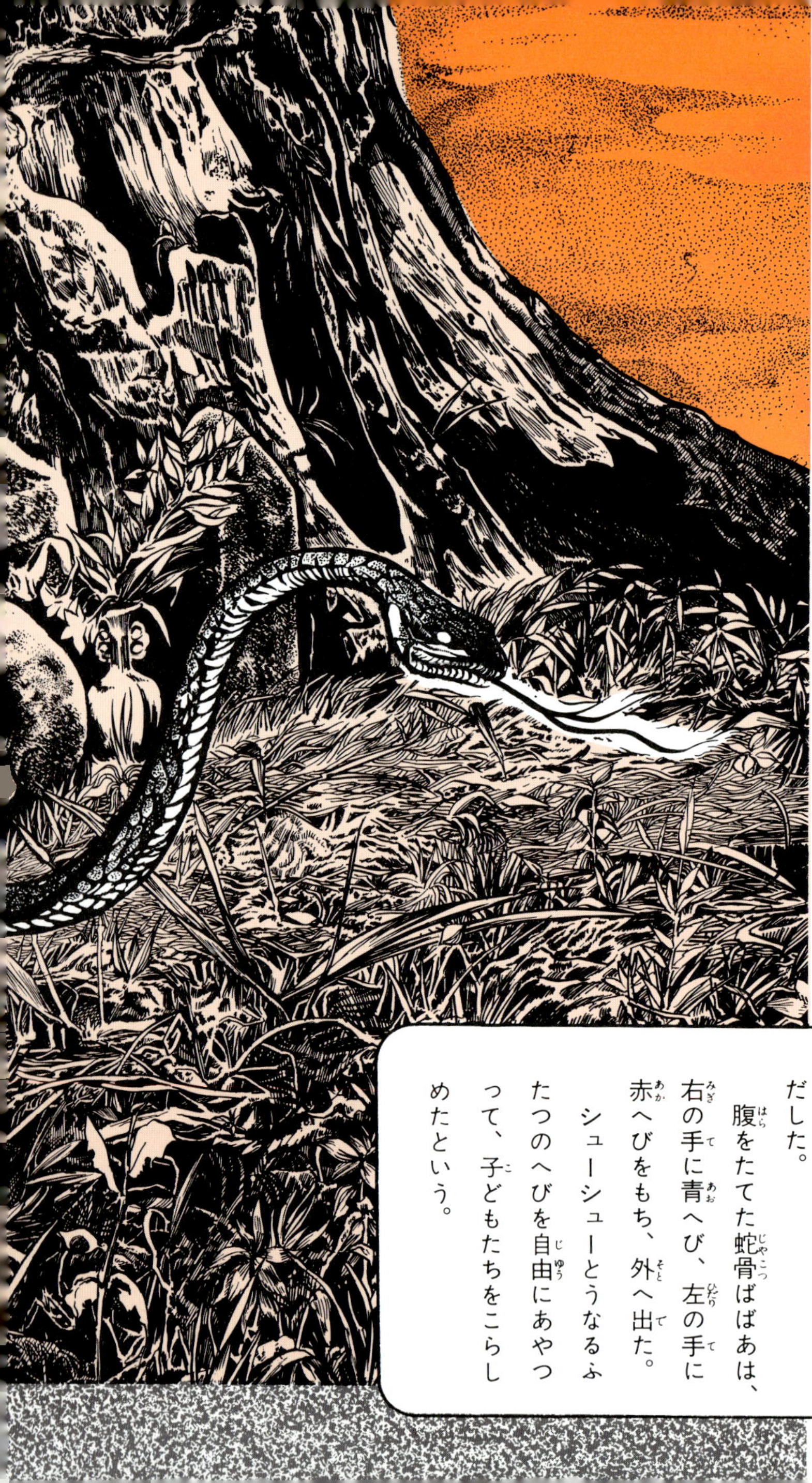

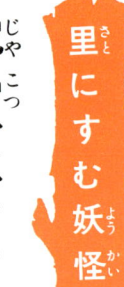

むかし、蛇骨ばばあのすんでいた蛇塚の近くで遊んでいた子どもたちが、おもしろがってその塚をこわしだした。

腹をたてた蛇骨ばばあは、右の手に青へび、左の手に赤へびをもち、外へ出た。

シューシューとうなるふたつのへびを自由にあやつって、子どもたちをこらしめたという。

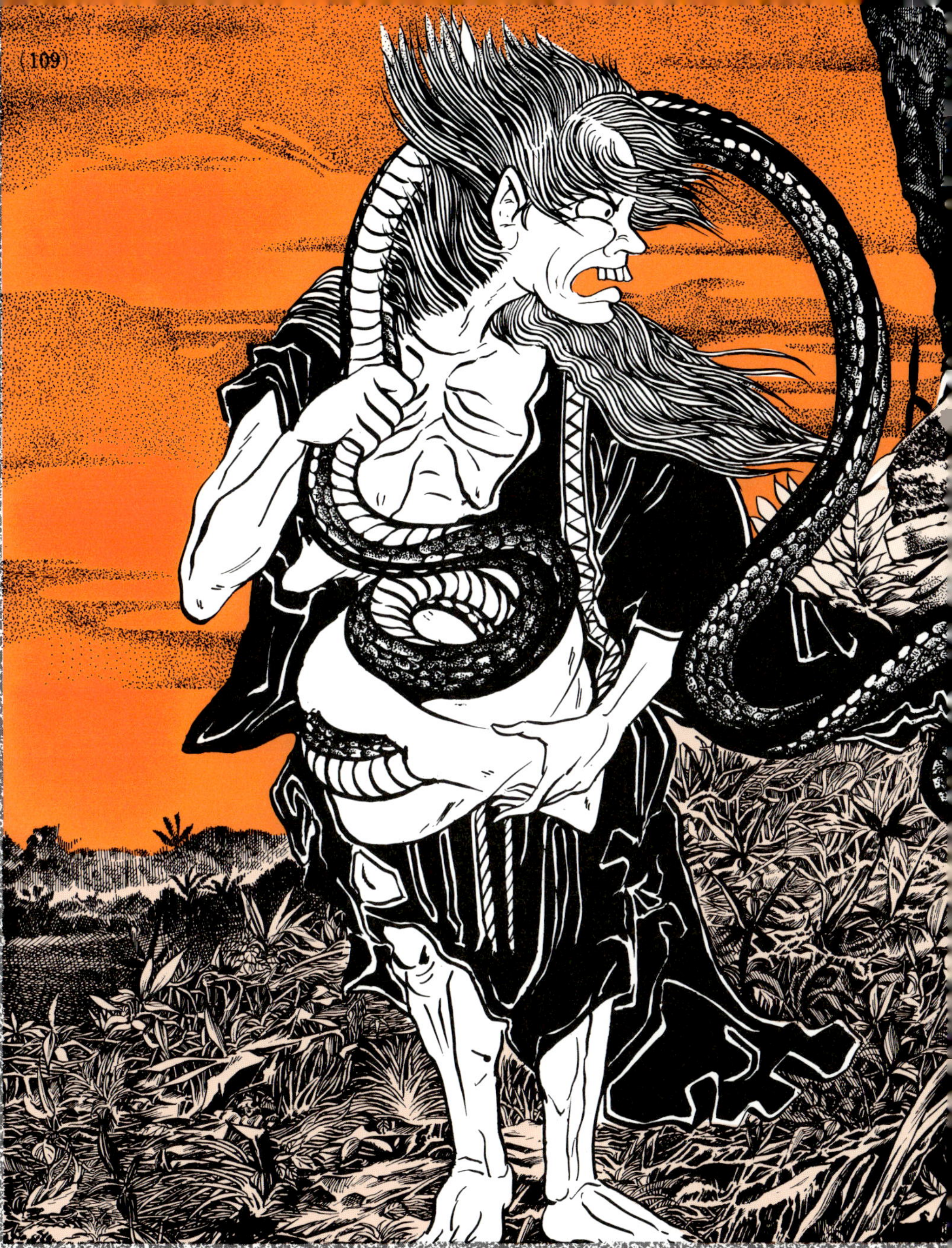

里にすむ妖怪

火とり魔

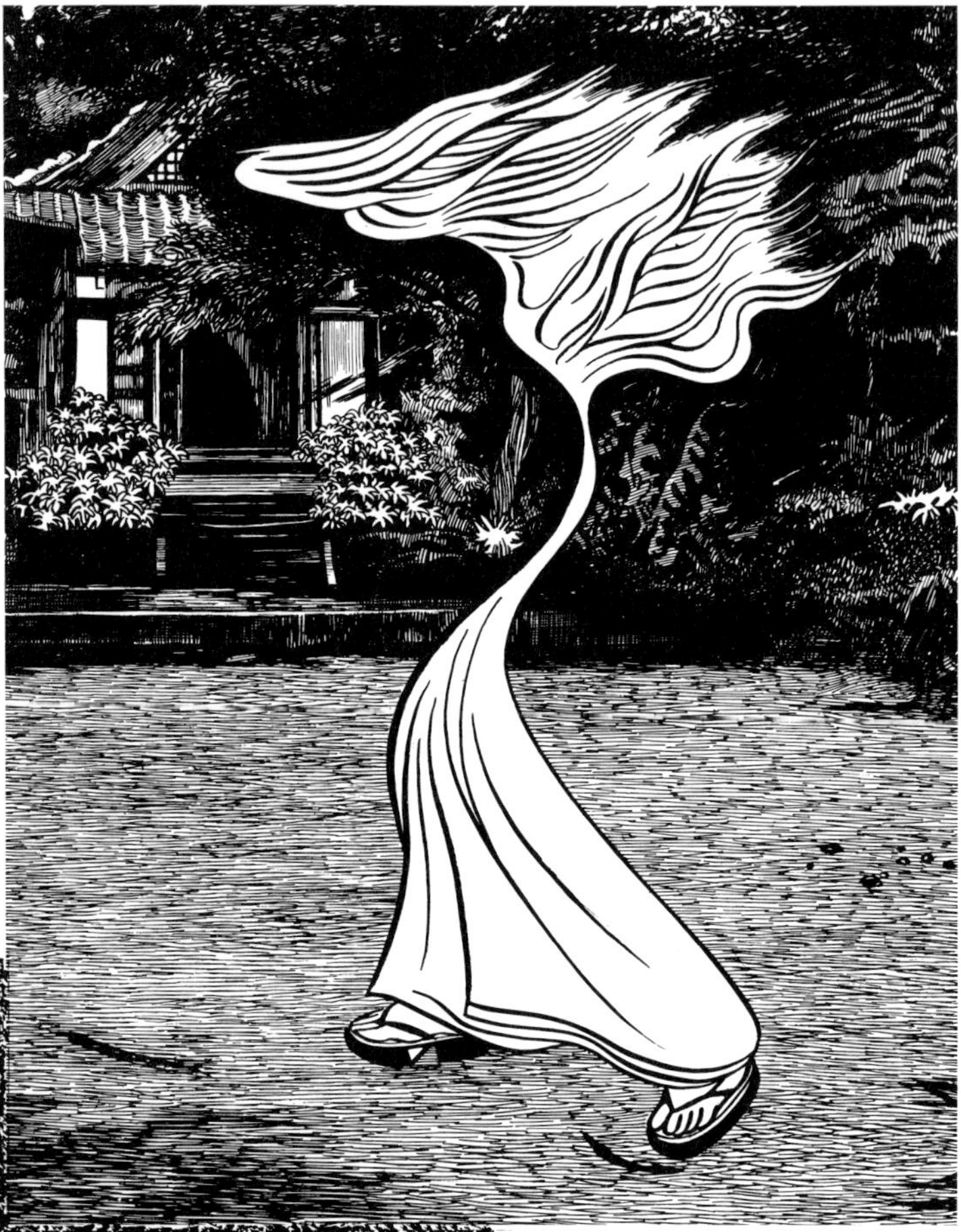

火とり魔は、むかし、加賀の国（石川県）の山中温泉にでた妖怪で、火をたべるといわれている。

この妖怪がちかづくと、ちょうちんにともした火が小さくなるのですぐわかる。ほっそりしたからだつきの妖怪である。

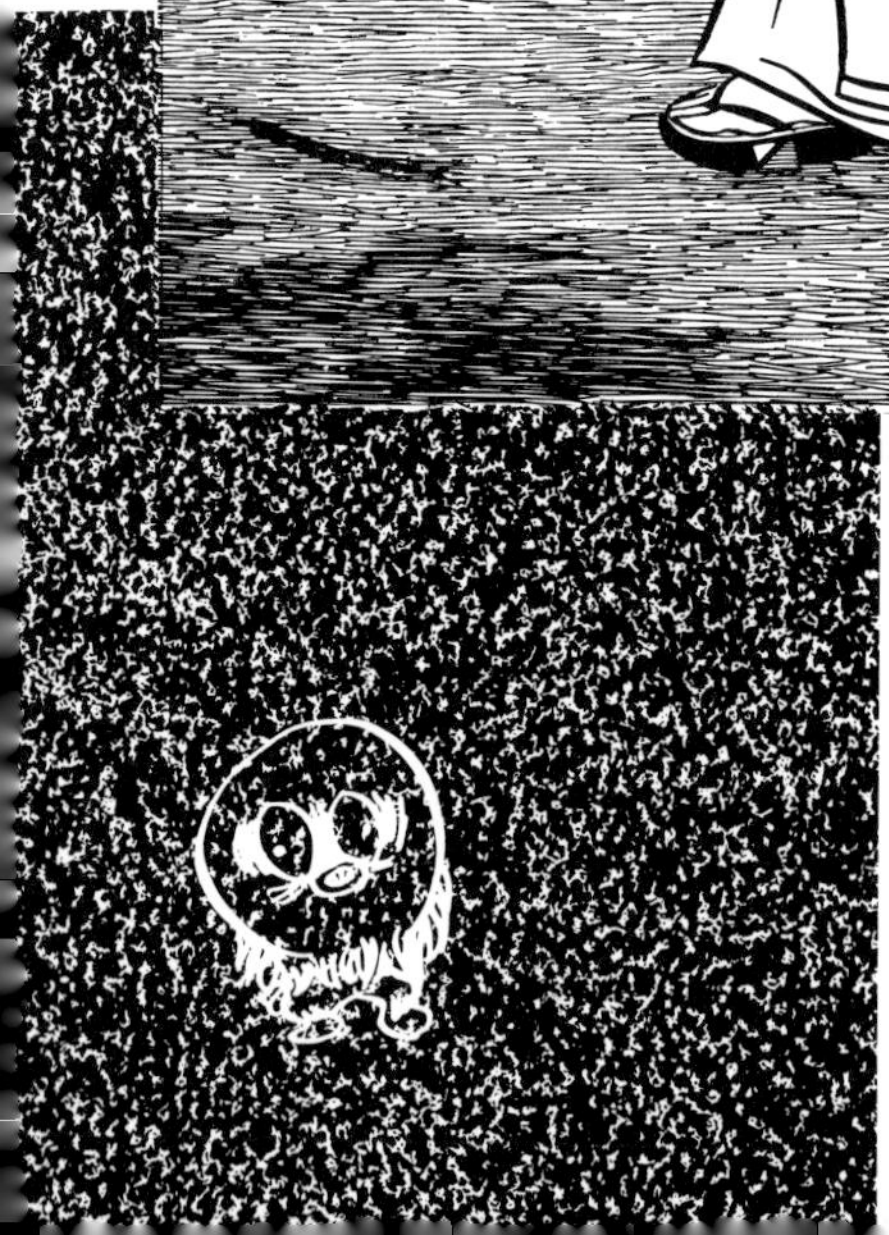

姥が火

河内の国（大阪府）にときどきあらわれた火の玉で、よけいものあつかいされて山にすてられた老ばのうらみが、ちろちろと燃えるのだという。

顔は、山うばに似ていてよく油をぬすむともいわれている。

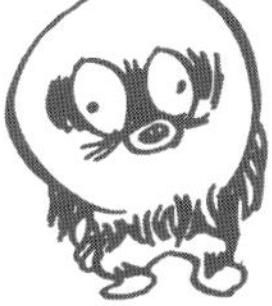

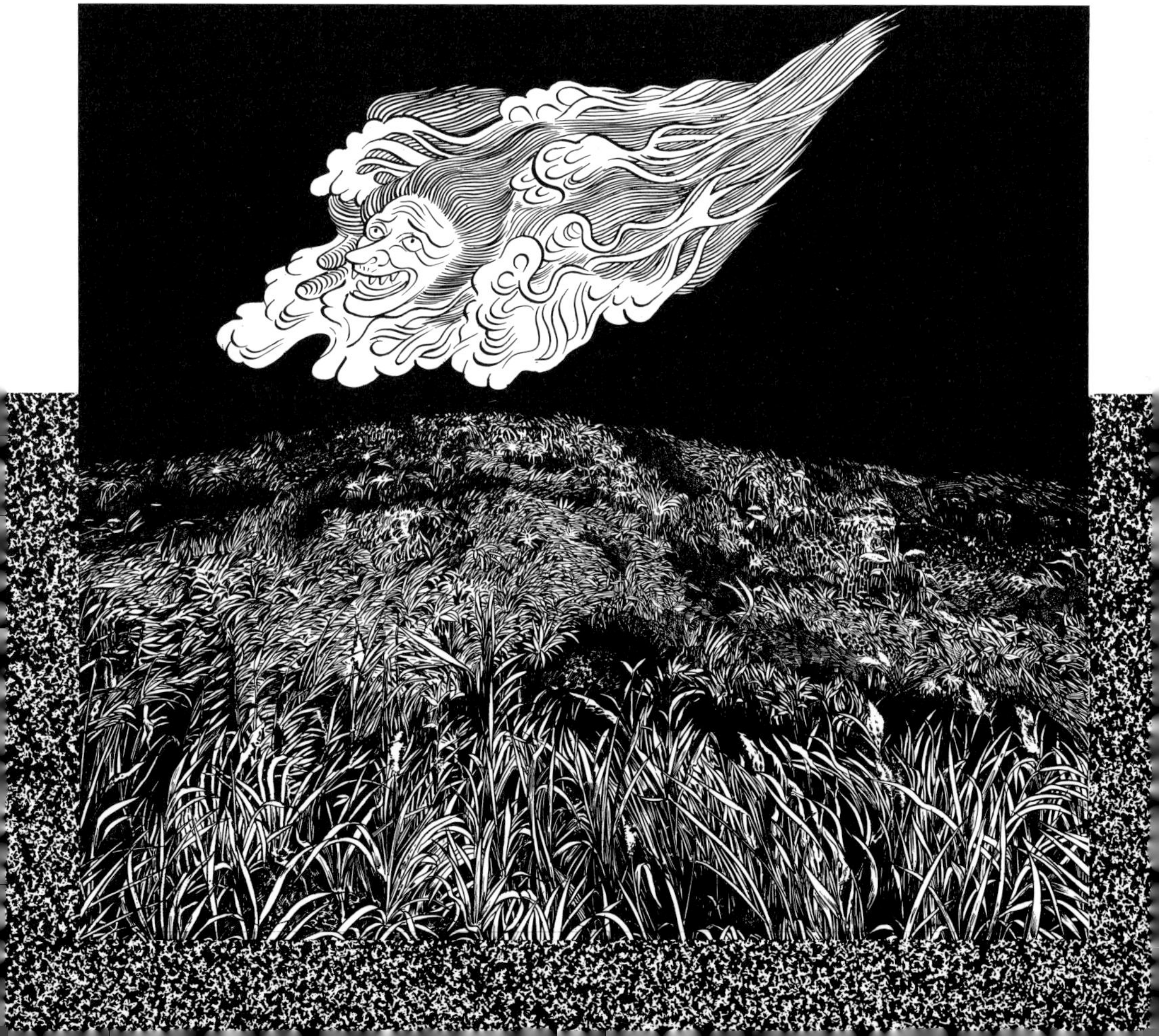

家にすむ妖怪

しょうけら

しょうけらはのぞき魔で、なぜのぞくのかわからないが、屋根のあかり窓から、家のようすをうかがう。だれかいるのかなと外へでて、屋根をみてみても、そこにはだれもいない。ただ、お月さまが青白く光っているだけ。

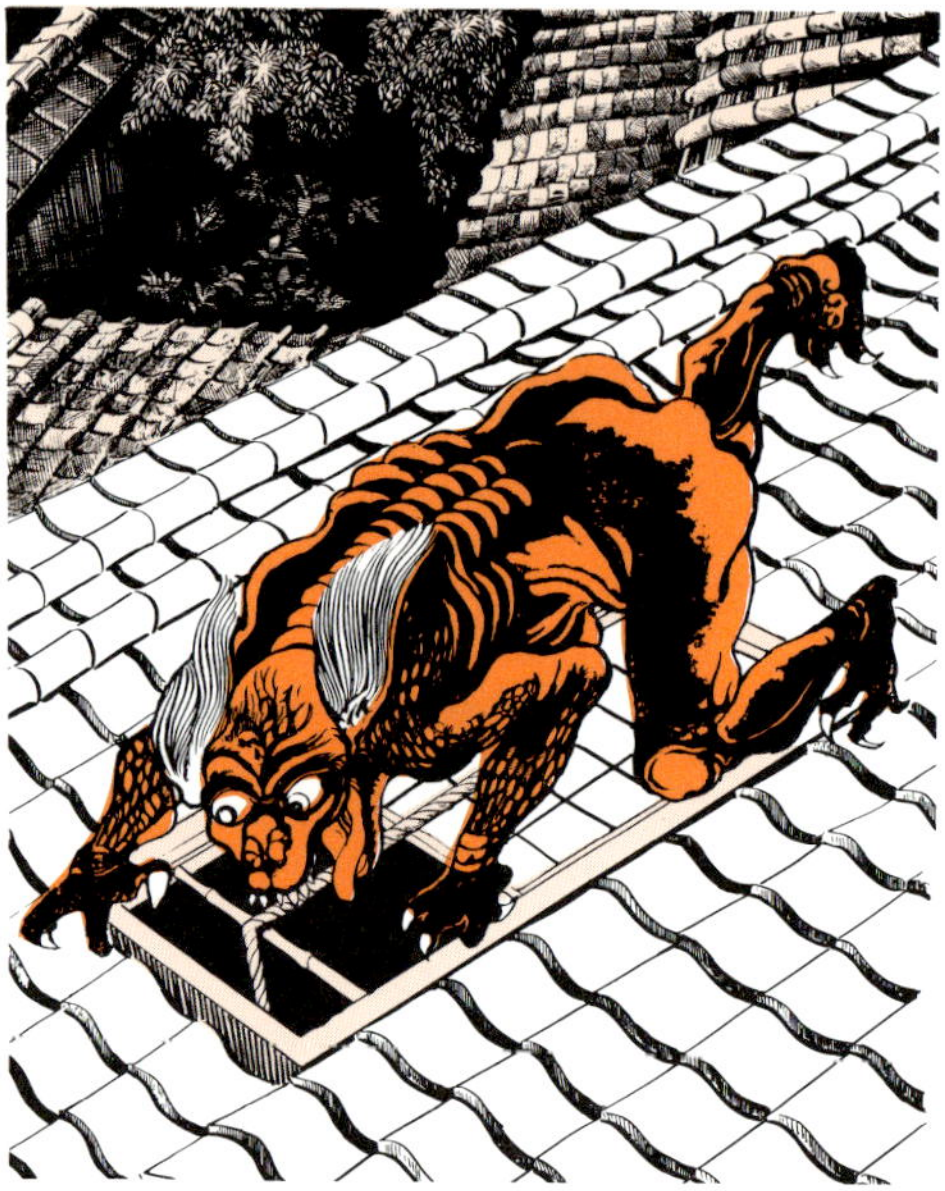

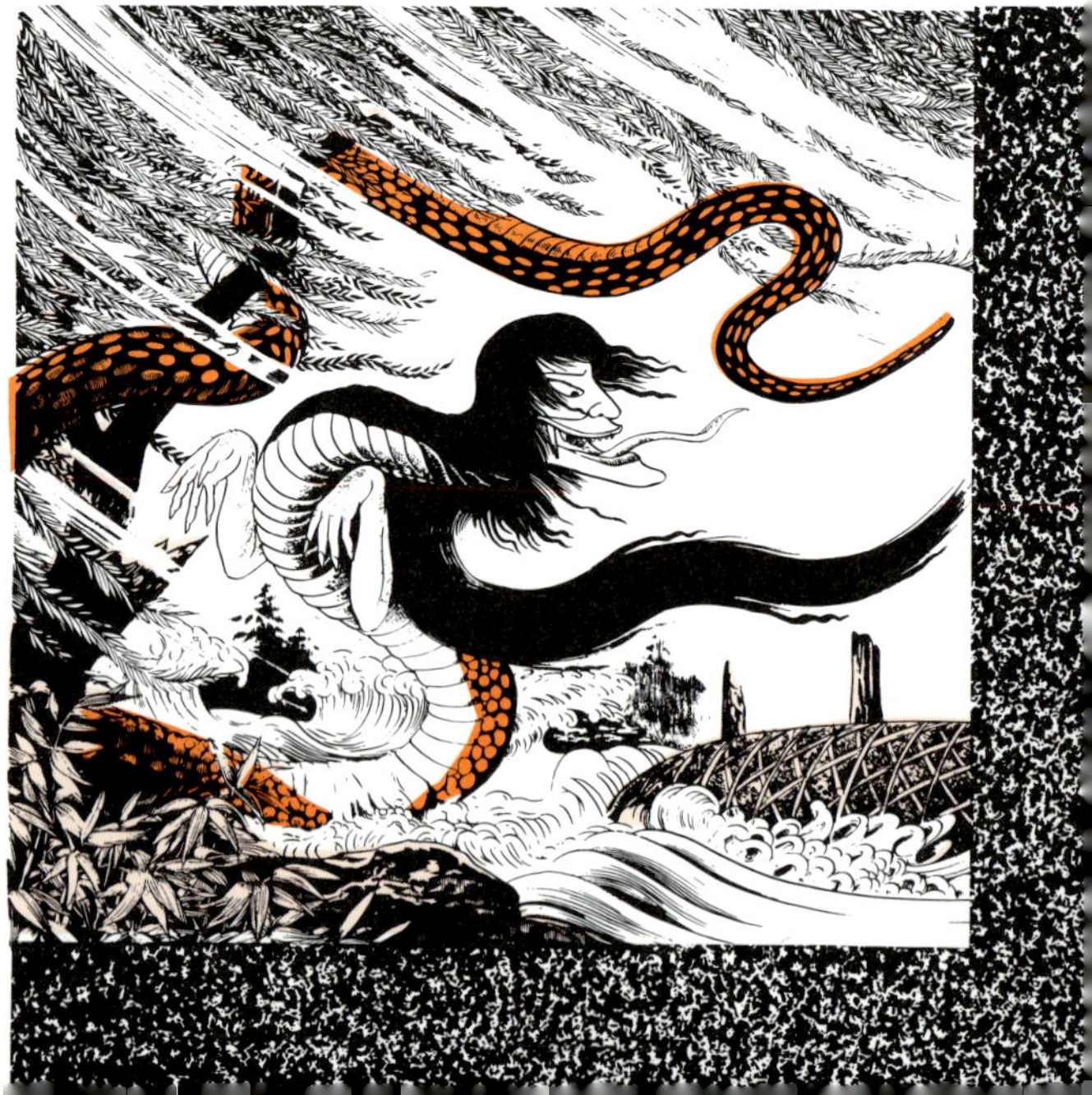

ぬれ女

ぬれ女は、北陸地方の川の上流に、よく出没するとつたえられている。

岸辺に柳の木が多くはえているあたりの水中から、へびのように長いからだを浮きあがらせ、近くにきた人間をとって食べたらしい。

天井さがり

真夜中、きみはふと目をさました。目があたりの暗さになれてくると、ぼんやりしていた天井のかたちもはっきりしてくる。

おや、なにか天井にぶらさがっている。なんだろう？天井さがりという妖怪だ！

ここで、きみはおどろいてはいけない。もし、きみがおどろいたら、天井さがりは、こわがって、屋根にあなをあけてにげてしまうだろう。

天井さがりは、そんな妖怪だ。

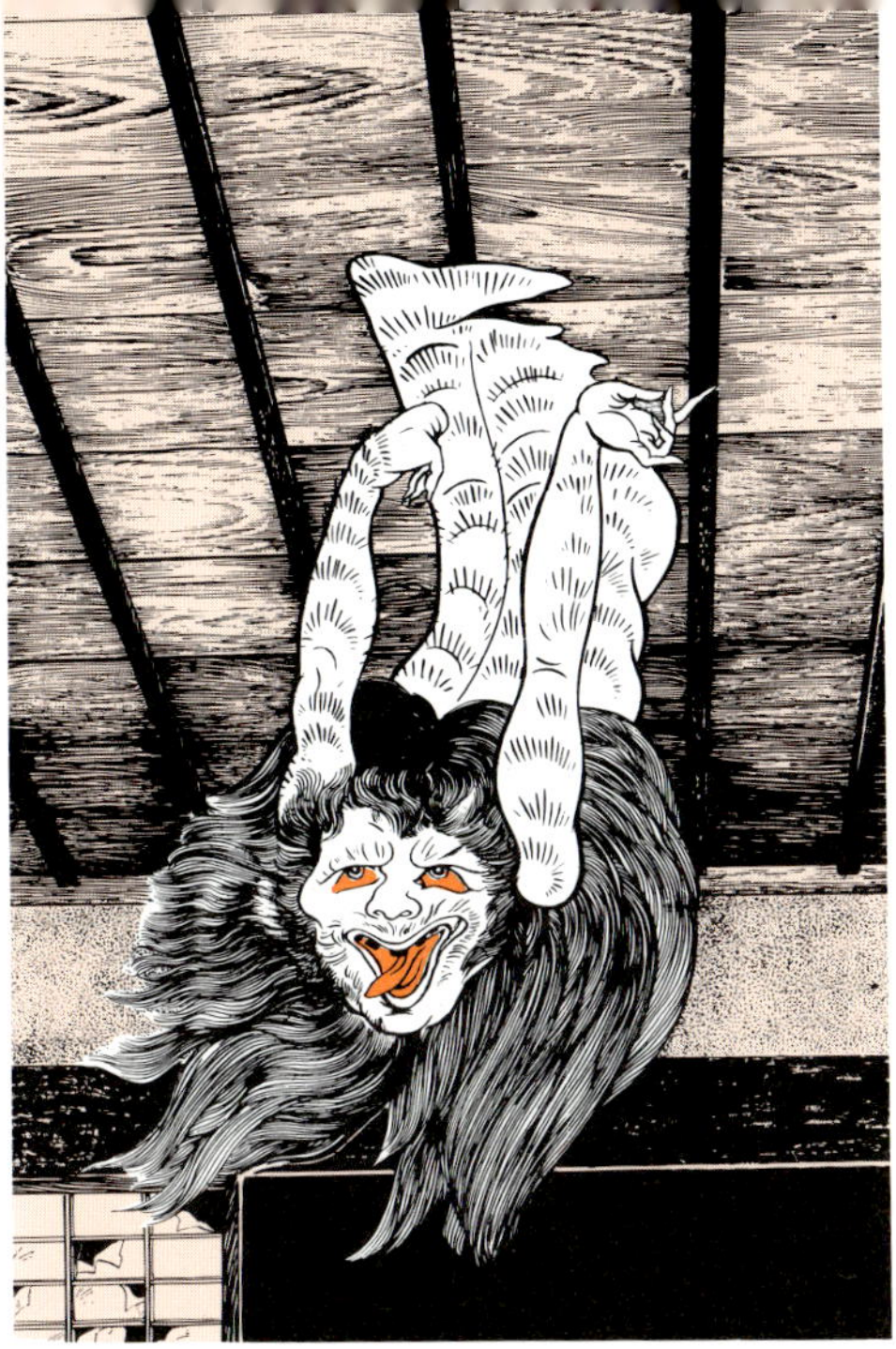

ひょうすべ

お酒によっぱらったようなかっこうで歩き、みるからに陽気そうなひょうすべは、九州の長崎県や、宮崎県にあらわれる。

ひるまは川のなかの横あなにすみ、夜になると、いつもの陽気な足どりでひょっこり田畑に出てきて、落ち穂をひろって食べている。

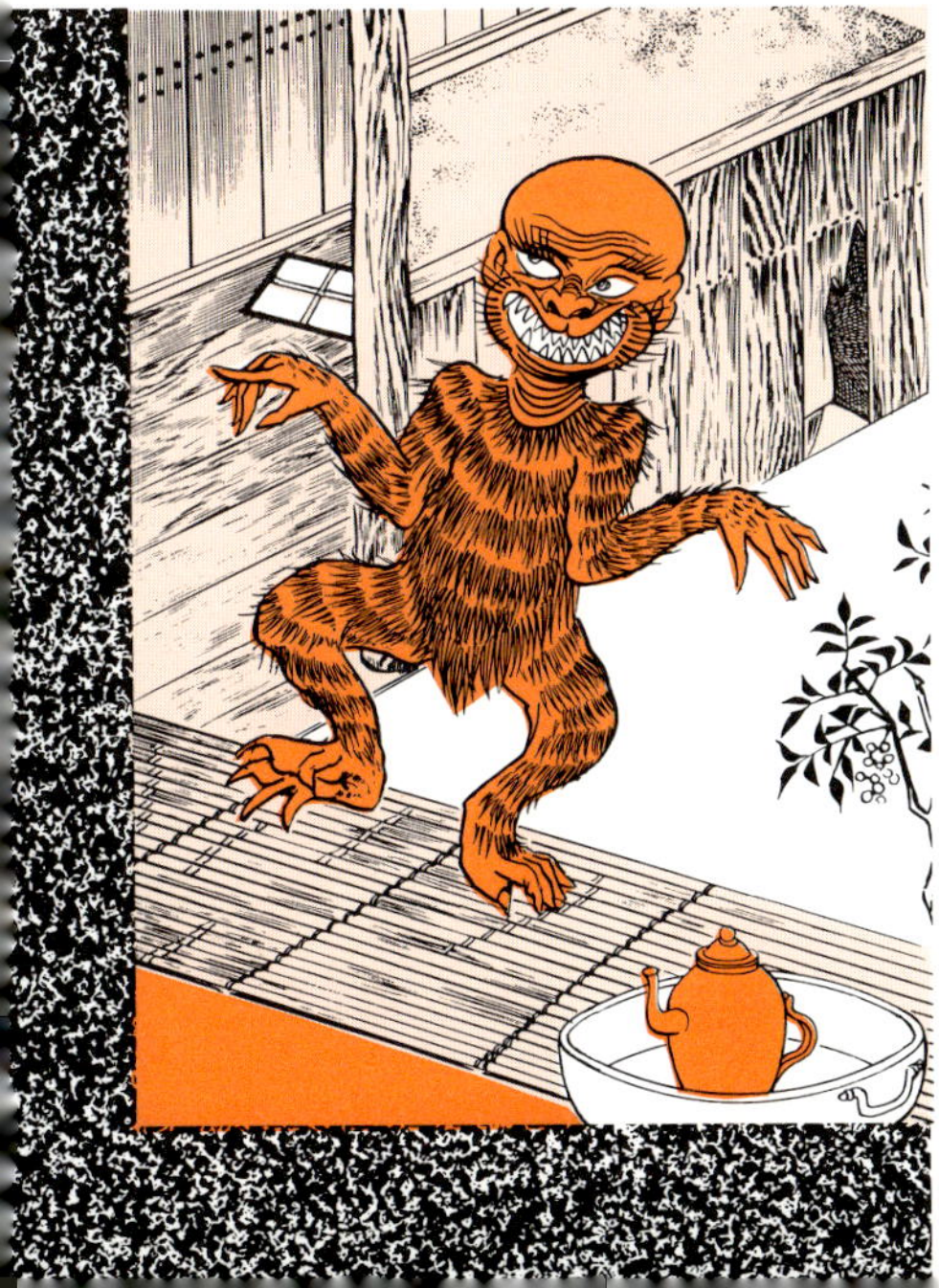

水にすむ妖怪

がんぎ小僧

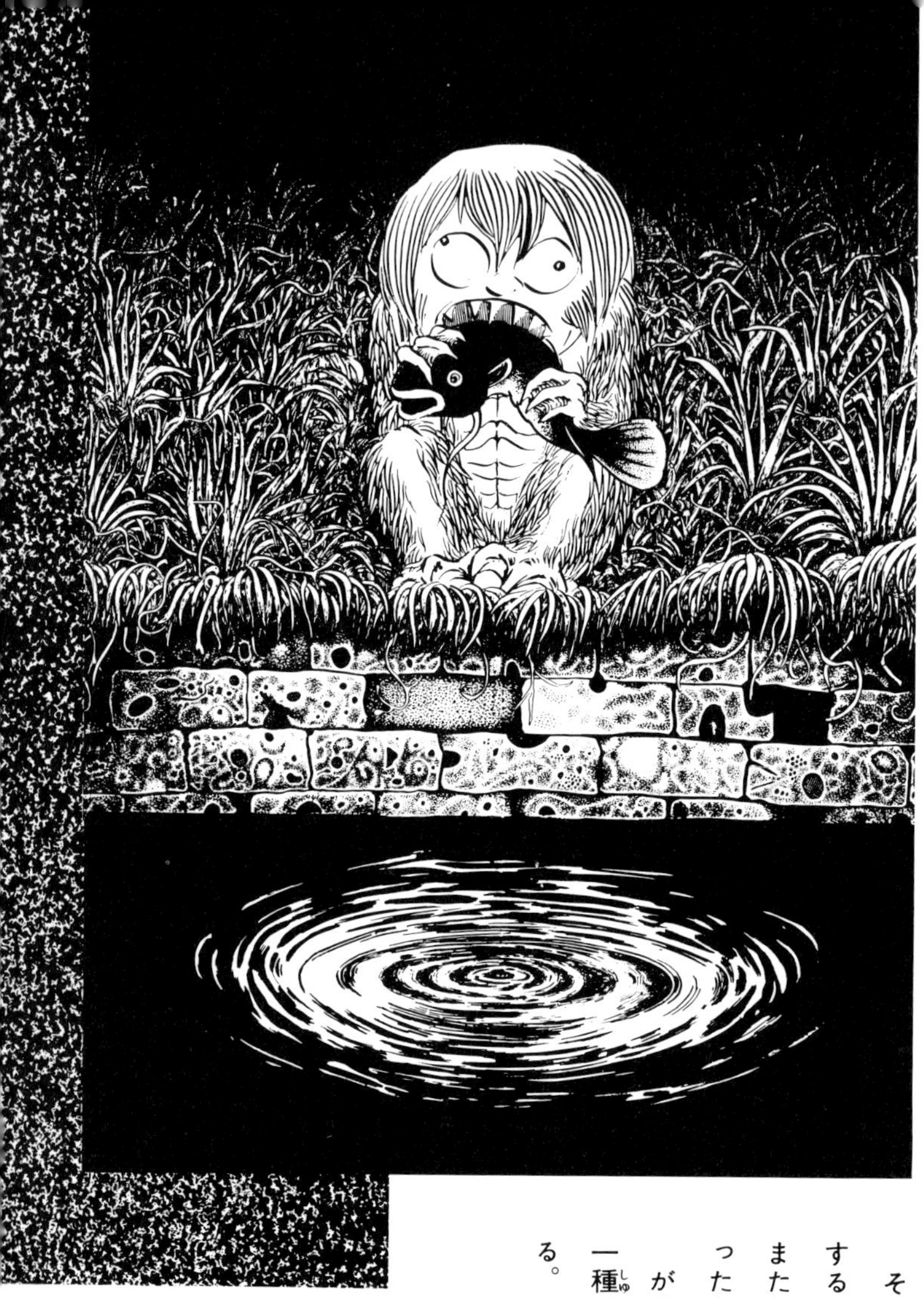

むかし、がんぎ小僧という妖怪が川辺にひとりさびしくすんでおり、魚をとっては食べていた。

その歯はヤスリのようにするどく、どんな魚でも、またたくまに骨にしてしまったという。

がんぎ小僧は、かっぱの一種ではないかともいわれる。

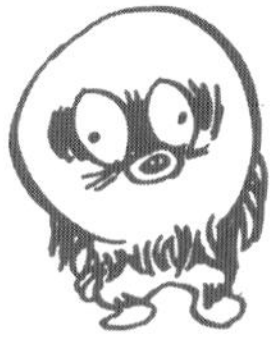

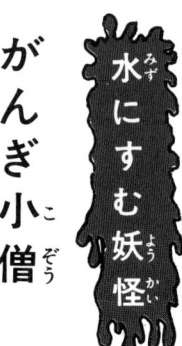

人魚

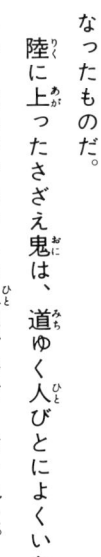

「この人魚の肉をたべるとけっして年をとりません。」

ひとりの美しい女にまねかれて、見知らぬ島につれて行かれた若狭の国（福井県小浜市）の高橋権太夫は、帰りぎわに、人魚を一ぴきもらった。

しかし、どうもたべる気がしないので、そのままうっちゃっておいたところ、権太夫の娘がその肉をこっそりたべてしまった。

それから何年たっても娘は年をとらない。こうして、その娘は八百歳まで生きたという。

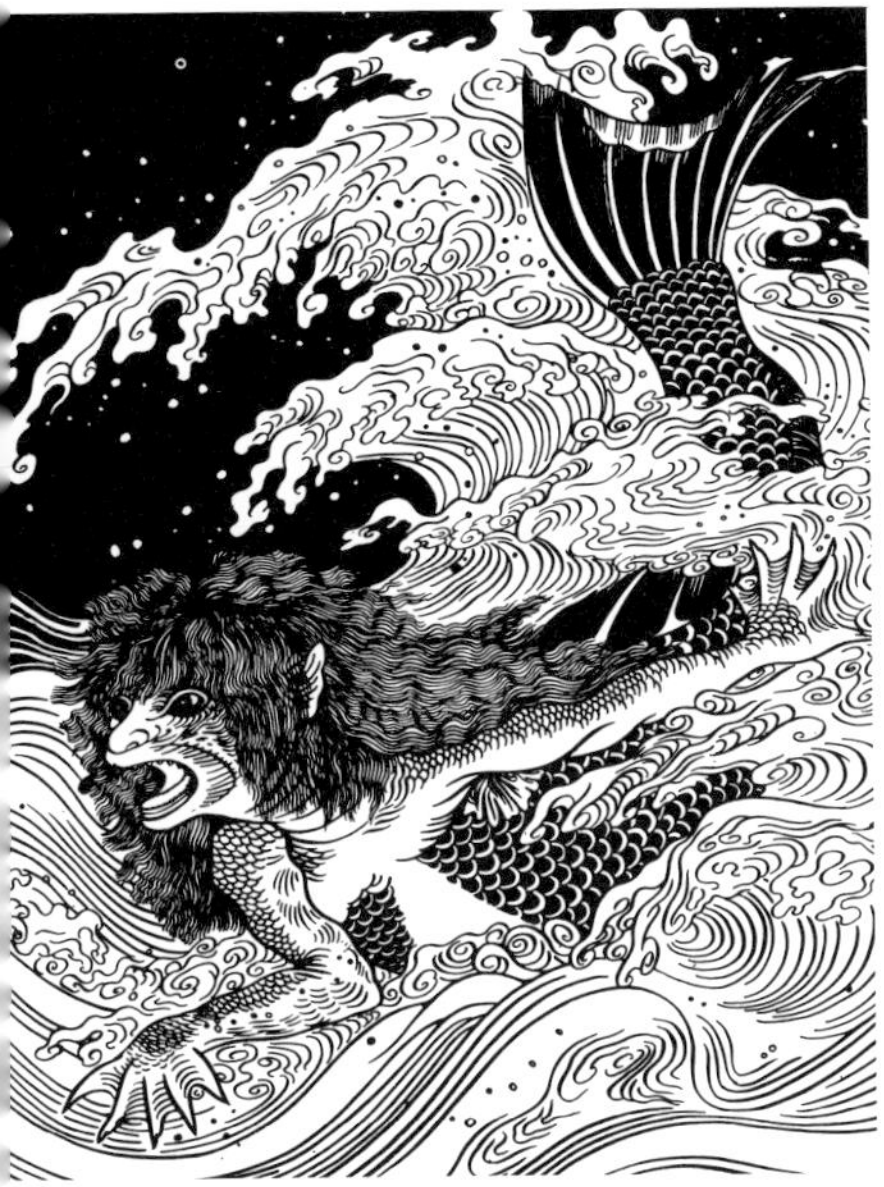

さざえ鬼

月のとてもきれいな晩、なにやらもこもこしたものが、海から顔をのぞかせて、それからそろそろと陸にはい上ってくる。

これは、さざえ鬼といって、さざえが三十年も生きつづけたすえに、化ける力をもち、おそろしい妖怪になったものだ。

陸に上ったさざえ鬼は、道ゆく人びとによくいたずらをしたので、むかしの人は、ひどくおそれた。

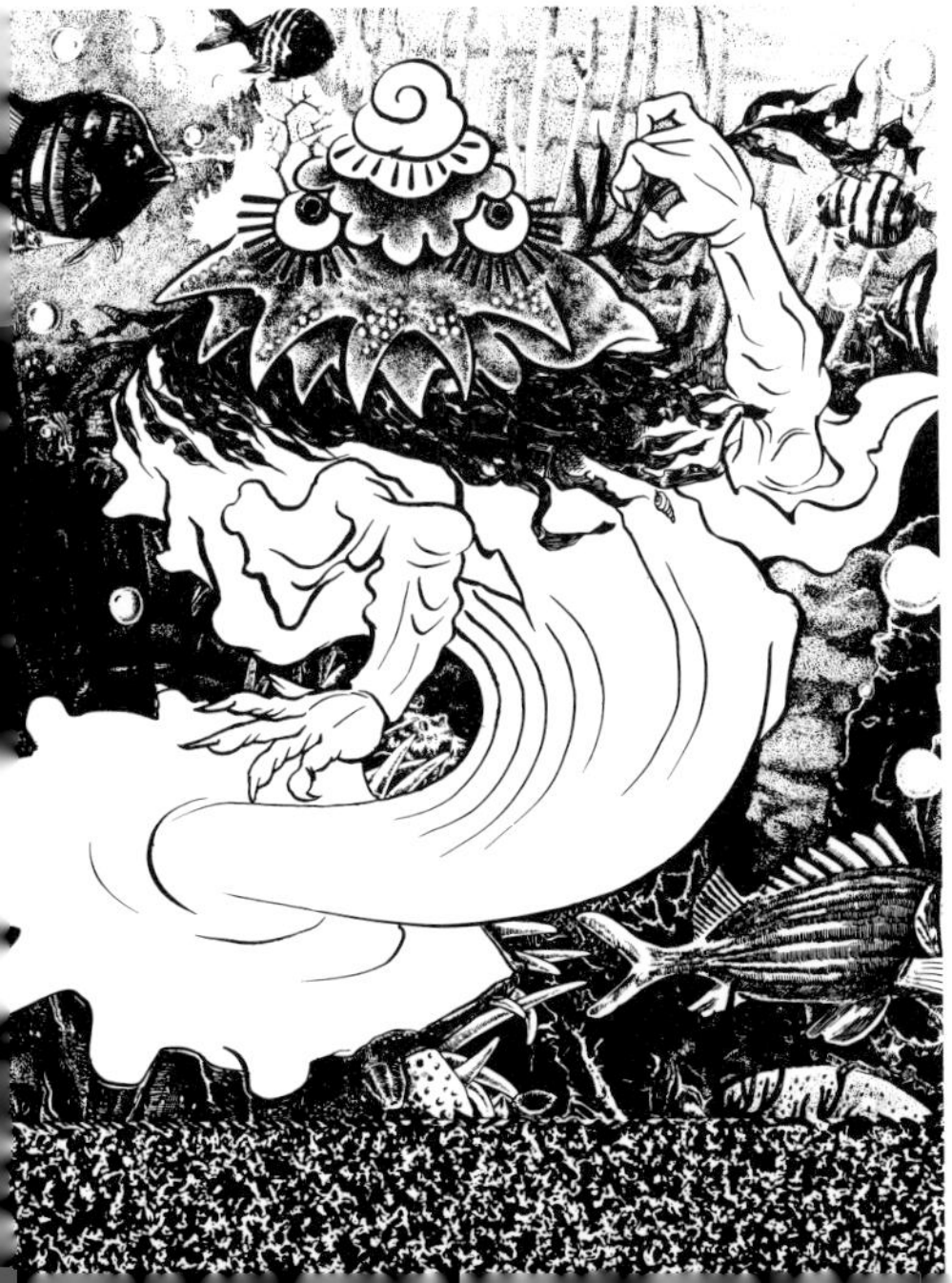

磯女

長崎県の五島列島にあらわれる磯女は、人魚のようなかっこうをしている。

この妖怪は、舟をおそい、とがった歯をむきだしにして、人間の血を吸う。

だから、漁師たちは、このおそろしさからのがれるために、苫の毛を三本むしりとり、着物の上にのせておく。

こうすれば、磯女に血を吸われないと信じているからだ。

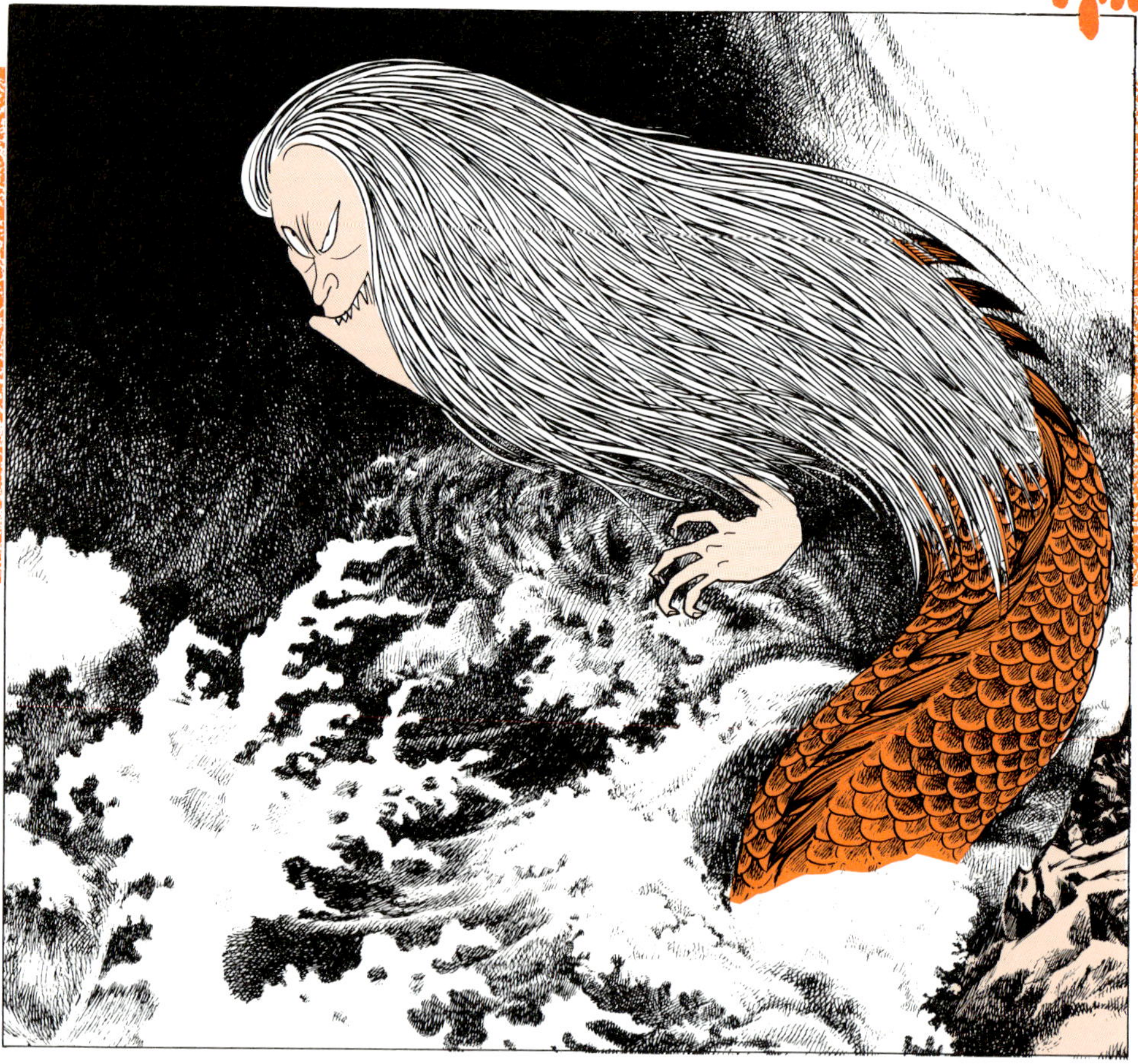

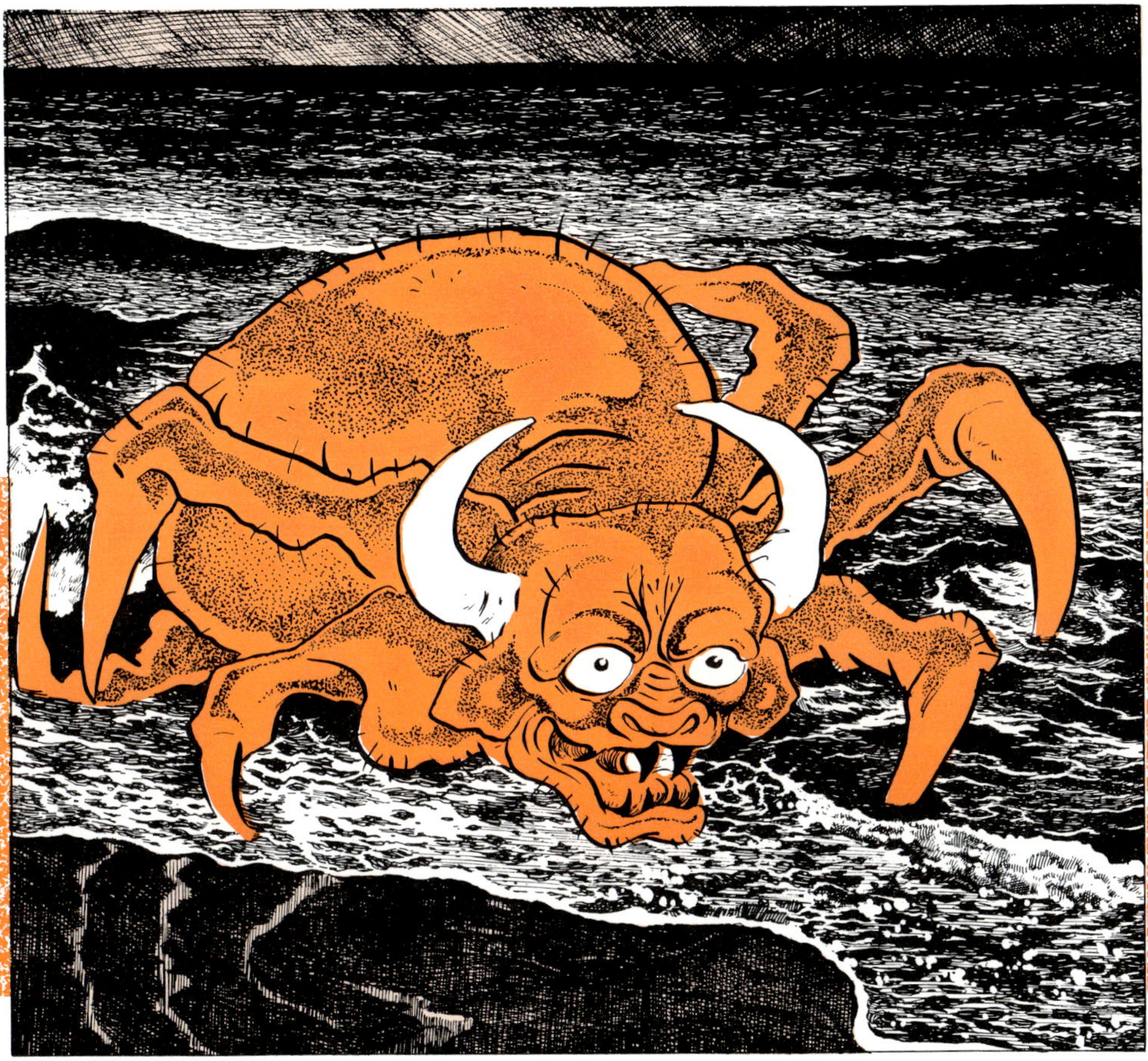

牛鬼

島根県にあらわれた牛鬼は、牛のような角をもち、切り立ったがけの下の深い深い海の底にすむという。

そんなところへ漁に行くと、牛鬼におそわれて、しつこく追いかけられる。

もし船がしずまなければ、牛鬼は、漁師の家までも、はいりこんできて、おそうというおそろしい妖怪だ。

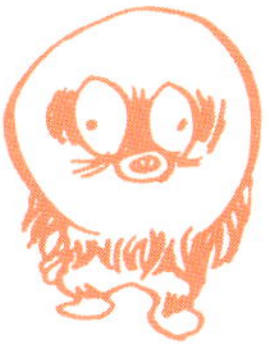

妖怪のひみつ④

1 妖怪のなかでいちばん長生きをしているのはだれだろう

世界の妖怪のなかで、いちばん長生きをしているのは、**ミイラ男**だ。ミイラ男は、エジプトのピラミッド地帯、王家の谷と呼ばれるところから現われたといわれる妖怪で、なんと五千年以上も生きつづけてきたことになる。ミイラ男が、このように長生きできたのは、古代エジプトのすぐれたミイラ作りの秘法があったからだ。

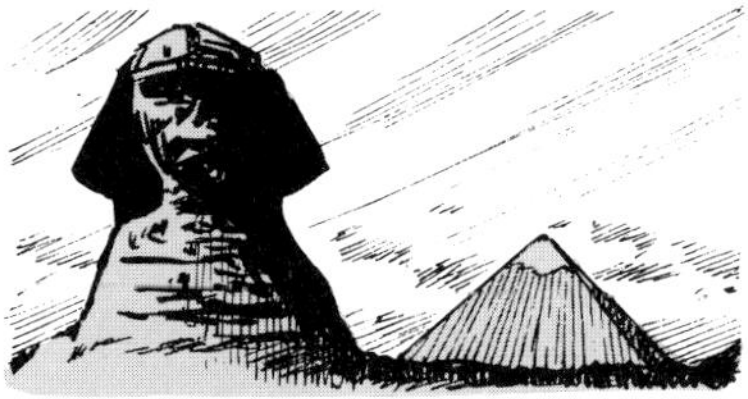

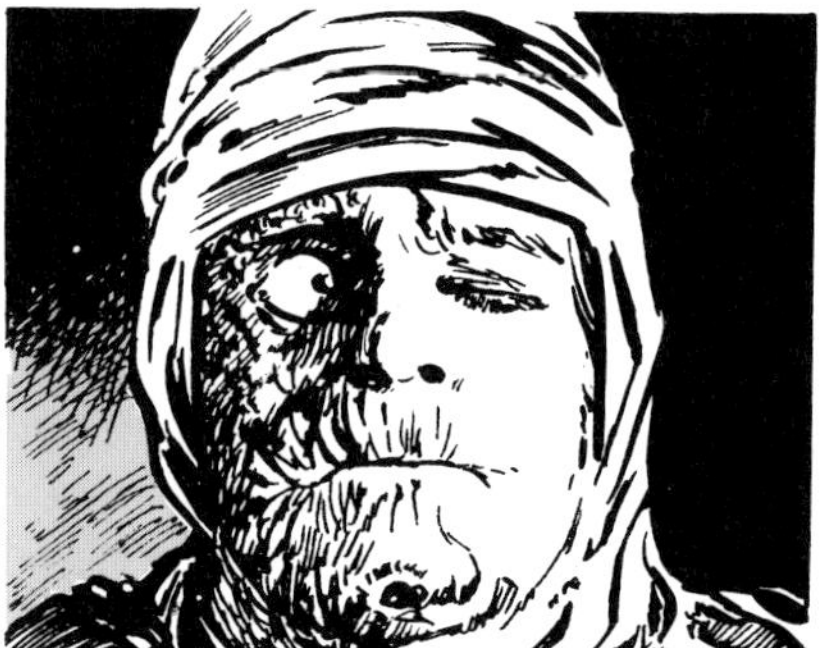

妖怪の超能力

2 妖怪は不死身なのだろうか

妖怪は、いくらやっつけられても殺されても、完全には死なないといわれる。

妖怪をやっつけたと思ったときは、妖怪のほうでは、ただ、姿を消したり、かくれたりしているだけなのだ。妖怪は、妖怪変化ともいわれるように、姿を現わしているものとは別に本体を持っているから、いくら姿を現わしているものだけを殺したと思っても、本体は、生きつづけ、また現われてくる。

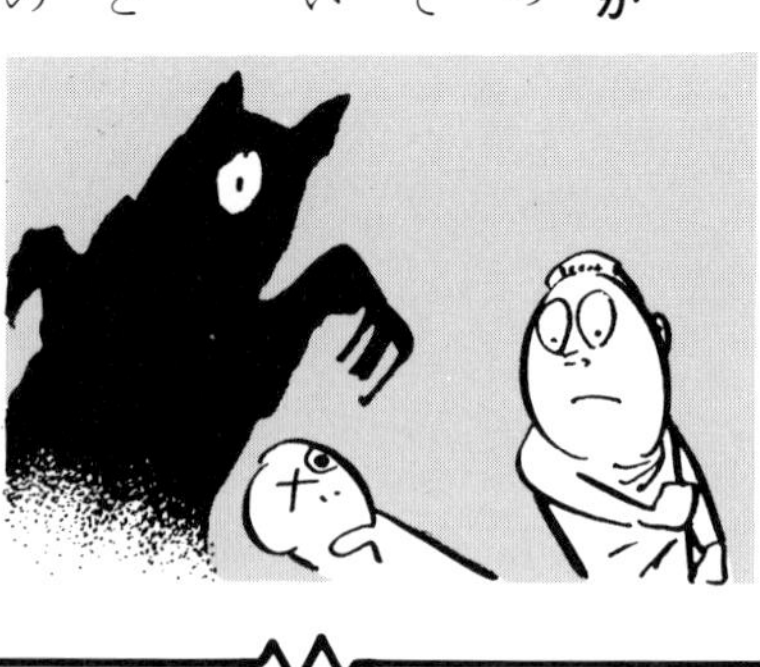

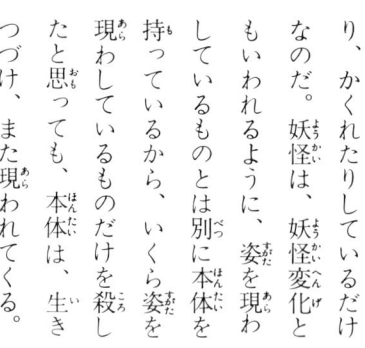

❸ 妖怪のなかで
スピード・ナンバーワンはどれだろう

妖怪はどれも、それぞれ超能力をそなえているが、スピードにかけては、**九尾のきつね**がトップだ。

九尾のきつねは、中国生まれの妖怪といわれ、尾が九つあるところから、この名で呼ばれる。

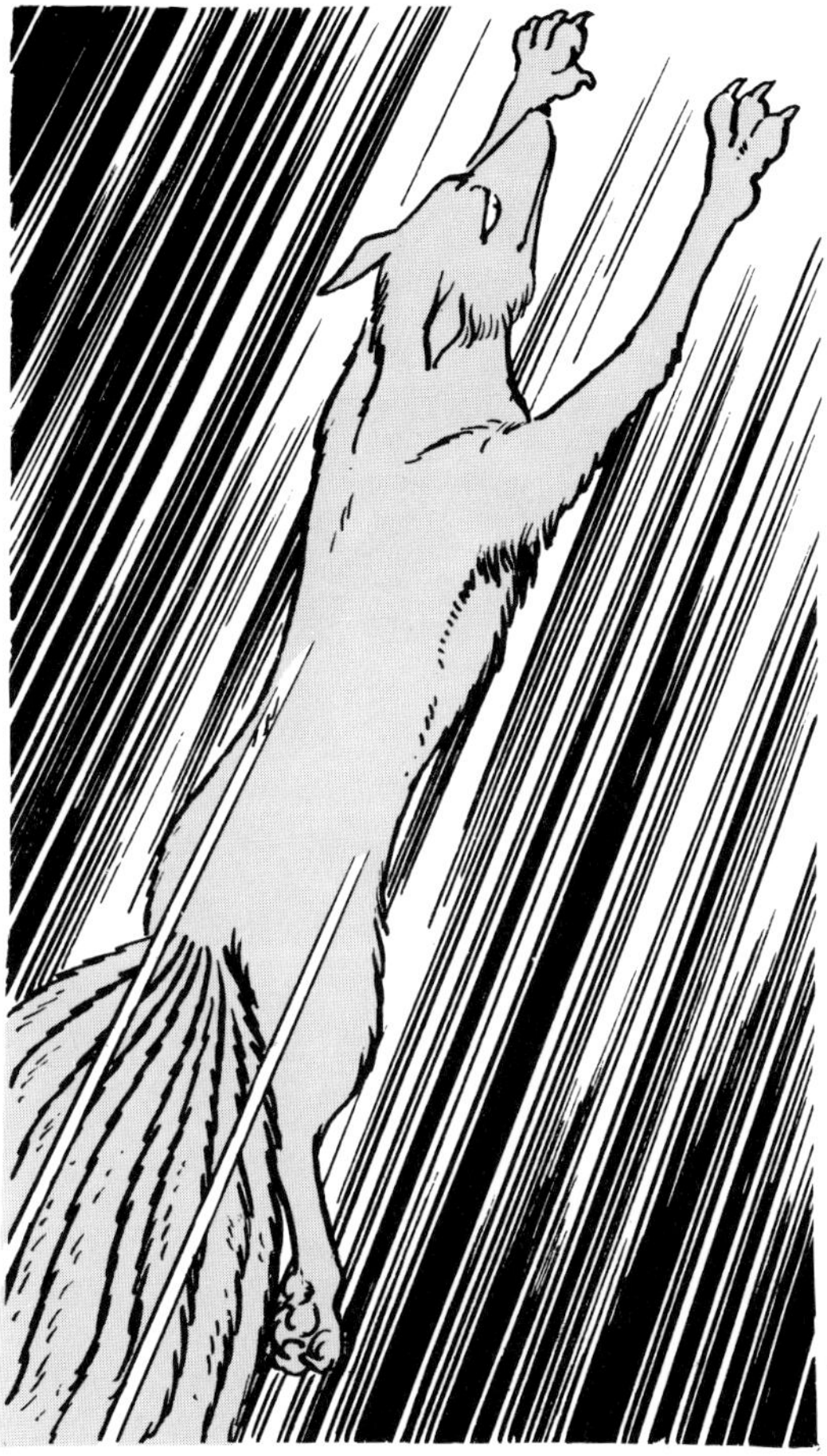

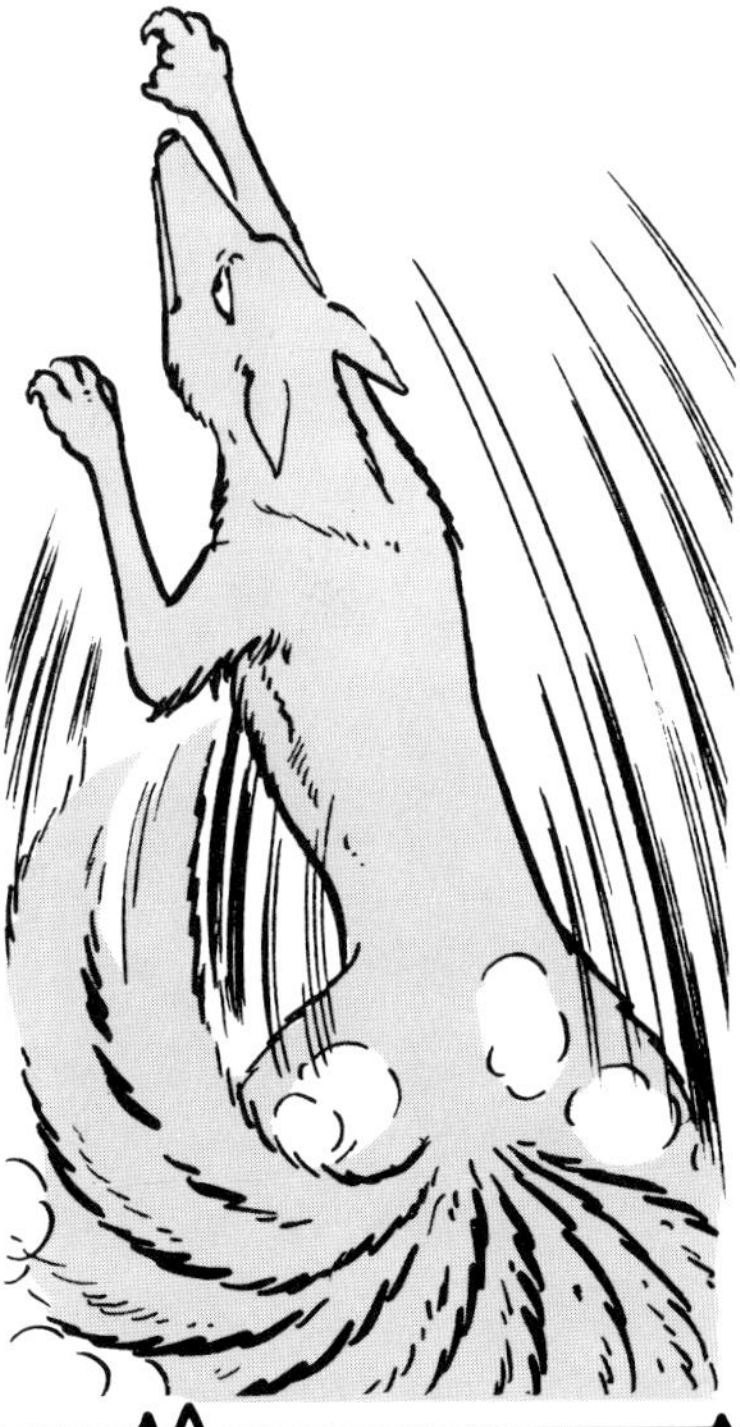

この妖怪のスピードは、中国から日本に現われるのに一瞬のうちにひとっ飛びしてしまうという。飛ぶときには、九つの尾で大地を強く打ちつけると、体が宙に浮き、それからロケットのような速さで空を飛ぶ。

人間が気がつかないときでる妖怪

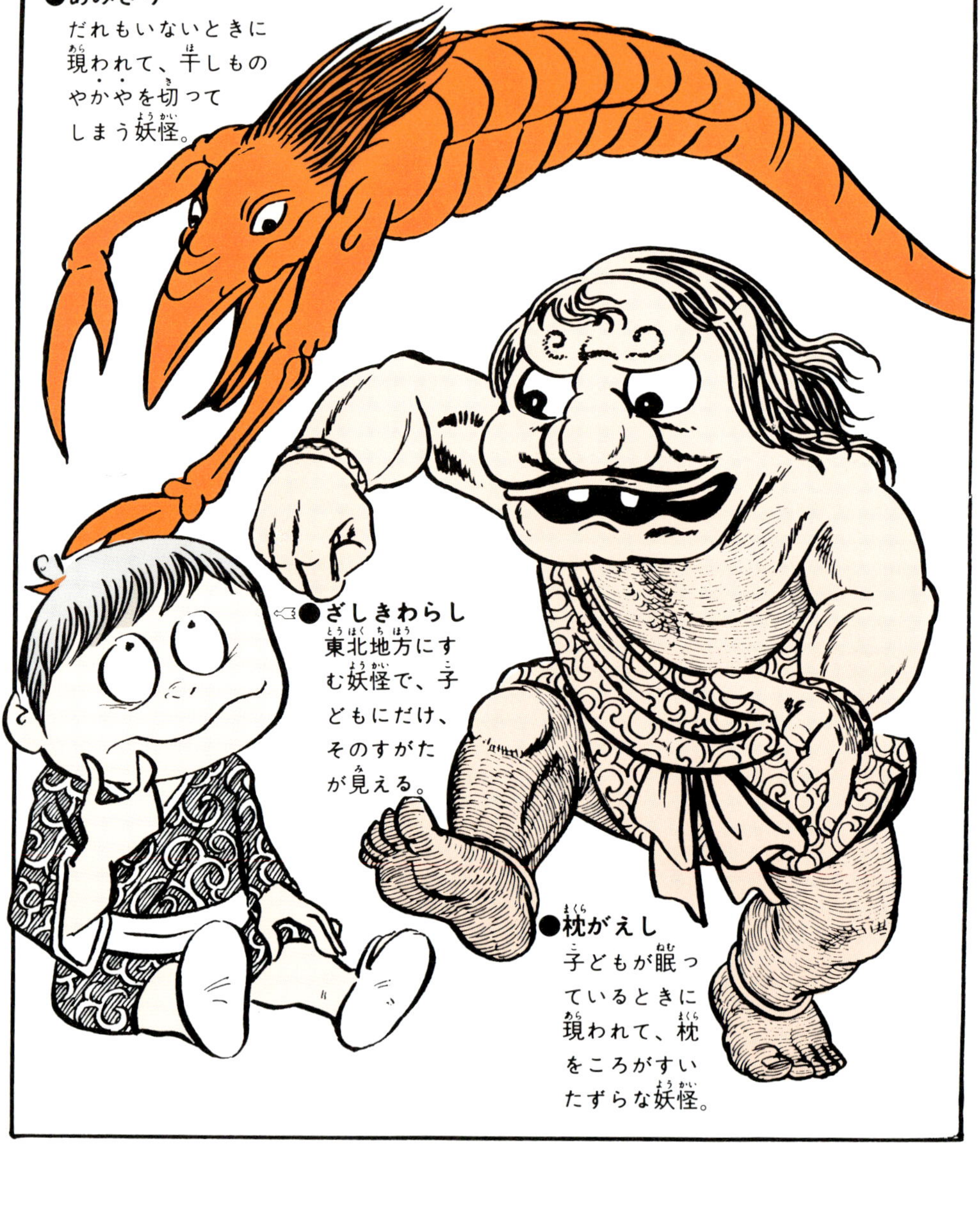

●あみきり

だれもいないときに現われて、干しものやかやを切ってしまう妖怪。

●ざしきわらし

東北地方にすむ妖怪で、子どもにだけ、そのすがたが見える。

●枕がえし

子どもが眠っているときに現われて、枕をころがすいたずらな妖怪。

第5章 百鬼夜行

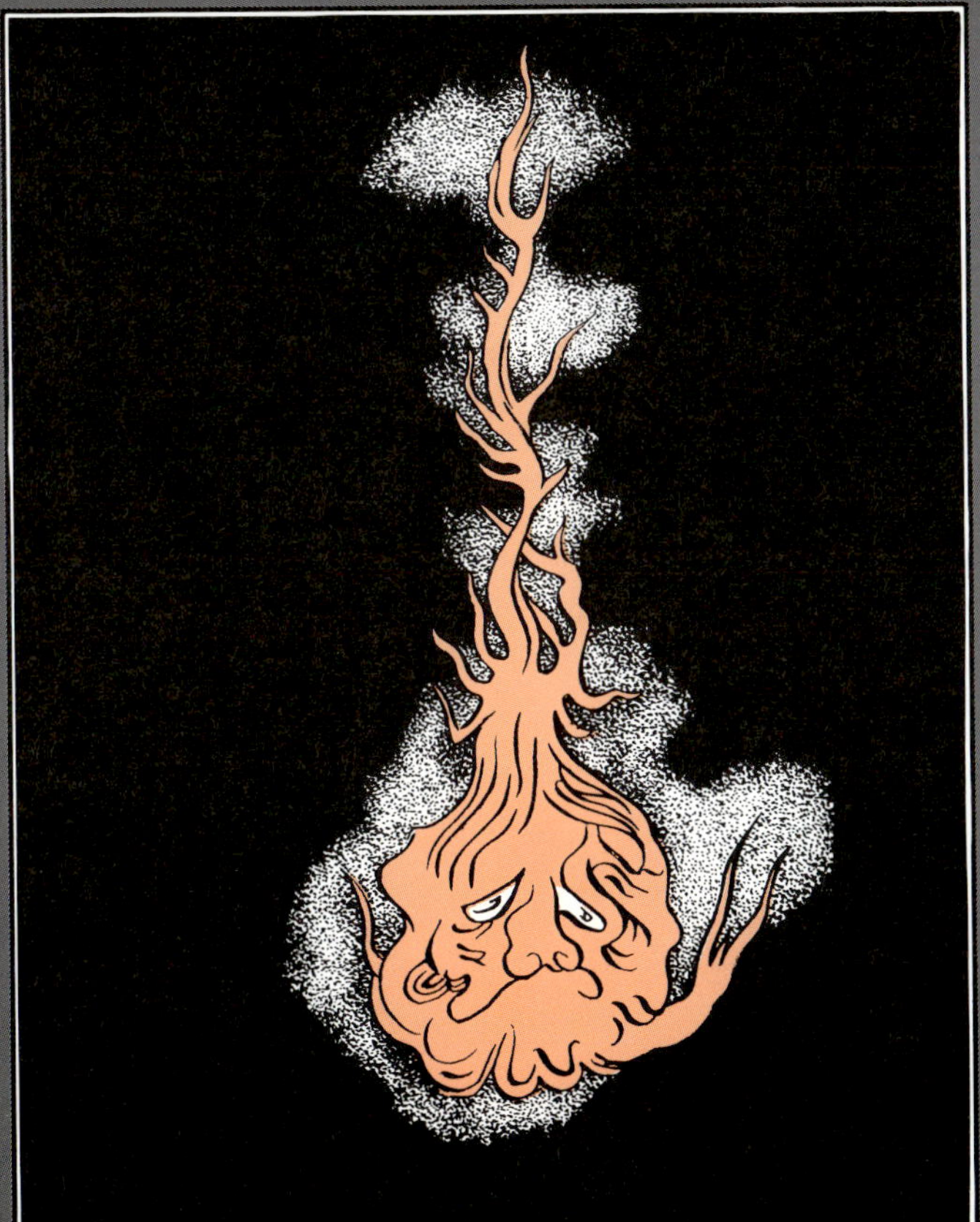

百鬼夜行の妖怪たち

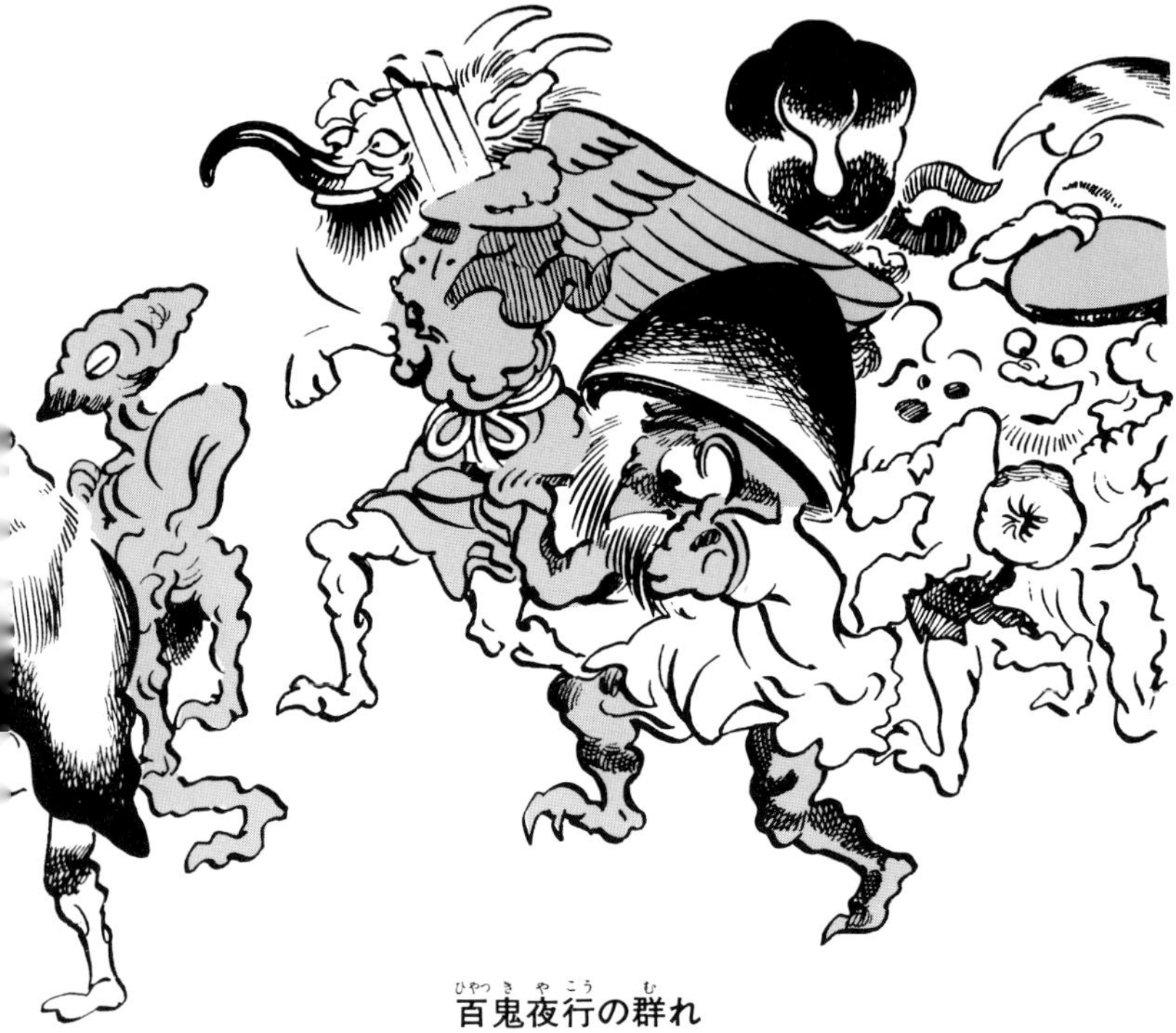

百鬼夜行の群れ

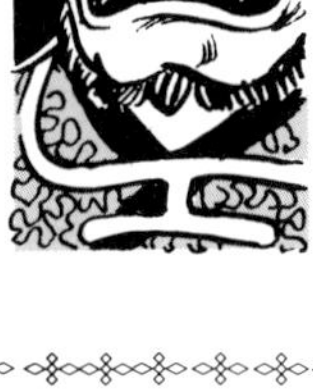

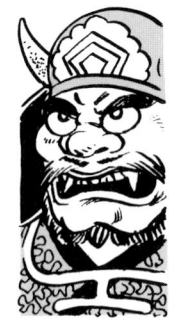

むかし、一年のうち二、三日間は、妖怪の現われる夜がきめられていて、その夜は戸をしめて家の外を見てはいけないとされていた。

そんな夜のこと、ある人がこっそり木のふし穴から道のあたりをのぞいてみると、いままで見たこともない妖怪の群れが歩いていたので、思わず失神してしまったという。

百鬼夜行の妖怪たちは、このような妖怪たちのことで、人とも動物ともなんともわけることのできないすがたをした妖怪たちのことだ。

だから、この妖怪たちのなかまには、人間の妖怪、動物の妖怪、人獣の妖怪にわけることができないすべての妖怪たちがふくまれる。

百鬼夜行の妖怪たちの一例

えんらえんら……けむりの妖怪
みのむし火……火の妖怪
赤舌……田に現われる妖怪
つるべおとし…大きな首で、いきなり落ちてくる妖怪
餓鬼……生前悪いことをしたので、死んで地ごくへ行って苦しめられる妖怪
輪入道……車の輪に首だけついた妖怪
首かじり……墓場に出て首をかじる妖怪
がしゃどくろ…きょ大ながいこつの妖怪
じゅぼっこ……木の化けもの
あしまがり……四国に現われる妖怪
高ぼうず……香川県に現われるえんとつそうじの道具のようなお化け
こそこそ岩……岡山県に現われる妖怪
木霊……八丈島に出る妖怪
ふらり火……鳥を家来にしている妖怪

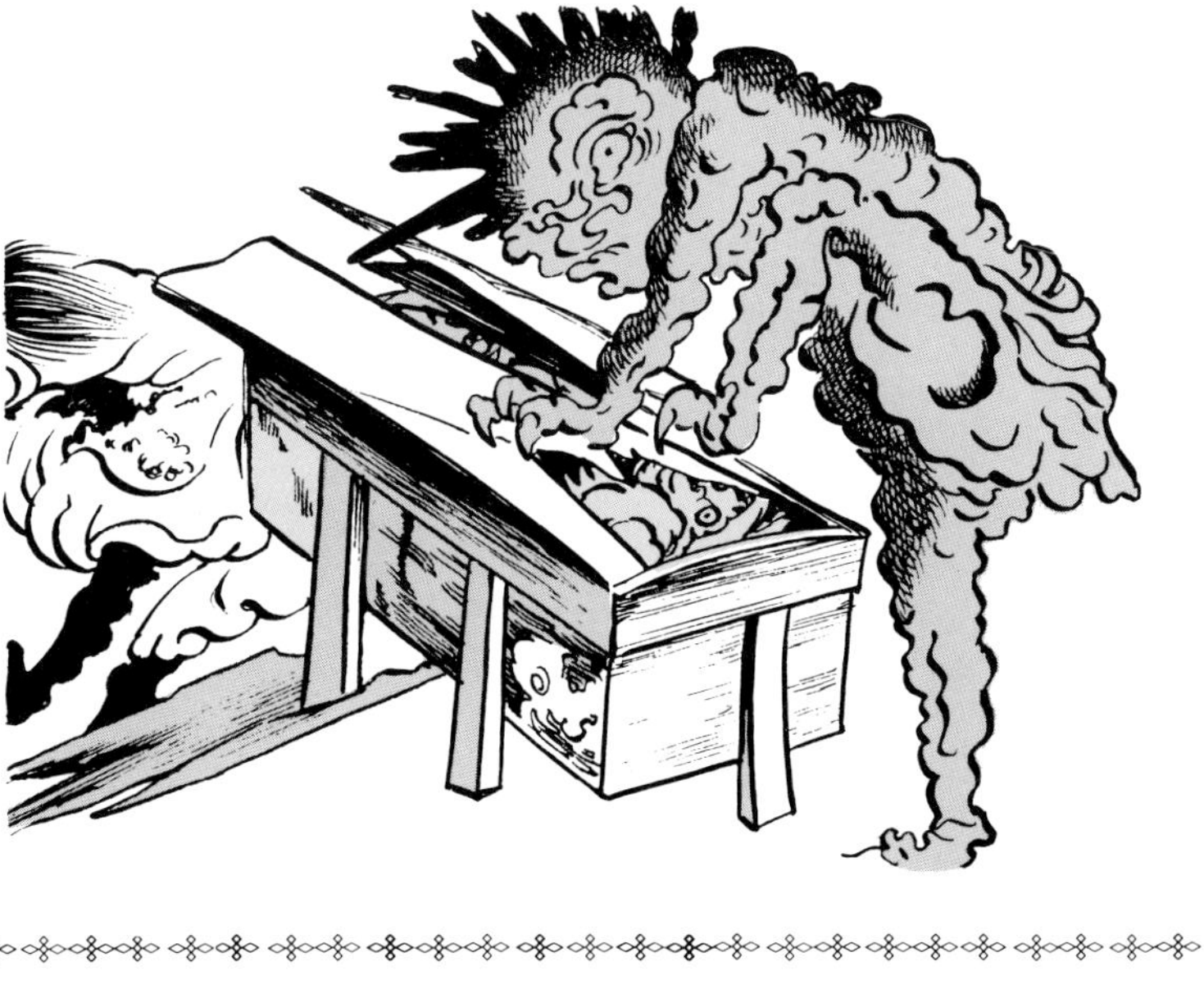

山にすむ妖怪

キジムナー

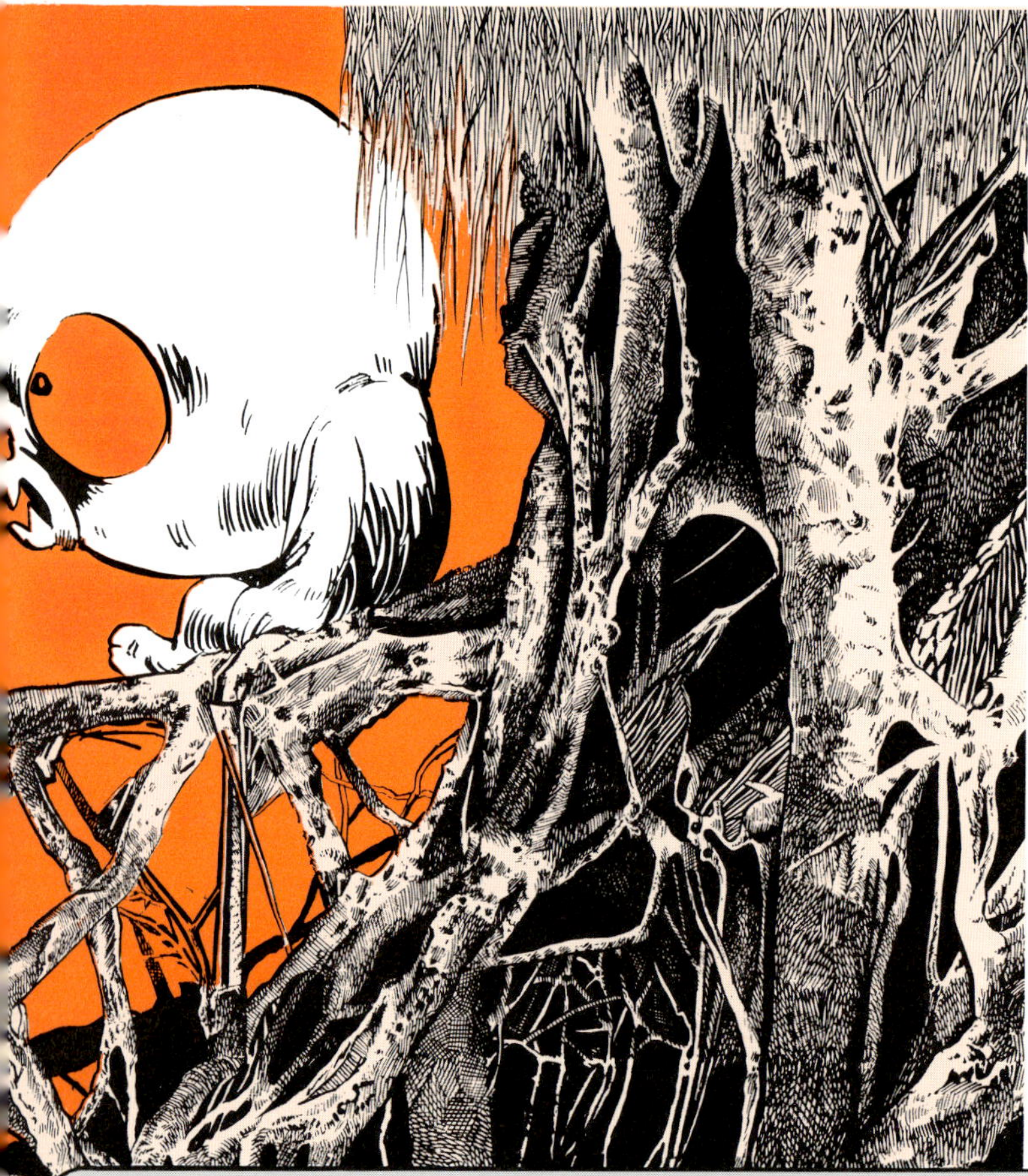

ガジュマルの木をしってるかい?亜熱帯地方にしげるちょっとひねくれた木で、つるのようにあたりかまわずからまってのび、たくさんに分かれた幹からさらに根をたらしている。

キジムナーは、そのガジュマルの木にすんでいる。

ガジュマルの木の下でたき火をすると、上のほうからきゃっきゃっとさわぐ声がする。

かわいらしくて、そのくせどこかなまいきそうな顔をしたキジムナーは、いつのまにやらあらわれるのに、つかまえようとすると、フッと消えてしまうおちゃめな妖怪だ。

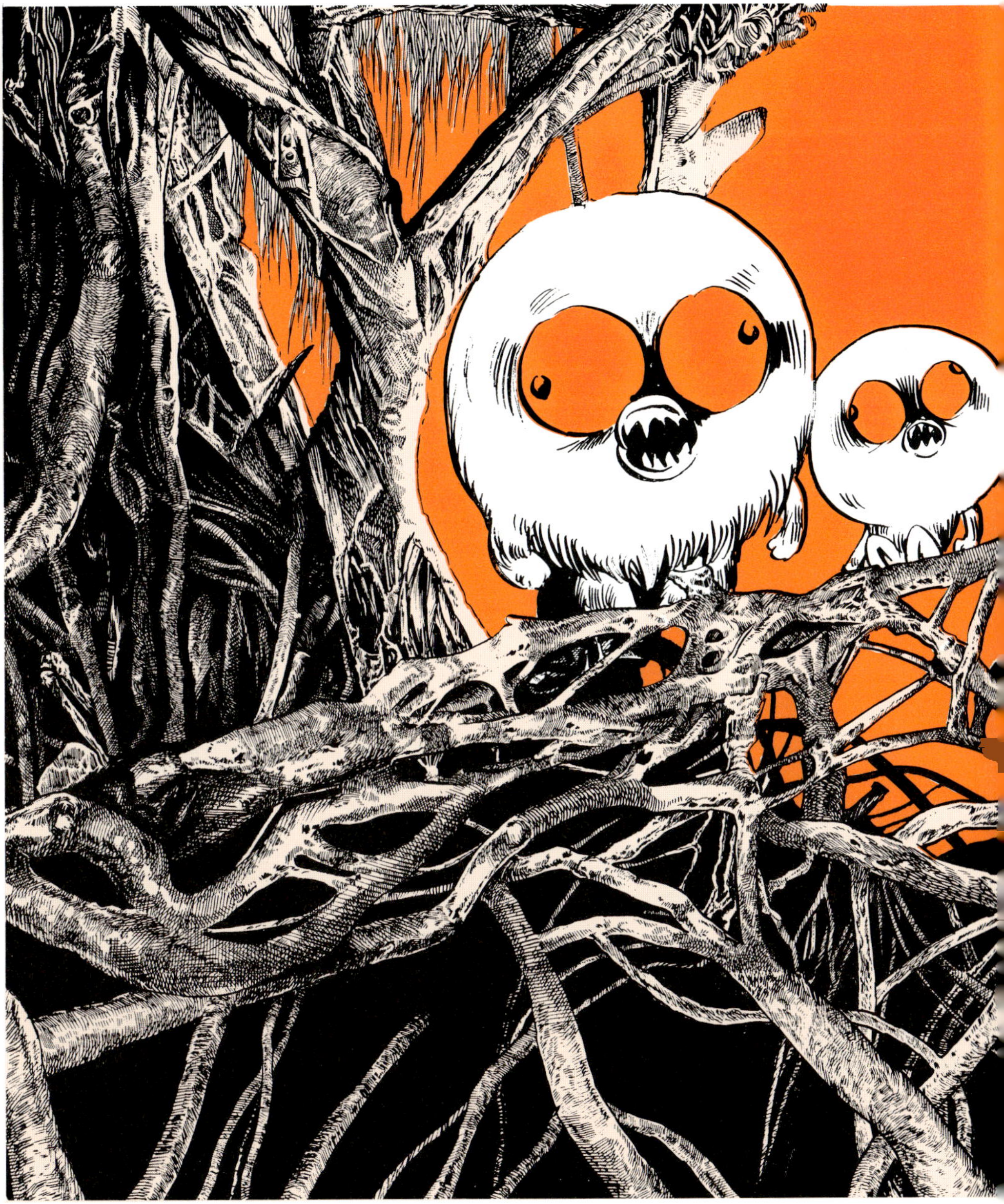

山にすむ妖怪

一反もめん

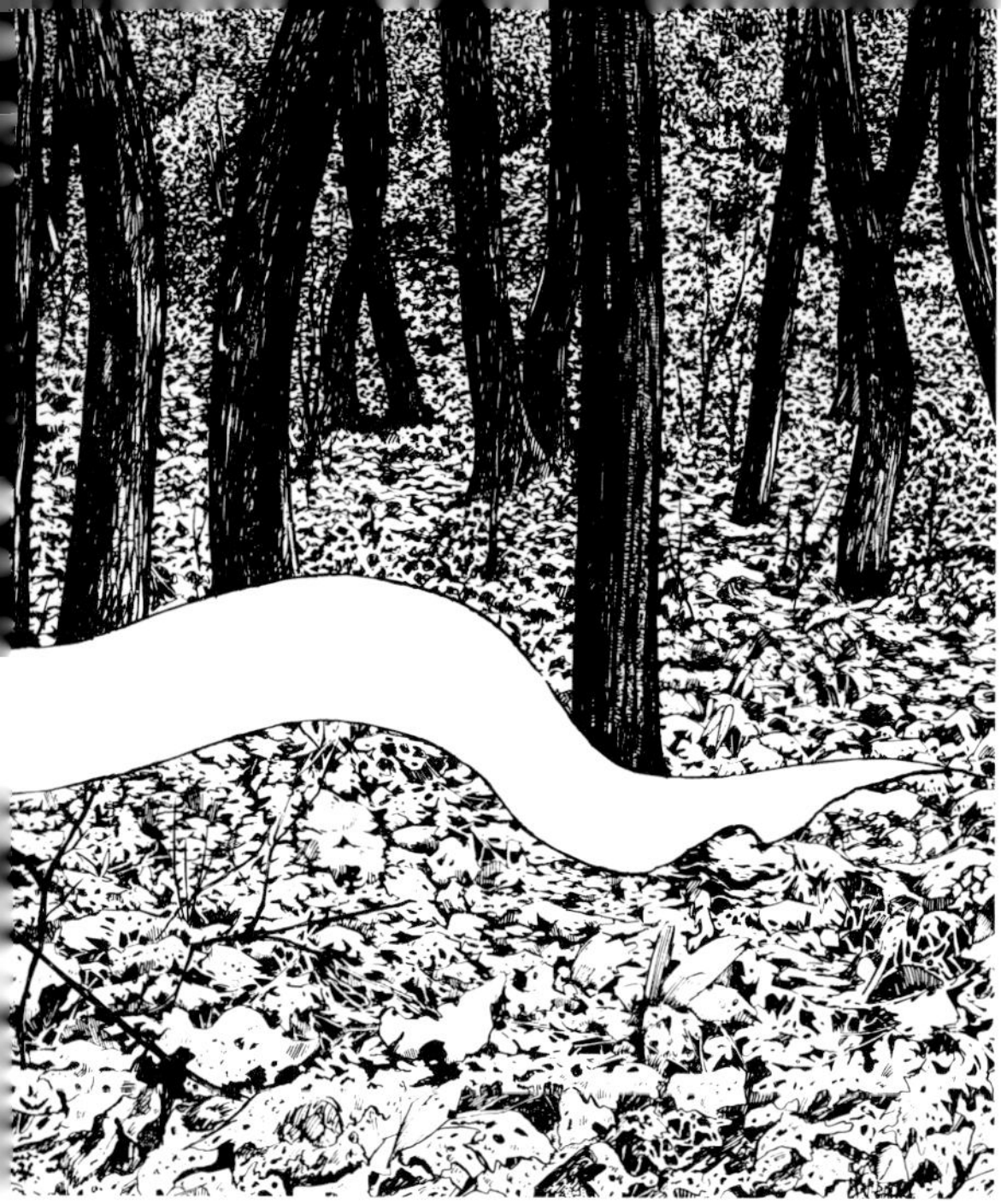

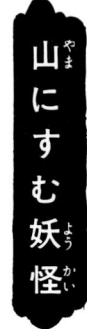

一反もめんは、一反ほどのもめんのような布状の妖怪で、ひらひらと空中を身軽く飛びかうが、夜、人をおそって、その人をぐるぐるまきにしてしまう。
鹿児島県の大隅高山地方にあらわれるという。

ワタリビシャク

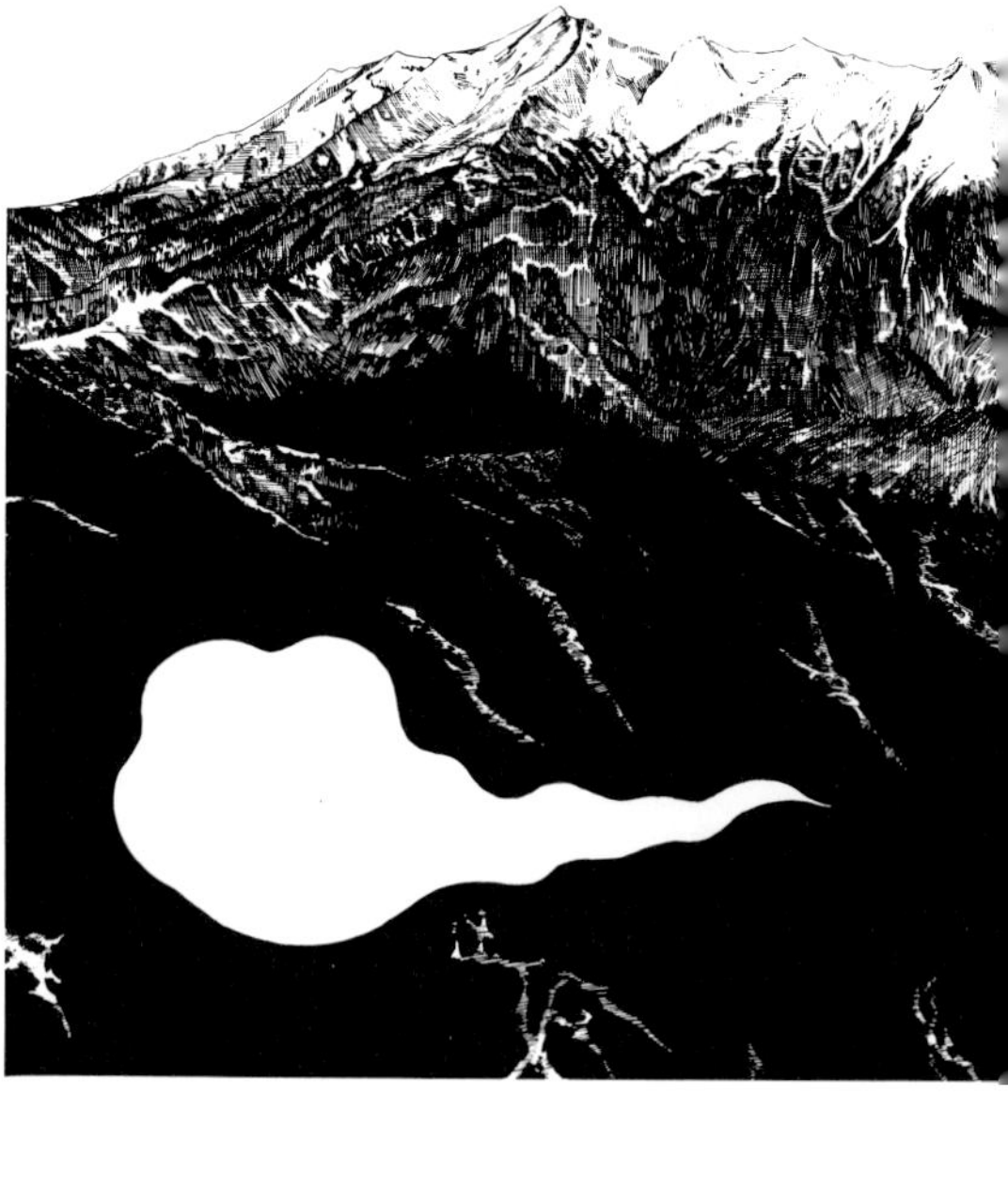

むこうにふわふわ飛んでいるあれはなんだろう…？
青白くて、ひしゃくのかたちをしていて……
どうして空を飛ぶのだろう……？
何があれになるのか……　むかし、丹波（京都府）の山村にあらわれたというワタリビシャクを見た村人たちは、おそろしそうに、またふしぎそうに、こうささやきあったという。

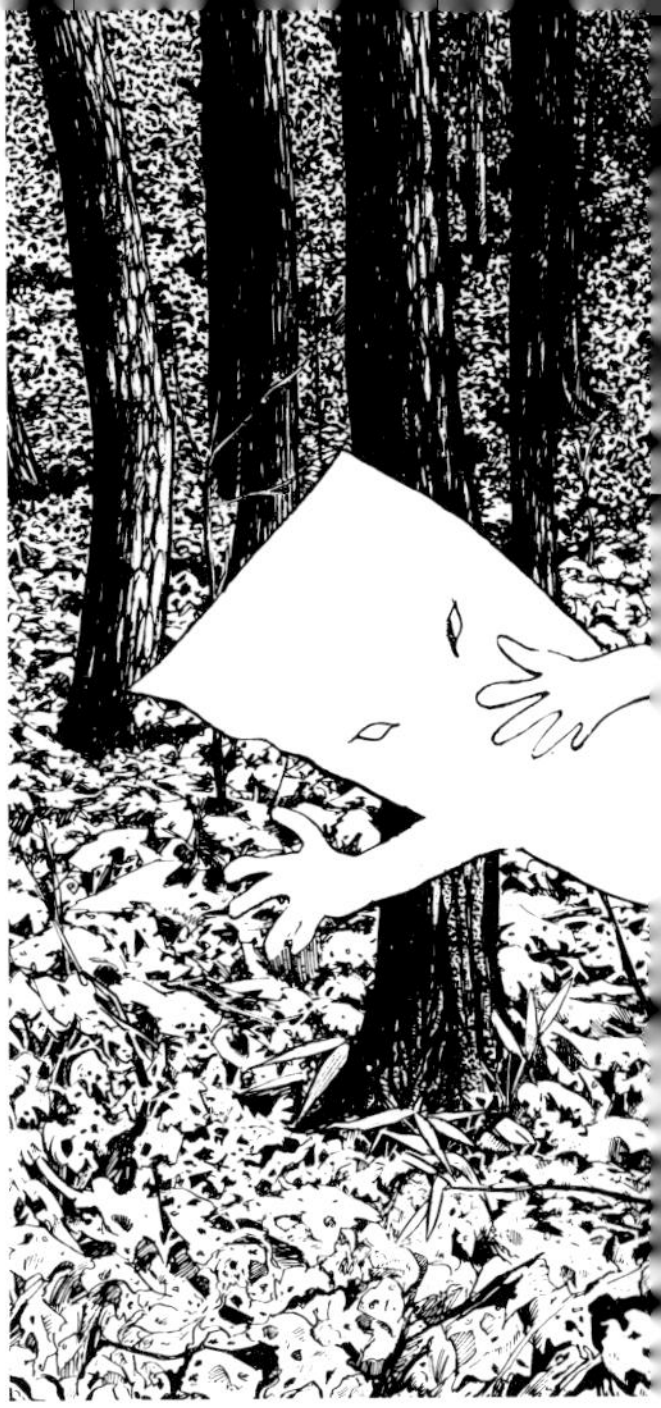

つちころび

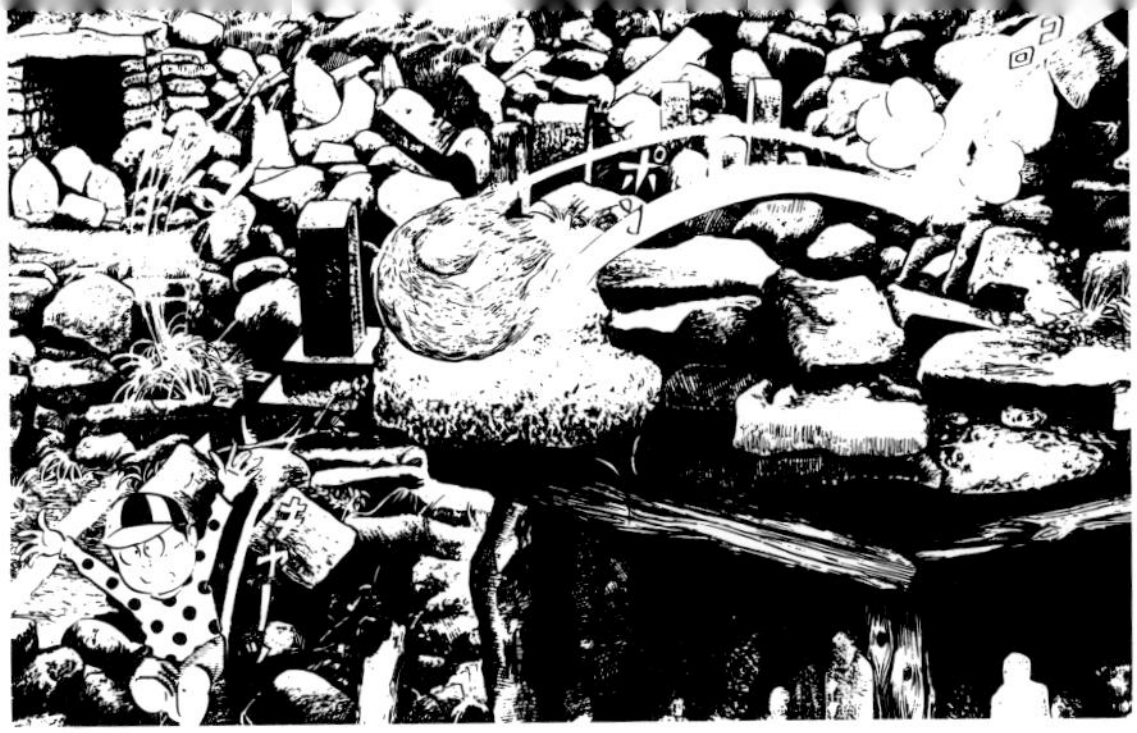

旅人が山道をとおりかかると、それとばかりにころげかかっていって、旅人をびっくりさせるつちころび。

そのすがたは、北海道の阿寒湖などにいるマリモのようなかたちをしていて、からだいちめんに毛がはえている。

むかし、中部地方の山地には、つちころびがでるというとうげ道が多かった。

ぬりぼう

むかし、壱岐の島（長崎県）で、夜明けに、人間の内臓のようなぬりぼうが、道路がわの山からあらわれでてきたという。

出る場所もだいたいきまっており、壱岐の島には、いまでも、いろいろないいつたえが残っている。

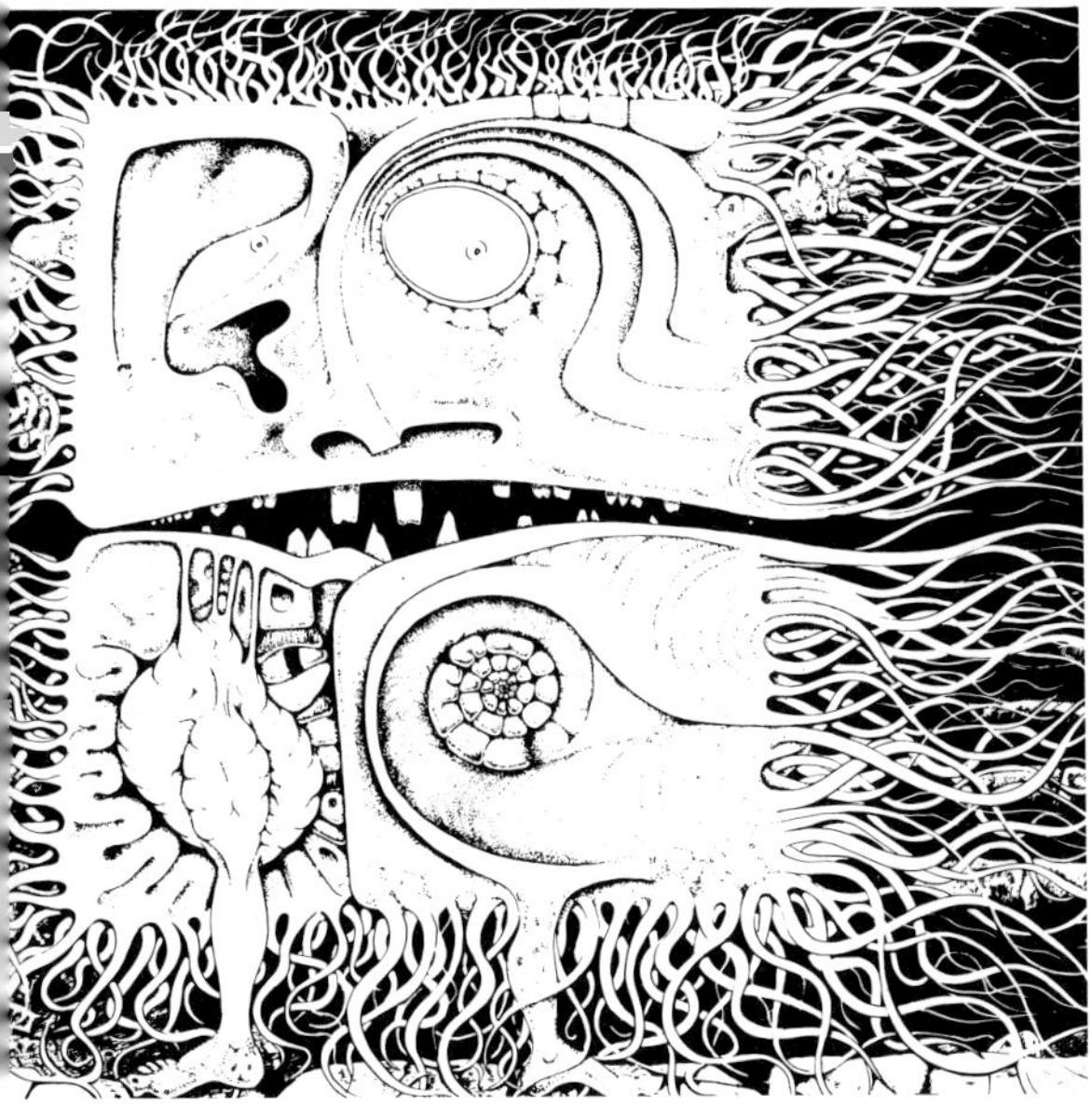

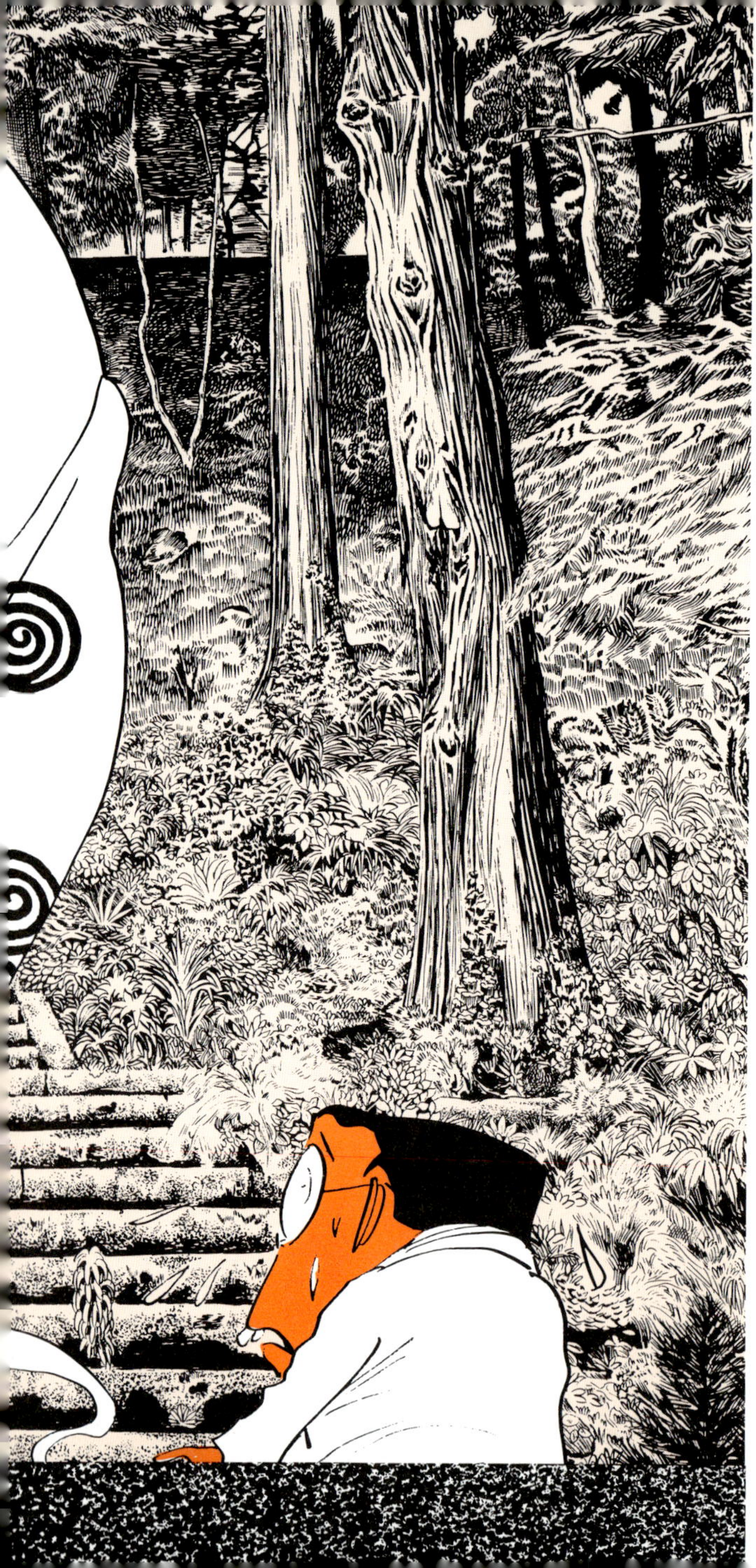

里にすむ妖怪

しろぼうず

和泉の国（大阪府の南部）で、夜、道を歩いていると、たぬきが化けたのではないかといわれる、しろぼうずにであう。

白い、大きなふうせんみたいなものが、着物をひっかけたすがたで、いきなり目のまえにあらわれるので、人びとのどぎもをぬく。

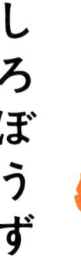

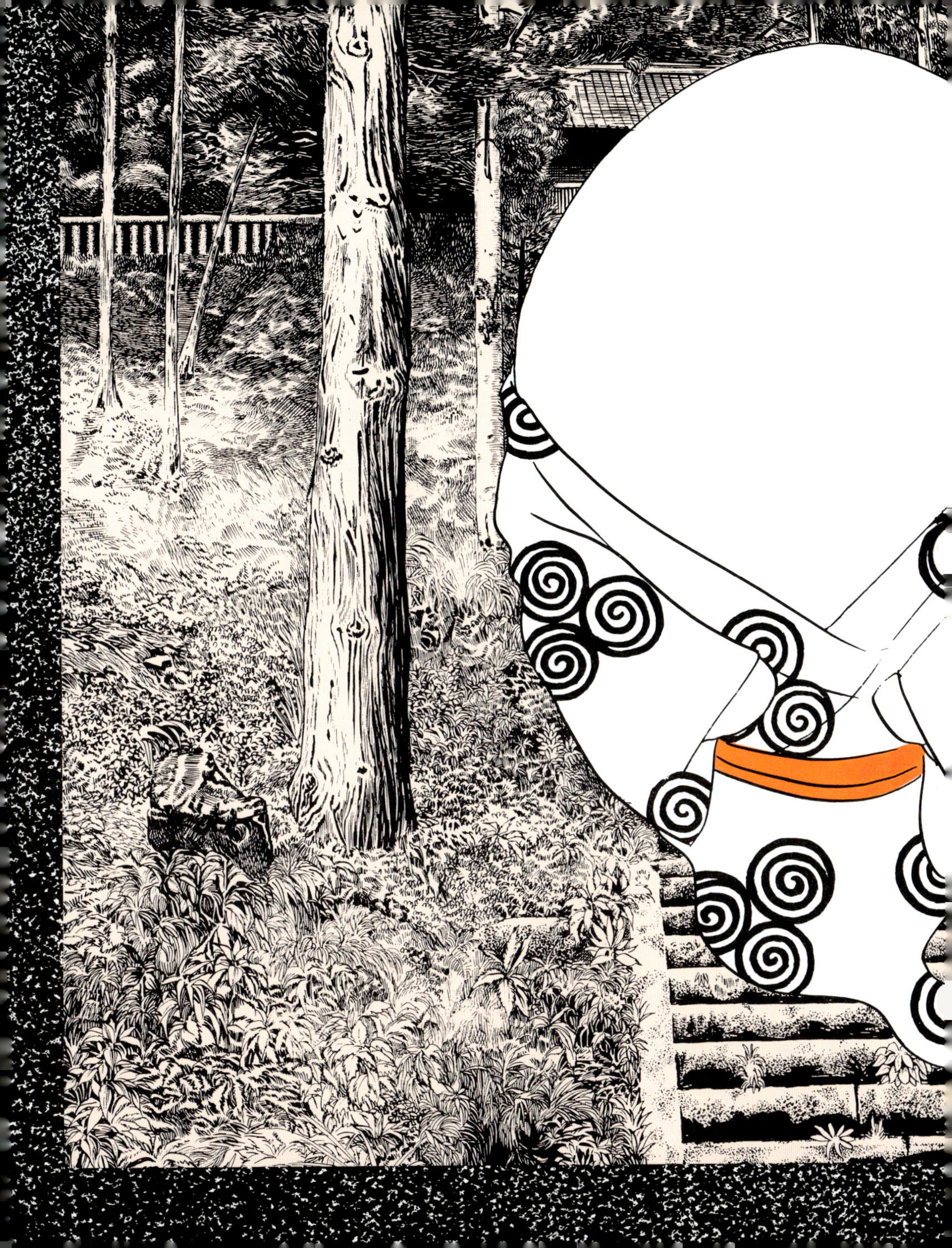

里にすむ妖怪

ぬりかべ

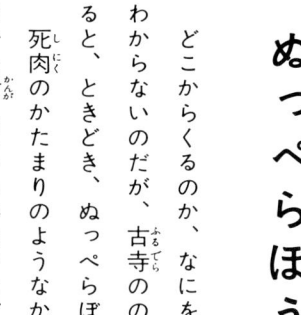

ぬりかべは、九州の福岡地方の海岸によくあらわれる。

夜道を歩いていると、とつぜん、目の前に白いかべがヌーッと立ちはだかり、行手をさえぎる。

そこでびっくりしないで、おちついて地面の上を見まわし、ひろった棒で地面のあたりをはらうと消える。

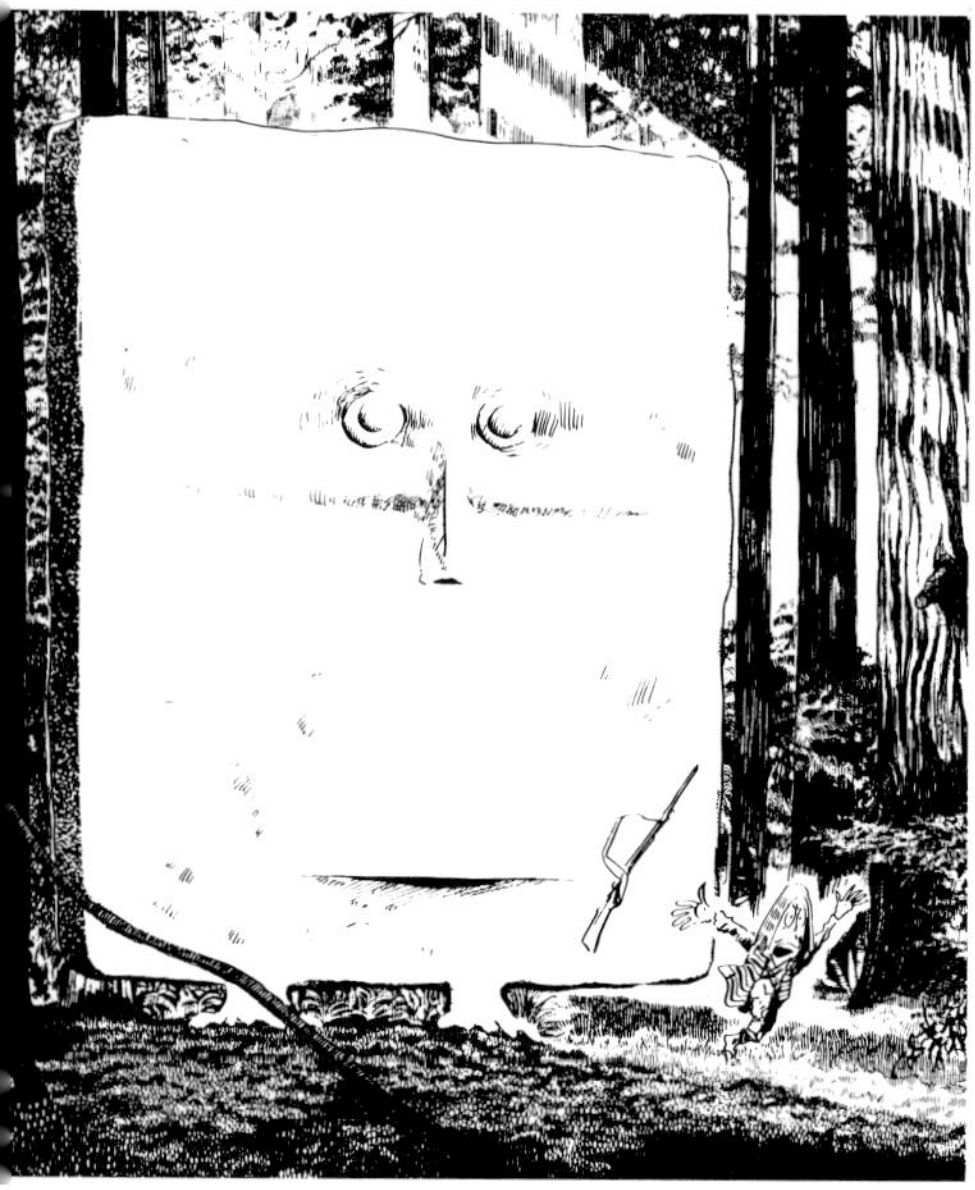

ぬっぺらぼう

どこからくるのか、なにをしにくるのか、だれにもわからないのだが、古寺ののき下でちょっと休んでいると、ときどき、ぬっぺらぼうにであう。

死肉のかたまりのようなかっこうをしているが、なにかを考えているみたいな、それに悲しそうな感じさえうける。

とてもさびしがりやで、ひとなつっこい妖怪なのかもしれない。

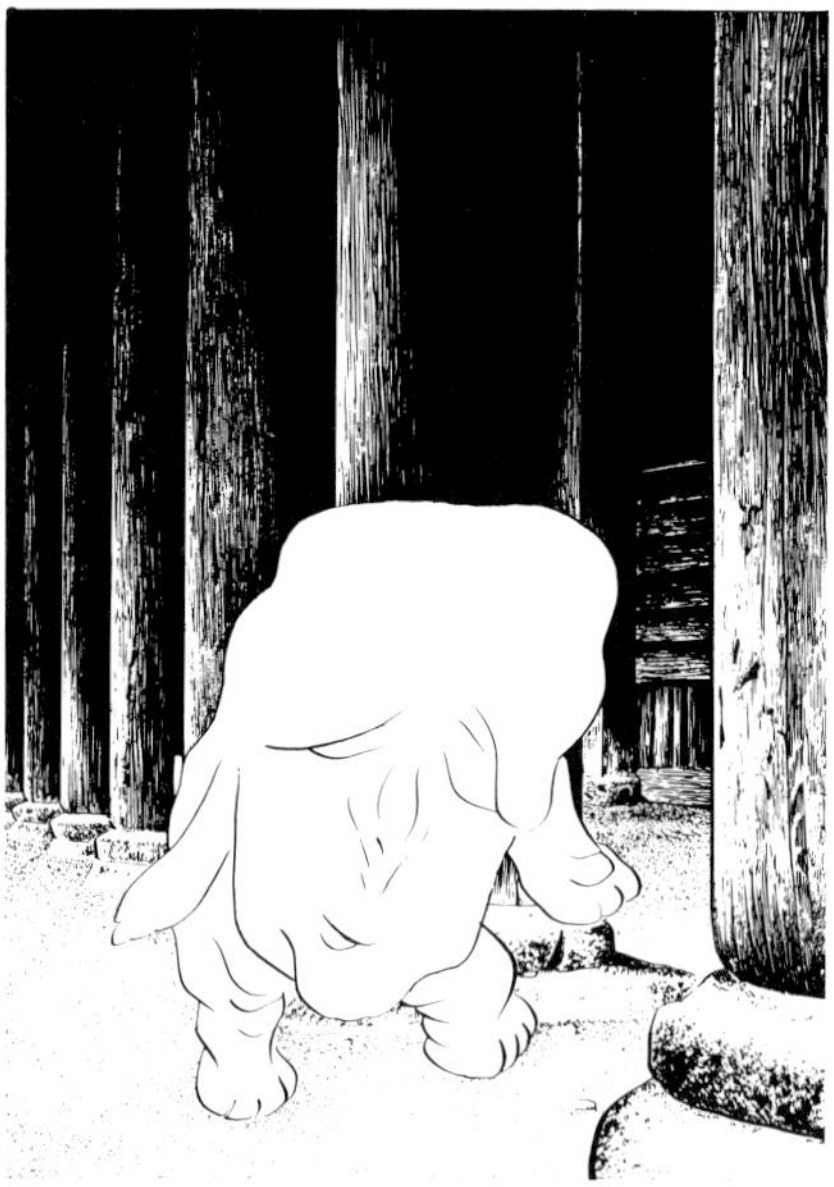

おとろし

夜おそく、人のいない神社でいたずらをしていると、おとろしが、とりいの上から、どすんと落ちてくる。

おとろしは、神さまをまもる妖怪なので、神社にいたずらしたり、らくがきをしたりしたものを許せないので、こらしめる。

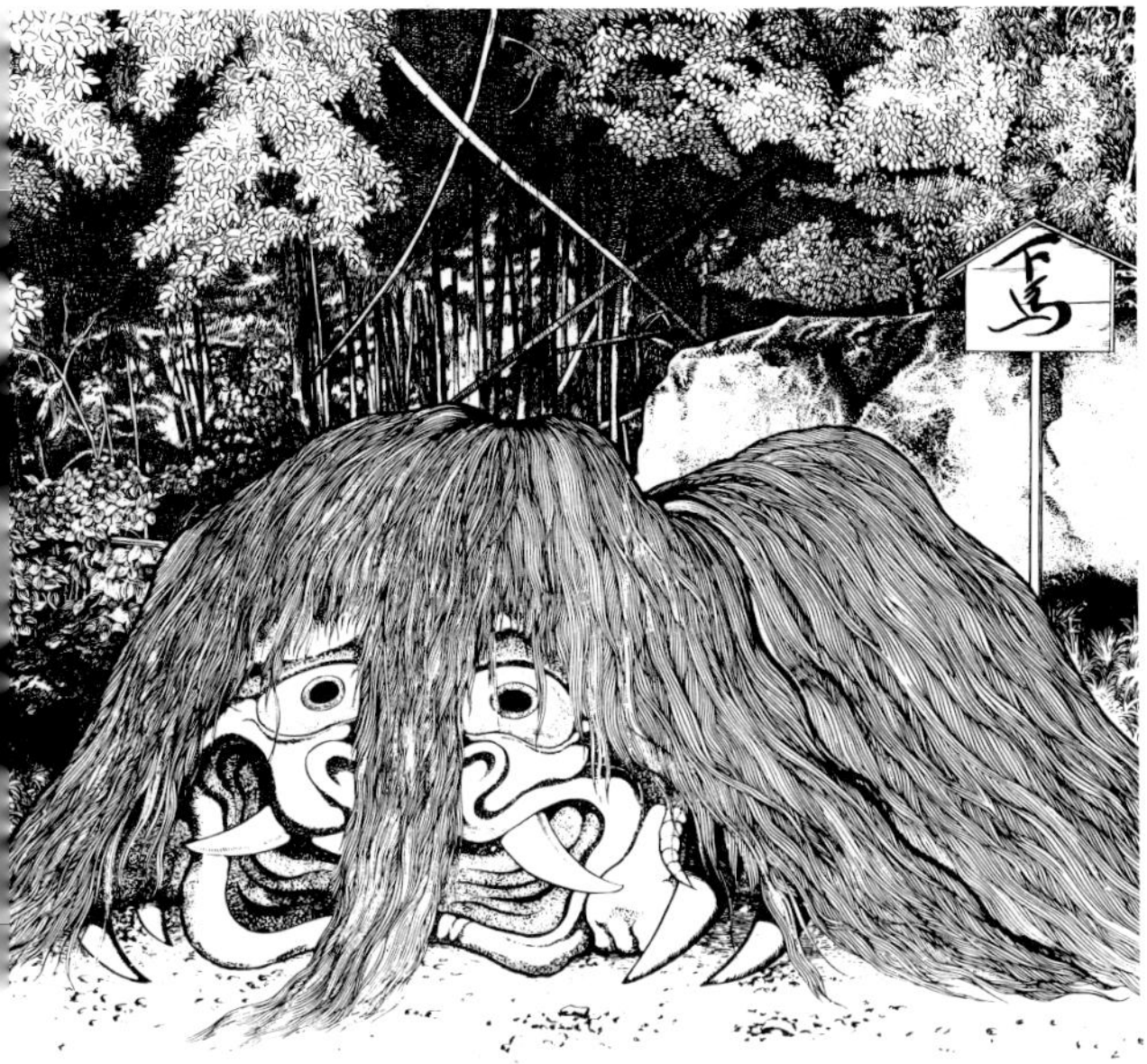

びしゃがつく

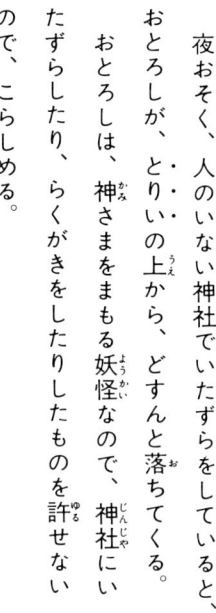

冬、あられがふって、骨のずいまでこおりつきそうな寒い夜、道を歩いていると、うしろからびしゃ、びしゃと気味の悪い足音が聞こえてくるという。

これは、びしゃがつくのしわざで、富山県にあらわれたらしい。

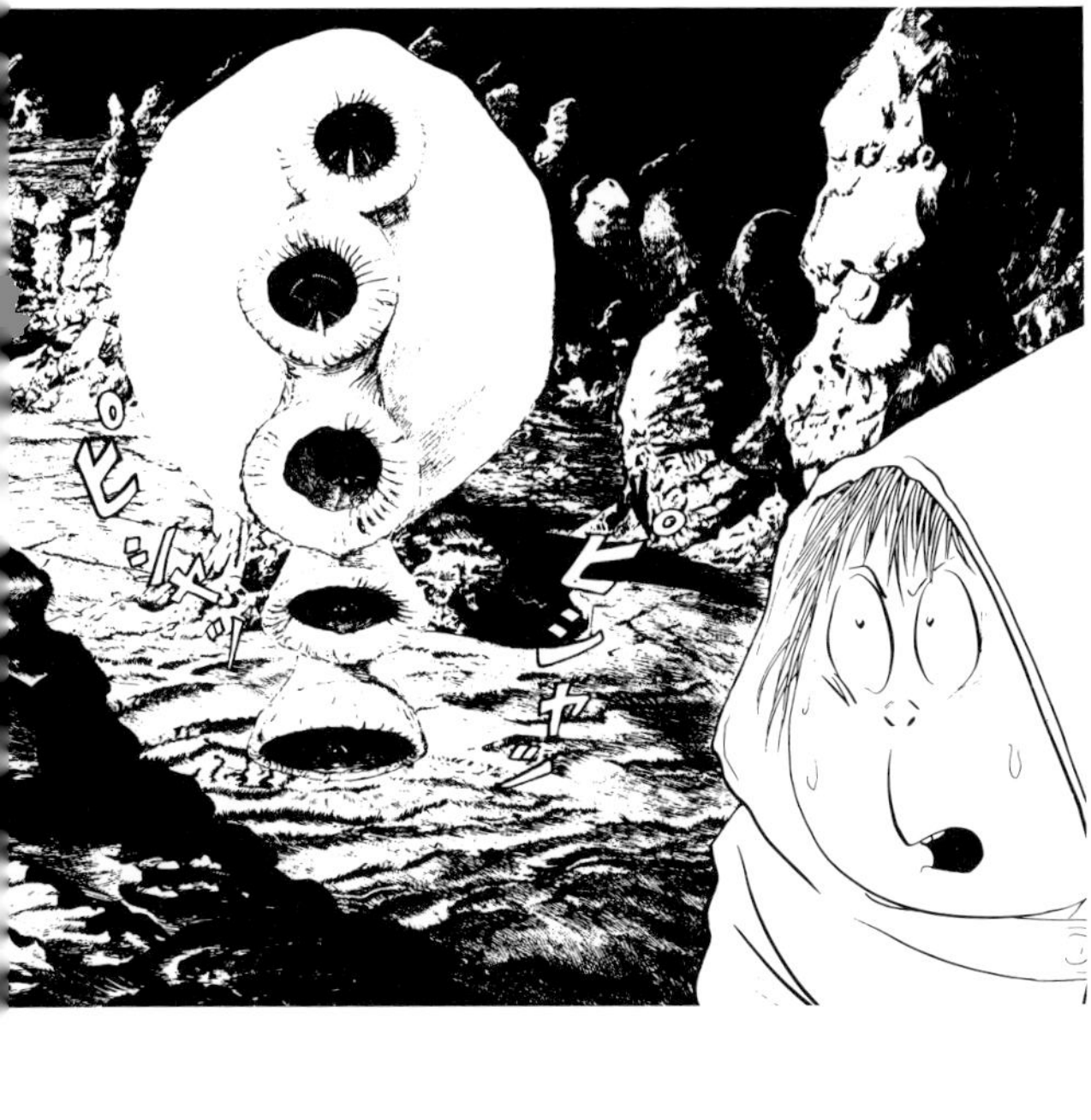

さがり

道ばたの古いひのきの木から、馬の首に似たぶきみなさがりがぶらさがっていて、思わず悲鳴をあげてしまうことがある。

富山県には、この妖怪のでるところが二、三か所あって、そのひとつは、地名を「さがり」といっている。明治時代のはじめごろまでは、しばしばでたという。

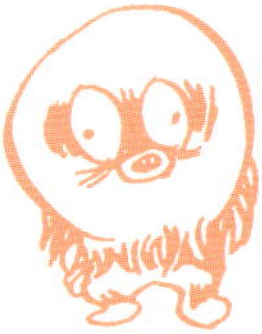

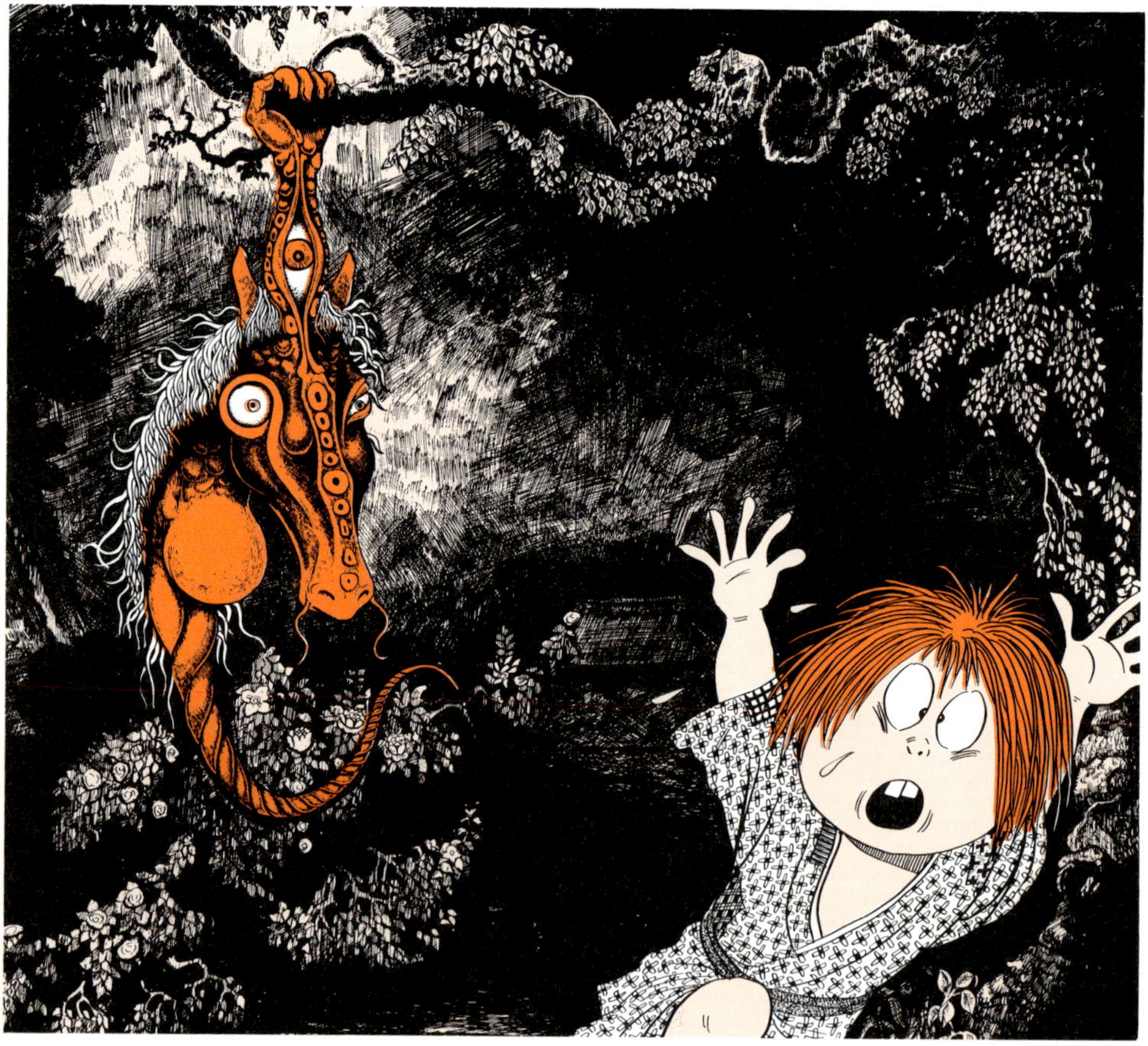

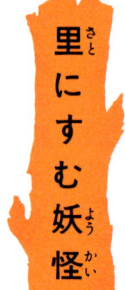

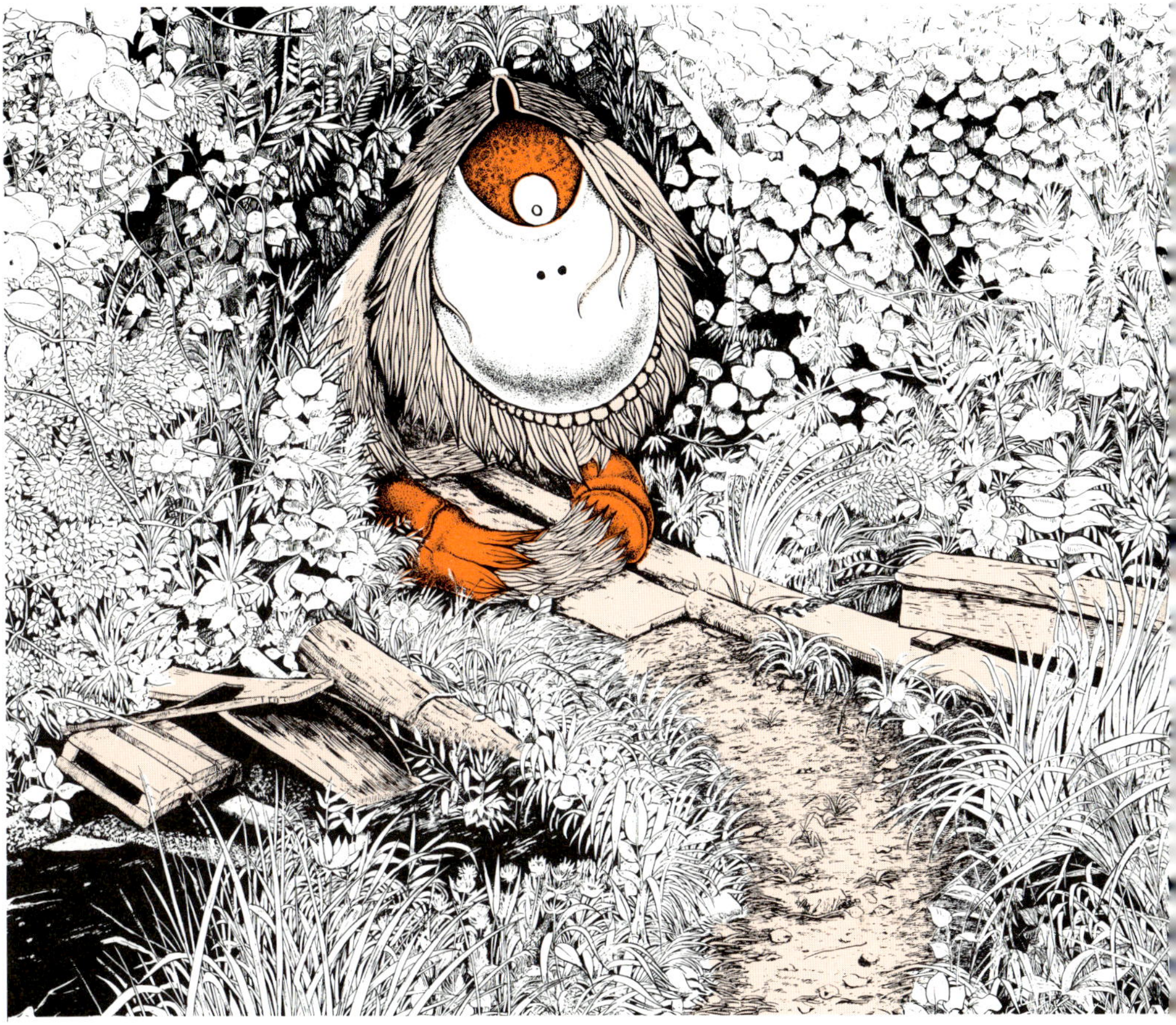

つちのこ

つちのこは、別の名をつちへびともいわれ、三河の国(愛知県)にあらわれた。

へびに似ていて、ものすごい毒をもっているので、これにかまれたらまず命はない。

首をもたげてきたところを棒で力いっぱいたたくと、すぐに首はとんでしまうが、さらに、その首をさがしてよく殺しておかないと、あとでまたつちのことなって、しかえしにくるというから、へびのようなしゅうねんぶかさはこわい。

里にすむ妖怪

タンコロリン

宮城県仙台地方にいいつたわるタンコロリンは、タンタンコロリンともいうが、こんなかわいらしい名まえに似てもにつかぬような、古いかきの実のばけたぶきみな大入道だ。

かきの実をもがずにおくとこの妖怪になり、コロリンと落ちてくる。

もし、きみの家にかきの木があったら……そして、もし、そのかきの実が、ある日、コロリンと落ちてきたら……

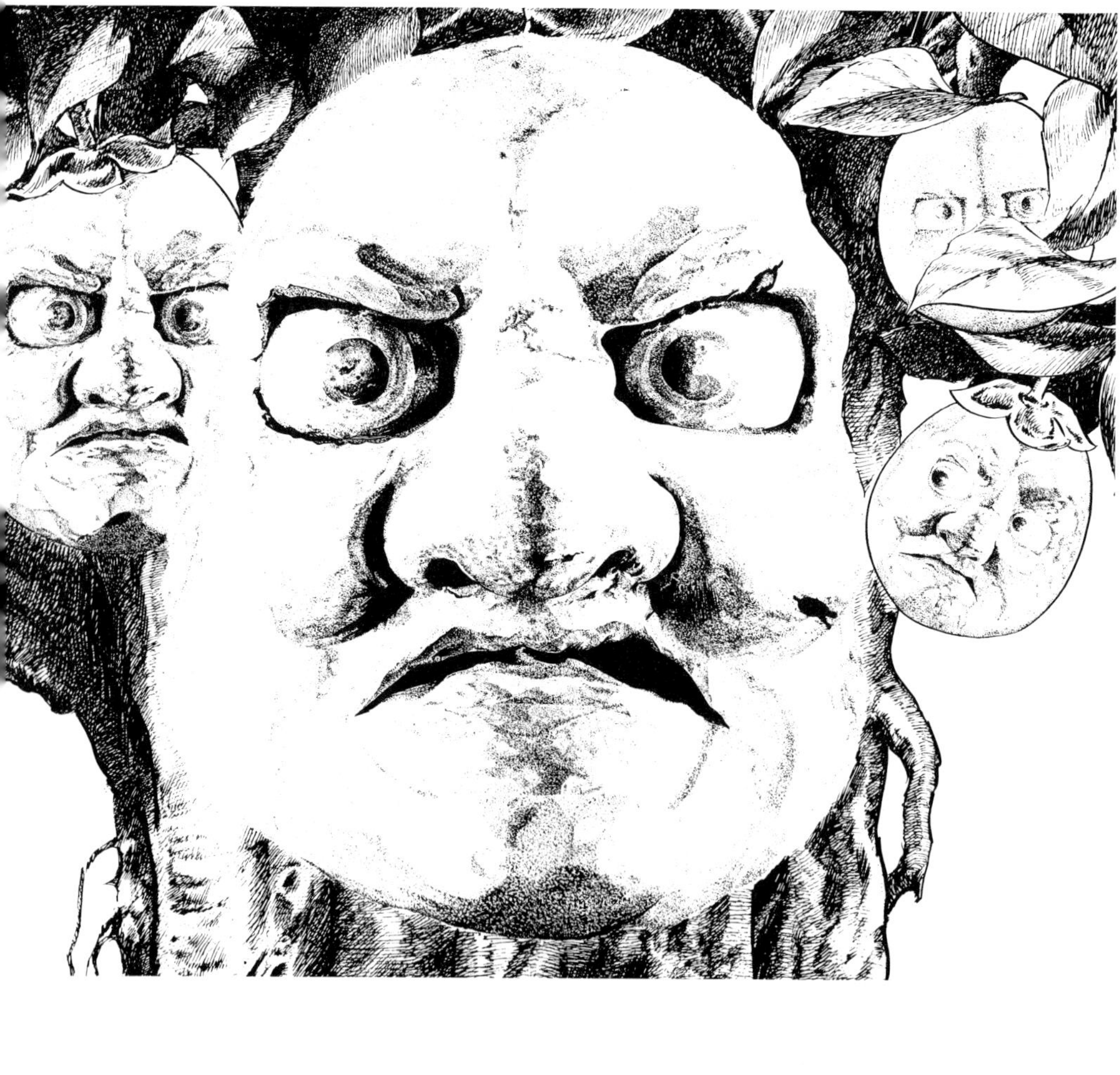

パタパタ

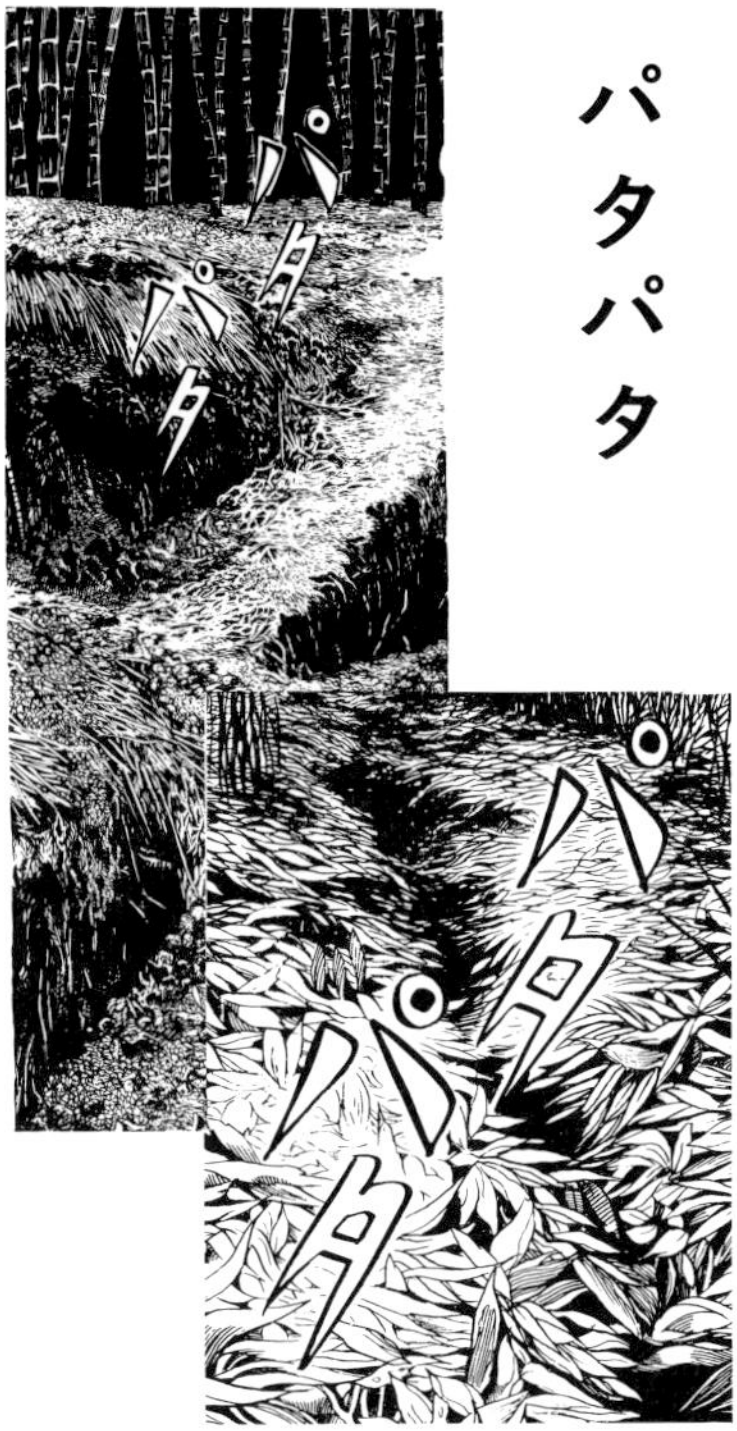

静かな夜、どこからか、パタパタとたたみをむちでたたくような音が聞こえてくる。その音に近づこうとすると遠くなり、はなれると大きく聞こえてくる。

そこで、ある老人がその音の正体をさぐろうと、昼間から竹やぶにしのんでいた。夜になり、パタパタという音がしだした。それは、竹やぶのすみにある、つけもの石ぐらいの大きさの石から聞こえてくる。

老人がその石を見ると、石のかげから小さなものが手を打って音をさせていた。近よろうとすると、それは、石のなかにはいってしまったのか、横ににげたのか、いなくなってしまった。

その石を家へ持ち帰った老人の顔に、数日後、小さなあざができ、だんだん大きくなって、とうとうその石と同じ大きさになってしまった。

おどろいた老人が、石をもとの場所にもどしたところ、あざは消えたという。

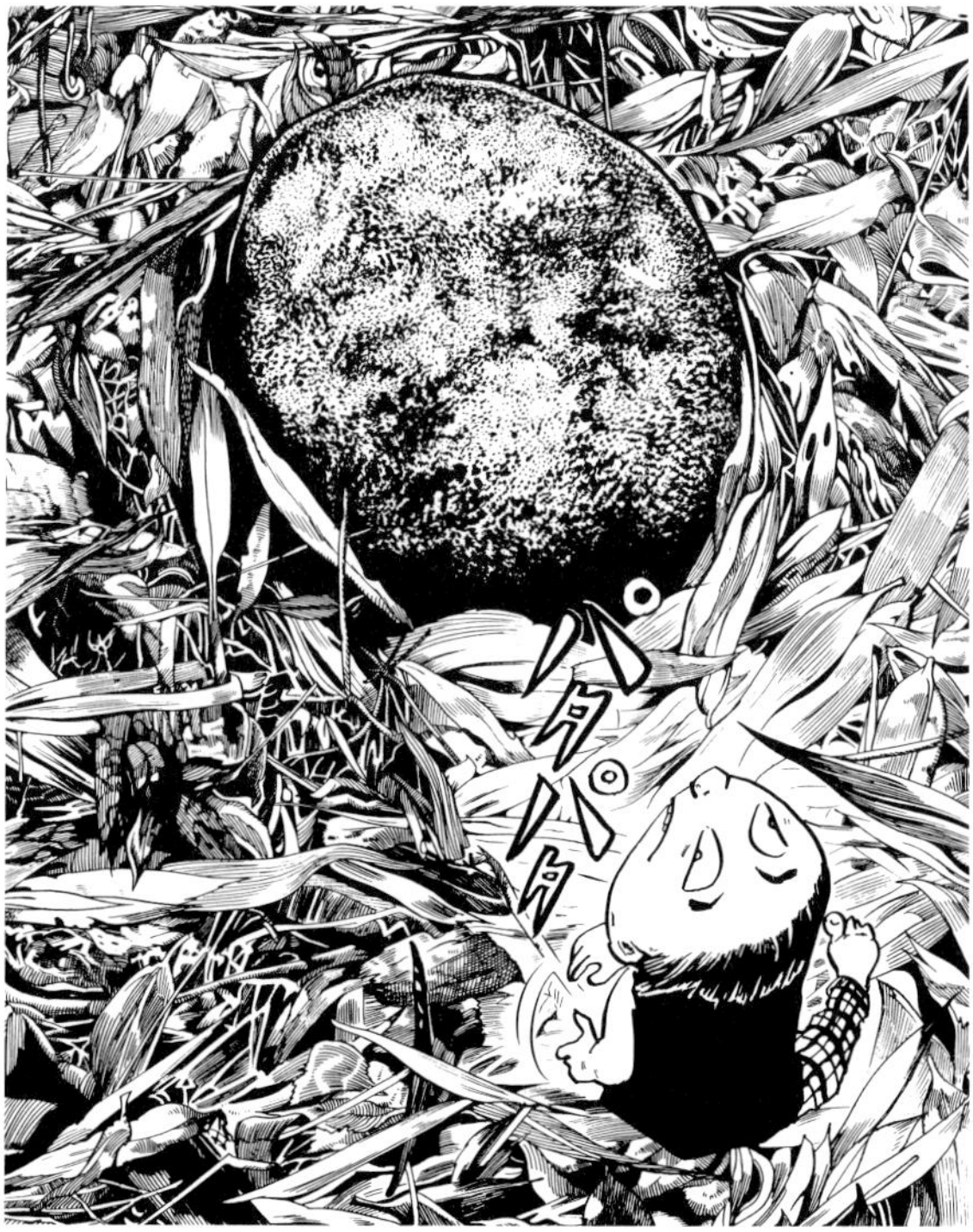

里にすむ妖怪

べとべとさん

まっくらな夜道を歩いていると、ふっとだれかがつけてくるようなそんな気がして、耳をすますとたしかに足音がする。

これは、べとべとさんがついてきたのだ。「べとべとさん、先へおこし」といって道ばたによけてあげると、このべとべとさんは、はずかしがりやなのか消えてしまう。

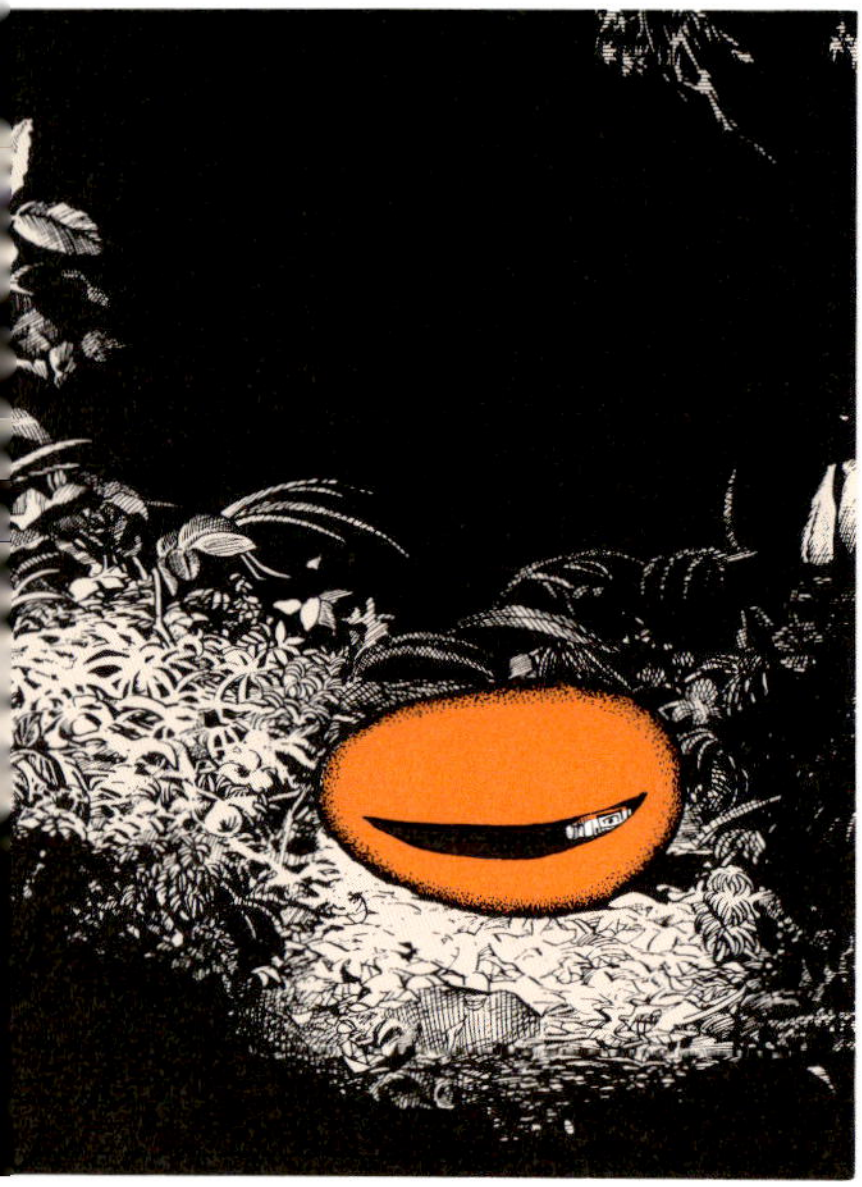

ほいほい火

人が城あとにむかって「ほいほい」と三度さけぶと、打てばひびくように、かならず、じゃんじゃんと音をたてて、飛んでくる。まるで、アラジンの魔法のランプをこすると、ランプのなかから魔王があらわれるように、飛んでくる。

けれども、これを見たものは、病気になるというから、気やすくそうたびたび呼べないという。

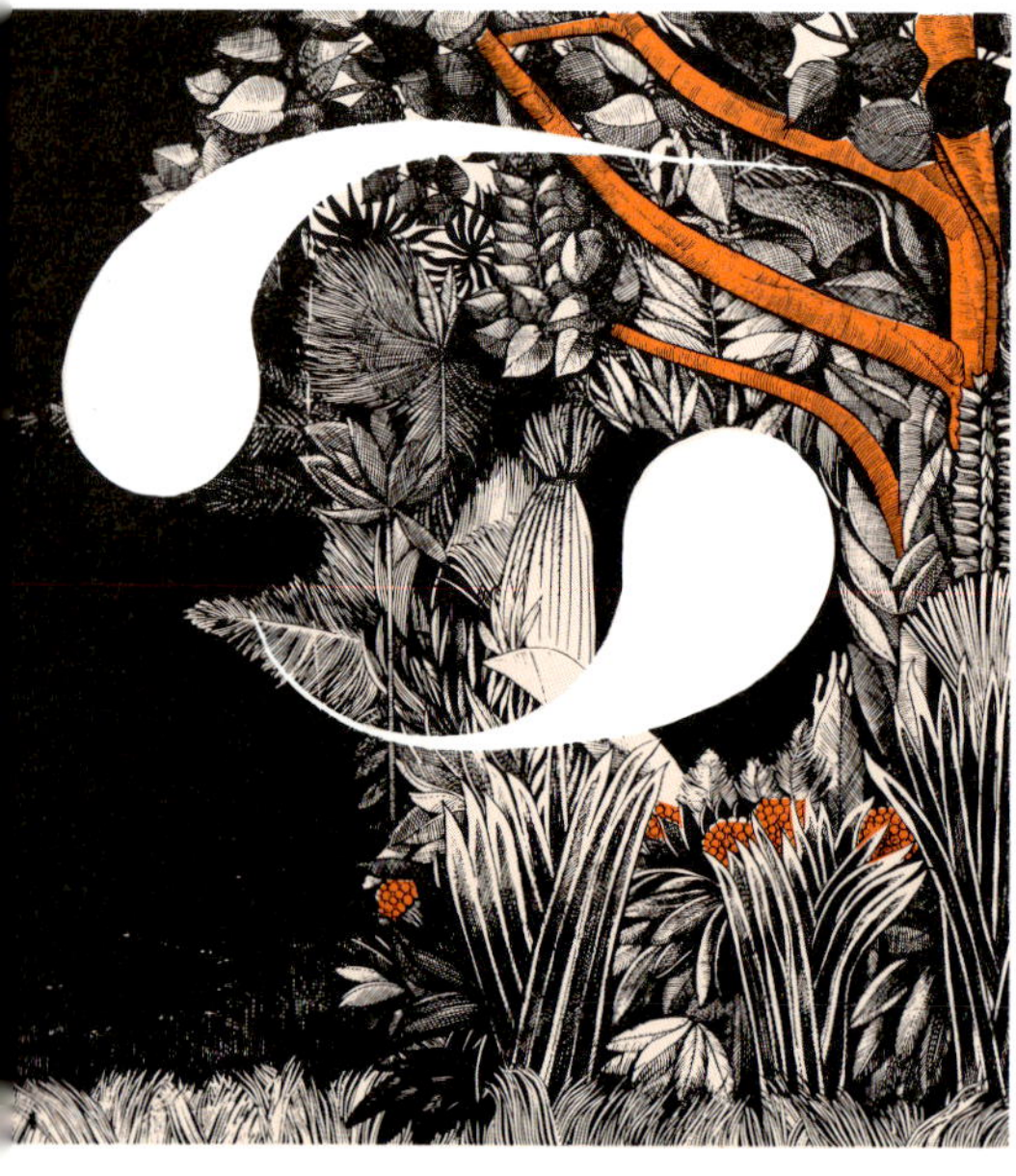

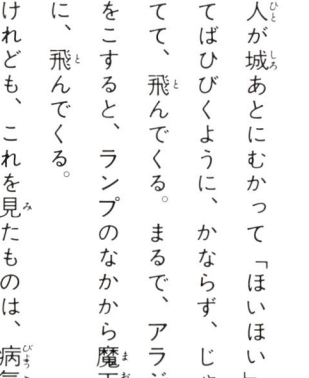

古戦場火

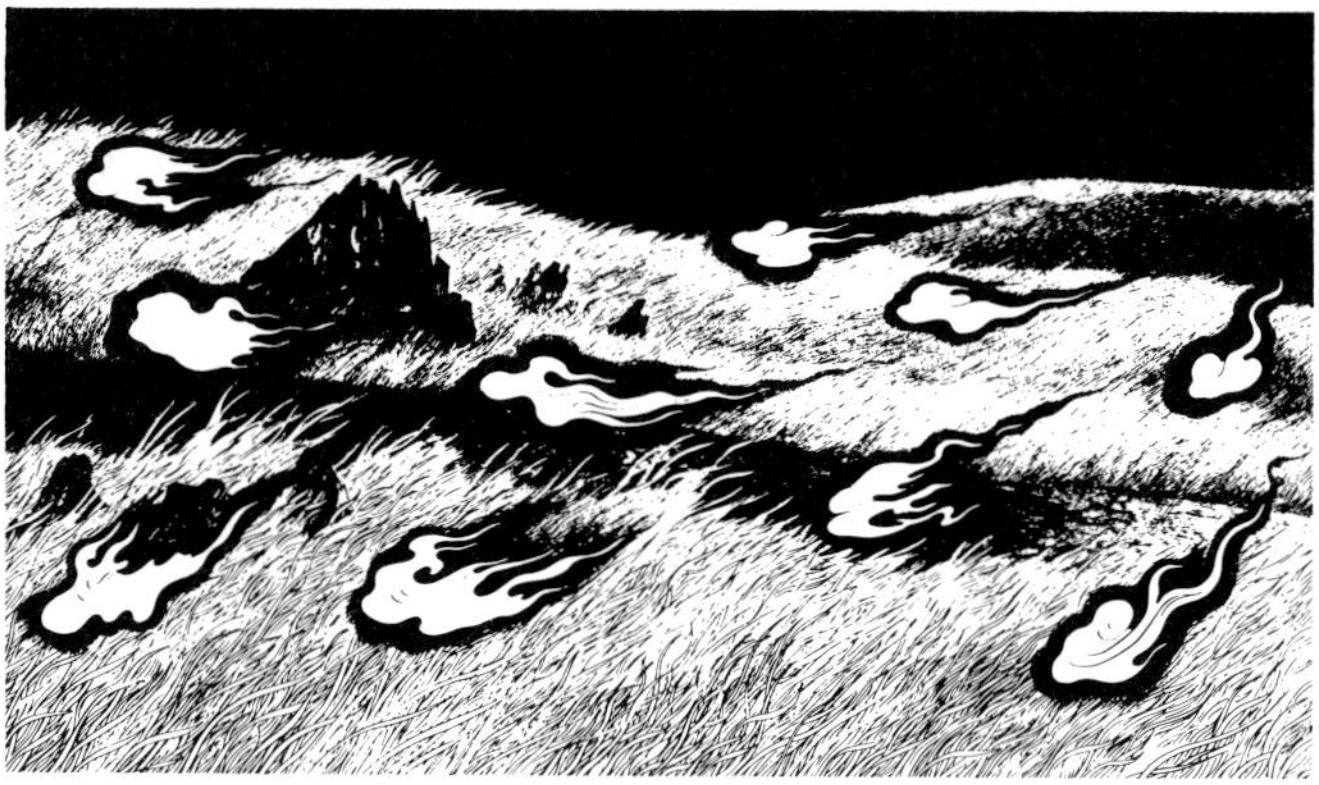

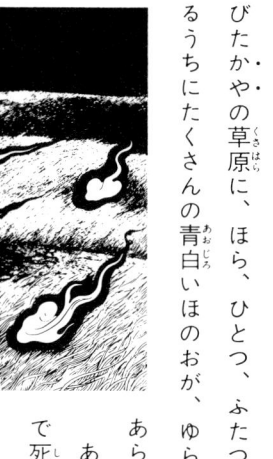

むかし、はげしい戦いのあった、あのぼうぼうとのびたかやの草原に、ほら、ひとつ、ふたつ……みるみるうちにたくさんの青白いほのおが、ゆらゆら燃えてあらわれる。

あれは、戦場で死んで、そのままほうっておかれた兵士の死体のあったところや、兵士たちの血が流れたあたりから、うらめしげにゆらゆらたちのぼる古戦場火という妖怪火だ。

しゃんしゃん火

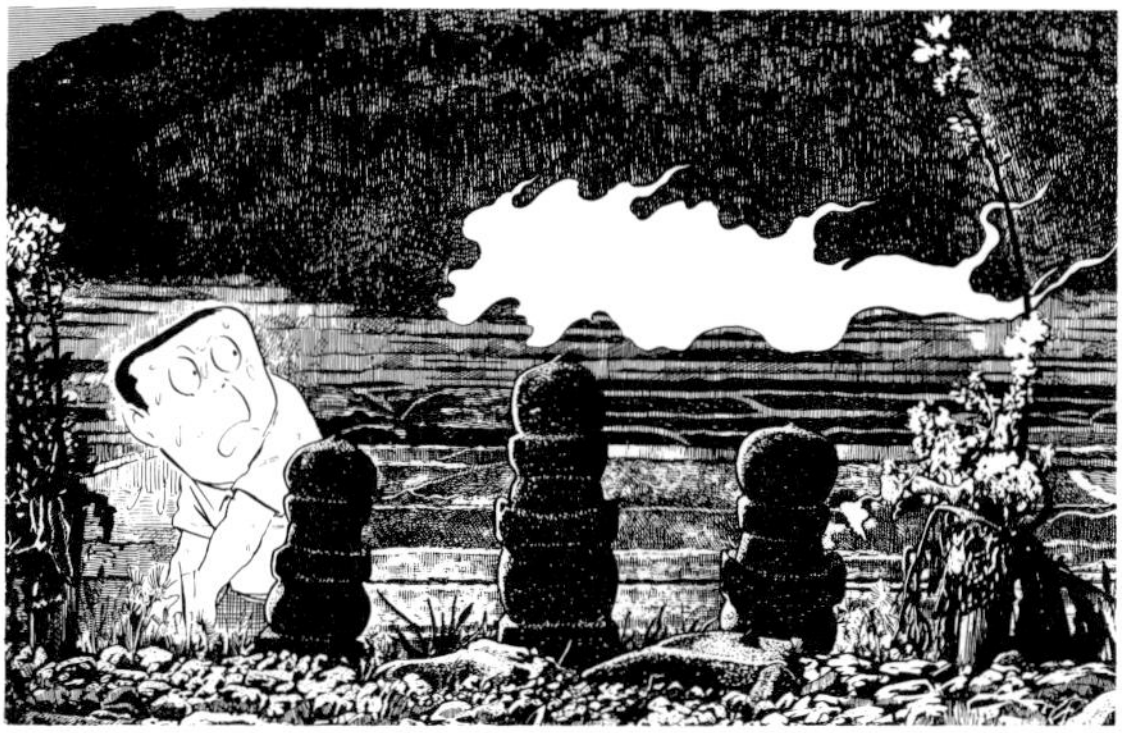

しゃんしゃん火は、九州地方では「天火」といい、ちょうちんくらいの大きさで、飛ぶときに、しゃんしゃんと音を出すという。

しゃんしゃん火が、屋根の上に落ちると火事になるというし、佐賀県では、それが家の中にはいると、病人が出るというので鐘をたたいて追い出す。

宮崎県では、「むさ火」といい、高知県では「けち火」という。竹の皮のぞうりを三回たたいて呼べば、近づいてくるという。

里にすむ妖怪

のびあがり

のびあがりは、なんの理由もなく、無言でとつぜんあらわれる。

はじめは一メートルたらずの小坊主だが、見あげれば見あげるほど高くなり、ついにはとほうもなく背の高い坊主になる。

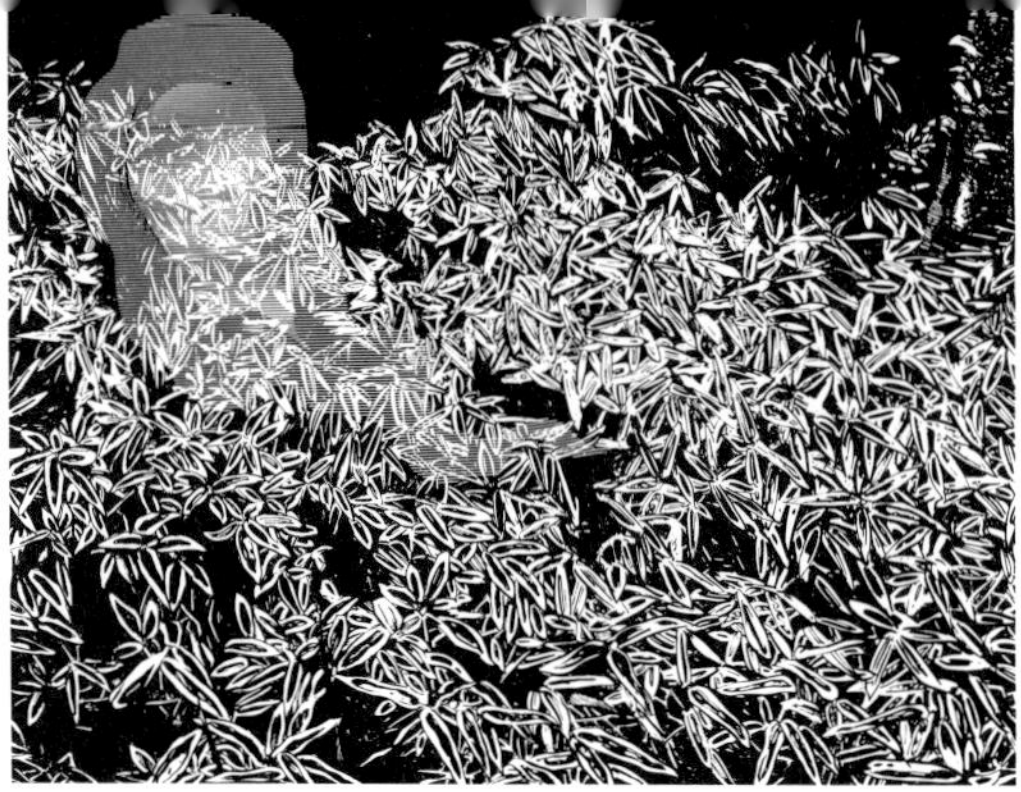

その姿を下へ下へと見おろせば、大きくならないという。

また、目をそらしたり、「見あげ入道、見こした」などとじゅ文をとなえると、消えるという。

むかし、日本のいたるところにあらわれたらしい。

もののけ

もののけの正体はなんだろう？　それは、人間のからだをはなれたたましいだといわれている。

かたちがないので人間の目には見えないが、こわいことに、この世のなかにあるものなら、ありとあらゆるものにとりついてしまい、いろいろなおそろしい事件をひきおこす。

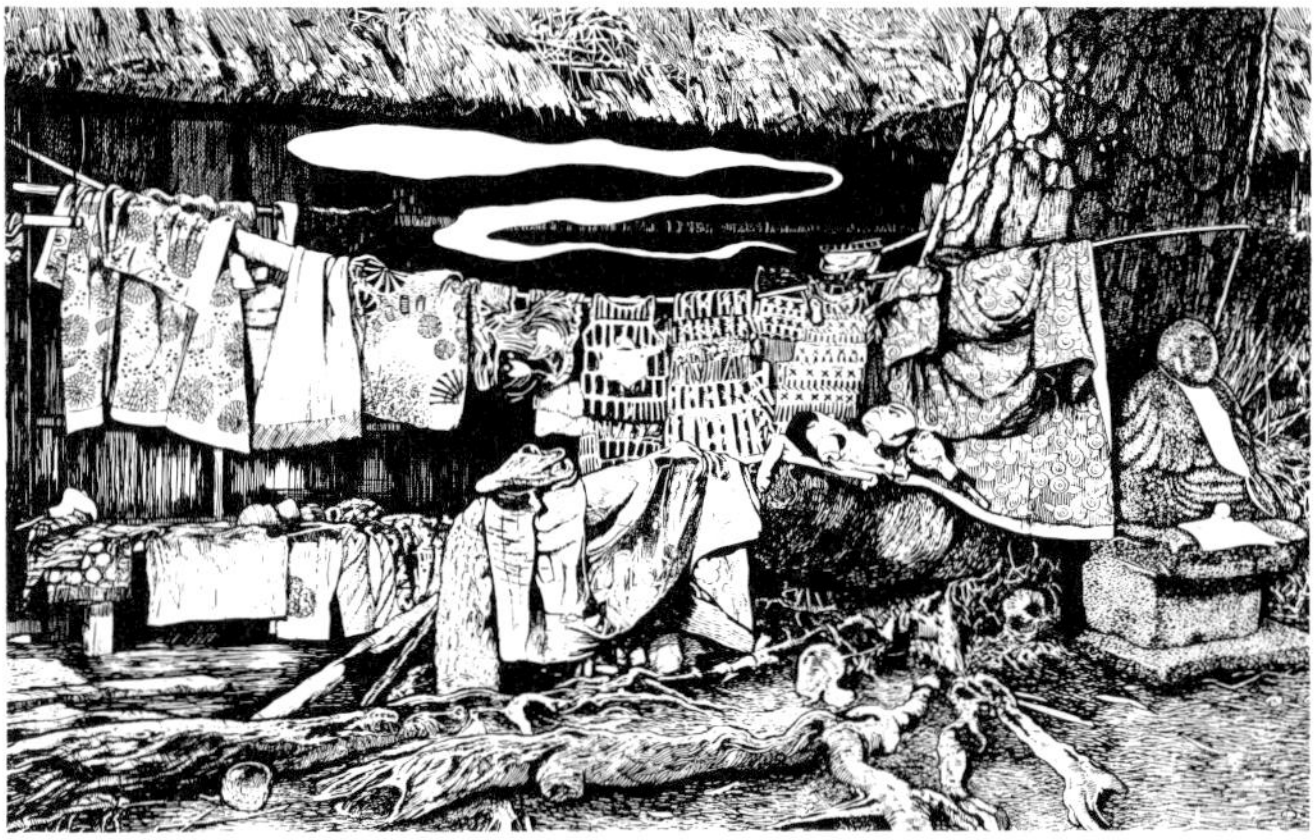

きみは、もののけにとりつかれたことはないだろうか？

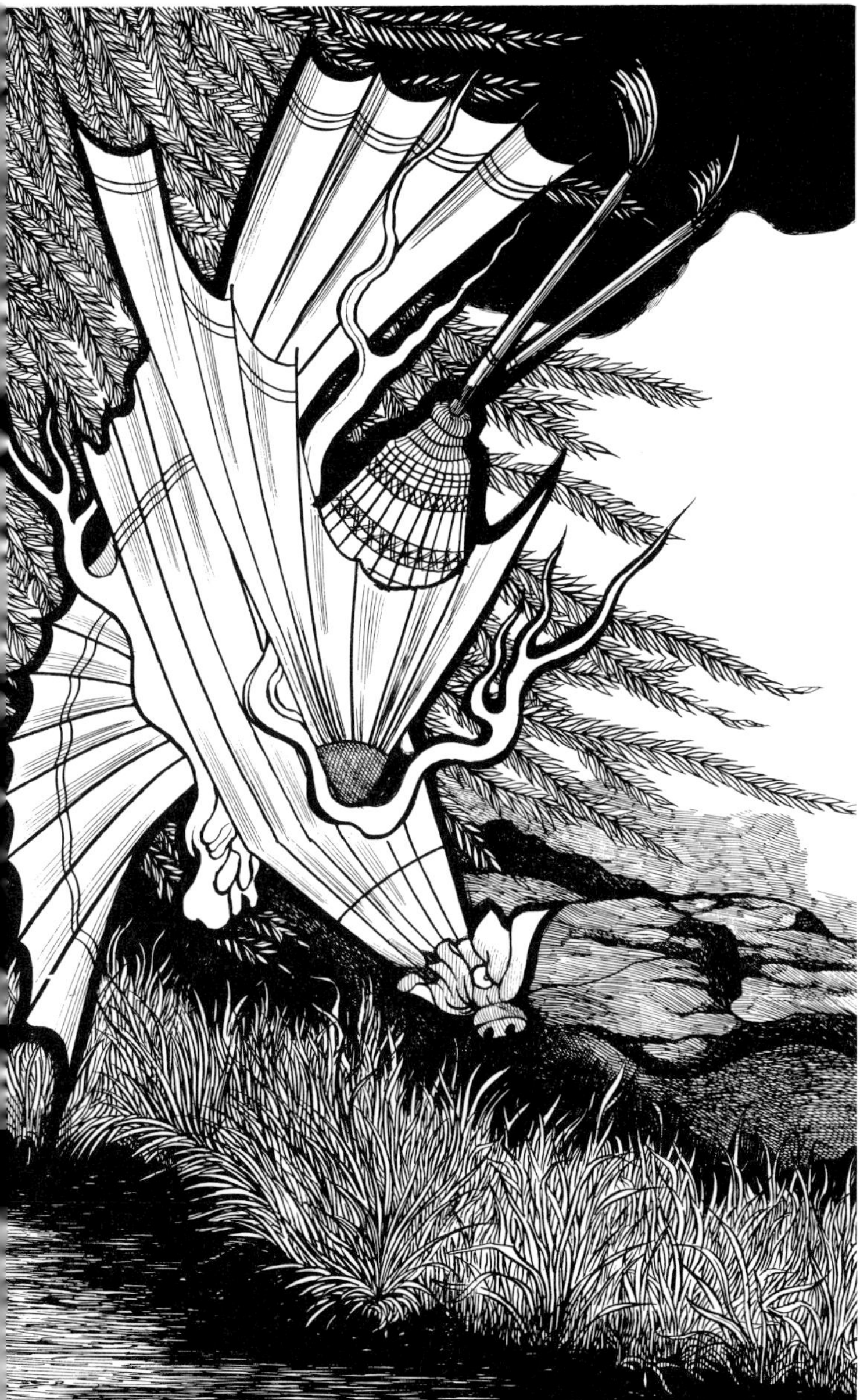

骨からかさ

そのとき、きみはからかさ（傘）を持っていた。雨が降るかもしれないと思い、からかさをもっていた。とつぜん、風もないのに、からかさがいきなりぎゃくに開き、骨だけになってしまった。

きみは、ぼうぜんと、その骨だけのからかさをみていた。

これは、からかさにとりついた　骨からかさのしわざだ。むかしの話である。

家にすむ妖怪

あみきり

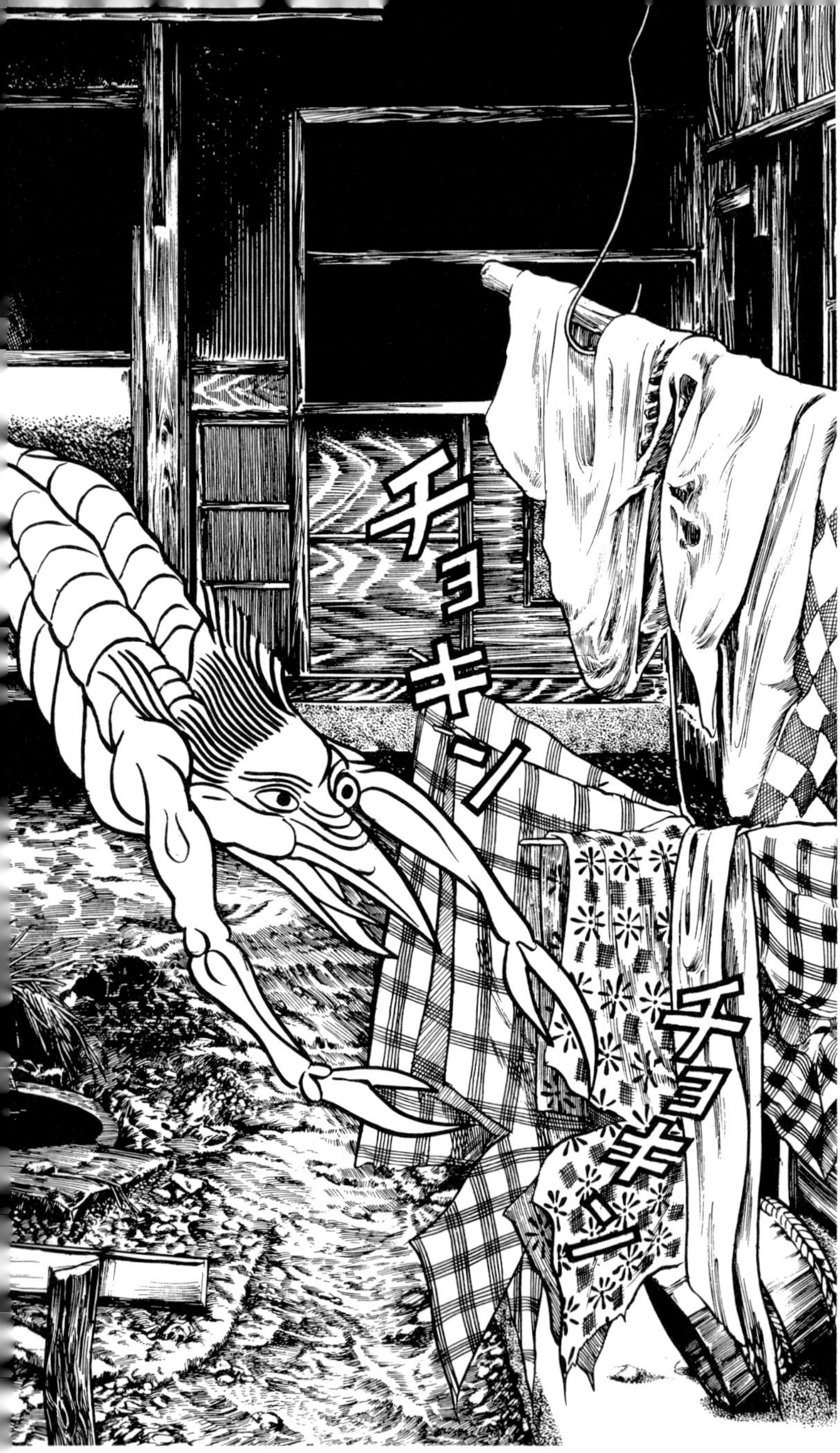

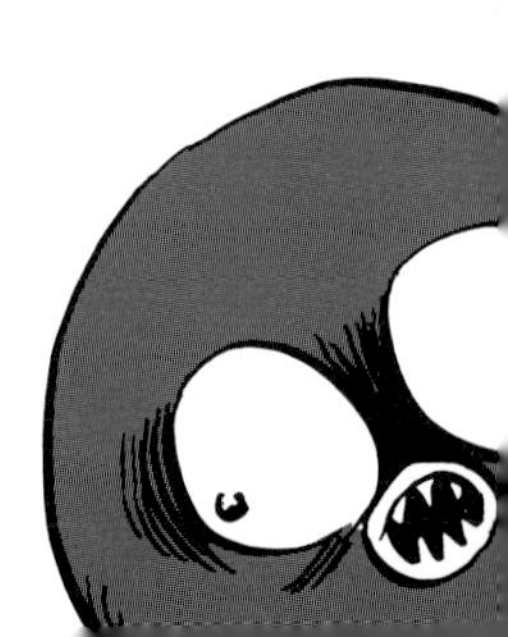

だれもいないのに、干し物やかや（蚊帳）が、ものすごくするどいはもので切ったように破れていることがある。

破れたところをつくろう人は、きっとこうつぶやいただろう……だれがこんなことをしたのか？

それは、きっとあみきりが、人のいないときをみはからってあらわれ、両手の先についているはさみで、チョキ、チョキ、チョキンと切ったのだ。

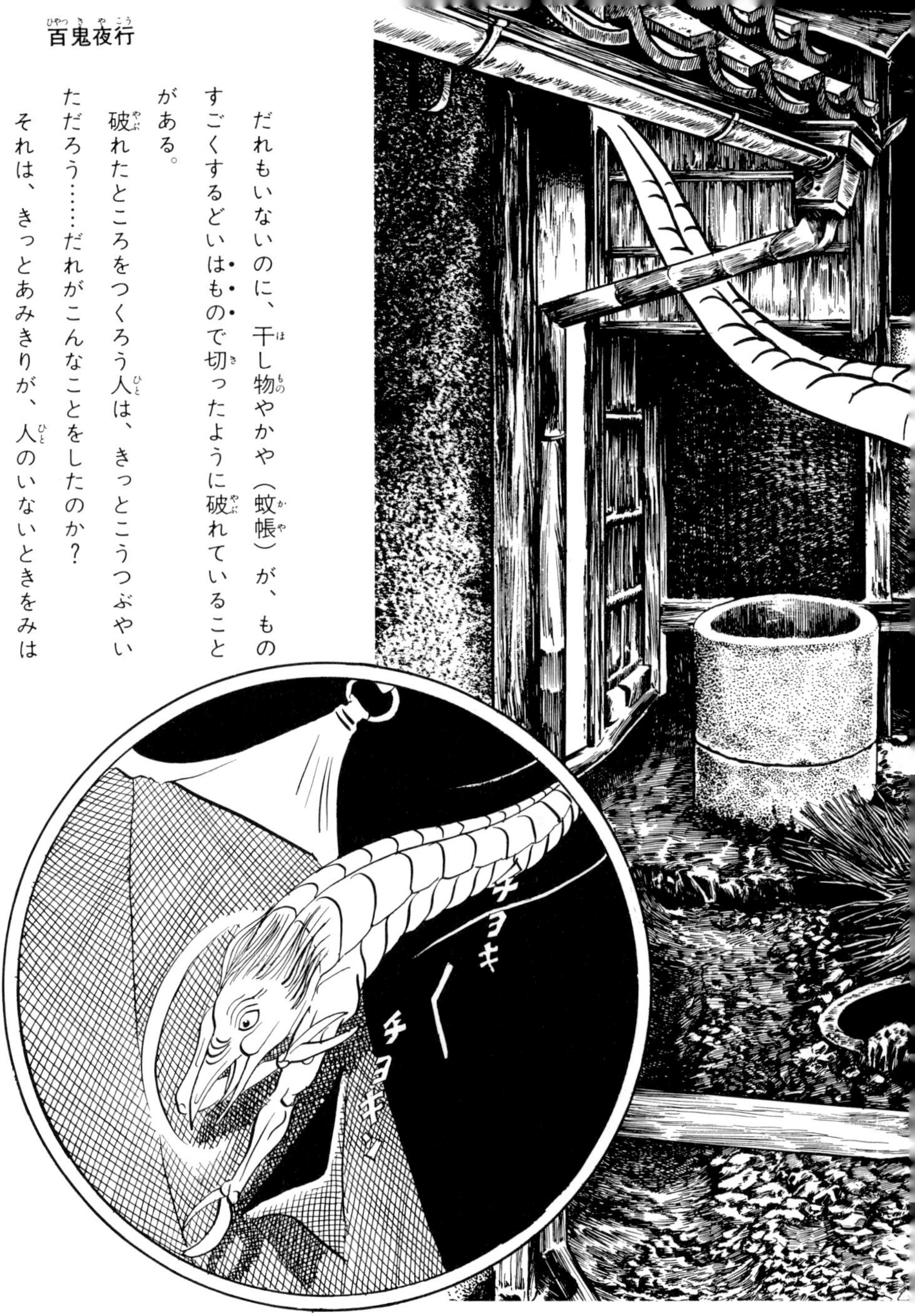

家にすむ妖怪

しろうねり

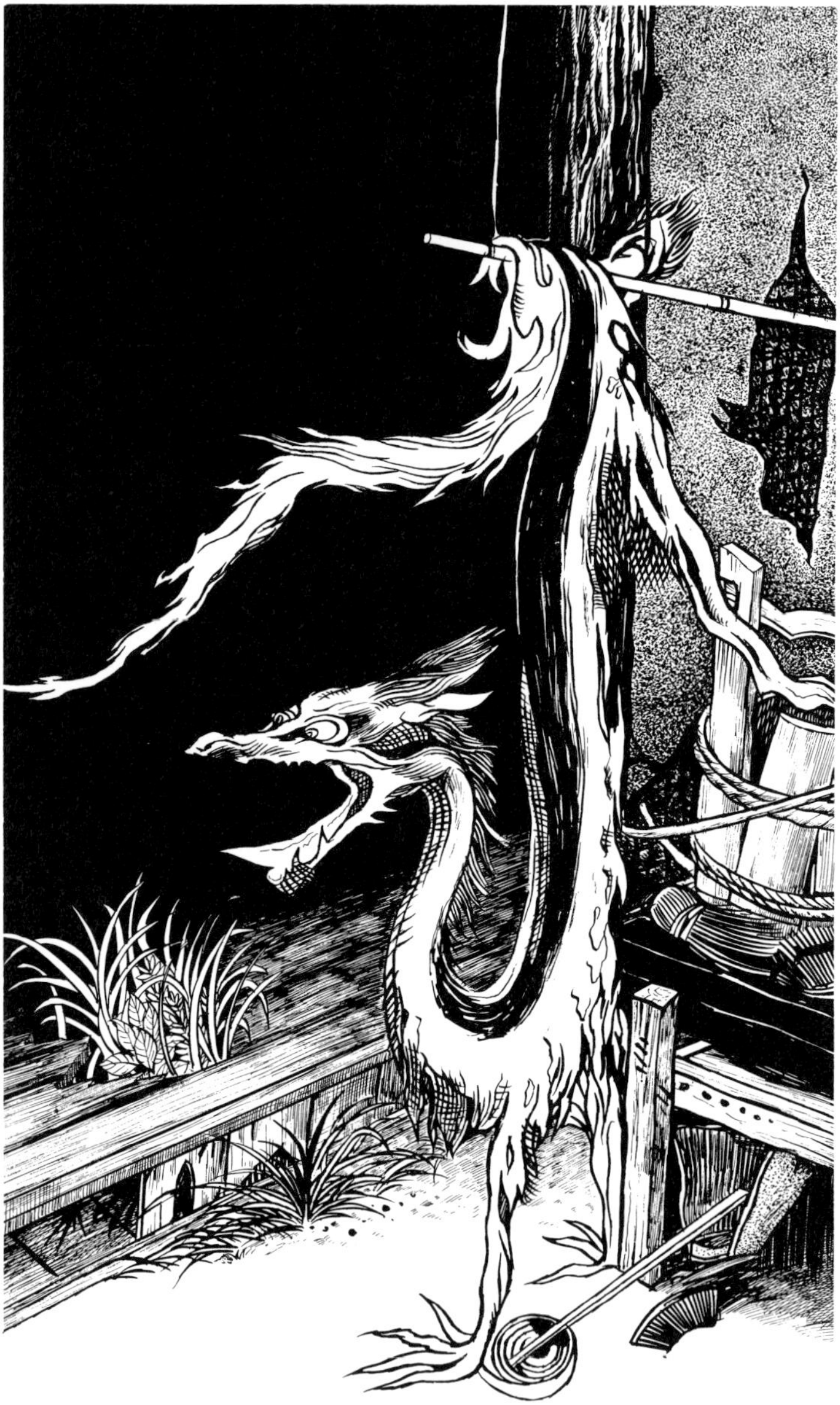

しろうねりは、ぼろぼろのぞうきんなどを、長いあいだほうっておくとなる妖怪だ。

ひらひらと空中をとび、毒ガスのようないやなにおいをはなちながら、人の首にまきつくのだ。

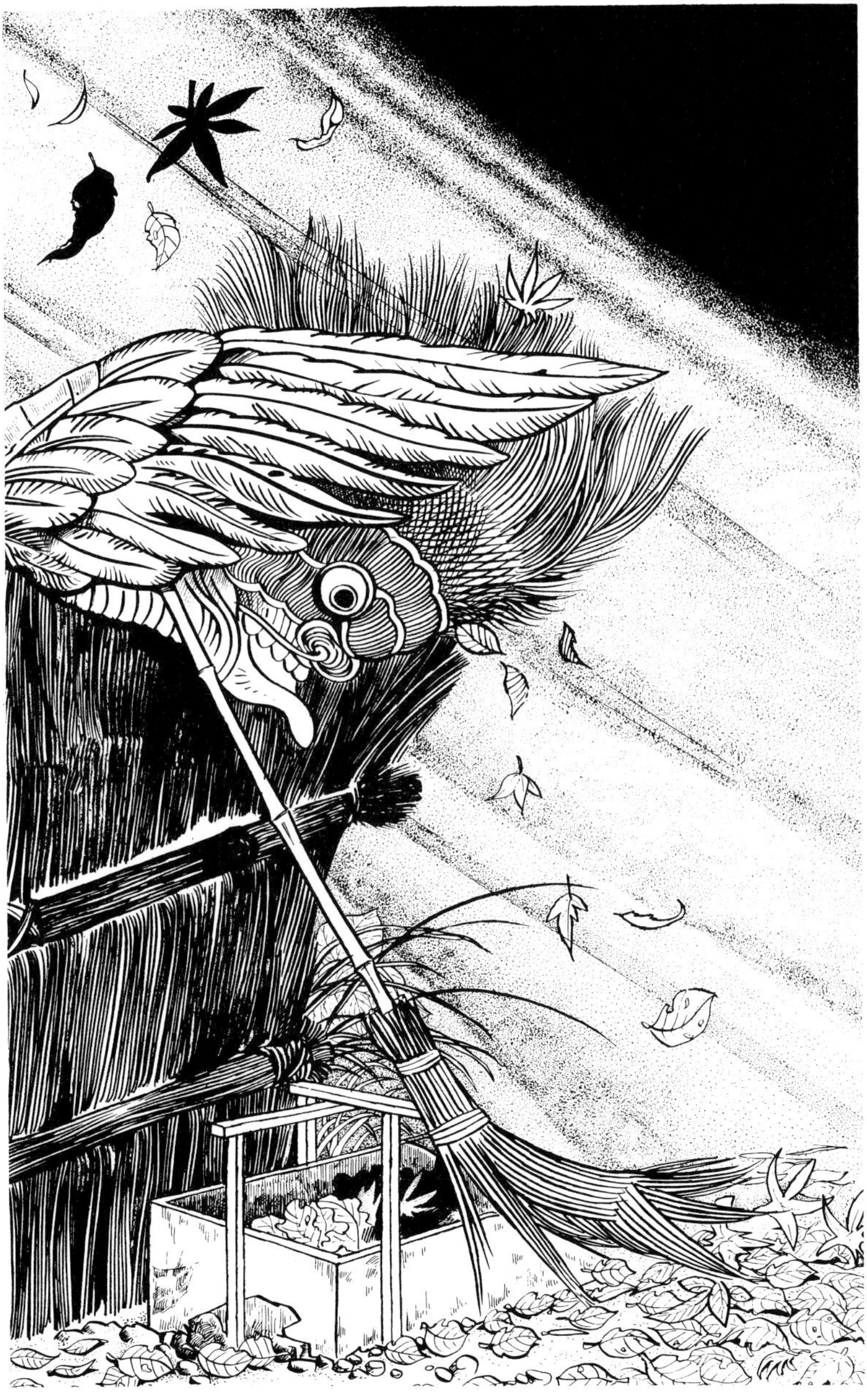

ほうき神

長いあいだそうじをなまけていると、どこからともなくこのほうき神があらわれるという。

だから、いつもきれいにそうじをしておけば、ほうき神という、きみにはあまりありがたくない妖怪はあらわれない。

家にすむ妖怪

金霊

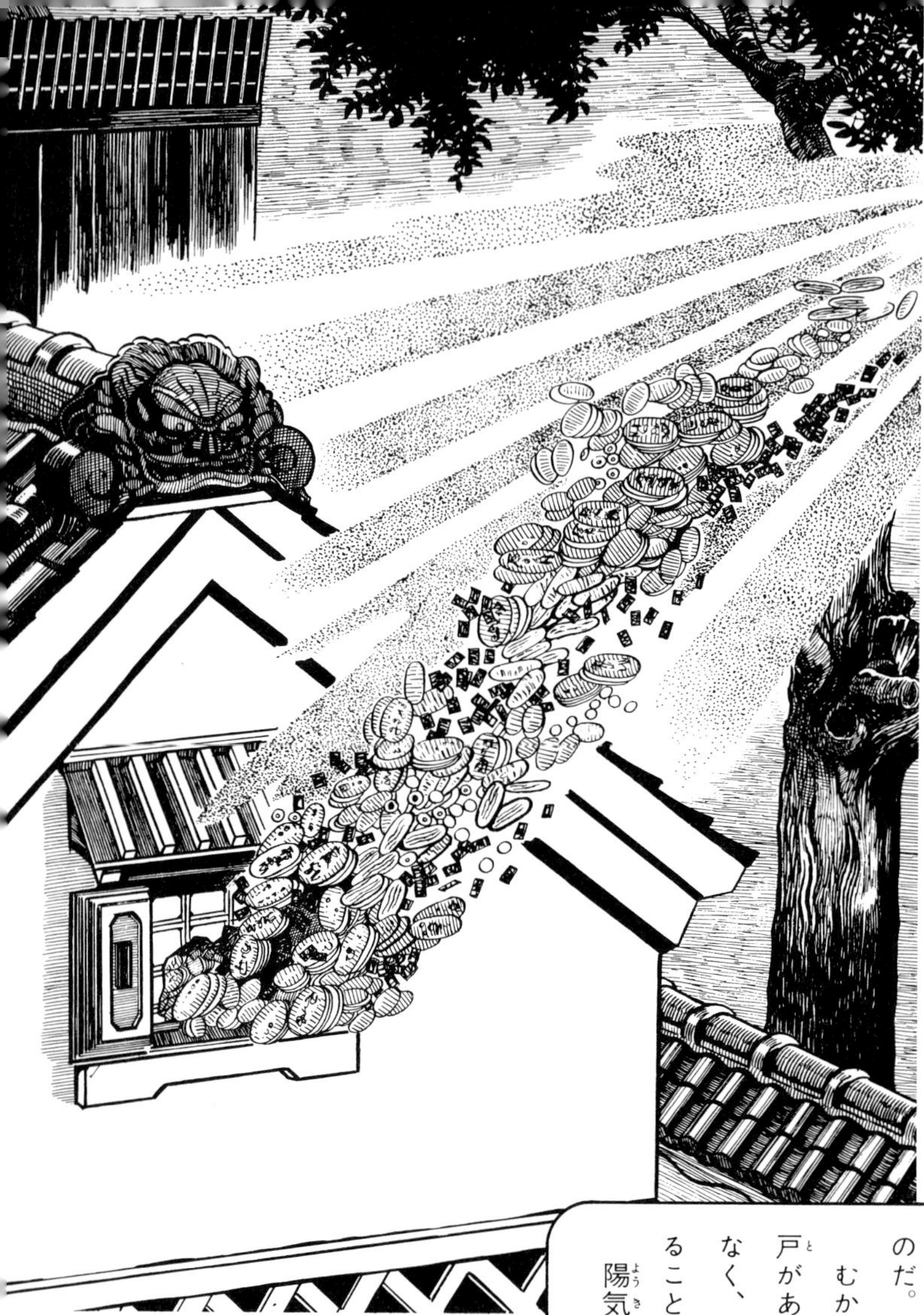

金霊という金持ち妖怪は、ニヤリとしたくなるほどとても気まえがいい。人間にお金をくれるのが大すきなのだ。

むかし、とつぜんに蔵の戸があいて、どこからともなく、お金がまいこんでくることがあったという。陽気な金霊のしわざだ。

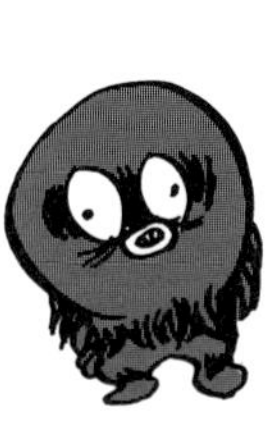

さかばしら

さかばしらは、ふつうの柱とはぎゃくに、木の根もとを上にしてたてた柱のことだ。家を建てるとき、柱をさかさまにして使うと、その柱が妖怪になって、その家にいろいろな悪いことを起こすといわれる。

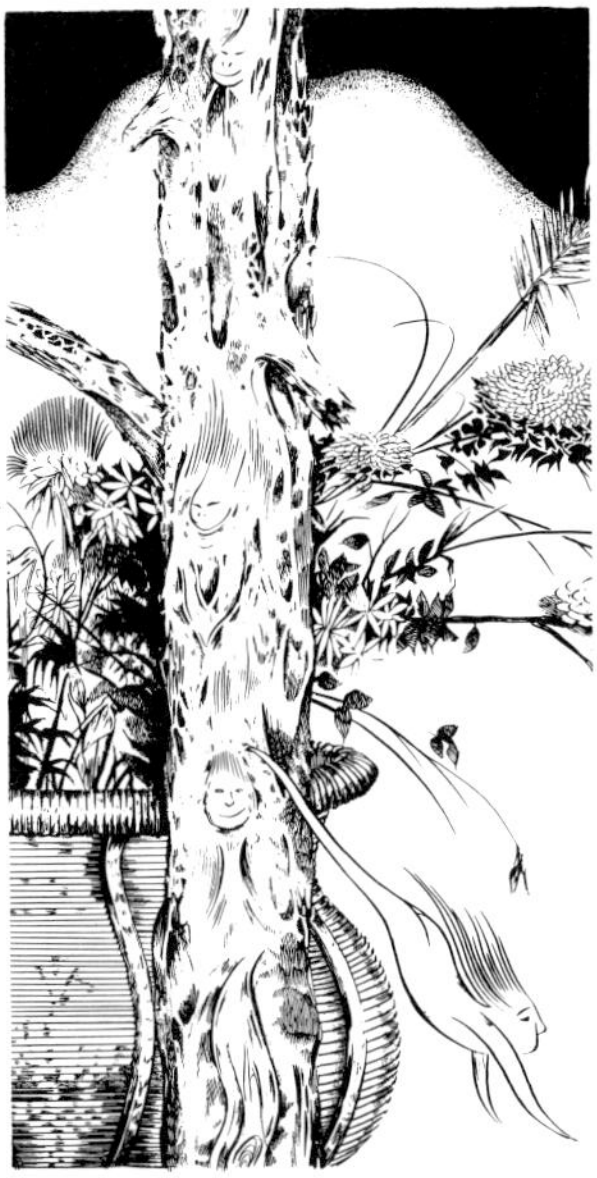

黒ぼうず

岩手、宮城、秋田地方によくあらわれる妖怪で、深夜、人の寝息を吸い、口をなめる。黒ぼうずの確かなすがたはわからず、人の目にぼーっとかすかに見えるだけである。

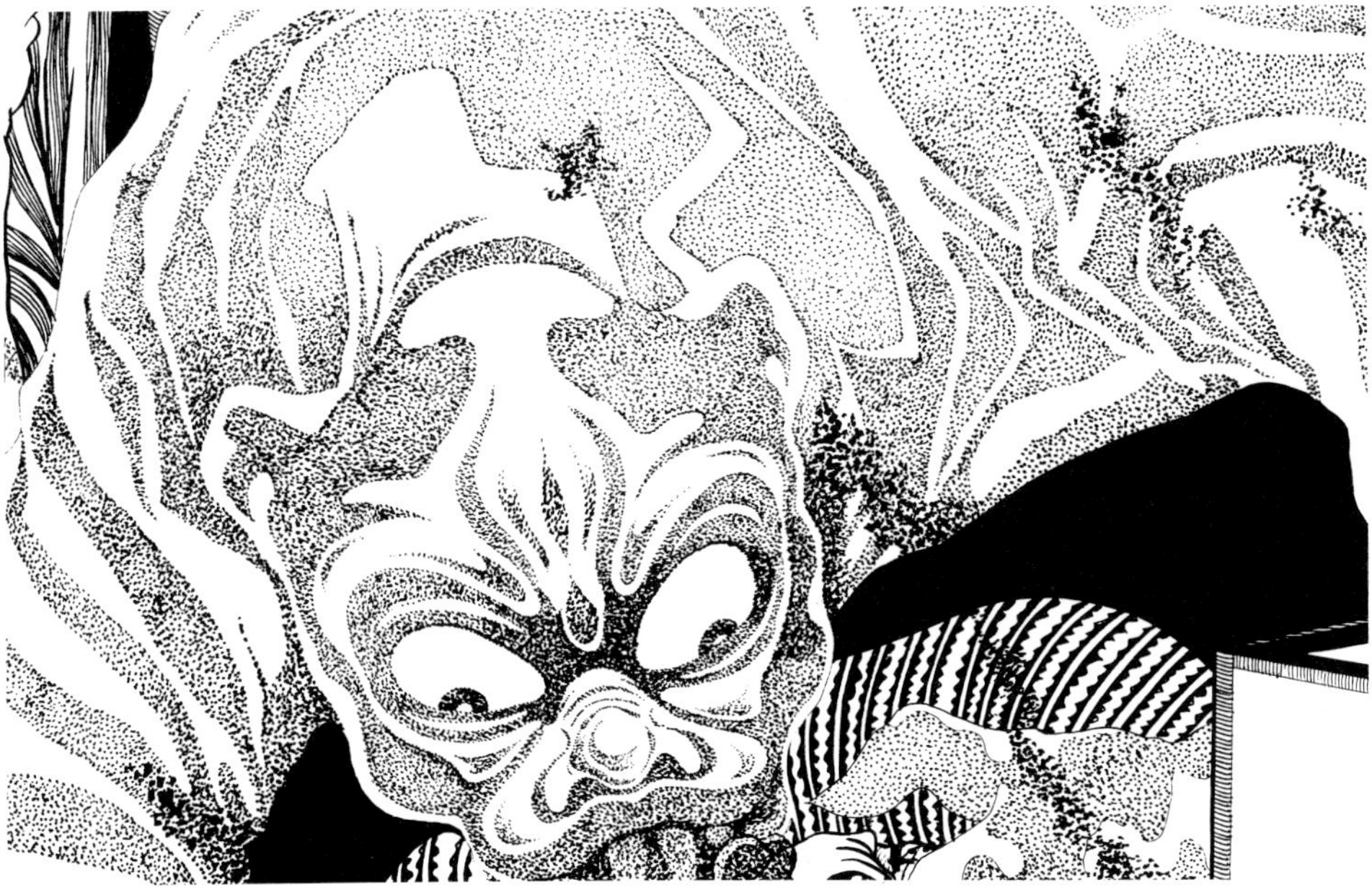

水にすむ妖怪

海ぼうず

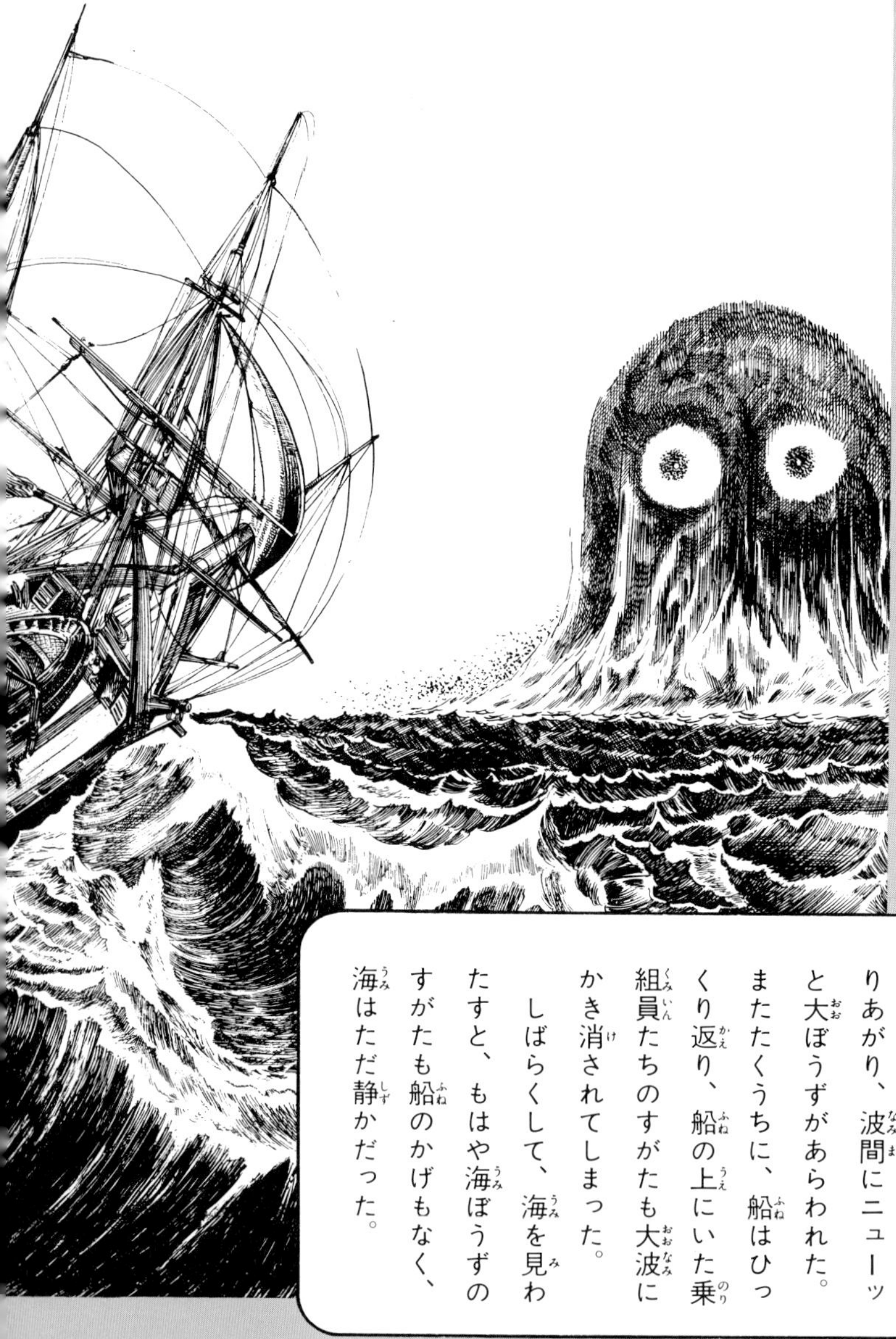

おだやかな海を一せきの船がすべるように走っている。

　とつぜん、その静けさがやぶられて、波が大きくもりあがり、波間にニューッと大ぼうずがあらわれた。またたくうちに、船はひっくり返り、船の上にいた乗組員たちのすがたも大波にかき消されてしまった。

　しばらくして、海を見わたすと、もはや海ぼうずのすがたも船のかげもなく、海はただ静かだった。

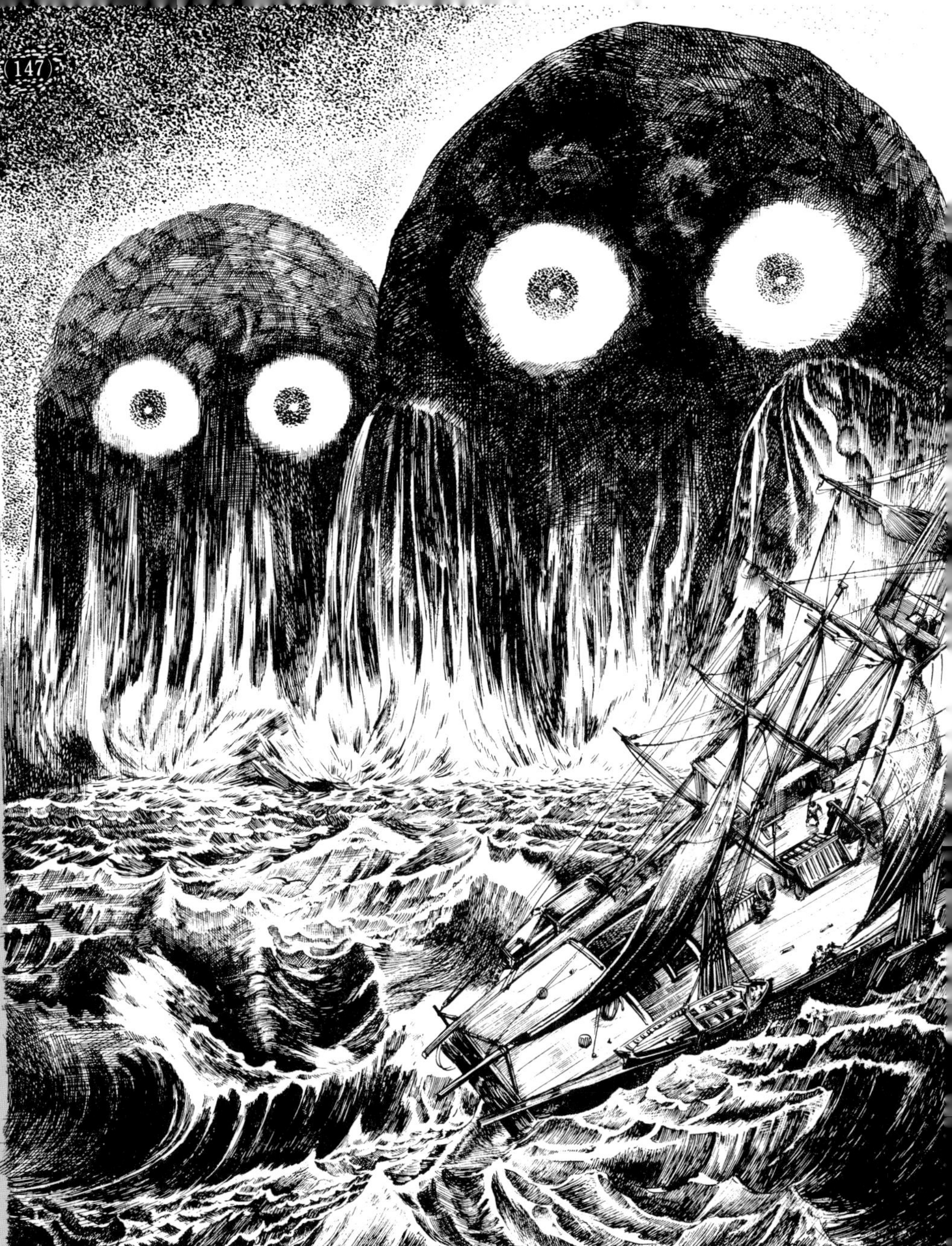

妖怪のひみつ⑤

妖怪のすがお

1 幽霊の足が なくなったのは いつからだろう

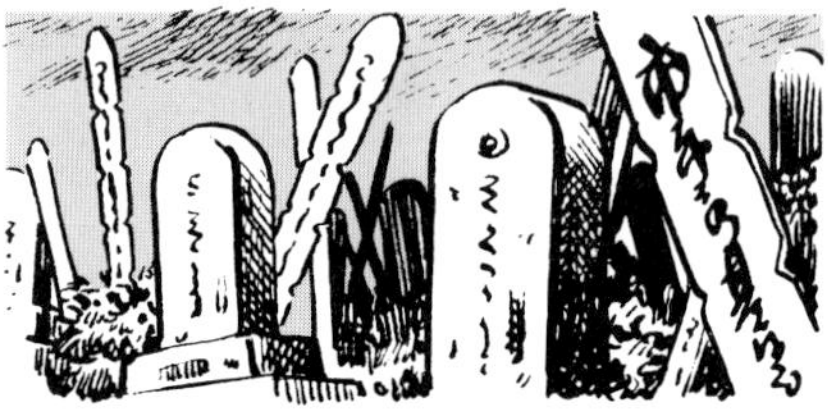

幽霊というと、だれでも足のないものをすぐに想像する。けれども、幽霊に足がなくなったのは江戸時代からのことだ。

幽霊の絵で、有名な絵をたくさん描いた**円山応挙**という画家が、足のない幽霊をこのんで描くようになってからのことだといわれる。

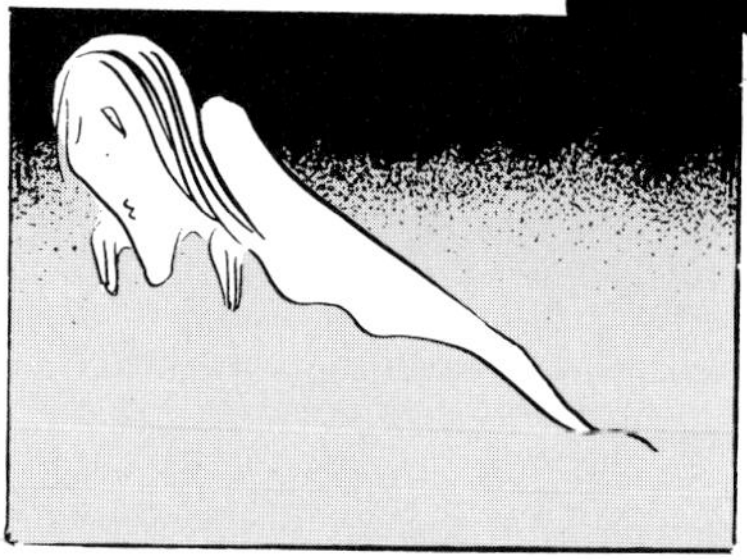

2 人魚は 女性の人魚 ばかりだろうか

ローレライの物語の人魚をはじめ、人魚といえば乙女のような若くて美しい女性ばかりを想像しがちだが、じつは男の人魚もいるのだ。

ベックリンという画家の描いた絵で、世界的に有名な人魚の絵には、女の人魚ばかりでなく男の人魚も描かれている。

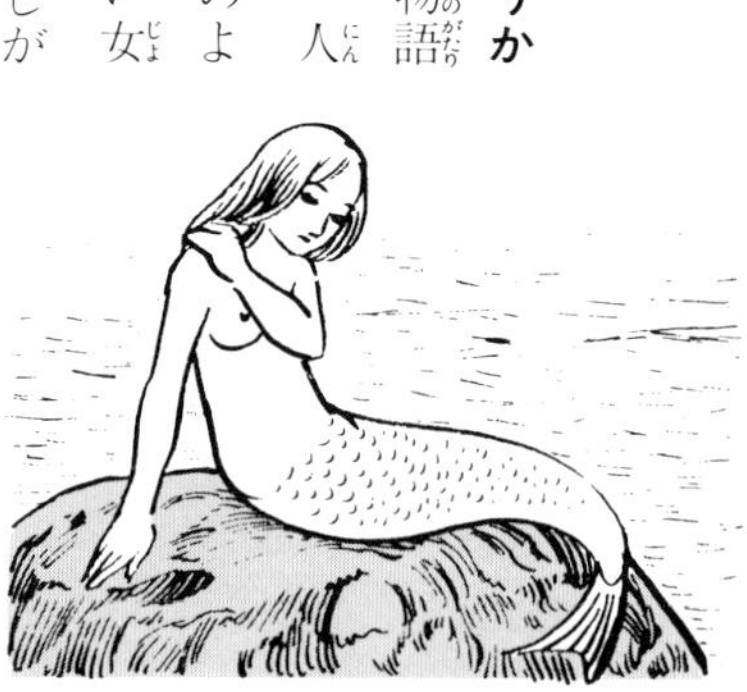

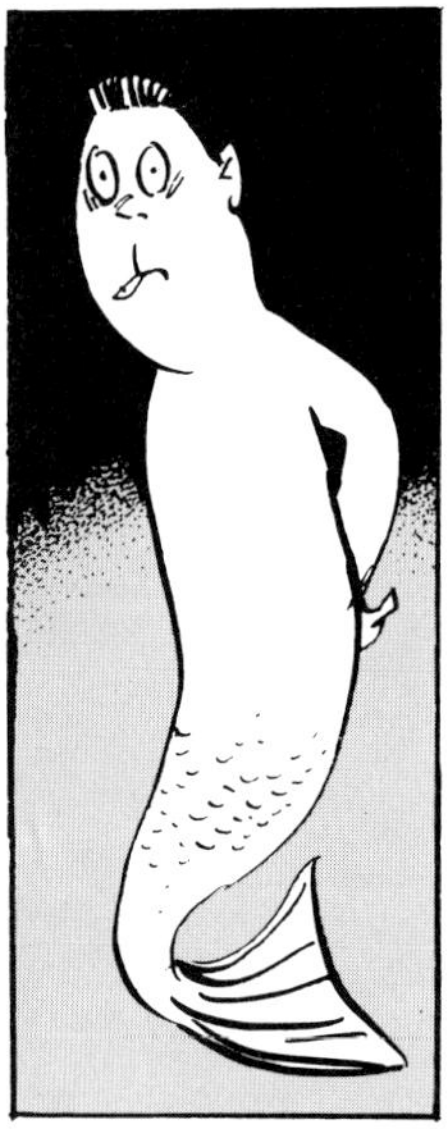

❸人魂や鬼火は ほんとうにあるのだろうか

人魂や鬼火を見たという人は多いが、それではなぜ人魂や鬼火が見られるかについては、いまなお謎につつまれている。

昔からいわれているのは、人魂は死体の骨のなかにふくまれているリンが、雨などの水分にあたってもえるものといわれ、鬼火のほうは、発光バクテリアか、あるいはほかのとくべつのバクテリアが、血液の中のある成分とむすびついて光るというものだ。

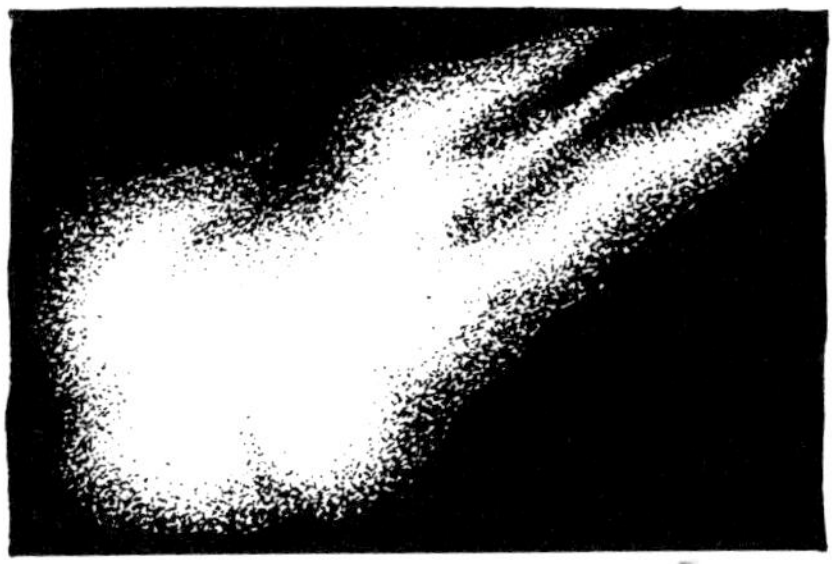

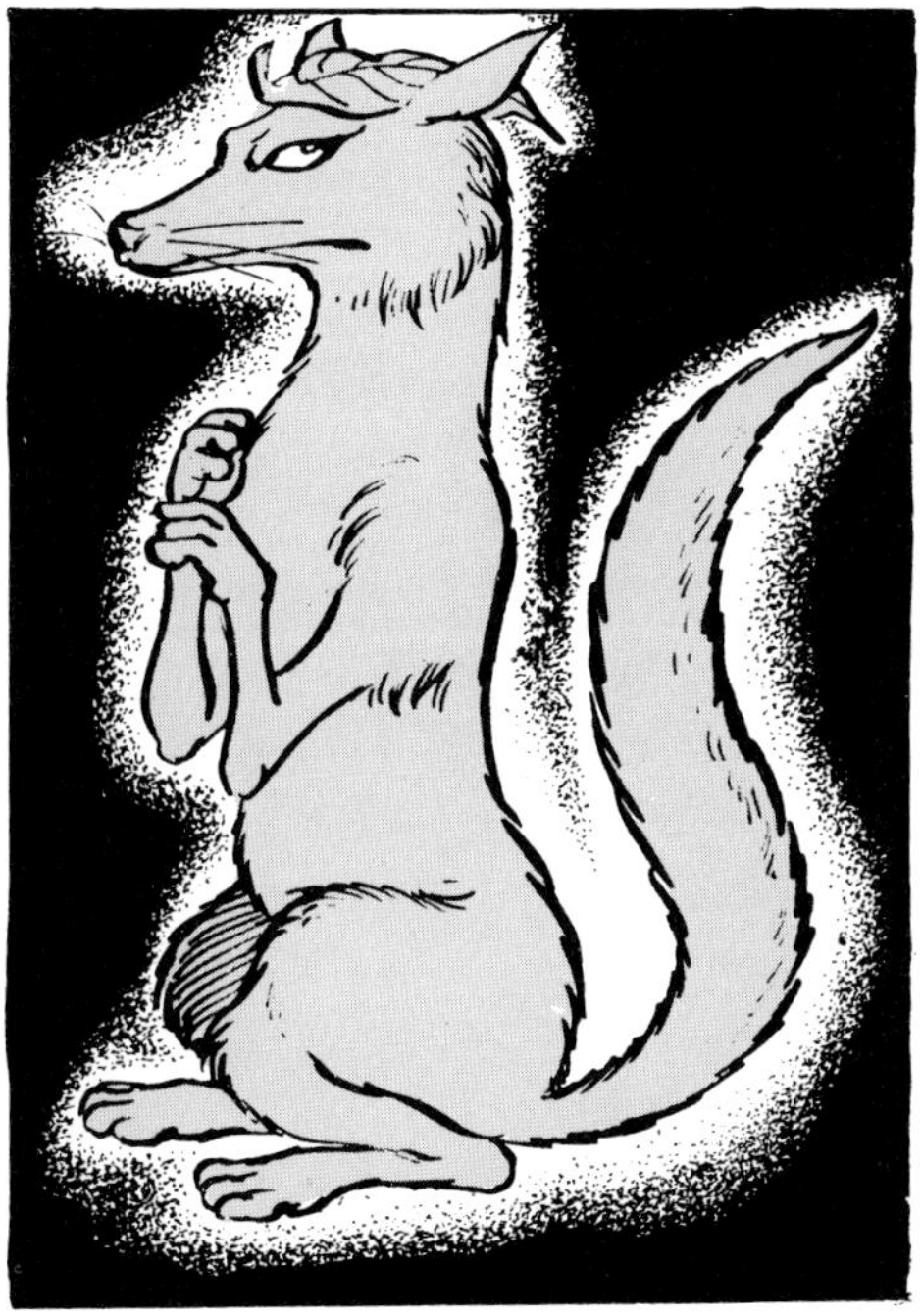

❹たぬきやきつねは ほんとうに人間を 化かすだろうか

民話や伝説のなかに、たぬきやきつねが人間を化かす話は多いが、それらの話のなかでも、たぬきやきつねは直接に人間を化かすのではない。いちど人間などに化け、それから、その化けた姿で人間をたぶらかすというものだ。

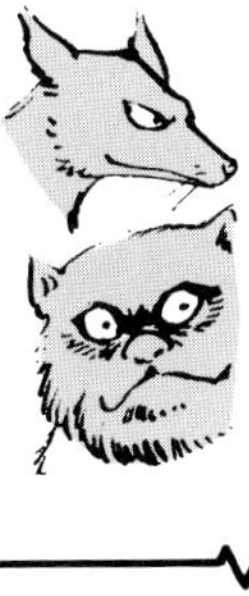

だから、たぬきやきつねに化かされて、自分のよく見知った土地を、夜どうし歩かされたなどという話をきくが、それらは、ほかの原因によるものだろう。

植物の妖怪

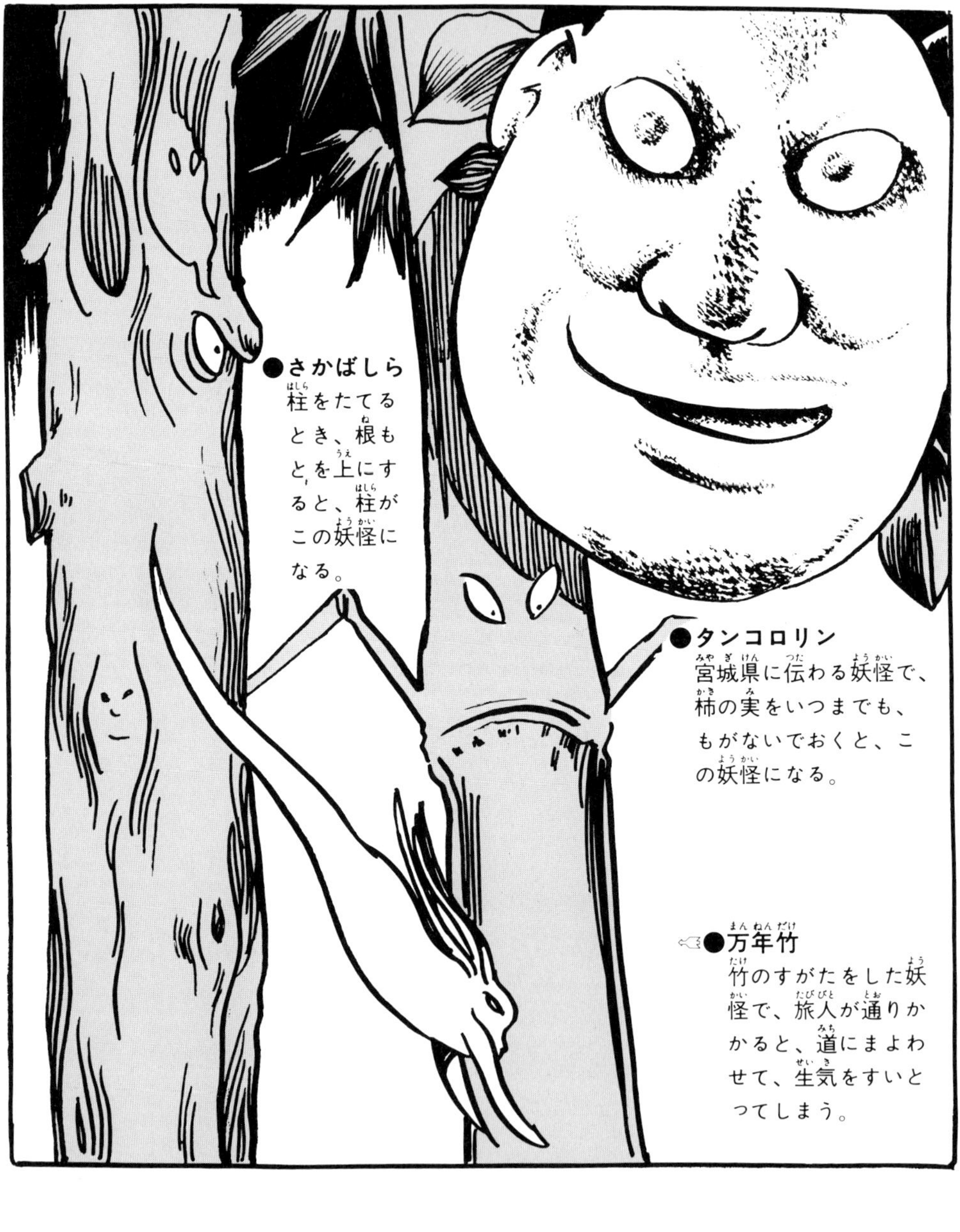

●さかばしら
柱をたてるとき、根もとを上にすると、柱がこの妖怪になる。

●タンコロリン
宮城県に伝わる妖怪で、柿の実をいつまでも、もがないでおくと、この妖怪になる。

●万年竹
竹のすがたをした妖怪で、旅人が通りかかると、道にまよわせて、生気をすいとってしまう。

第6章 妖怪地図

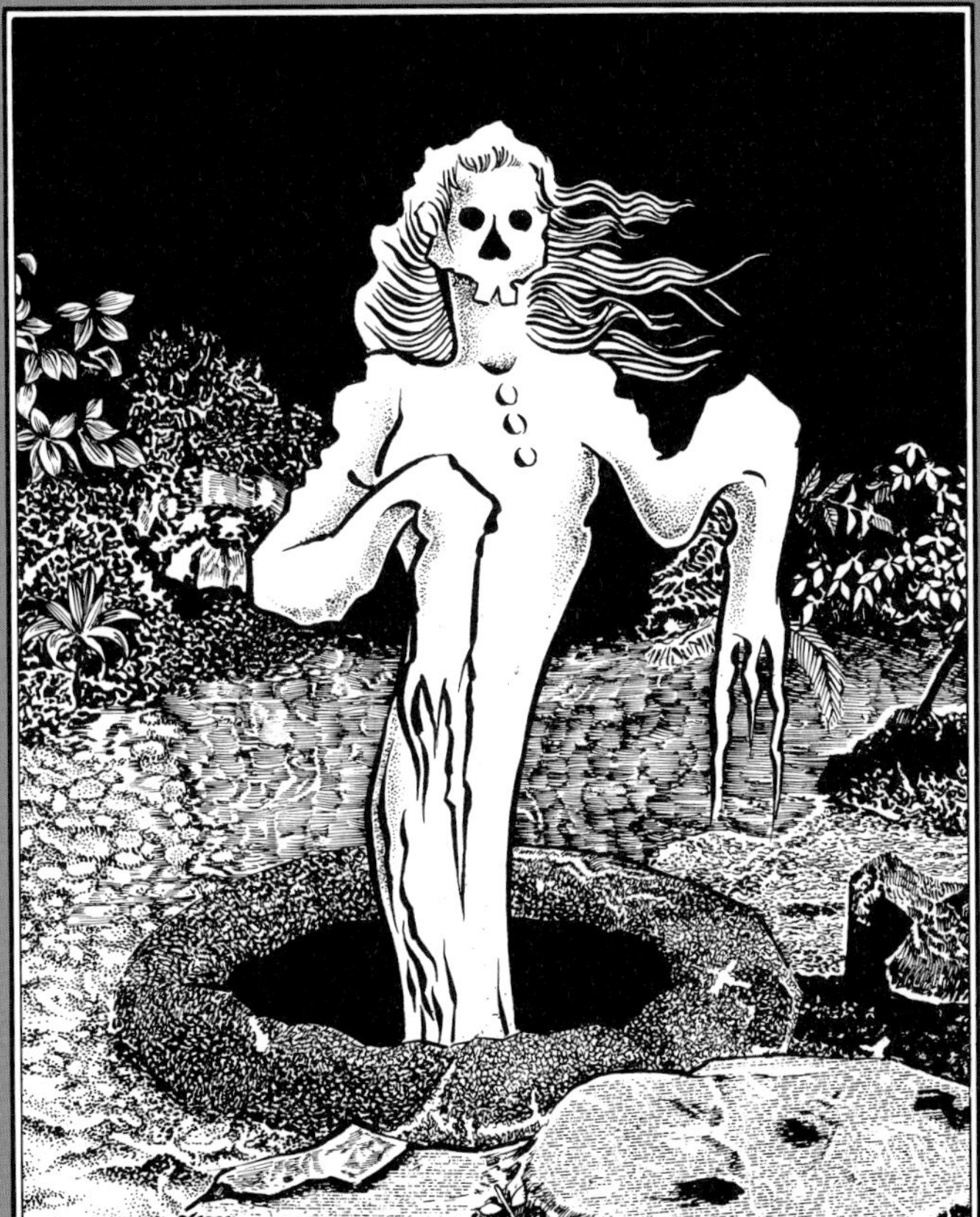

各地の妖怪たち

河童は、もともとは中国で生まれ、九州に伝わってから、日本全国にひろがってふえたのだといわれる。

ある人は、**河童**の本場は九州だというが、利根川の流域にも**利根川河童**という本場があるほか、東北地方にもいろいろな名まえで**河童**があるので、はたしてどの地方を出身地とするか、きめにくい。

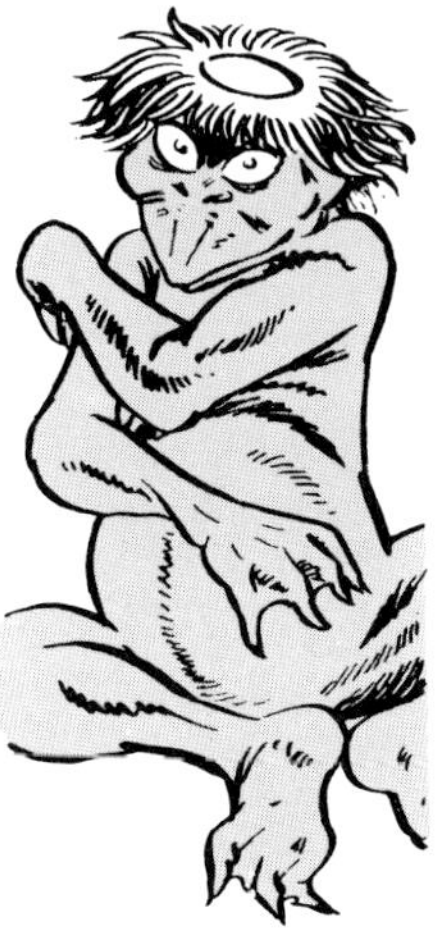

●河童

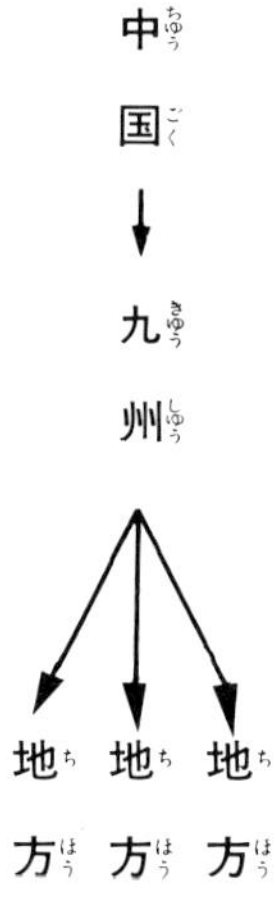

この**河童**の例でもわかるとおり、妖怪の出身地は、なかなかきめにくい。同じ妖怪の話が、あちこちに伝わっているし、名まえはちがっていても、よく調べてみるといくつかの妖怪がひとつの妖怪といってよいほど、似かよっている例もある。

コロポックルのように、北海道あたり、とはっきりしたものもある。しかし、それでは、**コロポックル**が神であるか、妖怪であるか、人であるかということになると、かんたんにはきめることはできない。

むかし、その地方の書物に書き残されている妖怪とか、その地方だけに伝わっている妖怪もすこしはある。**こなきじじい**、**砂かけばばあ**、**おしろいばばあ**などは、かぎられた地方だけに伝わっている妖怪だ。

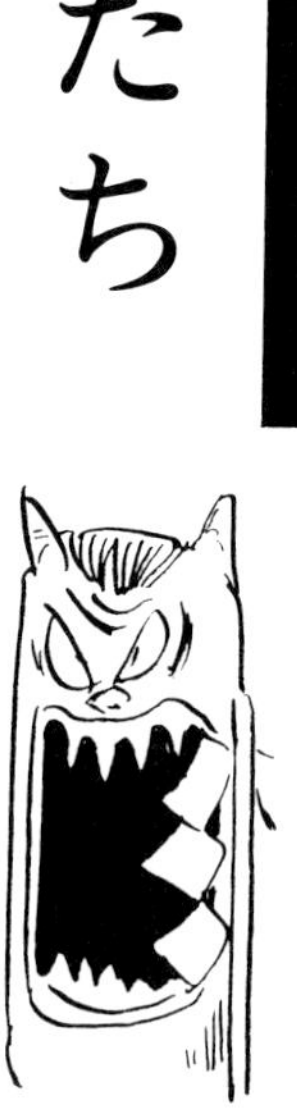

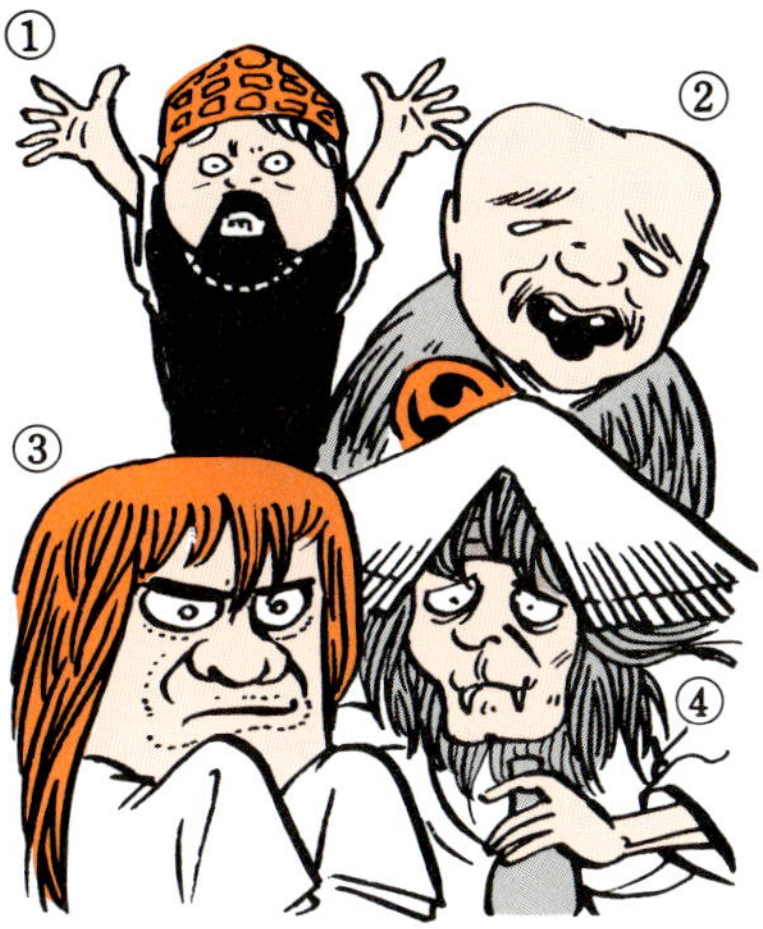

①コロポックル　②こなきじじい
③砂かけばばあ　④おしろいばばあ

はんたいに、大入道や海ぼうずなどの妖怪は、海のある地方ならどの地方にでも伝わっているものだ。

また、東北地方のなまはげは、妖怪のなかでも、とくに日本どくとくの妖怪であるうえに、日本でも東北地方だけにしか伝わっていない。ところが、ヨーロッパのハンガリーにもなまはげによく似た鬼があり、しかもなまはげと同じようなはたらきを人間にくわえる。

このように、考えてみると、人類はもとは一か所にいたのかもしれないと思われる。もちろんその地域は、かなり広がりをもっていただろうが、そのなごりが、妖怪たちのうえにも残っているのだろう。

だから、もういちど河童の例をあげれば、同じ河童を地方によって水虎と呼んだり、ガータロといったり、がんぎ小僧といったり、ひょうすべといったりしているのだと思われる。

大むかしにどんなことがあったか知ることはむずかしいが、いろいろな妖怪を地方別に調べてみると、いがいなことがわかって、おもしろいかもしれない。

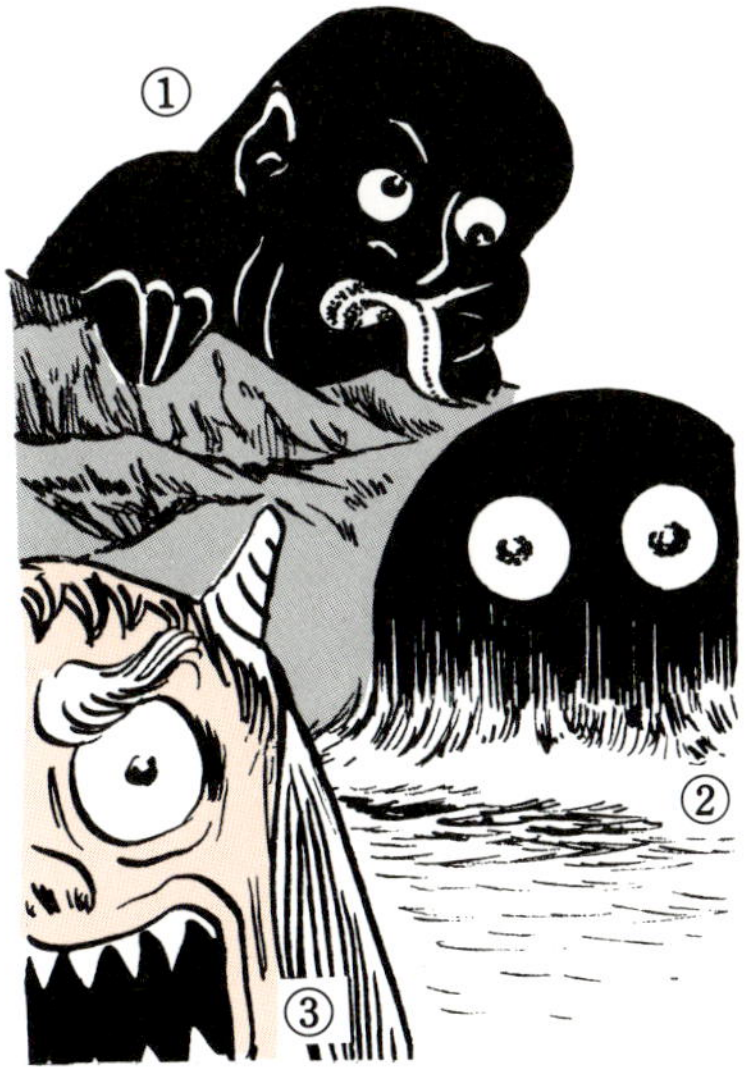

①大入道　②海ぼうず　③なまはげ

怪

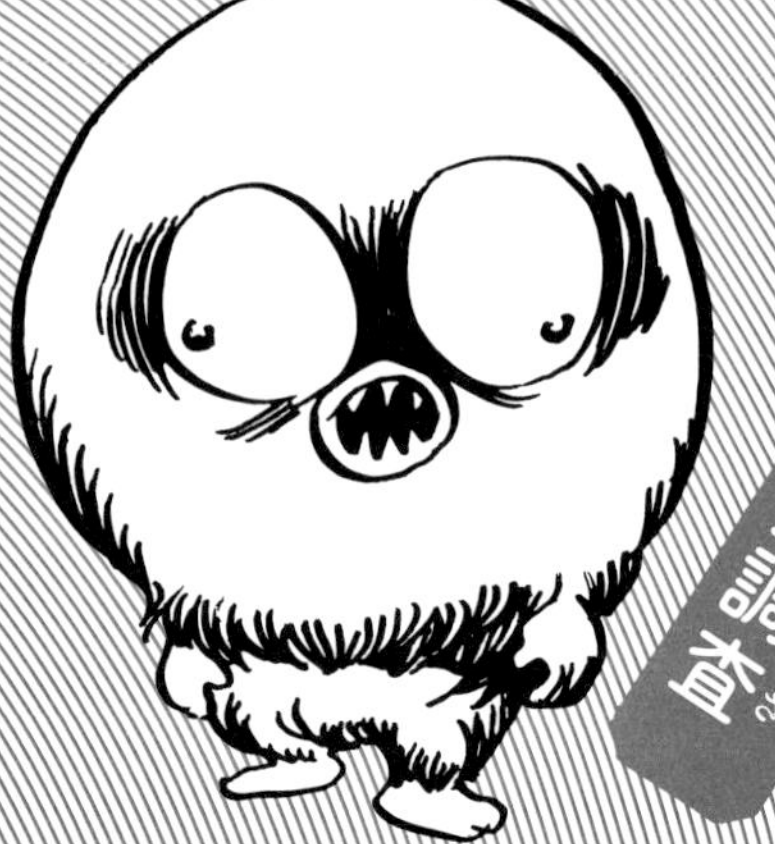

全国完全調査

妖怪は、全国どの地方にも伝わっている。だから、きみの住んでいるすぐ近くにもきっといるはずだ。民話や伝説をしらべて、きみたちの地方に伝わる妖怪をしらべてみよう。

●北海道

①つちころび
⑮大入道
⑱コロポックル

●東北・関東地方

②天井さがり
④ざしきわらし
㉒ぬれ女
③タンコロリン
⑲ひよりぼう
⑧そでひき小僧

●中部地方

⑤さがり
⑯火とり魔
⑳おしろいばばあ
⑰あまめはぎ
⑦つちのこ

●近畿地方

㉑あぶら赤子
㉓ワタリビシャク
⑥輪入道
⑨しろぼうず
⑪姥が火
⑩つるべおとし

●中国・四国地方

㉔やまびこ
㉖牛　鬼
⑫ふるそま
⑬こなきじじい
⑭やまじじい

●九州地方

㉗河　童
㉕ひょうすべ
㉘いそなで
㉙つるべ火

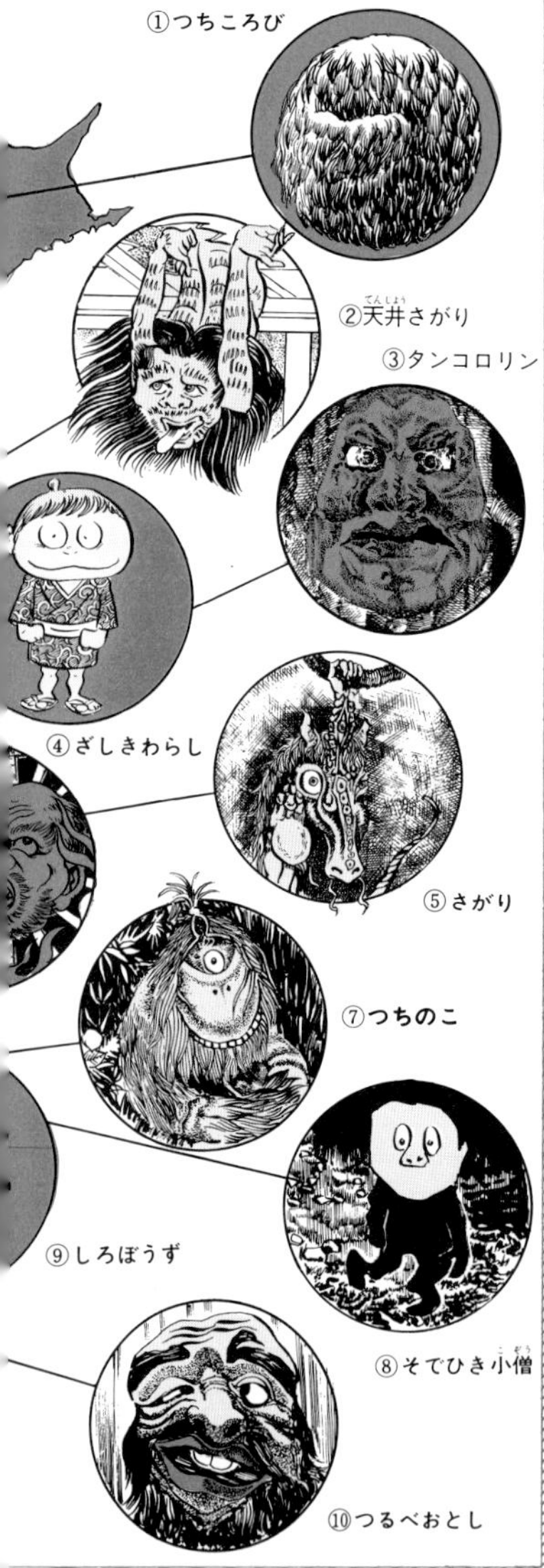

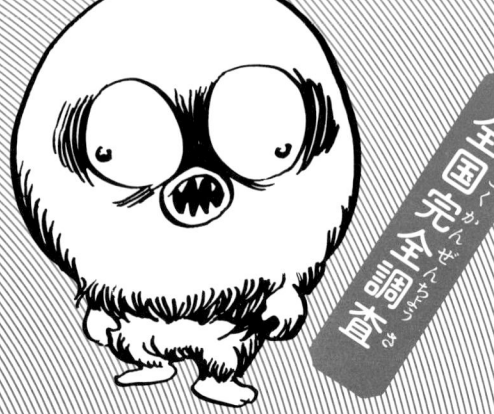

日本の妖

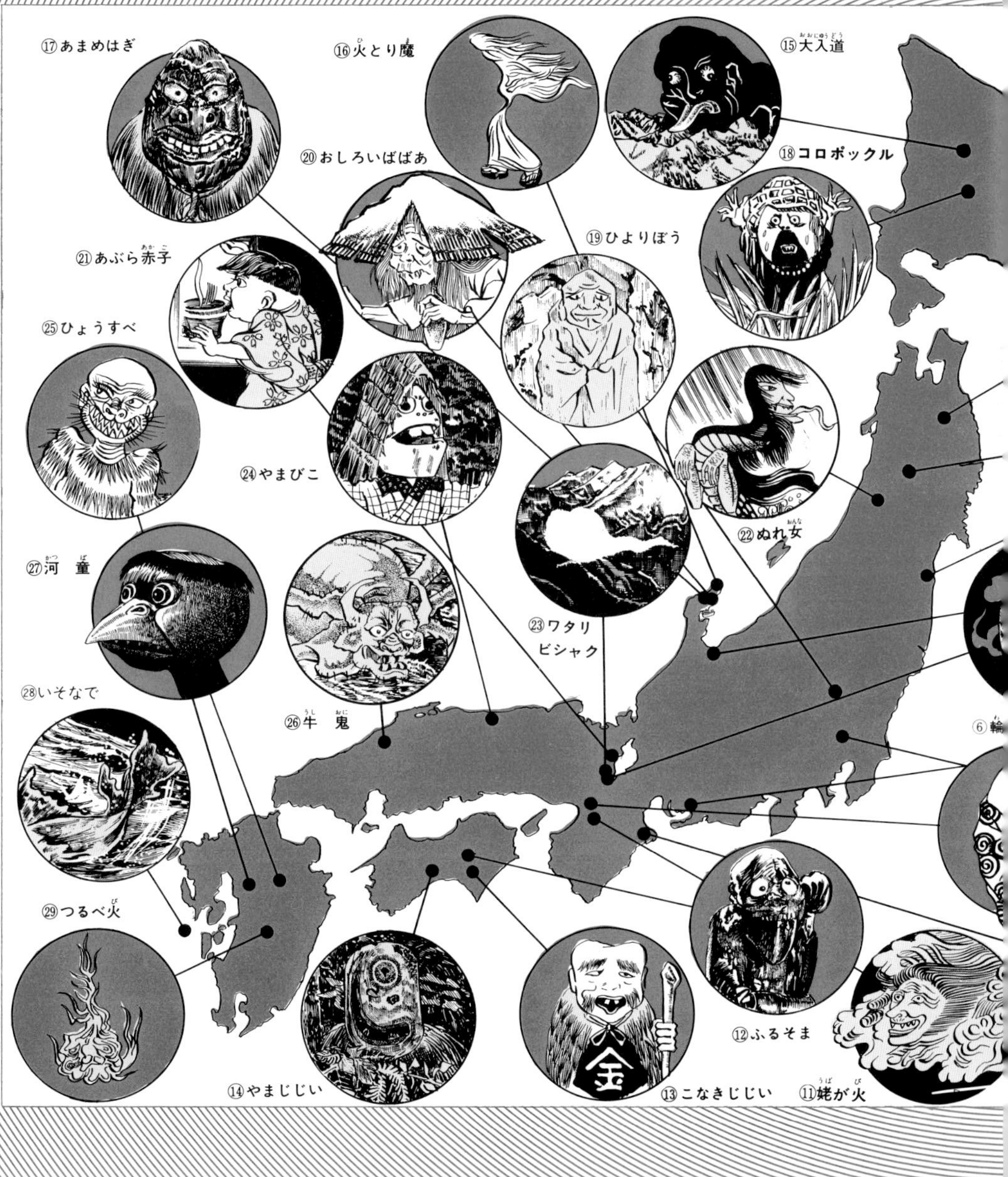

⑰あまめはぎ
⑯火とり魔
⑮大入道
⑱コロポックル
⑳おしろいばばあ
⑲ひよりぼう
㉑あぶら赤子
㉕ひょうすべ
㉔やまびこ
㉒ぬれ女
㉗河童
㉓ワタリビシャク
㉘いそなで
㉖牛鬼
⑥輪
㉙つるべ火
⑫ふるそま
⑭やまじじい
⑬こなきじじい
⑪姥が火

東北地方 関東地方

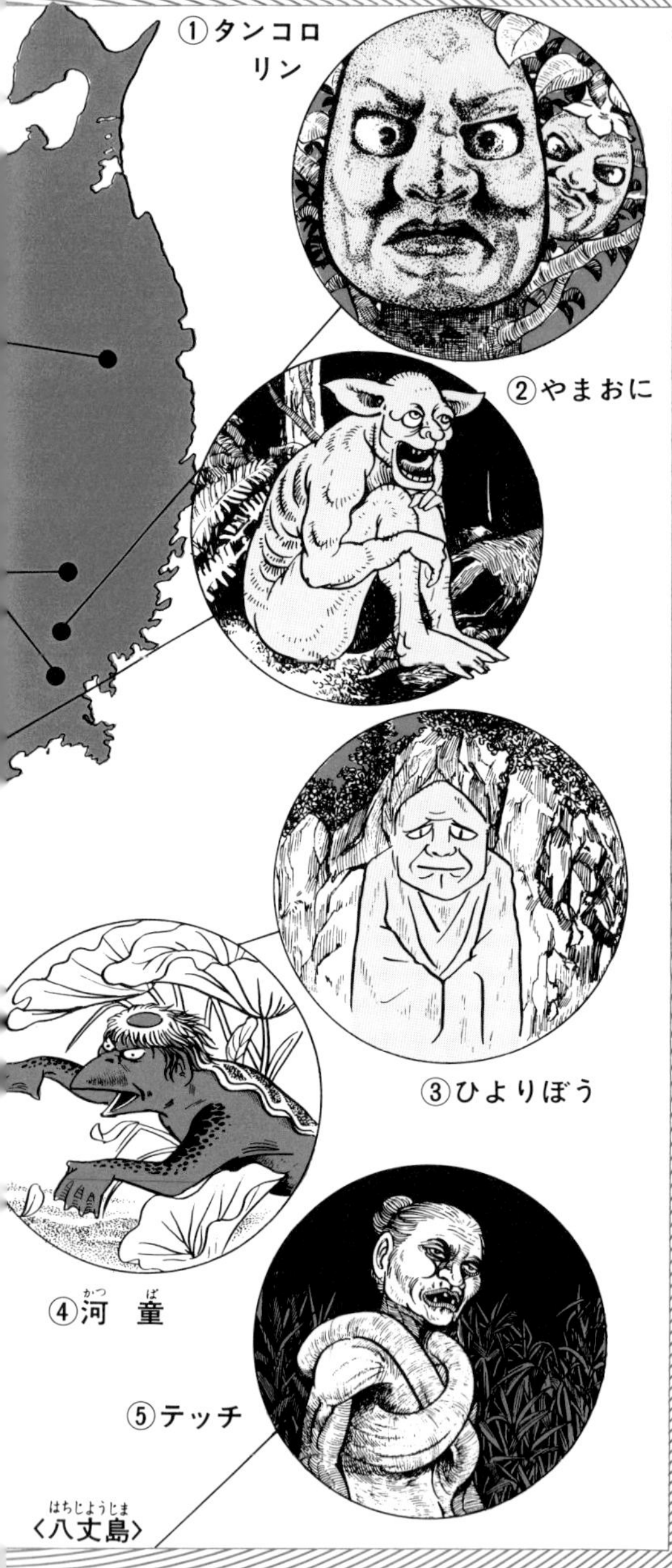

●秋田県
⑧雪女
●岩手県
⑦のびあがり
⑩ざしきわらし
●山形県
⑨ぬれ女
⑫みのむし火
●宮城県
⑥黒ぼうず
②やまおに
①タンコロリン

●群馬県
⑭あずきとぎ
●茨城県
③ひよりぼう
④河童
●埼玉県
⑪そでひき小僧
●千葉県
④河童
●東京都
⑤テッチ
⑬木霊

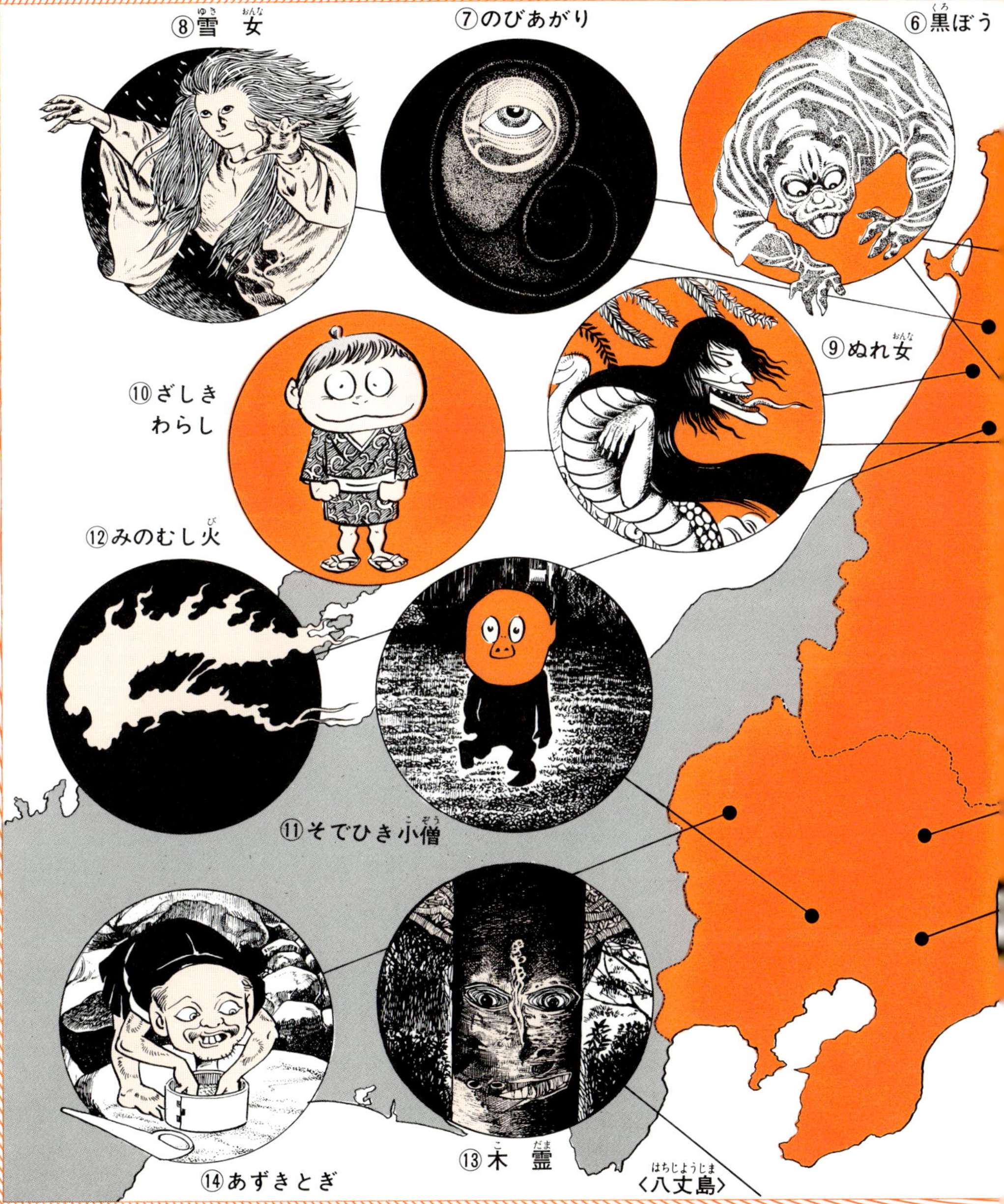
⑧雪　女
⑦のびあがり
⑥黒ぼう
⑨ぬれ女
⑩ざしき
わらし
⑫みのむし火
⑪そでひき小僧
⑭あずきとぎ
⑬木　霊
〈八丈島〉

中部地方

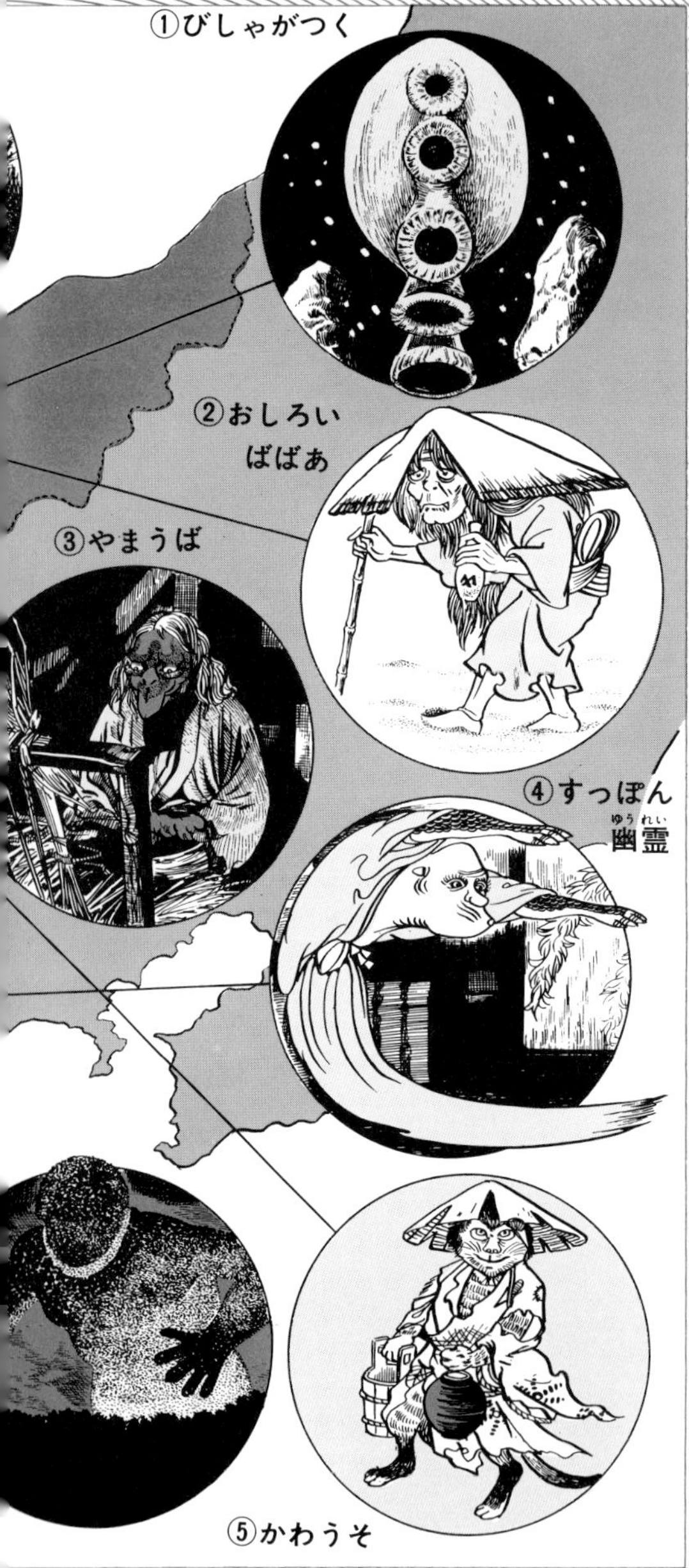

●富山県
①びしゃがつく
⑨さがり

●石川県
⑤かわうそ
②おしろいばばあ
⑪あまめはぎ
⑩火とり魔

●長野県
③やまうば
⑧つちころび

●岐阜県
⑦さとり
⑬ろくろ首

●愛知県
④すっぽん幽霊
⑫つちのこ
⑥のびあがり

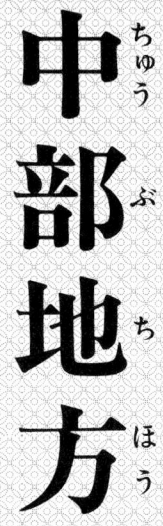

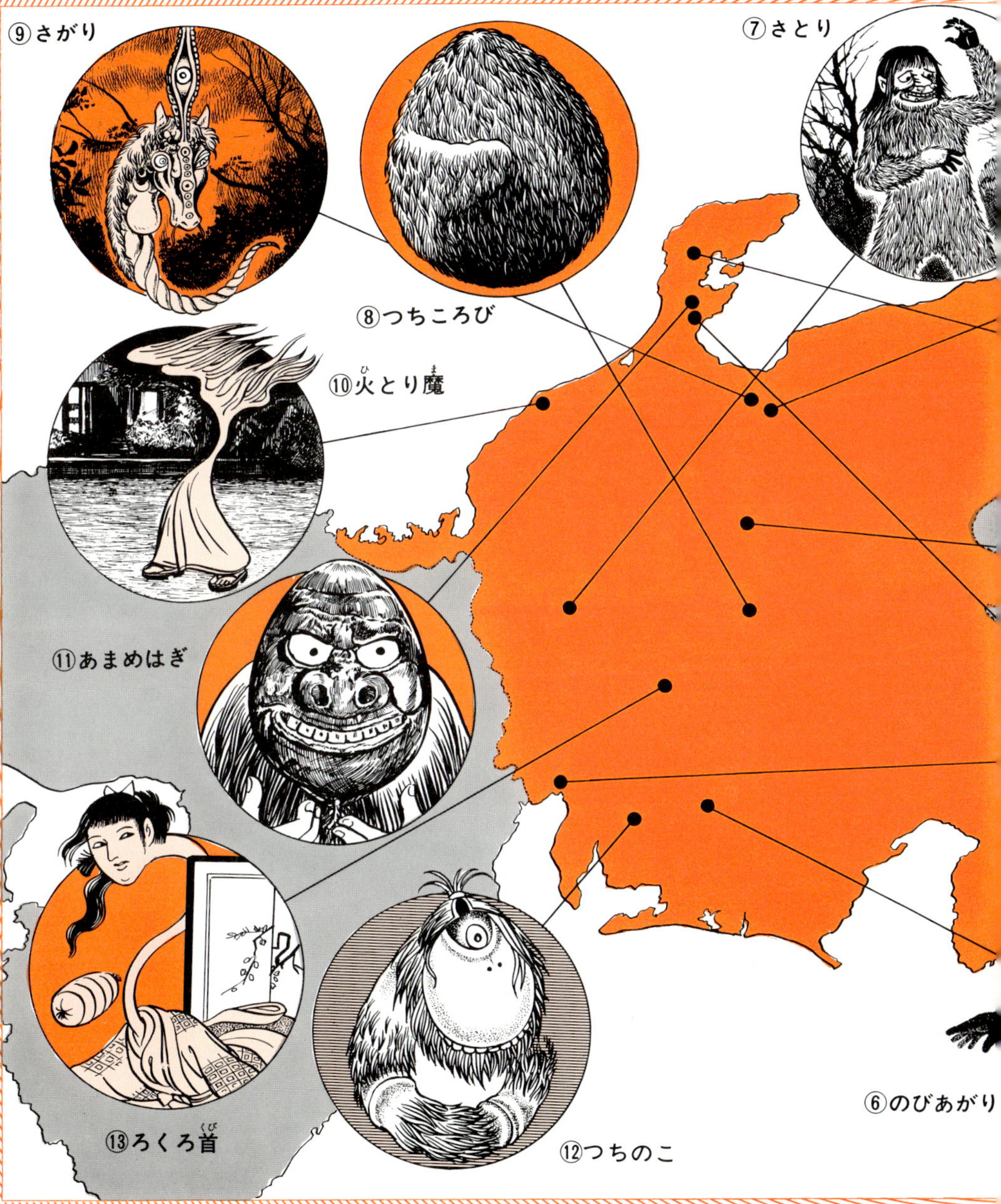
⑨さがり
⑦さとり
⑧つちころび
⑩火とり魔
⑪あまめはぎ
⑬ろくろ首
⑫つちのこ
⑥のびあがり

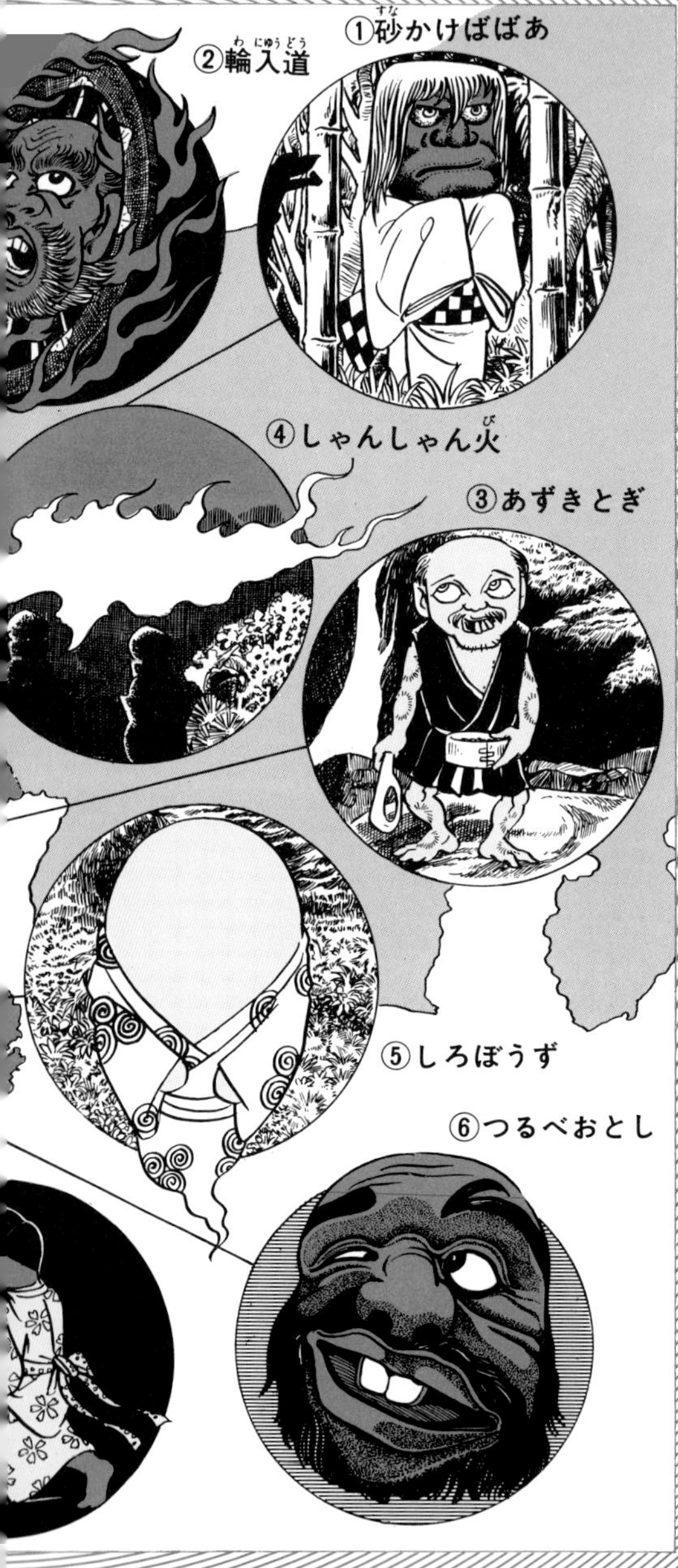

近畿地方

●大阪府

⑫姥が火

⑤しろぼうず

●奈良県

④しゃんしゃん火

⑭べとべとさん

●京都府

⑩そろばんぼうず

⑨ワタリビシャク

⑧土ぐも

②輪入道

①砂かけばばあ

●兵庫県

⑪おさかべ

⑩そろばんぼうず

●滋賀県

⑦あぶら赤子

●三重県

⑬餓　鬼

③あずきとぎ

⑥つるべおとし

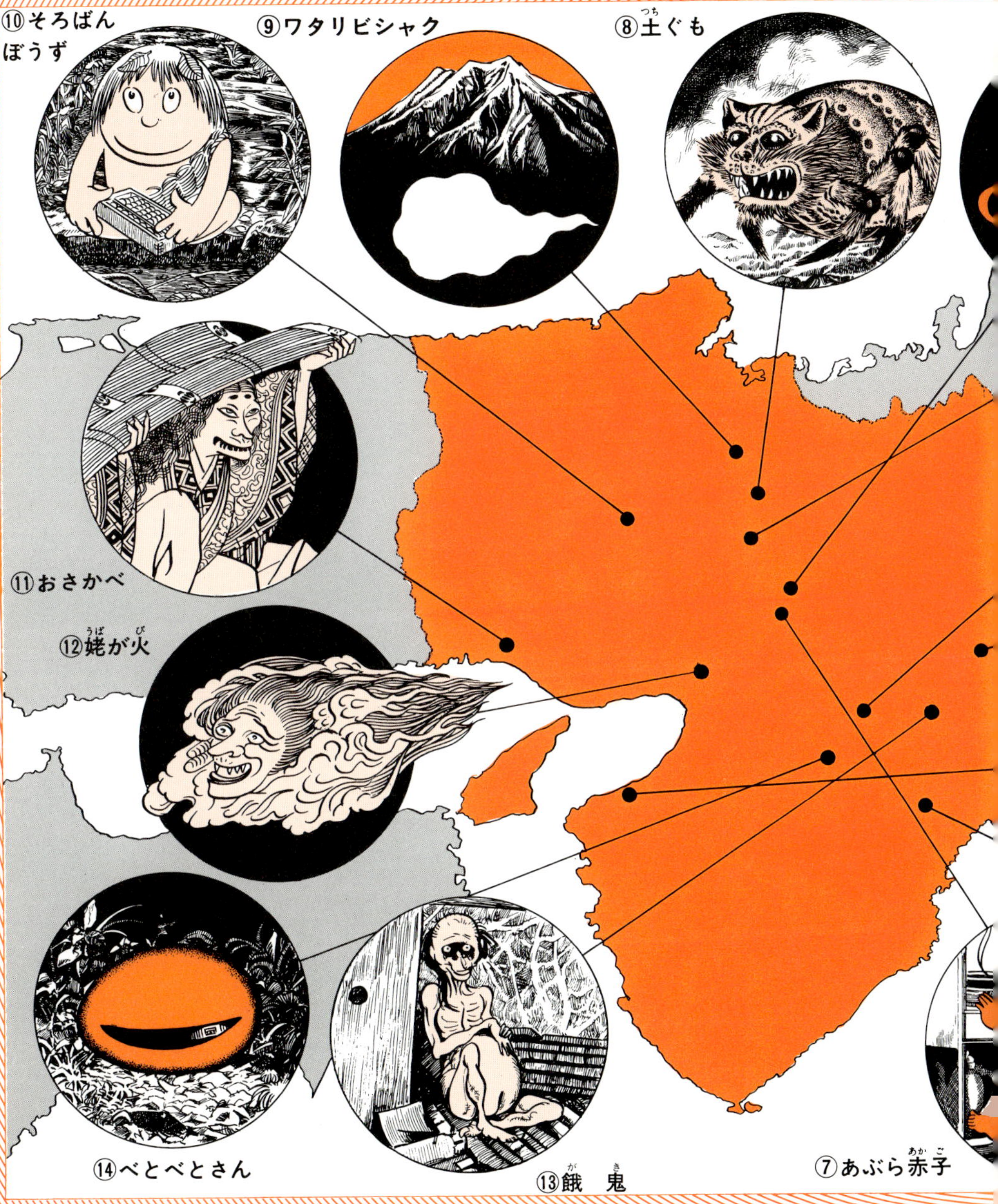
⑩そろばんぼうず
⑨ワタリビシャク
⑧土ぐも
⑪おさかべ
⑫姥が火
⑭べとべとさん
⑬餓鬼
⑦あぶら赤子

中国地方 四国地方

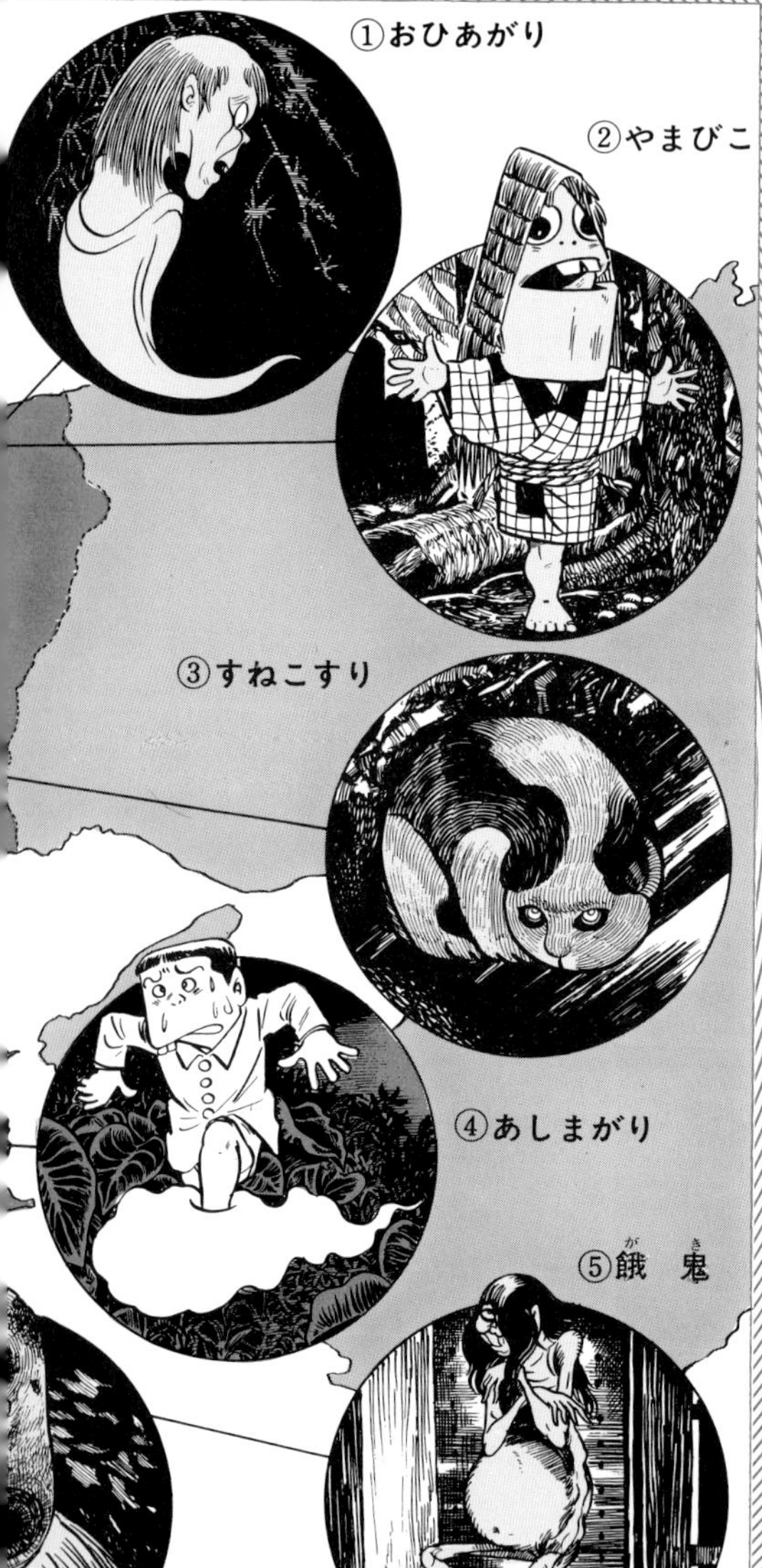

●岡山県
①おひあがり
③すねこすり
⑩こそこそ岩

●鳥取県
②やまびこ
⑦赤　頭

●広島県
⑨くらべ火

●島根県
⑧牛　鬼

●香川県
⑫高ぼうず

●徳島県
④あしまがり

●愛媛県
⑤餓　鬼
⑪こなきじじい

●高知県
⑥やまじじい
⑬ふるそま

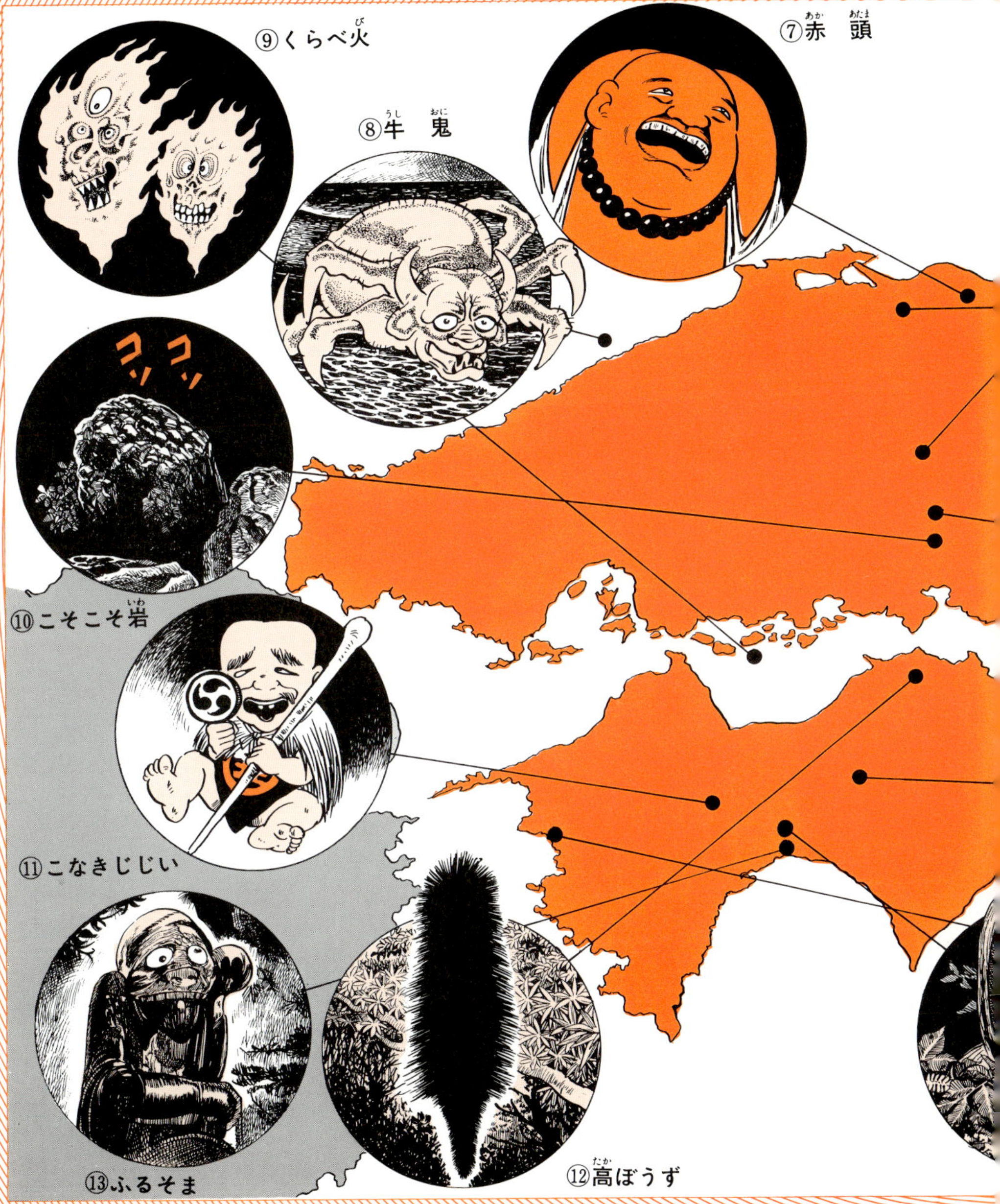
⑨くらべ火
⑦赤　頭
⑧牛　鬼
コッ
コッ
⑩こそこそ岩
⑪こなきじじい
⑬ふるそま
⑫高ぼうず

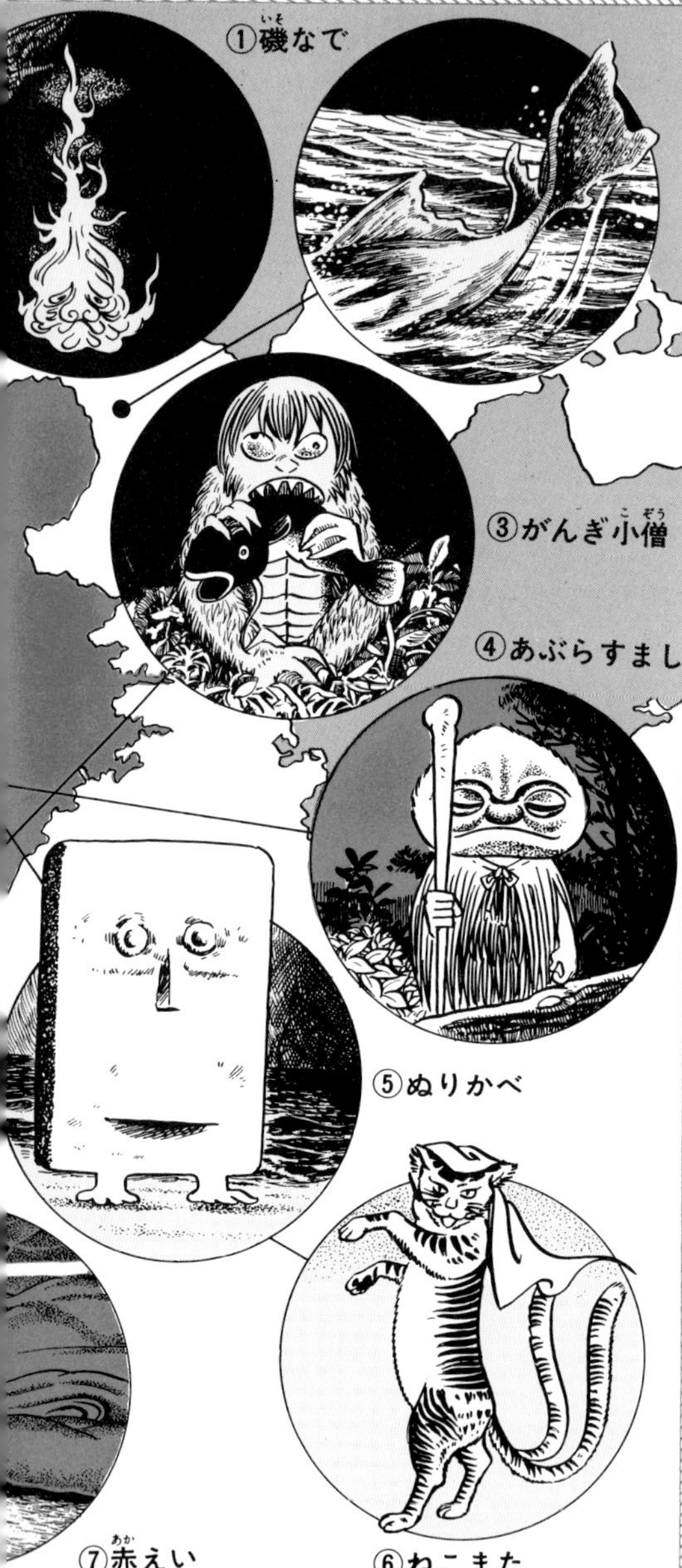

九州地方

●福岡県

⑤ぬりかべ

②つるべ火

●長崎県

⑧ぬりぼう

⑨あやかし

⑪磯　女

●大分県

①磯なで

●熊本県

④あぶらすまし

⑥ねこまた

●宮崎県

⑩河　童

③がんぎ小僧

⑬ひょうすべ

●鹿児島県

⑫一反もめん

⑦赤えい

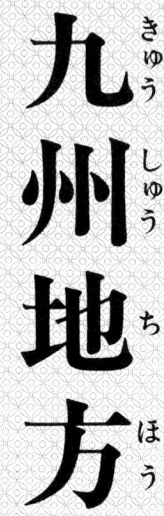

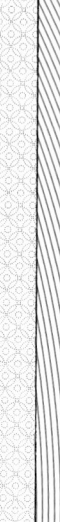

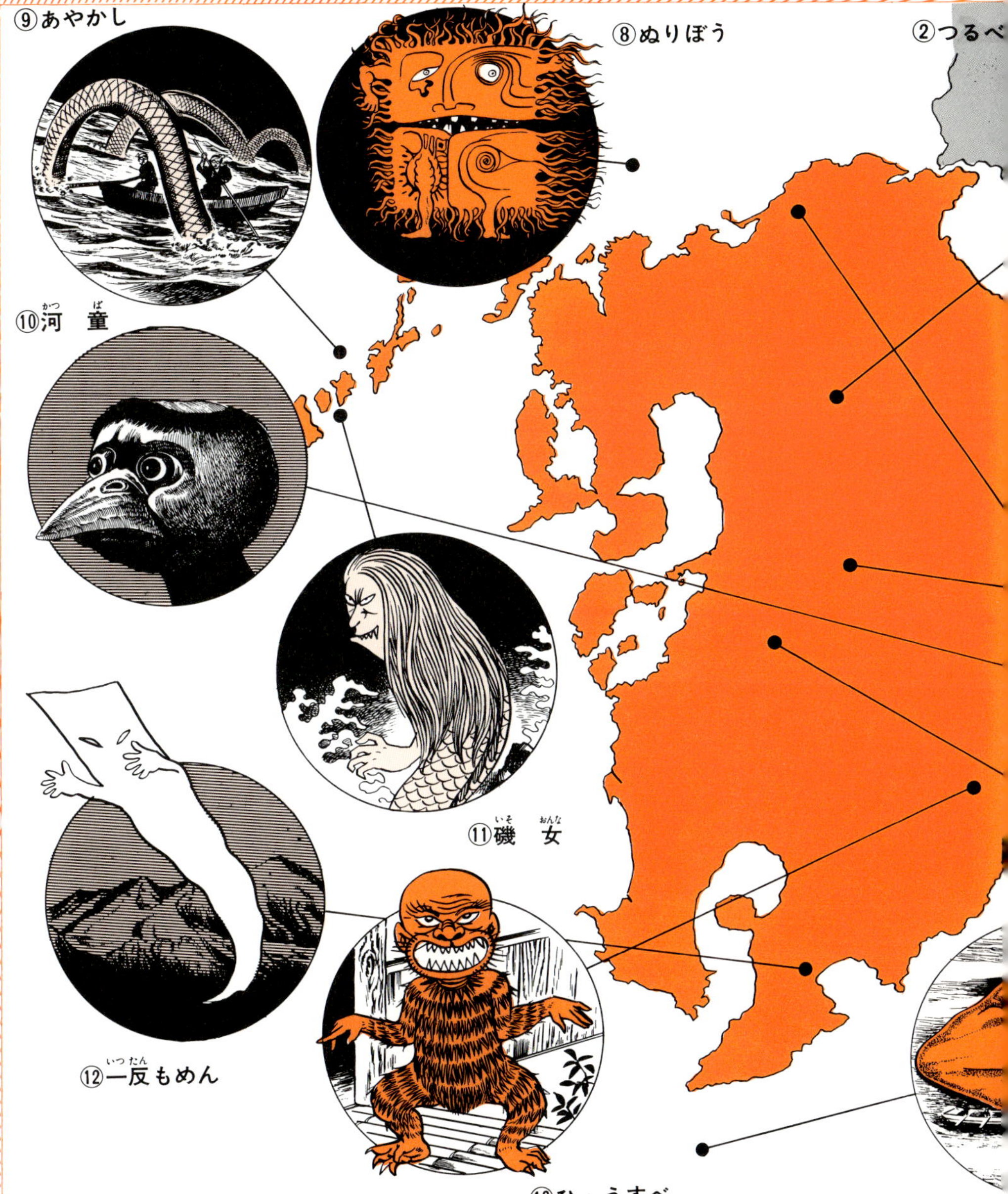
⑨あやかし
⑧ぬりぼう
②つるべ
⑩河童
⑪磯女
⑫一反もめん
⑬ひょうすべ

怪

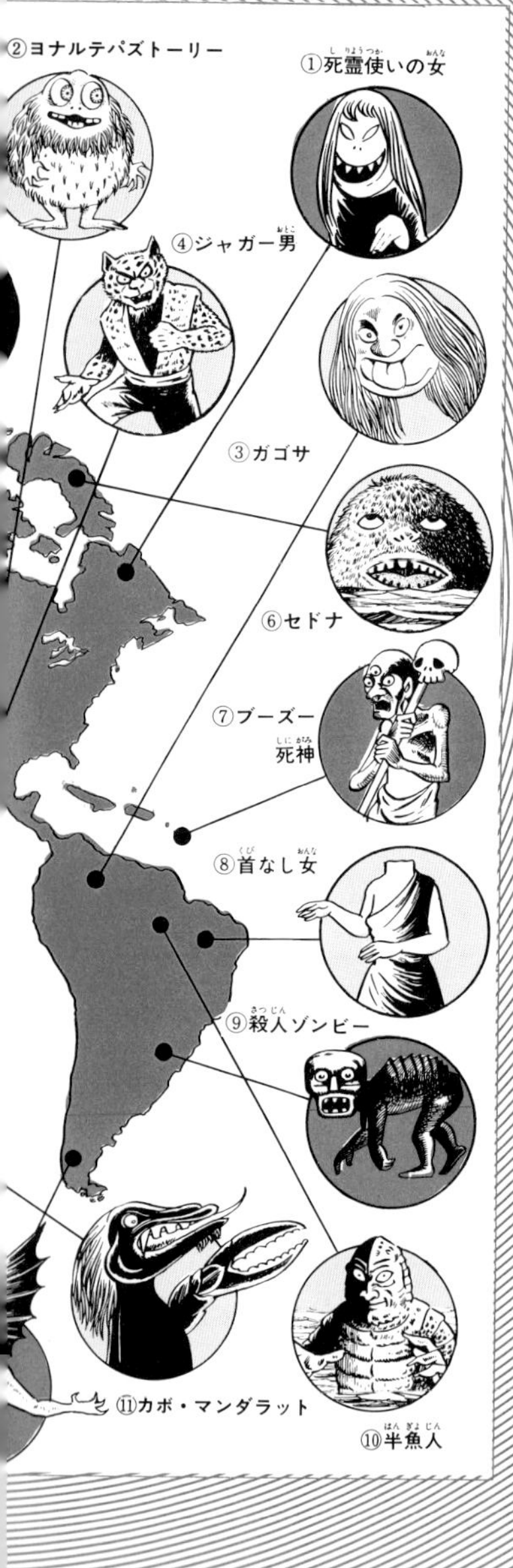

●ヨーロッパ州

㉑人魚（地中海）　㉓半獣人（フランス）　㉔グレムリン（アルプス山中）　㉕おおかみ男（スペイン）　㉖死神（ドイツ）　㉗すな男（ドイツ）　㉘ドラキュラ（イギリス）㉙ジャック・アランターン（イギリス）㉚メフィスト（ドイツ）　㉛樹霊（スウェーデン）⑮土精プッツ（オーストリア）　㉜フランケンシュタイン（スイス）㉝ゴーゴン（ギリシア）

●アフリカ州

⑲ゆうれい船（ケープタウン沖）　⑳わにつき（中央アフリカ）　㉒ミイラ男（エジプト）

●アジア州

⑬へび女（ボルネオ）　⑱九尾のきつね（中国）　㉞サルード（ロシア）　㉟ウイプリ（ロシア）　㊱ピクラス（ロシア）㊲金し鳥（朝鮮）

●オセアニア州

⑪カボ・マンダラット（南太平洋）　⑭ルーガー（ニューギニア）　⑯半魚人（ニューギニア）　⑰アトバラナ（ニューギニア）

●北アメリア州

①死霊使いの女（カナダ）　②ヨナルテパズトーリー（メキシコ）　④ジャガー男（メキシコ）　⑤おどるがい骨（アメリカ）　⑥セドナ（カナダ）

●南アメリカ州

③ガゴサ（ベネズエラ）　⑦ブーズー死神（カリブ海諸島）　⑧首なし女（ブラジル）　⑨殺人ゾンビー（ブラジル）　⑩半魚人（アマゾン川）　⑫チョンチョニー（チリ）

世界の妖

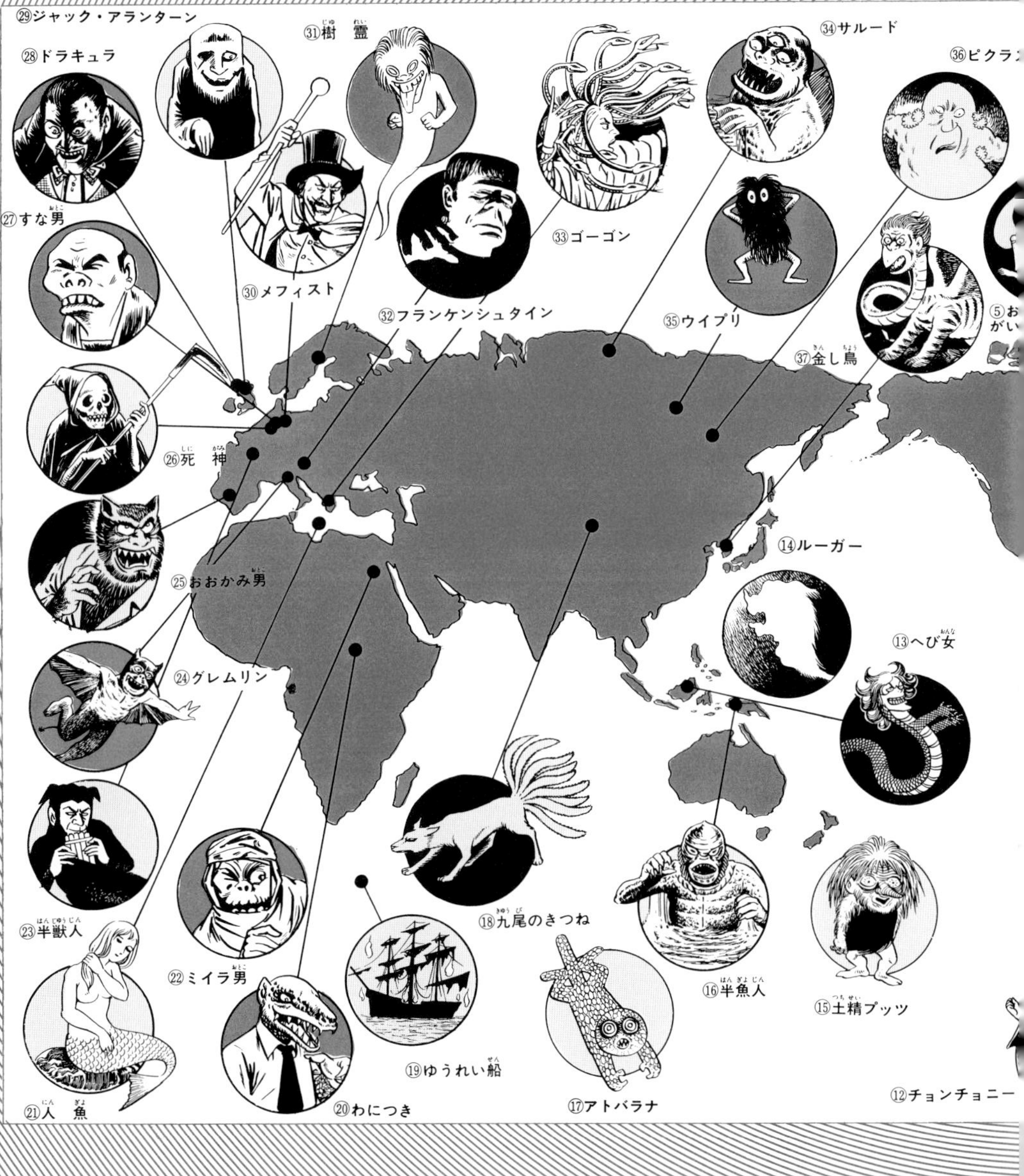

㉙ジャック・アランターン
㉘ドラキュラ
㉛樹　霊
㉞サルード
㊱ピクラ
㉗すな男
㉝ゴーゴン
㉚メフィスト
㉜フランケンシュタイン
㉟ウイプリ
⑤お
がい
㊲金し鳥
㉖死　神
⑭ルーガー
㉕おおかみ男
⑬へび女
㉔グレムリン
㉓半獣人
⑱九尾のきつね
㉒ミイラ男
⑯半魚人
⑮土精プッツ
⑲ゆうれい船
⑫チョンチョニー
㉑人　魚
⑳わにつき
⑰アトバラナ

妖怪のひみつ⑥

1 妖怪は生まれているのだろうか いまも

昔からの妖怪たちが生きのこるいっぽう、現在でも新しい妖怪たちが誕生している。テレビや書物や映画のなかでつぎつぎに生まれている妖怪たちがそうだ。けれども、その妖怪たちの生命は短く、ほとんどのものが、またすぐに消え去っている。新しく生まれた妖怪が、長く生きのこるためには、その妖怪が魅力をもち、共感を得なければならない。

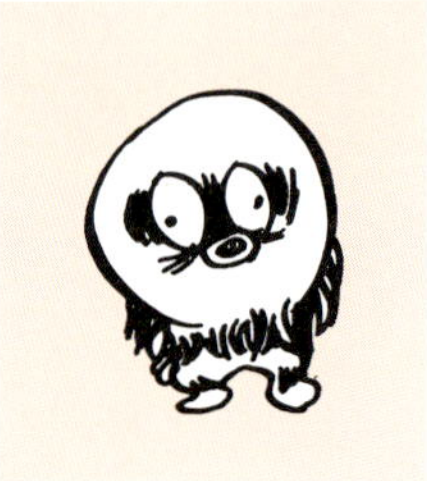

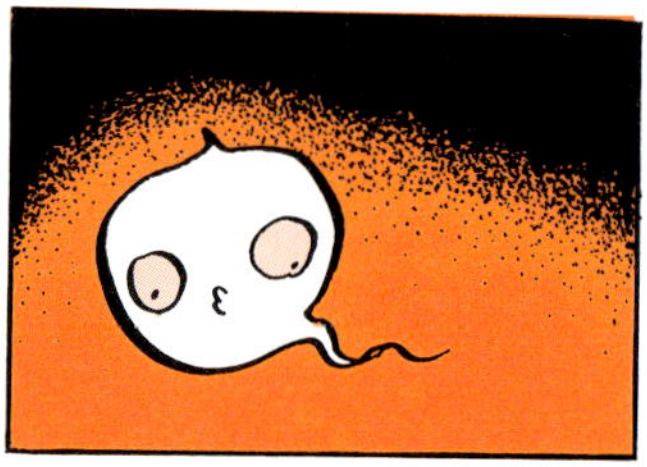

現代の妖怪

2 雪男やネッシーなども妖怪だろうか

キングコングやゴジラなど、物語のなかで作られ、生まれた妖怪ばかりでなく、つちのこや雪男やネッシーなど、目撃者がいて話題になり誕生する妖怪もある。しかし、現代では、こういう新しい発見から生まれる妖怪は、ごくまれになっている。地球が狭くなっているうえに、人々の目が科学的な方向に傾いているからだ。

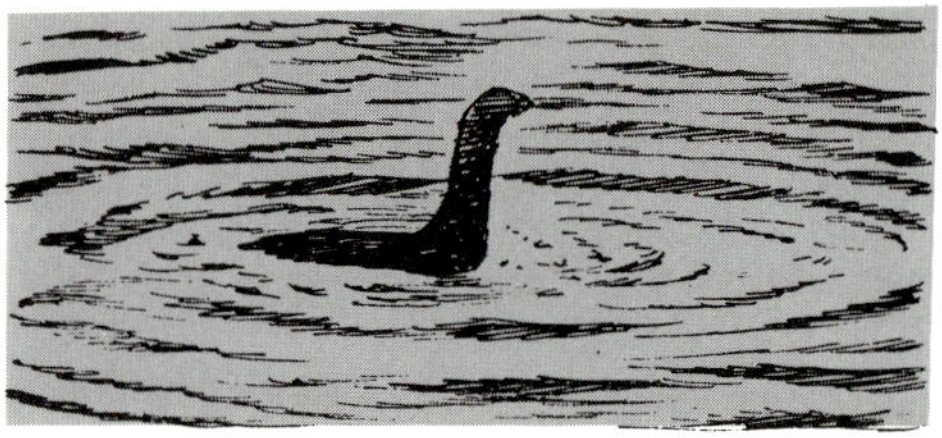

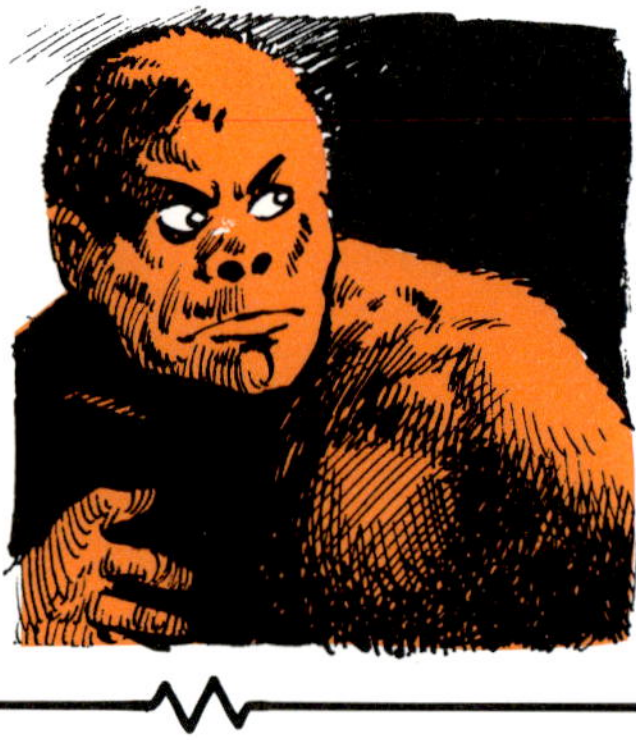

3 妖怪の将来は

どうなるだろう

いままた妖怪に興味をもつ人々がふえている。興味のもちかたにはふたとおりあって、いっぽうでは民話や伝説のなかの妖怪にもういちど親しもうとするのに対して、もういっぽうではネッシーをはじめ、UFO（空飛ぶ円盤など、未確認飛行物体）や宇宙人など、新しい妖怪ともいうべきものに向けられている。

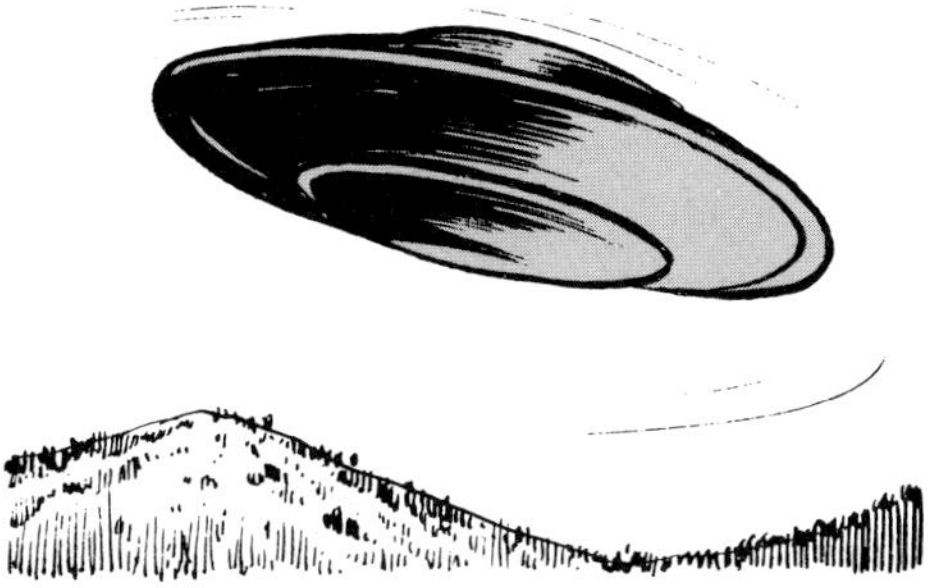

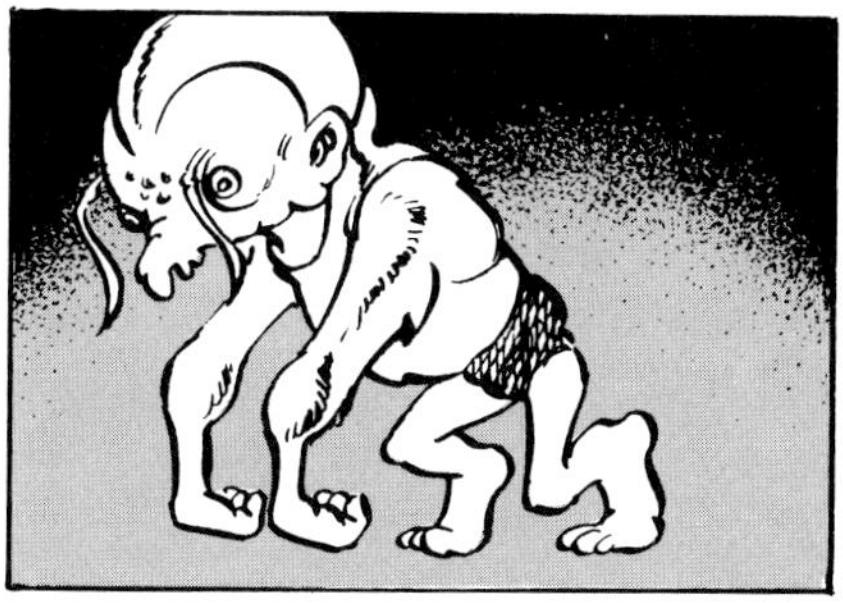

妖怪が活躍するのは、なんといってもその妖怪が生まれた時代だろうが、妖怪が生き生きとした生命力を持ちつづけるのは、それぞれの妖怪たちによせられる人々の強い親しみが支えだ。だから、妖怪たちにとっていまは天国であるとともに、消え去るものと、生き残るものとにわかれるきびしい時代といえるかもしれない。

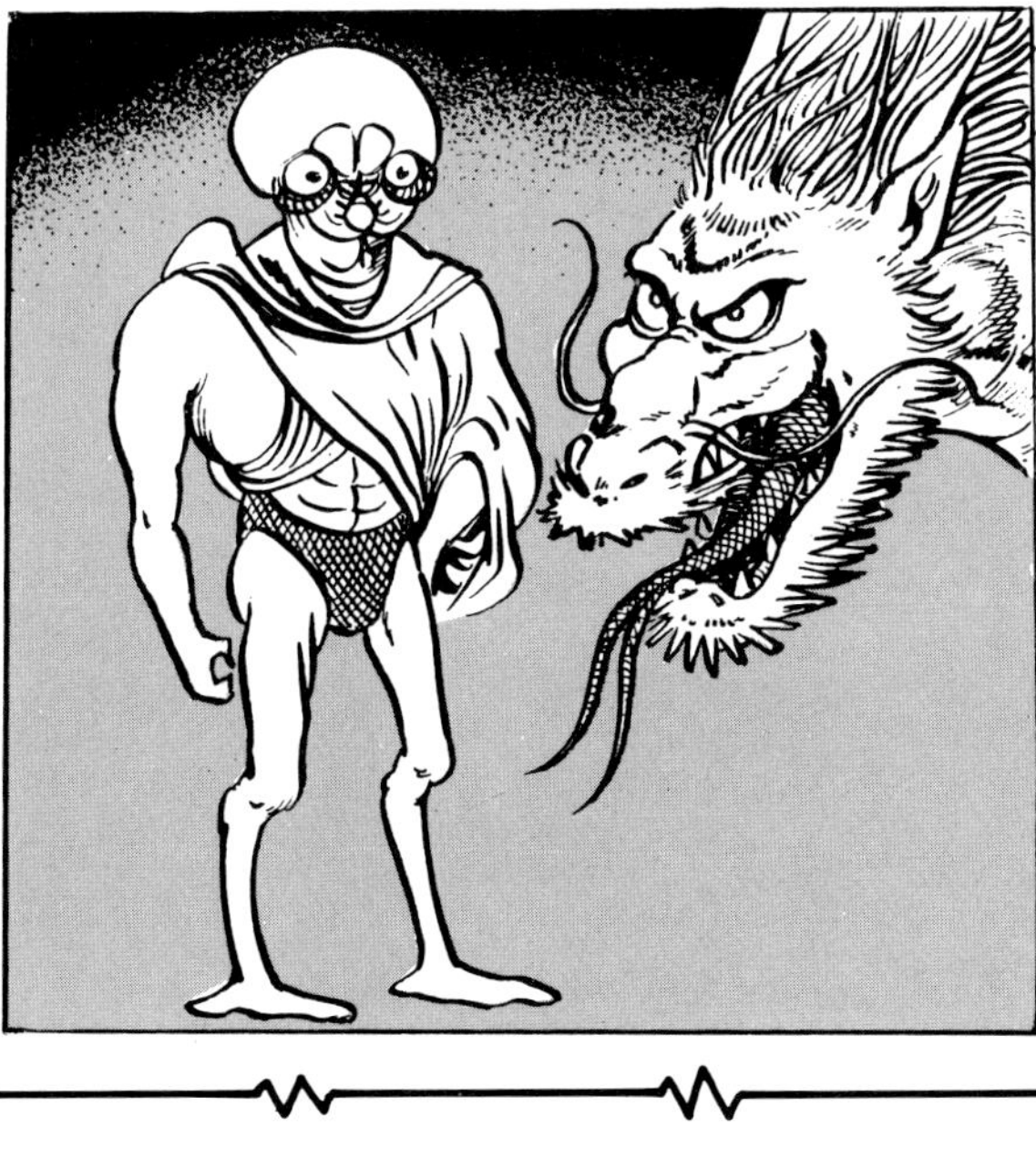

怪獣にちかい妖怪

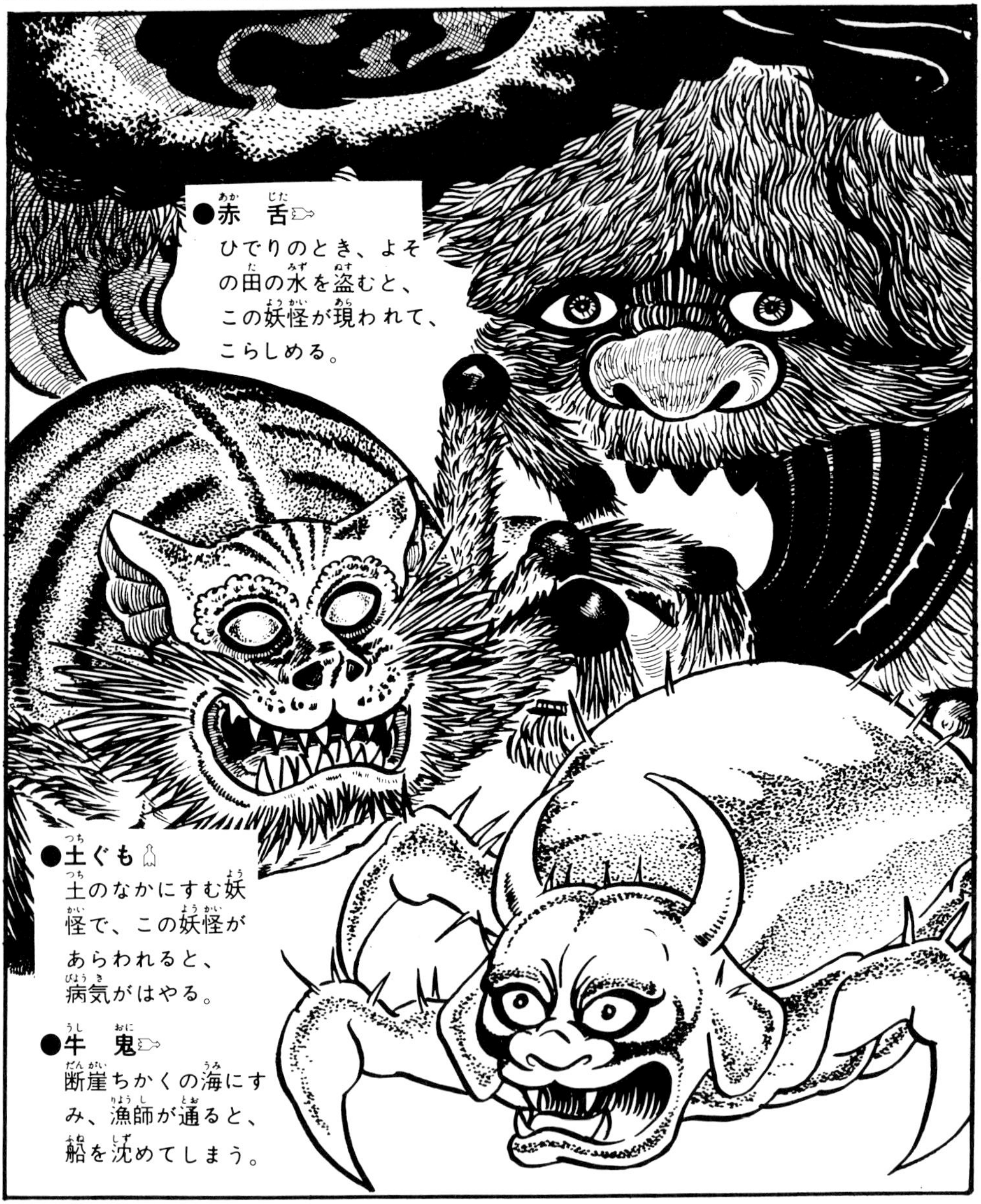

●赤　舌
ひでりのとき、よその田の水を盗むと、この妖怪が現われて、こらしめる。

●土ぐも
土のなかにすむ妖怪で、この妖怪があらわれると、病気がはやる。

●牛　鬼
断崖ちかくの海にすみ、漁師が通ると、船を沈めてしまう。

第7章 妖怪の歴史

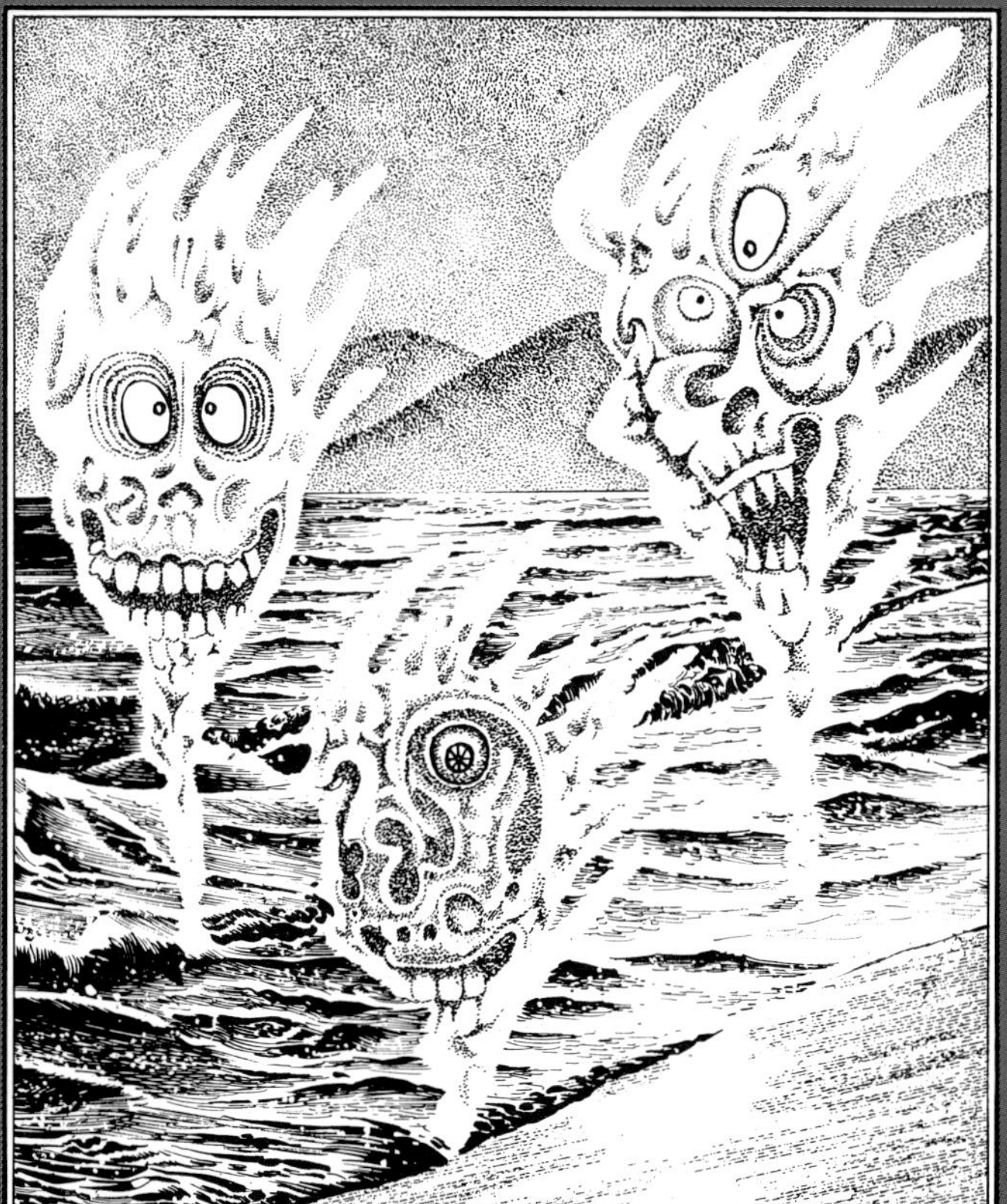

妖怪たちの歴史

妖怪は、もともと、いろいろな物のほんとうのすがたが、かたちをかえて化けるのだといわれる。だから、妖怪の歴史は、人間が生物だけでなく、無生物もふくめて、あらゆるものにたましいがやどっていると考えた時代から始まっている。

いまとなっては、大昔、日本にどういうお化けがいたかは知ることはできないが、おそらくそのころは妖怪たちの天国で、いちばんたくさんの妖怪たちがいたと思われる。

もちろん、その妖怪たちのなかには、現在も伝わっている妖怪として残っているものもあるにちがいない。

日本人は、昔から妖怪ずきだったとみえて、絵巻や彫刻などにたくさんの妖怪たちを残している。

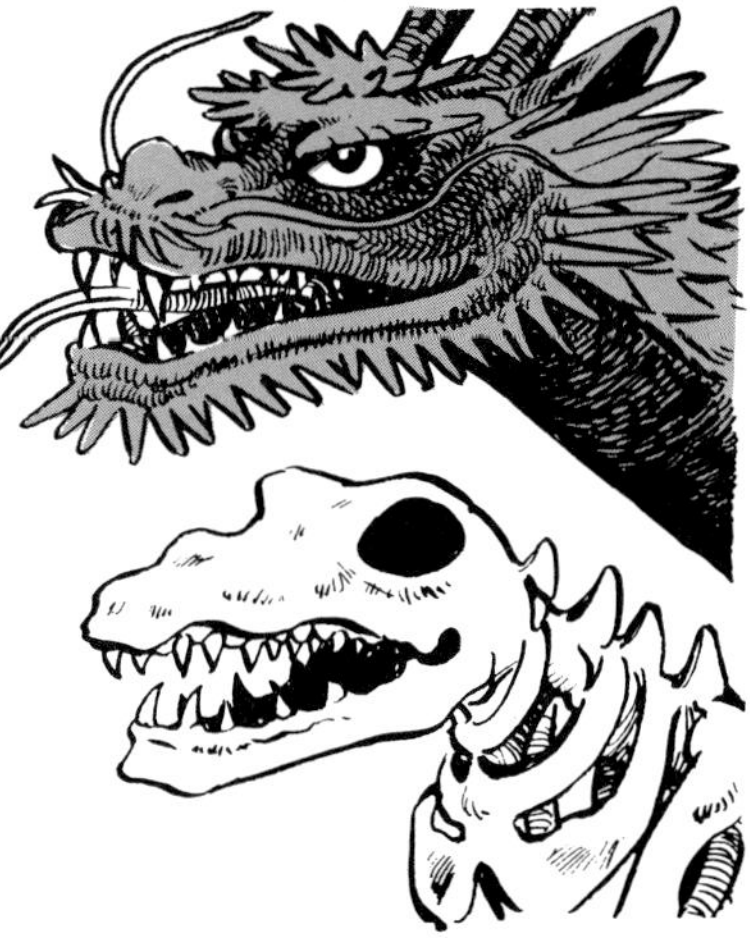

竜は恐竜の骨から想像された

たとえば、竜という古くからの妖怪は、空想から生まれたものではあるが、昔は、恐竜の骨などがよく山などにあったので、昔の人はそれを見て、竜を想像したといわれている。

同じように、ほかのたくさんの妖怪も、たんに想像からばかりでなく、妖怪のもとになったものが昔はあったにちがいないのだが、いまでは、そのもとになったものがわからない。

現在いる妖怪たちに、はっきりしたすがたをあたえたのは、なんといっても、江戸時代の画家・鳥山石燕という人だろう。鳥山石燕

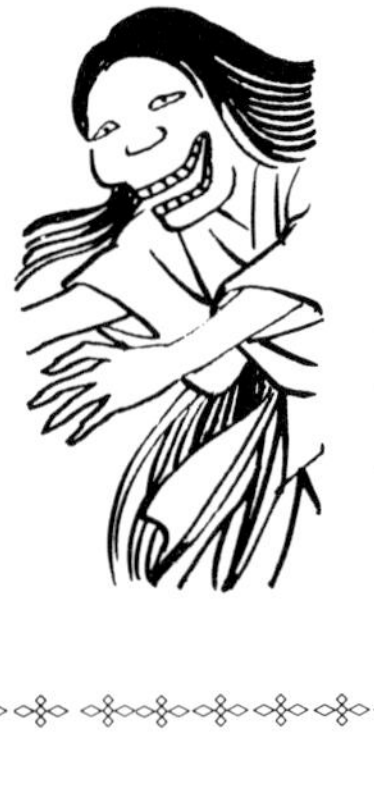

が描いた妖怪は、中国に伝わっている妖怪画とちがって、いかにも生きいきして、ほんとうらしく、わたしたちの想像力をしげきする。

鳥山石燕が妖怪画を描いて、妖怪たちにすがたをあたえた数は、二百以上にものぼり、大評判になった。そのあとも、いろいろな画家が妖怪画を描いたが、だれひとり鳥山石燕にはおよばなかった。鳥山石燕こそ、妖怪のたましいを知っていたのではないだろうか。

明治時代のころから西洋の文化がはいってきて、人間は、なんでも自分の思うままになると考えた。自然を変えることだってできると思ったのだ。ところが、自然をかえようとして、ぎゃくに自然の力にうち負かされてしまってから、はじめて人間の力でもかなわない相手があることがわかったのだろう。

ひところは失われかけていた妖怪への関心が、それからふたたびたかまり、このごろでは、妖怪たちや幽霊たちがまた、人びとからおもしろがられ、愛されるようになった。

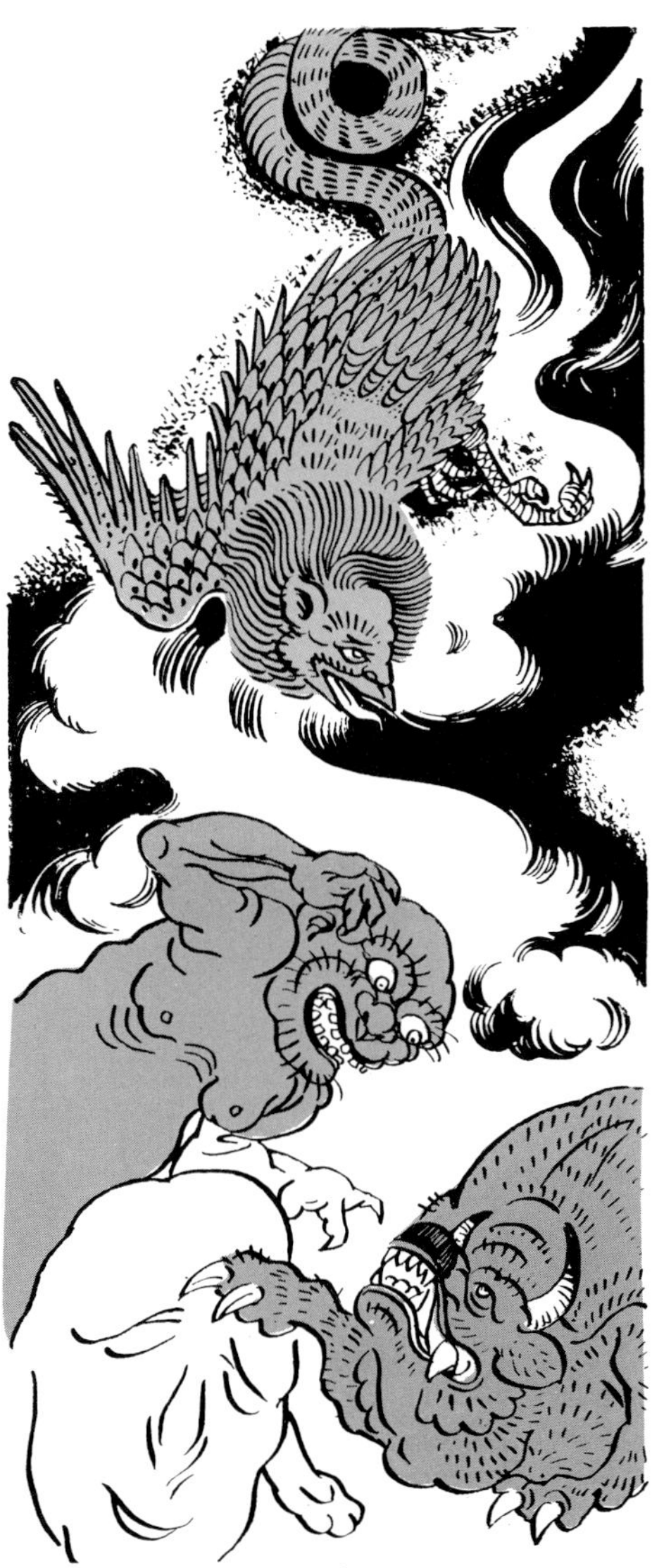

鳥山石燕の描いた妖怪たち

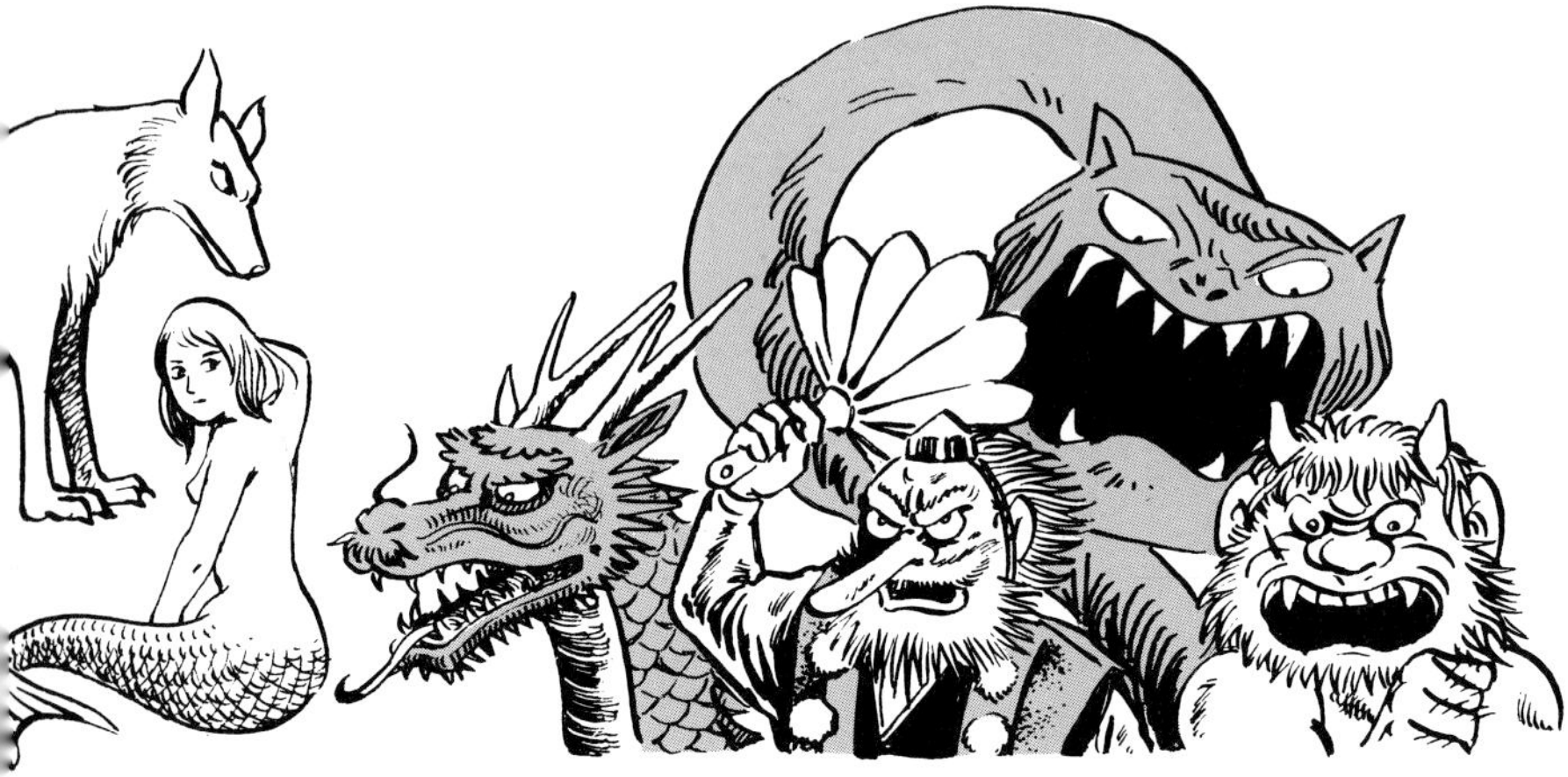

妖怪年表

妖怪名	時代	年代	出現の記録
森羅万象	古代	上代	●このころは、人間からみると、あらゆるものが魔力をもっていて、草や木も、人間と話をした。
鬼			●「日本書紀」という本のなかに、はじめて、鬼のことがのった。
天狗			●須佐之男命が胸の猛気を吐き出すと、天狗になった。
竜			●豊玉姫という人が、子どもを生むときに、竜になった。
大みずち		三七九年	●岡山県に大みずちが現われ、それを退治したところ、川の水がみんな血になった。
人魚		四八〇年	●尼さんが、人魚を食った。
きつね		五四四年	●美しい女の人が、飼い犬にほえられて、きつねの正体を現わした。

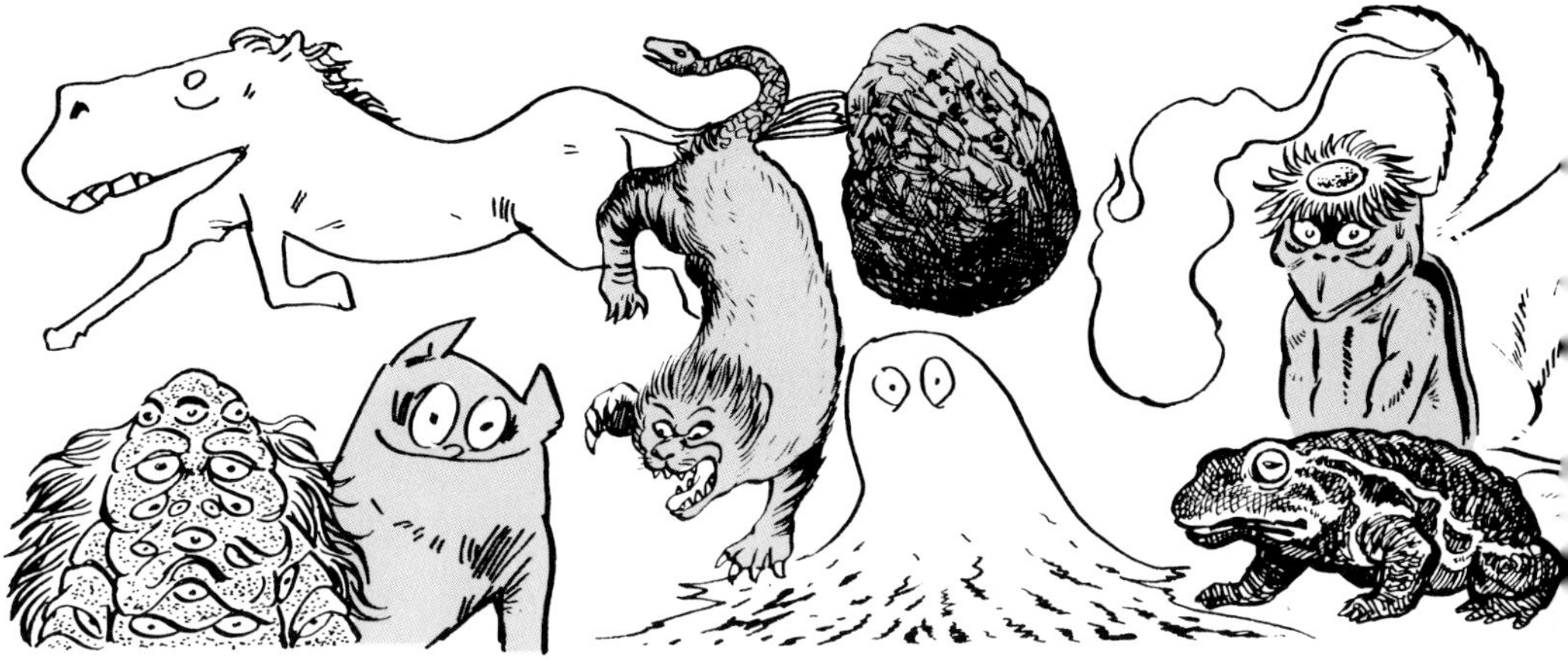

六二七年	河童	
六三一年	がま	
七五九年	人魂	奈良時代
七七〇年	妖石	奈良時代
八八九年	水の精	平安時代
九〇五年	ぬえ	平安時代
九五八年	女鬼	平安時代
一一五五年	人犬	平安時代
一一八〇年	百鬼	平安時代
一三三三年	天馬	

●九州の海岸に、中国からたくさんの河童が上陸した。

●がまが現われて、人間のように立って歩いた。

●「万葉集」という本に、人魂のことがのった。

●寺の石を運ぶとちゅう、石がひとりでに鳴りだしたので、妖石といわれた。

●老人が死ぬとき、たらいの水のなかにはいって、水の精になった。

●ぬえが現われた。

●京都に、人を食う女鬼が現われた。

●首から上が人間、からだは犬の妖怪が、京都に現われた。

●京都に、百鬼が現われた。

●鳥取県から京都までを、一

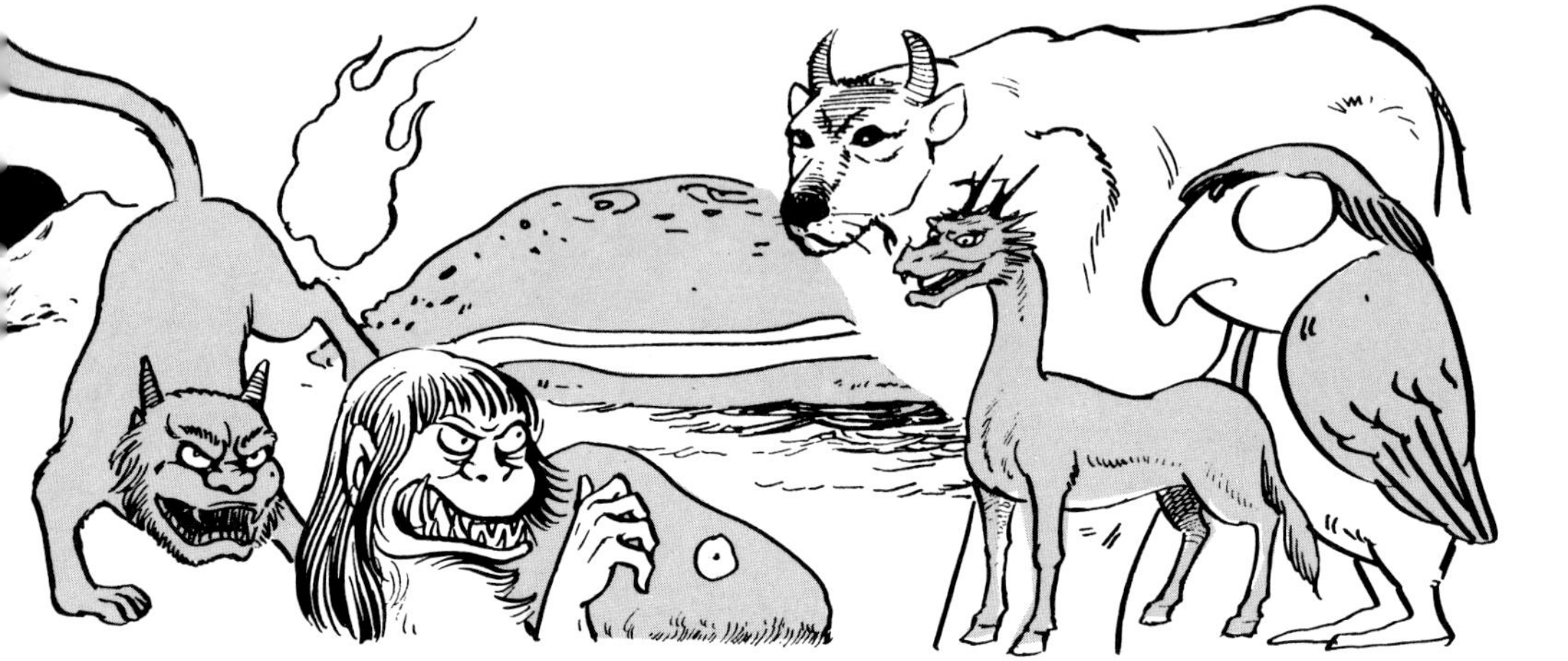

日で走る天馬が現われた。

怪鳥	戦国時代	一三三四年	●首から上が人間、からだは蛇、羽がある妖怪が現われた。
竜馬	戦国時代	一三三五年	●鳥取県に竜馬が現われた。
大牛	戦国時代	一五七九年	●安土城の便所に大牛の妖怪がいたので、刀で切ったが血も出ないで、消えた。
肉人	時代	一六〇九年	●徳川家康の居城・駿府城の庭に、指のない手で天をさす子どものすがたをした奇怪な肉人が現われた。
大あわび	時代	一六六五年	●千葉県の亀崎の海に、大あわびが現われた。
ひひ	時代	一六八三年	●新潟県の桑取谷というところに、ひひの妖獣が現われた。
きつねの火玉	時代	一六八八年	●京都の東川に、きつねの火玉が現われた。
雷獣	時代	一六九八年	●新潟県に雷獣が落ちた。

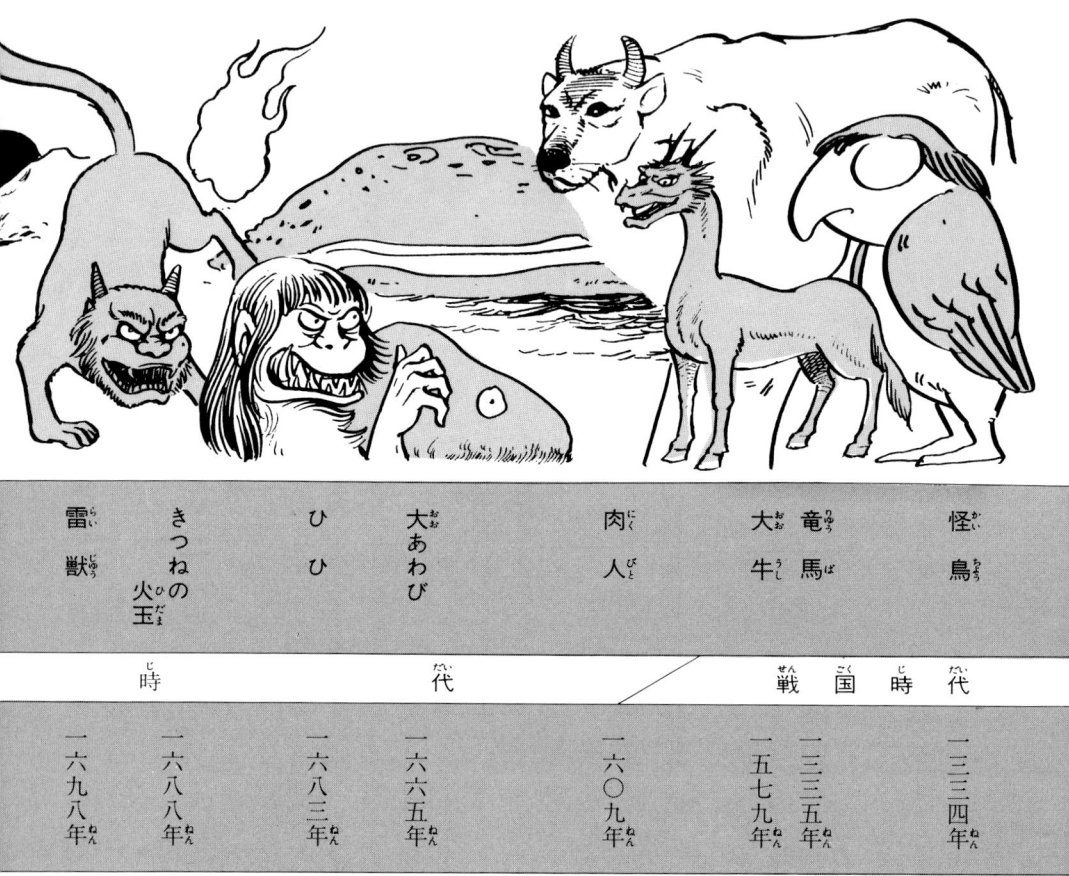

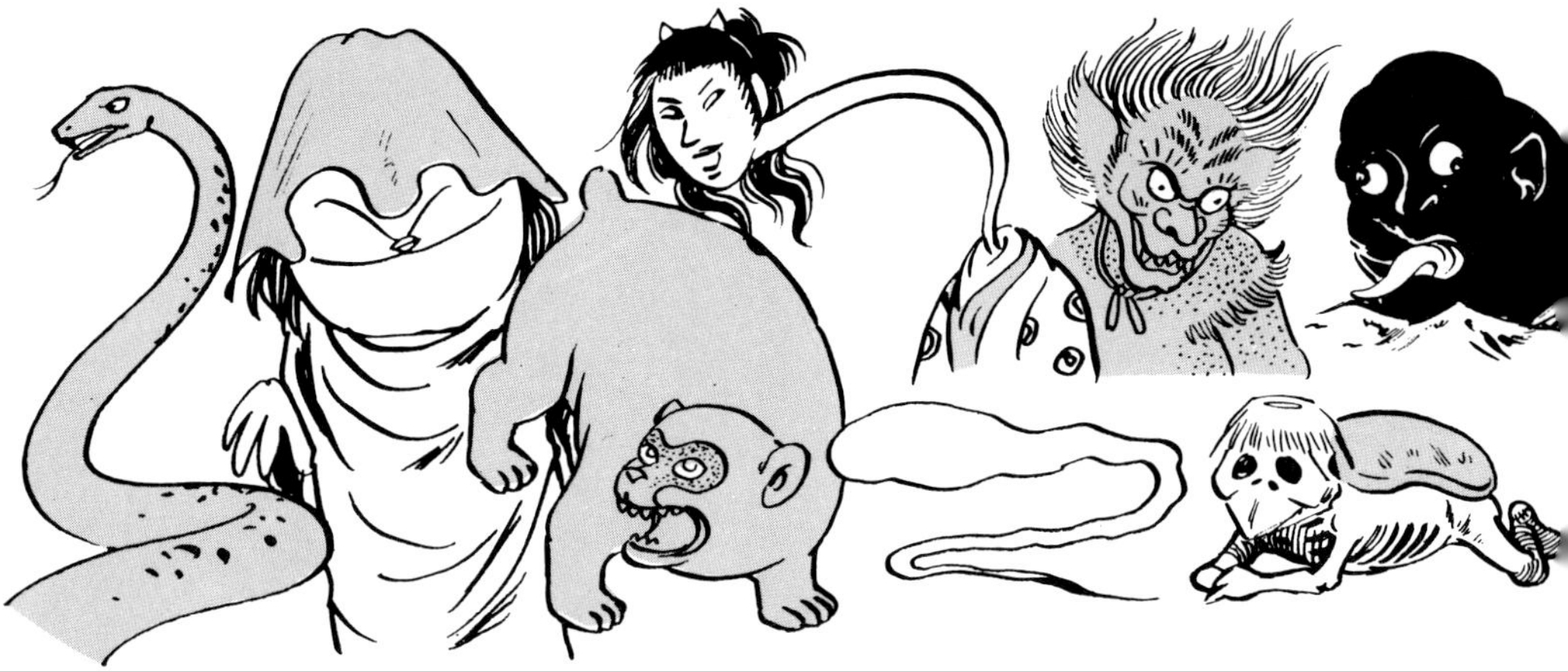

大入道	江戸	一七一〇年	●愛知県の人里はなれた野原に、大入道が現われた。
河童のミイラ		一七一六年	●神奈川県で、河童のミイラが発見された。
火車		一七六五年	●京都に火車が現われ、これを見た人は、やけどをした。
もののけ		一七六七年	●京都に、もののけが現われた。
ろくろ首		一八〇〇年	●江戸に、ろくろ首の女が現われた。
人猿		一八二六年	●栃木県で、五歳の子どもが家出をして山にはいり、猿になった。
ほうそう魚		一八三八年	●神奈川県の浦賀の浜に、ほうそう魚という怪魚が現われた。
白蛇		一八六五年	●福島県で、天井裏にひそむ白蛇が、人の生血を吸っては殺した。

さくいん

妖怪のなまえ

あ

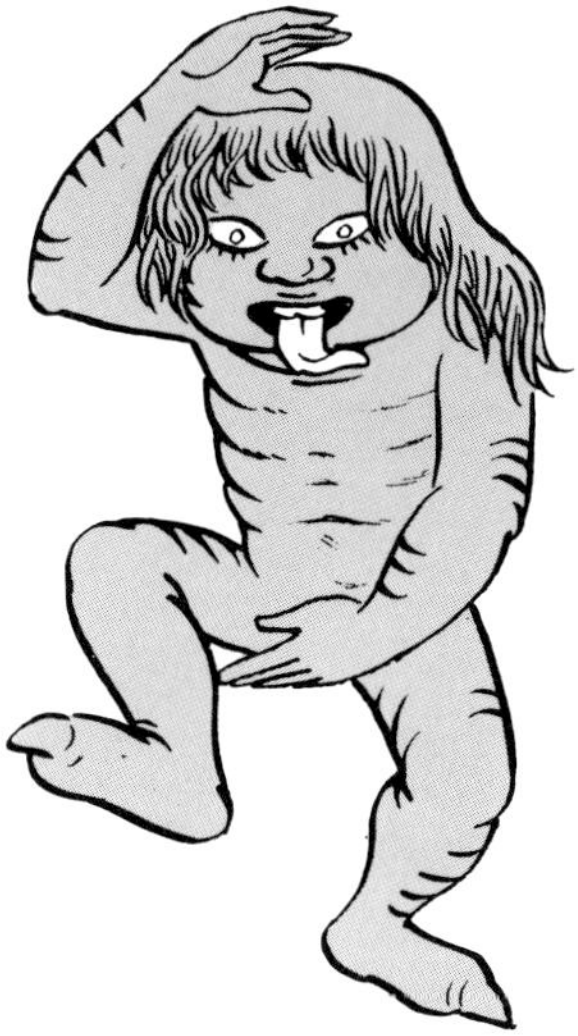

あかなめ

い

う

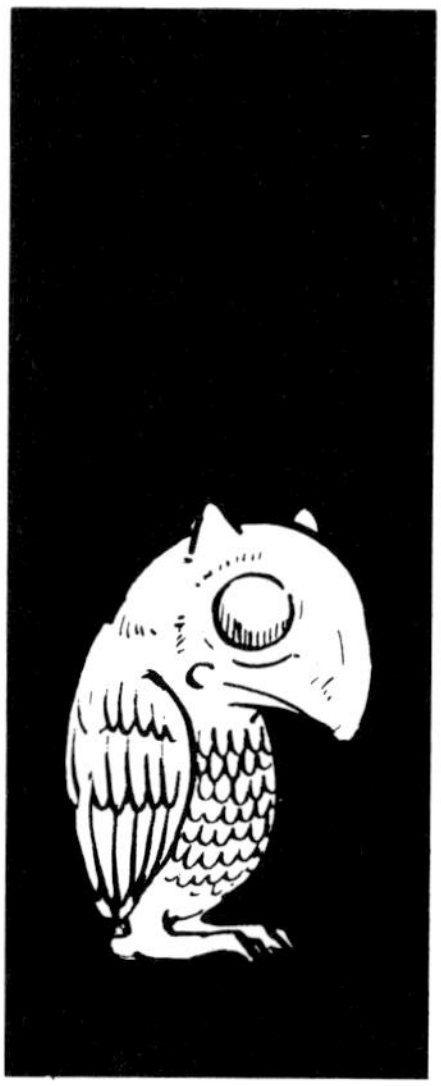

うぶめ

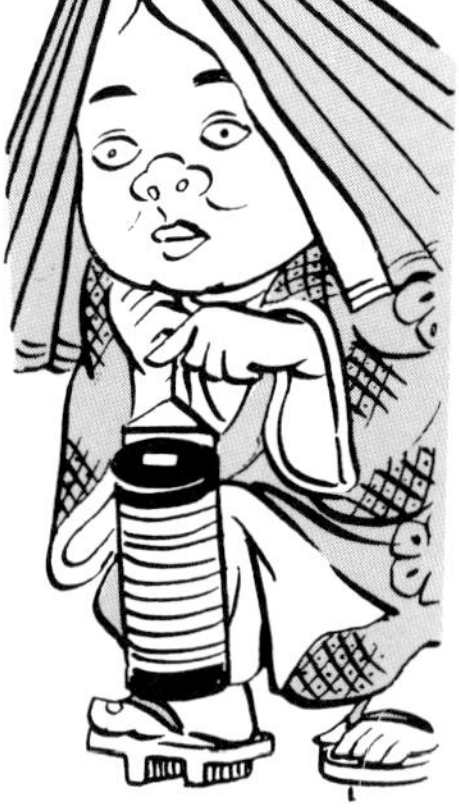

あめふり小僧

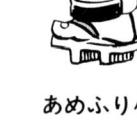

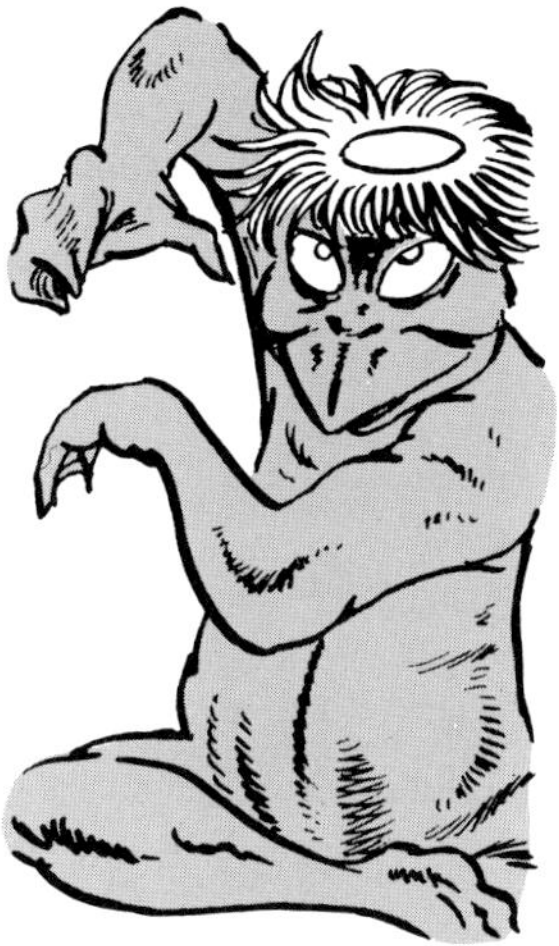

ガータロ

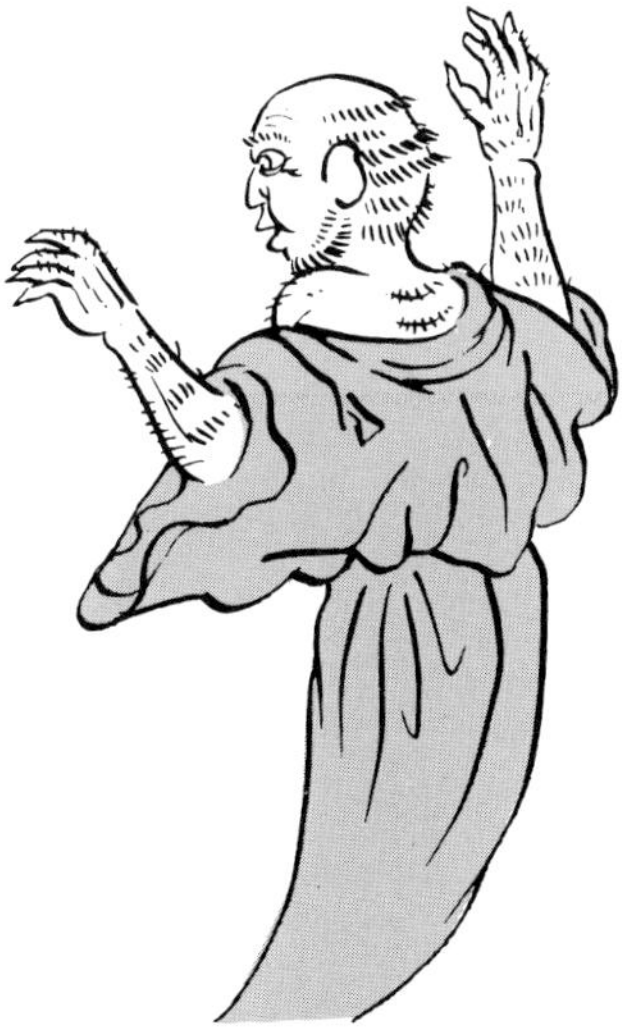

かんばり入道

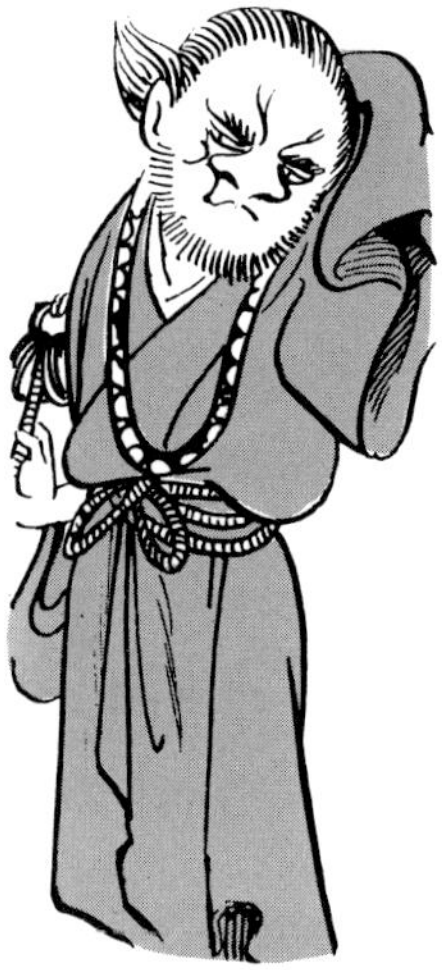

こさめぼう

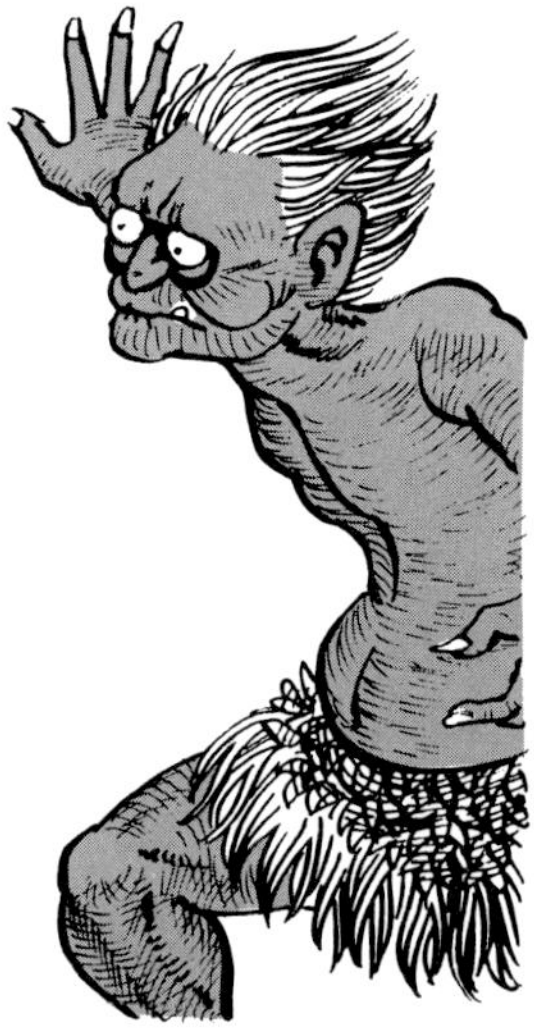

さんせい

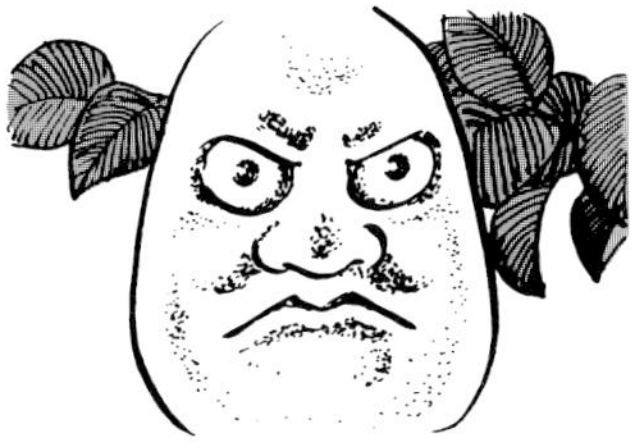
タンコロリン

て

と

な

に

ぬ

ね

の

は

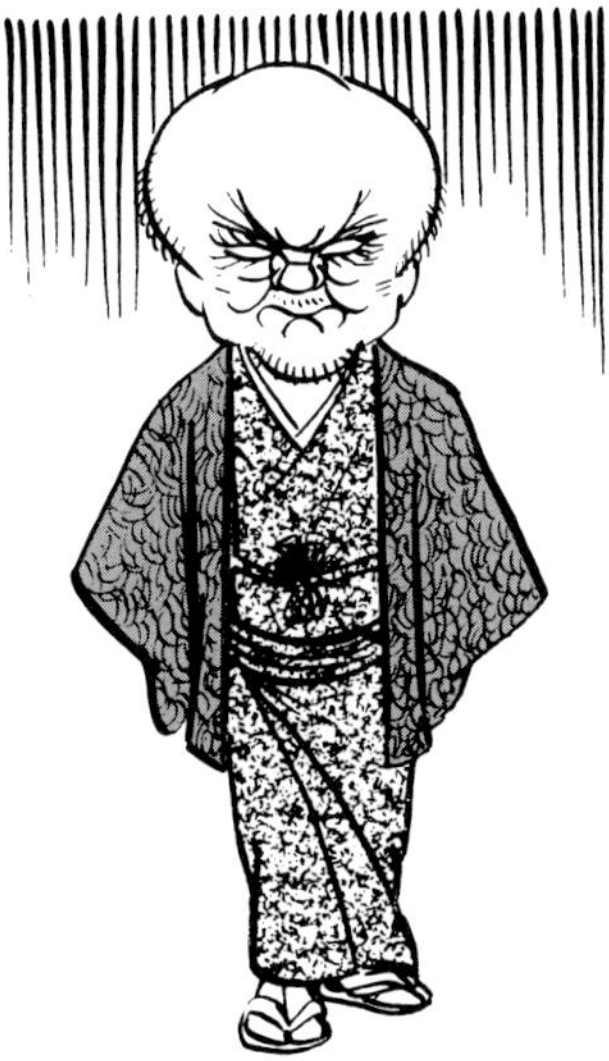
ぬらりひょん

ひ

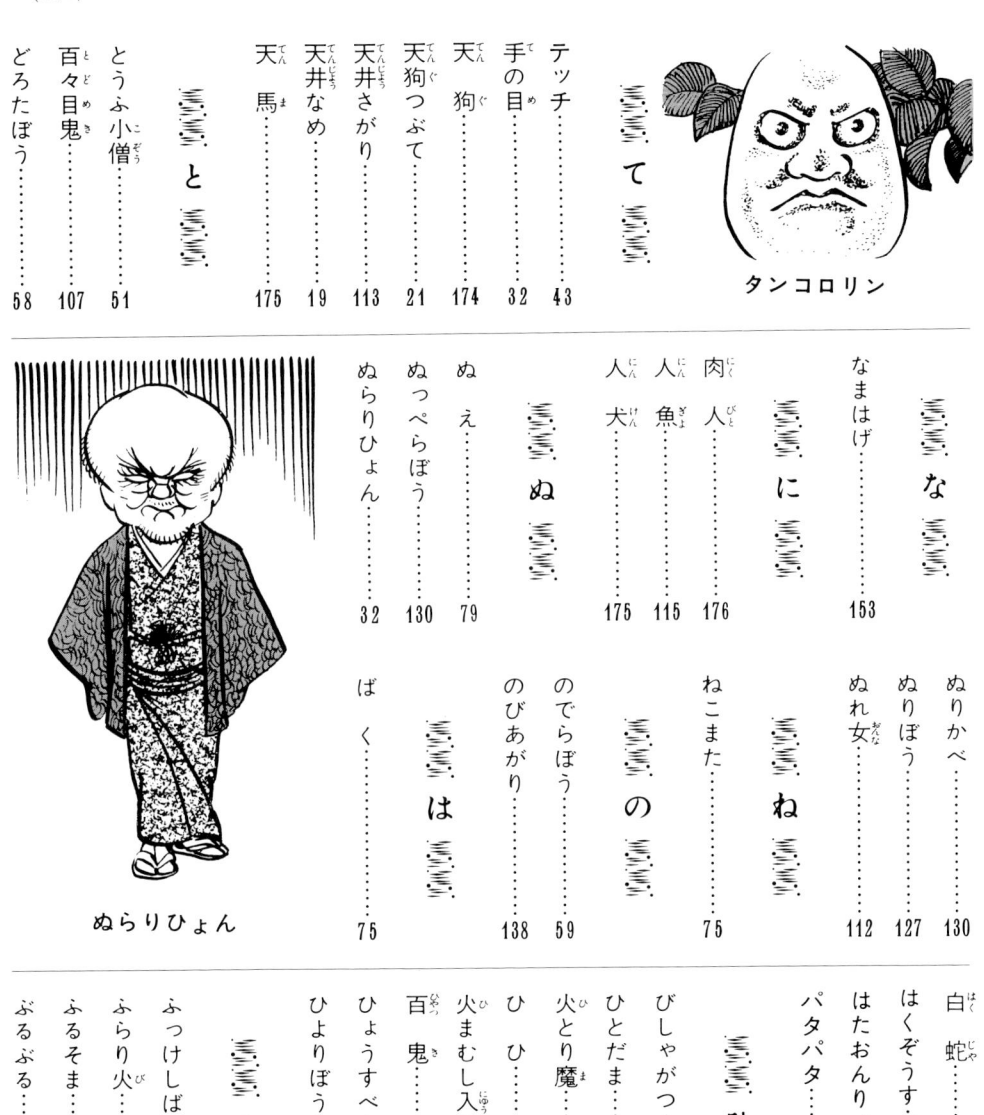

ふ

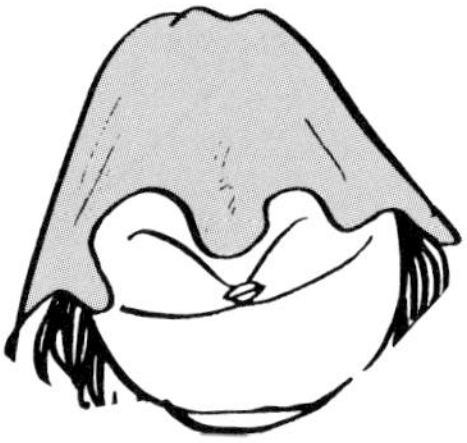

ほうそう魚

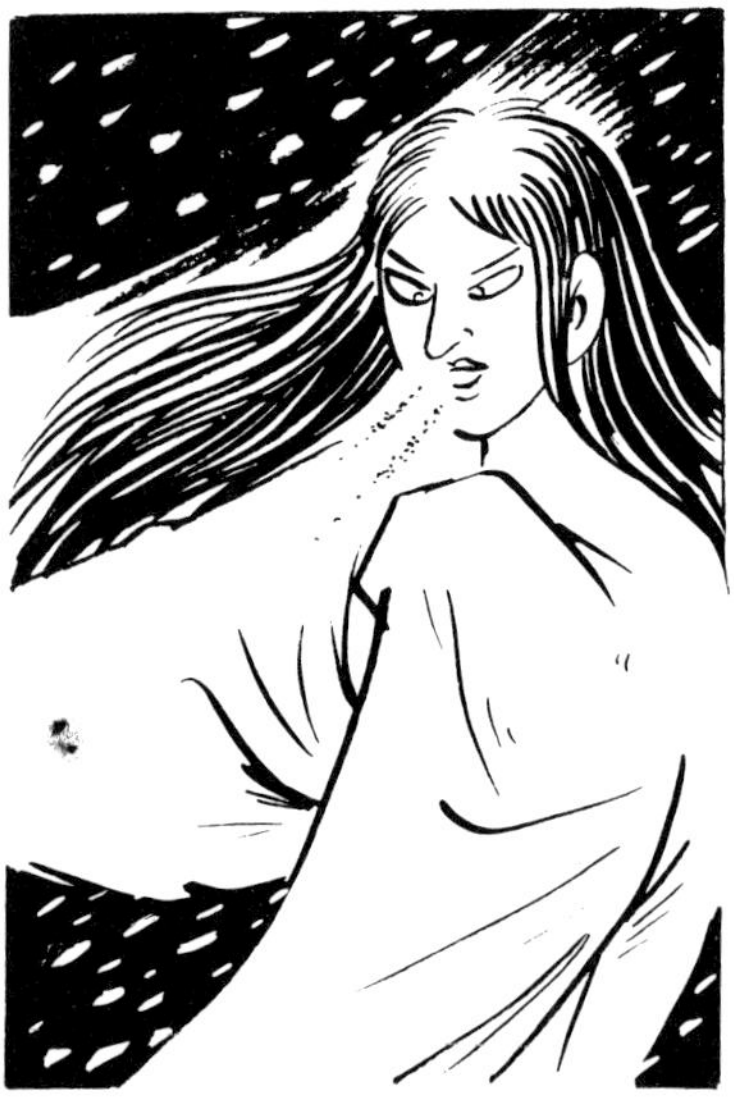

雪女

解説

多田克己（妖怪研究家）

日本の妖怪は数百種類あり、名前は二千〜三千以上も知られています。棲んでいる場所は高山から海底まで、森の奥から洞穴の中、あるいは家の中から便所の内まで現れ出るとされます。おおよそ棲む場所に出没するもので、「山の妖怪」「里の妖怪」「海の妖怪」といったように分類できます。

妖怪の正体をひと言で説明することはできません。昔の神様が落ちぶれてしまったモノ、年老いた動物が知恵と変身能力を持ったモノ、古くなった道具が化けたモノ、かつて人間の幽霊だったモノなど、なぜ同じ妖怪の仲間なのか考えれば考えるほどわからなくなります。そんな妖怪を学んで考えることを、仮に「妖怪学」と言っています。

『妖怪大百科』は、小学生でも読める、妖怪学のもっとも詳しい入門書です。この図鑑は一九七四年に『妖怪なんでも入門』として刊行されたもので、数十万以上もの人びとに読まれた大ロングセラーです。この本によって初めて妖怪のことがわかった、妖怪のことが好きになった、という人は少なくありません。時代がどれほど過ぎようと、この本の内容はまったく色あせてはいないのです。

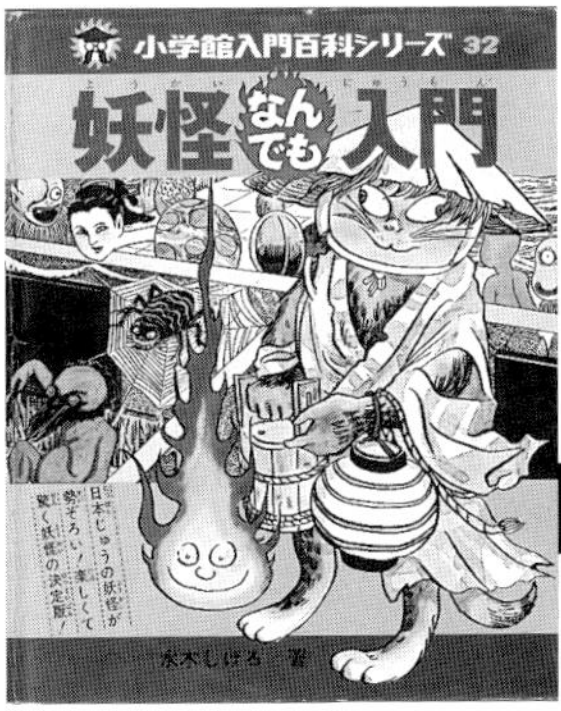

入門百科シリーズ版
『妖怪なんでも入門』 1974年刊

■新装版スタッフ
［編　集］高橋浩太郎
　　　　　樋口健一（小学館クリエイティブ）
［制　作］太田真由美
［資　材］苅谷直子
［販　売］栗原　弘
［宣　伝］勝目幸一
［装　幀］三宅政吉（Moon Dog Factory）

■入門百科版スタッフ
［編　集］横内武彦
　　　　　銀杏社
［版　下］タナカデザイン

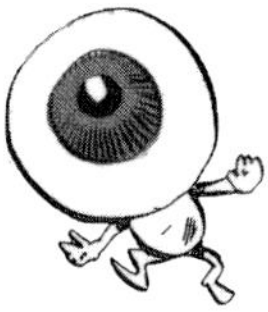

水木しげる 妖怪大百科

2004年11月20日　初版第1刷発行
2007年6月27日　　　第6刷発行
著　者　水木しげる
発行者　梓澤設夫

印刷所　図書印刷株式会社
製本所　株式会社　若林製本工場
発行所　株式会社　小学館
101-8001　東京都千代田区一ツ橋2-3-1

TEL.　編集　03-3230-5414
　　　販売　03-5281-3555

ISBN4-09-220321-7